国家自然科学基金项目

国家战略经济规划区"垂直专业化引力指数"及模块化协同结网机理研

项目批准号：71263007）研究成果

国家战略经济规划区"垂直专业化引力指数"及模块化协同结网机理研究

A Study of the "Vertical Specialization Index"
and the Modular Collaborative Networking Mechanism for
National Strategic Economic Planning Zones

李 娟 梁运文 著

中国财经出版传媒集团

经济科学出版社

Economic Science Press

图书在版编目（CIP）数据

国家战略经济规划区"垂直专业化引力指数"及模块化协同结网机理研究/李娟，梁运文著．—北京：经济科学出版社，2020.7

ISBN 978 - 7 - 5218 - 1668 - 6

Ⅰ.①国… Ⅱ.①李…②梁… Ⅲ.①区域经济 - 经济规划 - 研究 - 中国 Ⅳ.①F127

中国版本图书馆 CIP 数据核字（2020）第 110933 号

责任编辑：王 娟 郭 威
责任校对：王苗苗
责任印制：李 鹏 范 艳

国家战略经济规划区"垂直专业化引力指数"及
模块化协同结网机理研究
李 娟 梁运文 著
经济科学出版社出版、发行 新华书店经销
社址：北京市海淀区阜成路甲 28 号 邮编：100142
总编部电话：010 - 88191217 发行部电话：010 - 88191522
网址：www. esp. com. cn
电子邮箱：esp@ esp. com. cn
天猫网店：经济科学出版社旗舰店
网址：http：//jjkxcbs. tmall. com
北京季蜂印刷有限公司印装
710×1000 16 开 22 印张 330000 字
2020 年 8 月第 1 版 2020 年 8 月第 1 次印刷
ISBN 978 - 7 - 5218 - 1668 - 6 定价：88. 00 元
（图书出现印装问题，本社负责调换。电话：010 - 88191510）
（版权所有 侵权必究 打击盗版 举报热线：010 - 88191661
QQ：2242791300 营销中心电话：010 - 88191537
电子邮箱：dbts@ esp. com. cn）

前　言

自 2005 年以来，一系列新区、综合配套改革试验区和经济规划获得国务院批复，并有数十个"区域发展规划"上升为"国家战略"，这些规划区遍及中国的绝大多数省份，使得当今中国经济整体空间版图呈现出由系列"国家战略经济规划区"分割支撑的格局。每个"国家战略经济规划区"都制定了令人憧憬的美好远景和蓝图，而最终真正推动如此庞大的系列"国家战略经济规划区"建设与发展的战略主体，还是作为经济发展基础的企业和产业。没有大规模企业的扎根并持续成长，就没有区域产业价值链或价值模块的培育、发展与壮大，则系列"国家战略经济规划区"的建设，将停留在《区域发展规划》这一纸面报告上。

全球价值网络下区域经济繁荣的一个共同规律就是形成强有力的区域"垂直专业化引力"，即在全球价值网络中，在不同国家或地区的企业在全球寻找"地点"进行动态最优资源布局和配置的趋势下，一国或区域不断创造出形成企业强大竞争优势的驱动要素，从而使其不断有资格成为一系列高级化产业价值模块扎根的根据地，是一国或区域经济持续发展的关键。从这一意义上而言，各"国家战略经济规划区"必须不断创造出与其发展定位相匹配，并能形成企业强大竞争优势的区位要素，以驱动"中国本土企业"和"外国跨国公司"的价值链向其延伸、与其对接。

为把握全国数十个国家战略经济规划区的区域特征和建设情况，帮助其避免"低端化与同质化发展"，本书基于"企业 + 产业价值模块（研发、制造、营销）"的二维视角，对各国家战略经济规划区 2013～2015 年吸引价值模块"扎根"的"地点垂直专业化引力"的大小与方向进行量化指数化研究，并在此基础上构建出全面科学的"垂直专业化引力指数"

评价指标体系，以帮助国家战略经济规划区明确需系统且重点培育与发展的区位要素。进一步根据"模块化"先分而后集成的思想，以及全球价值网络中价值创造的"新木桶"原理，在单个"国家战略经济规划区"构建"点"的竞争优势基础上，需要从系统整体的角度整合现有国家战略经济规划区，使之相互之间形成具有价值创造能力的协调关系，从而打造具有"1+1>2"价值创造协同效应的"国家战略经济规划区价值网络"，构造出经济规划区"面"的整体协同竞争优势。本书基于"企业竞合关系+产业价值模块+地点资源禀赋+政府网络治理"的四维视角，对国家战略经济规划区间价值创造的"模块化协同结网"机理进行深入研究，在理论上拓展出"区域经济模块化网络组织"新的研究领域，为区域经济协调发展战略研究增加"模块化协同"的新思路。

目　录

第 *1* 章

国家战略经济规划区"垂直专业化引力指数"研究

——基于 2013 年的数据

1.1 绪　　论

1.1.1　选题背景与意义

1.1.1.1　研究背景

自 2005 年以来，中国区域经济发展中的一个极为显著与重要的现象，就是近 40 个地方"区域发展规划"获国务院批复，并上升为"国家战略"，使得当今中国经济整体空间版图呈现出由系列"国家战略经济规划区"分割支撑的态势格局。2005～2012 年间政府批复的一系列战略经济规划区及空间分布如表 1－1 所示。

表 1-1   2005～2012 年获批准的国家战略经济规划区一览

序号	获批时间	名称	国家战略经济规划区	所属辖区
1	2005 年 6 月	《国务院批准上海浦东新区进行综合配套改革试点方案》	上海浦东新区	上海
2	2006 年 6 月	《国务院关于推进天津滨海新区开发开放有关问题的意见》	天津滨海新区	天津
3	2007 年 6 月	《国家发展改革委关于批准重庆市和成都市设立全国统筹城乡综合配套改革试验区的通知》	重庆和成都综合配套改革试验区	重庆、四川
4	2007 年 12 月	《国家发展改革委关于批准武汉城市圈和长株潭城市群为全国资源节约型和环境友好型社会建设综合配套改革试验区的通知》	武汉城市圈"两型"社会综合配套改革试验区	湖北
5	2007 年 12 月	《国家发展改革委关于批准武汉城市圈和长株潭城市群为全国资源节约型和环境友好型社会建设综合配套改革试验区的通知》	长株潭城市群"两型"社会综合配套改革试验区	湖南
6	2008 年 1 月	《广西北部湾经济区发展规划》	广西北部湾经济区	广西
7	2009 年 5 月	《深圳市综合配套改革总体方案》	深圳综改试验区	深圳市
8	2009 年 5 月	《关于支持福建省加快建设海峡西岸经济区的若干意见》	海峡西岸经济区	福建、浙江、广东、江西
9	2009 年 5 月	《珠江三角洲地区改革发展规划纲要》	珠三角经济区	广东
10	2009 年 6 月	《关中—天水经济区发展规划》	关中—天水经济区	陕西、甘肃
11	2009 年 6 月	《横琴总体发展规划》	横琴新区	珠海市
12	2009 年 6 月	《江苏沿海地区发展规划》	江苏沿海经济区	江苏
13	2009 年 7 月	《辽宁沿海经济带发展规划》	辽宁沿海经济区	辽宁
14	2009 年 11 月	《中国图们江区域合作开发规划纲要——以长吉图为开发开放先导区》	长吉图开发开放先导区	吉林
15	2009 年 12 月	《海南国际旅游岛建设发展规划纲要》	海南国际旅游岛	海南
16	2009 年 12 月	《鄱阳湖生态经济区规划》	鄱阳湖生态经济区	江西

续表

序号	获批时间	名称	国家战略 经济规划区	所属辖区
17	2009 年 12 月	《黄河三角洲高效生态经济区发展规划》	黄河三角洲高效 生态经济区	山东
18	2010 年 1 月	《皖江城市带承接产业转移示范区规划》	皖江城市带产业 转移示范区	安徽
19	2010 年 3 月	《青海省柴达木循环经济试验区总体规划》	柴达木循环经济 试验区	青海
20	2010 年 4 月	《沈阳经济区新型工业化综合配套改革框架方案》	沈阳经济区	辽宁
21	2010 年 5 月	《长江三角洲地区区域规划》	长江三角洲经济区	上海、江苏、浙江
22	2010 年 5 月	《关于推进重庆市统筹城乡改革和发展的若干意见》	重庆两江新区	重庆
23	2011 年 1 月	《山东半岛蓝色经济区发展规划》	山东半岛蓝色 经济区	山东
24	2011 年 3 月	《浙江海洋经济发展示范区域规划》	浙江海洋经济区	浙江
25	2011 年 5 月	《成渝经济区区域规划》	成渝经济区	四川、重庆
26	2011 年 5 月	《国家东中西区域合作示范区建设总体方案》	连云港区域合作 示范区	江苏
27	2011 年 6 月	《浙江舟山群岛新区发展规划》	舟山群岛新区	舟山市
28	2011 年 7 月	《广东海洋经济综合试验区发展规划》	广东海洋经济区	广东
29	2011 年 10 月	《河北沿海地区发展规划》	河北沿海经济区	河北
30	2011 年 10 月	《中原经济区规划》	中原经济区	河南、河北、山东、山西、安徽
31	2011 年 12 月	《平潭综合试验区总体发展规划》	平潭综合试验区	福州市
32	2012 年 3 月	《陕甘宁革命老区振兴规划》	陕甘宁革命老区	陕西、宁夏、甘肃

序号	获批时间	名称	国家战略经济规划区	所属辖区
33	2012 年 8 月	《兰州新区建设指导意见》	兰州新区	兰州市
34	2012 年 8 月	《黔中经济区发展规划》	黔中经济区	贵州
35	2012 年 9 月	《广州南沙新区发展规划》	广州南沙新区	广州市
36	2012 年 9 月	《宁夏内陆开放型经济试验区规划》	宁夏内陆开放型经济试验区	宁夏
37	2012 年 12 月	《呼包银榆经济区发展规划（2012 ~ 2020 年)》	呼包银榆经济区	内蒙古、宁夏、陕西

资料来源：笔者根据各国家战略经济规划区批复文件整理而得。

2005 年 6 月，国务院批准《上海浦东新区进行综合配套改革试点方案》，该文件确定上海浦东新区为综合配套改革试验区，要求深化行政管理体制和社会管理体制改革，强化公共服务管理职能，弱化微观经济管理职能，深化金融体制、科技体制、涉外经济体制改革与创新，改变城乡二元经济社会结构，推进城郊一体化和农村综合改革试点工作。由此拉开了新一轮区域规划的序幕。2006 年 6 月，《国务院推进天津滨海新区开发开放有关问题的意见》出台，天津滨海新区开发开放上升为国家战略。2007 年 6 月，国务院发布《国家发展改革委关于批准重庆市和成都市设立全国统筹城乡综合配套改革试验区的通知》，确立了重庆和成都统筹城乡综合配套改革的战略地位。2007 年 12 月，《国家发展改革委关于批准武汉城市圈和长株潭城市群为全国资源节约型和环境友好型社会建设综合配套改革试验区的通知》出台，确立武汉城市圈和长株潭城市群为建设"两型"社会试验区。2008 年 1 月，《广西北部湾经济区发展规划》出台，北部湾地区成为面向东盟合作的桥头堡，对促进东南亚国际经济合作具有深远意义。2009 年，国家陆续出台了《深圳市综合配套改革总体方案》《江苏沿海地区发展规划》《横琴总体发展规划》《关中—天水经济区发展规划》

《辽宁沿海经济带发展规划》《中国图们江区域合作开发规划纲要》《黄河三角洲高效生态经济区发展规划》《鄱阳湖生态经济区规划》《海南国际旅游岛建设发展规划纲要》等11个国家级战略规划方案，掀起了区域规划的高潮。2010年，国家陆续出台《皖江城市带承接产业转移示范区规划》《青海省柴达木循环经济试验区总体规划》《沈阳经济区新型工业化综合配套改革框架方案》《关于推进重庆统筹城乡改革发展的若干意见》《长江三角洲地区区域规划》5个规划方案，规划区域进一步延伸。2011年，《山东半岛蓝色经济区发展规划》《浙江海洋经济发展示范区规划》《成渝经济区区域规划》《国家东中西区域合作示范区建设总体方案》《浙江舟山群岛新区发展规划》《广东海洋经济综合试验区发展规划》《中原经济区规划》《河北沿海地区发展规划》《平潭综合试验区总体发展规划》9个区域规划方案出台，规划区布局达到鼎盛时期。2012年，国家又陆续出台了《陕甘宁革命老区振兴规划》《黔中经济区发展规划》《宁夏内陆开放型经济试验区规划》《广州南沙新区发展规划》和《兰州新区建设指导意见》等区域发展规划和新区规划。截至2012年底，共有36个区域经济规划上升为国家战略，除了云南、新疆维吾尔自治区、西藏、黑龙江等少数几个省份（自治区）没有布局之外，其余省份都有一个甚至多个国家战略经济规划区。如此星罗棋布的国家战略经济规划区勾画出我国新时期的区域经济版图，但最终能否真正推动如此庞大的系列的规划区建设与发展，是需要在实践中进行考量的。

　　一系列国家战略性区域规划文件的出台有其特定的历史背景和现实意义：第一，随着市场化、全球化的深入推进，区域一体化成为不可逆转的发展趋势。自中共中央"分权制"和"分税制"改革后，地方保护主义盛行，人为干预市场机制增多，严重阻碍了要素和商品的自由流动，降低了资源配置效率，中央和地方政府共同联手推动成立系列国家战略经济规划区，体现了顺应时代趋势的要求，打破区域发展的藩篱，共同推进规划区一体化发展。第二，中国经济是典型的大国经济，地区特色差异明显，发展层次不一，之前提出的"西部大开发""振兴东北老工业基地"和

"中部地区崛起"等战略难以突出地区特色和细化地区差异，因而操作性不强，需要进一步勾画出更清晰的区域轮廓，走有区域特色的发展道路。从宏观视角来看，成立国家战略经济规划区的意图有两个：一是打破规划区内部的各种壁垒，推进一体化发展，提高规划区整体竞争力；二是缩小区域差距，促进全国区域经济的协调发展。针对上述区域经济发展现象，尽管中央与地方政府共同联手推动成立了系列"国家战略经济规划区"，而且根据各自的《区域发展规划》报告可知，每一个"国家战略经济规划区"的远景与目标都定得让人憧憬，然而，真正能推动如此庞大的系列"国家战略经济规划区"建设与发展的战略主体，还得是作为经济发展基础的企业和产业。没有大规模企业的"扎根并持续成长"，就没有区域产业价值链或价值模块的培养、发展与壮大，则上述系列"国家战略经济规划区"的建设，只能停留在《区域发展规划》报告的纸面上。

自20世纪80年代以来，经济全球化趋势日益明显，企业生产组织方式与国际分工模式发生了重大变化。一方面，企业边界不再局限于一国或区域，而是扩张到多国甚至全球空间；另一方面，国际分工模式从产业间完整的产品垂直一体化分工模式，向产品内零部件、价值增值环节、生产要素等垂直专业化分工模式转变，模块化成为主导产业发展的重要模式。随着纵向垂直一体化生产组织方式的分解，横向专业化协调的"网络组织"模式日益盛行，从而导致了全球价值网络的形成与演进。这一趋势的发展打破了"国家、区域—产业—企业"间传统的单向包含关系：（1）从国家或区域与产业间的关系来看，一国或区域的比较优势并不能成为其从事某种产业的充分条件，产业价值环节间"大区域分散、小区域集聚"趋势使得国家或区域比较优势向世界比较优势转变；（2）从产业与企业间的关系来看，产品生产的垂直一体化模式向"核心产业环节＋资源全球外包"的垂直专业化模式转变，主导企业专注于研发和营销等高附加值环节，而将制造等低附加值产业环节外包给其他企业；（3）从国家或区域与企业间的关系来看，企业为利用国家或区域间比较优势的差异而把价值环节布局到不同"地点"以获取更多的竞争优势，从而使企业的利益与国家或区域利益产生一定程度的分离,企业竞争优势更多地来自全国、全球范围内的比较优势差异分布。

对于国家或区域而言,其发展战略与上述全球价值网络下"国家、区域—产业—企业"间的新型复杂关系相匹配,成为国家或区域经济发展与繁荣的关键。从20世纪70年代石油危机后,学术界通过对美国加州硅谷、法国索菲亚、印度班加罗尔、中国珠江三角洲和长江三角洲等地区的经济发展与繁荣现象的研究发现,全球价值网络下区域经济繁荣的一个共同规律就是形成强有力的区域"垂直专业化引力"(vertical specialization gravity,VSG),即:在全球价值网络下,在不同国家、区域企业于全球"地点"进行动态最优资源布局和配置的发展趋势下,一国或区域不断创造出形成企业强大竞争优势的驱动要素,从而使其不断有资格成为一系列高级化产业价值模块"扎根"的"根据地",是一国或区域经济持续发展的关键(Gereffi,1999,2002;Henderson,1998;Humphrey and Schmitz,2002;Sturgeon,2002)。

对于自改革开放30多年来已经成功"嵌入"全球价值网络的中国经济而言,在上述全球价值网络"国家、区域—产业—企业"间新型复杂发展关系背景下,一系列获国务院批复而设立的"国家战略经济规划区"创造出区域经济繁荣发展,达成经济区建设的规划远景与战略目标,从而成为支撑中国经济发展的增长极,关键在于区域"垂直专业化引力"的培育与形成,即:在全球价值网络下,中国本土企业和外资企业在中国设立的30余个"国家战略经济规划区"内动态寻找最优"地点"进行空间布局的趋势下,各"国家战略经济规划区"必须不断创造出与其发展定位相匹配,并能形成强大竞争优势的区位要素,以成为中国本土企业和外国跨国公司系列产业价值模块"扎根"的"根据地"。

基于上述全球价值网络下区域经济发展战略观,中央与地方政府等有关部门要科学指导并顺利推进自2005年以来成立的系列"国家战略经济规划区"的建设,面临的迫切需要解决的一个问题是:客观真实地把握国家战略经济规划区对产业价值模块"垂直专业化引力"的大小与方向,即各国家战略经济规划区的"垂直专业化引力"量化指数化问题。"垂直专业化引力"量化指数化研究，能从微观企业和中观产业两方面，有效地指导单个"国家战略经济规划区"的科学建设，形成单个经济规划区"点"的竞争优势；进一步在单个"国家战略经济规划区"构建"点"的竞争优势基础上，从系统整体的角度整合现有 30 余个国家战略经济规划区，从而形成中国国家战略经济规划区"面"的整体协同竞争优势。

1.1.1.2　研究意义

本书的研究意义包含理论意义和实践意义两个方面。

第一，理论意义。本书的理论意义主要包含两点：（1）以全球"垂直专业化"分工的价值网络为背景，构建"企业＋产业价值模块＋地点"三位一体的"区域垂直专业化"发展战略理论框架。本书从"国家战略经济规划区"层面研究"地点垂直专业化"发展战略，通过基于"企业＋产业价值模块"二维视角构建国家战略经济规划区"垂直专业化引力指数"，探讨在国家经济被国家战略经济规划区"垂直专业化分割"背景下的"市场一体化"和"生产非一体化"统一机理，预期构建"企业＋国家战略经济规划区＋产业价值模块化"三位一体的"区域垂直专业化"发展理论框架。（2）根据"模块化"先分而后须"集成"的思想，以及全球价值网络中价值创造的"新木桶"原理，在单个国家战略经济规划区构建"点"的竞争优势基础上，需要从系统整体的角度整合现有的 30 余个国家战略经济规划区，使之相互之间形成具有"价值创造"的协同关系，从而打造具有"1＋1＞2"价值创造协同效应的"国家战略经济规划区"价值网络。

第二，实践意义。本书的实践意义主要在以下四个方面：（1）通过构建科学全面的"垂直专业化引力指数"评价指标体系，客观真实地把握国家战略经济规划区的"垂直专业化引力"的大小与方向，帮助现有经济规划区明确需系统而重点培育与发展的区位要素。（2）对下一步拟计划新成立的"国家战略经济规划区"进行"垂直专业化引力指数"评价，作为评判其是否有必要成立的重要参考依据，从而避免"遍地开花"式的重复建设；将对"垂直专业化引力指数"的客观评价，作为把握"国家战略经济规划区"建设进程及绩效评估的重要参考依据。（3）通过对"垂直专业化引力指数"进行结构剖析，帮助各经济规划区明确其建设过程中累积的"长处"和存在的"短板"，从而调整建设的方向与策略，保证各战略经济规划区的建设进程与其战略定位和目标相匹配。（4）在中国已经成为世界第二大经济体、国土资源各项能耗超负荷承载的背景下，各经济规划区如能根据模块化价值创造的"新木桶"原理进行"协同结网"，将能有效克服各自资源短板，充分发挥各经济规划区的差异化资源优势，进行价值协同创造，从而支持中国整体经济发展水平更上一层楼。

1.1.2　文献综述

1.1.2.1　垂直专业化理论研究综述

在当今由模块化（modularity）所引致的垂直专业化（vertical specialization）分工以及价值创造与分配的全球网络一体化的时代，对于区域经济发展而言，"地点（location）"的作用不仅没有被削弱，反而大大增强（Michael E. Porter，1990）。

在价值创造模块化背景下，企业必须根据自身的资源与能力专长，定位自己的战略角色，专注于某价值模块或某些价值模块的组合进行战略性生产经营，即构建"垂直专业化"发展战略，没有企业能有绝对的竞争优势生产、提供所有的价值模块，社会分工演进为产品内价值环节的分工。初始的"垂直专业化"概念源于国际贸易学，"垂直专业化"概念首次被系统规范地界定为一个国家进口中间产品，并且这些中间产品被该国再生产加工增值后出口到另外一个国家。垂直专业化成立有三个严格条件，一是一个商品有两个或两个以上的连续生产阶段；二是在该商品的生产过程中，两个或者两个以上的国家提供了价值增值服务；三是至少有一个国家在商品生产过程中必须使用进口的投入品,并且用此投入品生产的产品至少有部分被出口(Hummels、Ishii and Yi,2001)。与"垂直专业化"相近的概念包括:"价值链的切片化"(Krugman,1995)、"外包"(Feenstra and Hanson,1996;Grossman and Helpman,2002)、"生产过程的分离化"(Deardorff,1998;Jones and Kierzkowsk,1997)、"产品内专业化"(Arndt,1997)等。在国内,吴福象(2005)等学者从企业角度研究跨国公司"垂直专业化"经营战略问题,认为在20世纪80年代以前,占据跨国公司全球"空间布局"主导地位的是"垂直一体化(vertical integration)",而20世纪80年代以后占据主导地位的则是"垂直专业化"。

由于"垂直专业化"理论能很好地解释当今国际贸易中的"数量悖论(quantitative puzzle)"与"非线性效应(nonlinear effects)",因此该研究领域吸引了国内外大批优秀知名学者对其的研究兴趣(仲崇高等,2010)。纵观现有文献,已有的研究方向与内容如下。

第一,国家间"垂直专业化"分工与国际经济关系的研究。比较优势、规模经济、不完全竞争、企业一体化与外包选择是国际"垂直专业化"分工的动因(卢锋,2004;文东伟,2011);外包选择与发包国工人的工资、就业变动强烈相关(Feenstra and Hanson,1996);垂直专业化对一国收入分配的影响具有不确定性(Jones and Kierzkowski,2000)。

第二,产业"垂直专业化"与产业竞争力关系的研究。张小蒂等(2006)对基于"垂直专业化"分工的中国产业国际竞争力进行了全面分析;胡晓玲(2007)认为"垂直专业化"分工通过比较优势、规模经济和技术扩散三个途径对中国工业竞争力提升产生了积极影响;王昆(2010)通过引入"价值增值"变量,对中国"垂直专业化"、价值增值与产业竞争力水平关系进行了研究;戴魁早(2011)对中国高技术产业发展与"垂直专业化"关系进行了实证研究;梁运文、张帅(2011)对"垂直专业化—中国制造业竞争力"间的层次传导效应进行了实证研究。

第三,企业"垂直专业化"战略的研究。刘志彪和刘晓昶(2001)认为,中国企业应对跨国公司"垂直专业化"的竞争战略包括进攻型战略、加盟型战略、合作型战略；盛文军、廖晓燕（2002）认为，中国企业的"垂直专业化"竞争战略包括产业制胜战略、抢先进攻战略、供应链战略；吴福象（2005）认为，中国企业应该对"垂直专业化"竞争战略的时机、合作伙伴、成本与收益进行综合权衡，并关注代工生产（OEM）、原始设计制造商（ODM）、代工厂经营自有品牌（OBM）等经营模式的转移，树立自己的品牌；史振华和卢燕平（2009）认为，国内外学者对"垂直专业化"的研究没有或很少深入到微观的企业层面，而跨国公司是国际"垂直专业化"的主体，中国企业应该以自己为核心，建立一个生产与贸易链。

第四，区域"垂直专业化"分工与区域生产网络关系的研究。唐海燕、张会清（2008）认为，东亚区域生产网络是指在分割生产（fragmented production）的条件下，商品生产环节按价值链属性分散在东亚各国，区域内各经济体根据自身优势在产品内分工的各个阶段从事专业化生产，并通过产品内贸易形成多层次、网络状生产体系；耿楠（2011）认为，生产网络对东亚地区各个经济体非常重要，各国之间形成了相互依赖、相互促进的协同关系，东亚区域生产网络是全球生产网络（global production network，GNP）的最典型代表。已有的关于东亚区域生产网络的研究包括以下方面：一是关于东亚区域生产网络形成的表现；二是东亚区域生产网络的特性；三是对驱动东亚区域生产网络形成的因素的计量检验（喻春娇、张洁莹，2010）。

第五，"垂直专业化"水平与程度计量测算方法的研究。国外主要发展出了两类"垂直专业化"水平与程度测度方法：一是利用零部件贸易、加工贸易或中间品进口数据进行度量（Freestra and Hanson，1996）；二是将"垂直专业化分工"定义为"出口中包含的进口中间投入品价值"，并基于"投入—产出法"数据进行测度（Hummmels、David、Ishii Jun and Yi，2001）。国内学者洪联英等（2006）借鉴"投入—产出法"，提出了四类"垂直专业化"测度指数：进口垂直分离指数、出口垂直分离指数、内销垂直分离指数和国内垂直增值指数，具有一定创新意义。

综上所述，从全球化背景下的产品"垂直专业化"分工到企业竞争战略的选择和产业竞争力提升，再到"垂直专业化"水平的测度与计量，学术界对企业、产业的"垂直专业化"理论已有较深入的研究，并且已有学者将这一理论延伸到区域生产网络关系的研究领域方面，进一步深化了对"垂直专业化"理论的认识和运用。但对地域"垂直专业化"分工与区域生产网络关系的研究更多倾向于质性研究层面，对区域吸引携带不同价值模块产业前来投资的"垂直专业化"引力的大小和方向的量化研究还处于空白阶段。本书基于产业全球价值链分工的理论基础，将"垂直专业化"理论引入国家战略经济规划区战略特征与建设成效的研究，进一步延伸"垂直专业化"理论研究领域，并指导对经济规划区战略引力的培育。

1.1.2.2 模块化理论研究综述

自 20 世纪 80 年代以来，随着信息技术不断创新和发展，模块化（modularity）理念逐渐被引入经济与管理领域中，并已成为推动经济结构调整和升级的"创造性毁灭"力量，如今已进入了模块化设计、模块化生产、模块化消费的模块化大发展时代（Badlwin and Clark，1997，2000；青木昌彦，2003）。按照模块化观点可知，"模块"是指半自律性的子系统，模块化是一种处置复杂系统的新方法（Badlwin and Clark，1997；2000）。一个系统由若干个与若干层的模块组成。将一个复杂的系统按照一定的联系规则分解为可进行独立设计的半自律性子系统的行为，被称为"模块化分解"；反之，将可进行独立设计的子系统（模块）按照某种联系规则逐步增加而构成更加复杂系统的行为，被称为"模块化集成"。分工（division）与集成（integration）是模块化的主要方法，是马歇尔的"微分法"和"积分法"在新的生产力条件下的深化，也是亚当·斯密社会分工专业化思想的新拓展。

最初体现模块化特征的载体是技术与产品。在建筑设计领域，模块化设计规则能更好地协调建筑物与环境之间的关系，并克服设计者的认知不足（Alexander，1964）；稳定的模块化架构、与产品架构相分离的功能性模块，是产品模块化的两个基本特征（Clark，1997）；不同产品的模块化设计能有效减少产品差异化的成本（Sanchez and Mahoney，1996）；通过分离（split）与替代（substitute）、去除（exclude）与增加（augment）、归纳（inversion）与改变（porting）等 "模块化操作"，可以指导产品的模块化设计过程（Baldwin and Clark，2000）。模块化不仅应用于制造产品的生产设计，也逐渐被应用于服务业领域，特别是金融领域，如股票和期权的模块化等。在国内，童时中于 2000 年出版了《模块化原理设计方法及应用》，从技术角度全面介绍了产品模块化设计的原理与方法。

随着产品与服务的模块化发展，企业和产业等组织随之产生了一系列连锁变化，模块化产品与服务的 "分" 与 "合" 造就了 "模块化组织"，"产品设计的模块化需要与之相适应的企业组织设计的模块化"（Sanchez and Mahone，1996）。截至目前，关于 "模块化组织" 的研究主要涉及两个方面：一是从技术、产品模块化角度研究大型企业的组织模块化设计（Langlois and Robertson，1992；Baldwin and Clark，1997，2000；青木昌彦，2003；利瓦伊安，2003；朱瑞博，2004；李海舰，2004；周鹏，2004；雷如桥，2004；罗珉，2005；徐宏玲，2006；郝斌等，2007）；二是从价值链、价值模块角度研究产业组织模块化（Baldwin and Clark，1997；杨小凯和黄有光，1997；李平，1999；Schilling and Steensma，2001；Sturgeon，2002；黄泰岩，2008）。

随着技术、产品，特别是组织模块化研究的深入，"模块化" 逐渐上升为一种 "方法论"，即一种能有效创造新复杂系统、解决复杂系统问题的思想与方法。"模块化" 是一种在进化环境中促使复杂系统动态演进并达到均衡状态的特殊结构（Simon，1962）；"模块化" 作为有效管理复杂系统的精髓在于：能高效率地将一个复杂系统解构为具备独立管理能力的半自律性的子系统，即 "模块化分解"；并在此基础上，能再高效率地将各子系统（模块）按照一定的联系规则构成有机的复杂系统，即 "模块化集成"。"模块化" 思想与方法体现了马歇尔的 "微分法" 和 "积分法"的精髓（Baldwin and Clark，1997）。

《利润区》（*Profit Zone*）一书中首次提出了"价值网（value net）"的概念，认为由于顾客需求的增加以及改变，国际互联网的冲击和市场竞争的加剧，企业应改变产品设计和组织模式，将传统的供应链转变为"价值网"（Adrian Slywotzky，1997）；戴维·波维特，约瑟夫·玛撒，R. 柯克·克雷默（2000）在《价值网》（*Value Nets*）一书中进一步发展"价值网"的内涵，认为"价值网"是一种新商务模式；"价值网"本质是在"垂直专业化"分工下，由"价值模块"形成的网络结构。关于"模块化价值网络协同结网"的研究主要集中在以下三个方面。

第一，"价值网模型"。"价值网"协同结网的三大基本要素是：优越的顾客价值（superior customer value）；相互关系（relationship）；核心能力（core customer value）。"价值网"协同结网中三大基本要素存在六种两两互动关系：决定（determine）、加强（reinforce）、促进（facilitate）、维持（maintain）、限制（construction）和创造（create）。在"价值网"协同结网中存在两大价值创造正向效应路径："加强—维持—创造"正向价值效应路径；"决定—限制—促进"正向价值效应路径（Handaraman and Wilson，2001）。

第二，"基于模块化和动态能力的价值网结网形成机理"（江积海、龙勇，2009）。江积海、龙勇（2009）认为，"价值网"是利益相关者的价值模块之间形成的价值生成、分配、转移和使用的关系及其结构，"价值网结网"机理包括"价值网结网的结构动因"和"价值创新的内在动因"两方面。"价值网结网的结构动因"形成路径为"价值链分解—模块化—价值网"，基于模块化的价值网结构要素包括：价值模块（即 players，包括盟主模块，供货商模块，互补者模块，竞争者模块，购买者模块）；价值创新与转移（added values）；耦合机制（rules）；竞合策略（tactics）；边界（scopes）。

第三，"模块化条件下 CAFTA（中国—东盟自贸区）价值网结网机理研究"（柯颖、邹丽萍，2010）。柯颖、邹丽萍（2010）认为，中国与东盟国家间应该以 CAFTA 为合作平台，利用区域内部庞大的市场需求，使各国产业按照自身资源的比较优势形成以产品分工为主的包含多个价值中心的模块化生产网络。CAFTA 价值网的"多元价值模块构件"包括：价值触发主体（顾客），价值创造主体（模块系统集成商、专用模块供货商、通用模块供货商、互补角色），价值创造客体（知识、信息、资本、技术等）和价值创造环节（研发、设计、营销、代工）。

从产品技术模块化到企业、产业组织模块化，再到产业价值链模块化网络组织的构建，模块化理论的演化与延伸一脉相承，模块化在大大改变我们现实生活的同时，也为理论研究拓展出新的领域。目前对模块化价值网络结网机理的研究主要倾向于国际组织间的合作，国内不同区域间的网络合作还没有运用到"模块化"理念。中国大国经济特征明显，区域资源禀赋差异显著，发展水平参差不齐，区域一体化理念已成趋势，但合作依然面临诸多障碍，针对上述特征，本书将"模块化"理念引入国家战略经济规划区协同结网机理研究，进而开拓出区域价值网研究领域。

1.1.2.3　国家战略经济规划区相关研究综述

对于区域规划的理论，国外学者早有研究，中国国家战略经济规划区理论也是以区域规划理论为基础，结合中国经济建设的实际而不断发展的，因而国家战略经济规划区的文献综述主要包含两个方面。

第一，关于区域规划的理论及内涵。规划在本质上是一种有组织的、有意识的、持续的努力，这种努力在于通过选择最佳方案以达到特定目标，突出了规划的组织性、目的性和持续性（Waterston，1965）；公共领域的规划就是运用科学技术、知识来指导和支持行动，突出了规划的科学与技术指导性，并通过这种行动来引导社会转变（Friedmann，1987）。规划是一种为取得既定目标或目标群而进行的有组织、有目的的有序行动，主要是纯技术性的事情，但是这种观点明显忽视了制度因素的作用，既不能解释规划涉及的利益相关者之间的关系，也不能解释规划与社会规则的关系（Peter Hall，1974）。

国内学者孙施文（1999）认为，规划是人类有意识、有目的地改造自然与人类生活环境的具体行动,具有明显的社会目标引导性和参与者本身的社会性,这种改造行为无疑是人类主观性的发挥,是将人类意志付诸社会实践。沈玉芳(2006)认为,区域规划是一个政治命题,从本质上讲是政府为弥补市场失灵而进行的一种干预行为,其目的是通过公共政策和经济、行政、法律等手段,实现自然、经济、社会和生态的有序发展和动态协调等多重目标,其实质是利益再分配。刘云中、侯永志(2013)等学者认为区域规划是国家进行空间管治的重要手段,一般是在一定地域空间内,针对地区发展条件和存在的问题,对区域经济、社会发展的空间布局作出的总体部署。

第二,关于我国国家战略经济规划区的文献综述。我国国家战略经济规划区自2005年开始得到批复以来,不断吸引着理论界的兴趣和重视,相关研究主要有规划区批复的背景和意义、建设中存在的问题及政策建议、国外规划区建设的经验借鉴等几个方面。

(1)规划背景:肖金成(2010)认为,自改革开放以来,中国经济实现了高速发展,同时也暴露出了产业结构不合理、区域发展不协调、资源浪费突出、环境污染严重等问题,想要避免重蹈先发展地区的覆辙,达到土地集约利用、生态环境改善、产业结构升级、空间布局优化,实现经济、社会和生态环境的可持续发展,只有通过科学规划手段指导规划区建设。张京祥(2013)认为,自由市场的失败、城镇化和城乡一体化的加速、经济全球化的挑战是区域规划的重要驱动因素。陈耀(2010)认为,国家级区域规划的出台有两个目的:一是在科学发展观的指导下对产业布局、生态环境和社会发展作出统一部署,避免盲目发展的误区;二是为了应对国际金融危机,通过一系列区域发展政策的出台以提振经济,促进区域协调发展。黄世贤(2010)提出国家经济规划区的战略背景:一是改革开放"经济奇迹"背后的"城乡、区域、经济社会发展仍然不平衡";二是"中国发展模式"以资源消耗和环境退化为代价赢得经济增长,靠世界"工厂"和"生产线"解决不了中国的结构性矛盾和深层次问题;三是自进入21世纪以来,为应对金融危机、推动经济复苏,发达国家在世界范围内配置资源、开拓市场，通过产品分工和产业结构调整寻找新的经济增长点，启发了中国如何启动新的经济引擎以全面拉动区域经济发展，为未来赢得更大发展空间和机遇的思考。

（2）规划意义：丁四保（2013）认为，缩小区域差距并促进区域协调发展是中央政府大规模批复区域发展规划的主要目的和意义所在。张京祥（2013）认为，进行区域规划的主要意义在于解决产业同构、无序竞争，实现区域一体化发展。汤筠、孟芊（2009）等学者认为区域规划的意义在于以下两点：一是立足于发展，通过提出对区域未来发展的主动设想，以公共政策为手段，实现经济、社会和生态效益，提升区域整体竞争力；二是立足于问题和矛盾，尤其是恶性竞争、区域差距拉大和资源环境破坏等造成的巨大后果。陈秀山（2012）认为国家密集出台一系列区域规划至少有两方面的深层意义：一方面，通过培育更多的经济增长极以拉动经济增长，另一方面，新的区域规划体现出中央政府采取新的政策思路去干预地方经济发展，从发布行政命令转向鼓励地方政府大胆试验与创新。俞友康（2011）认为新一轮国家战略性区域规划反映出中国新的战略要求，是立足全球战略层面的战略部署，具有引领区域经济继续率先进行科学发展，重构中国区域经济格局和继续探索与实践中国特色道路三方面的深层意义。

（3）规划及建设中存在的主要问题：刘云中（2013）等学者认为，我国区域规划存在的主要问题为：一是缺乏统筹考虑，规划遍地开花；二是规划内容趋同；三是重政府轻市场，区域规划越来越倚重行政主导作用；四是多头管理；五是法律地位不明确；六是编制方法欠缺科学性，尚未形成系统的标准和规范；七是不能形成有效的实施机制。王向东（2012）等学者认为我国区域规划内容体系不平衡，偏重于物质性空间领域，对非空间因素考虑不足；法制化和规范化建设落后；规划错位、越位、缺位问题突出，规划过多、过死的管控使市场作用受限等问题严重。陈秀山（2012）等学者认为国家战略性区域规划存在重经济发展，轻社会发展；重产业选择、基础设施建设，轻环境保护、资源有效利用；重政府行政主导，轻市场和企业作用等问题。王彦彭（2012）认为国家战略经济规划区内部管理体制存在如下缺陷：一是政策资源的内敛性导致行政壁垒，造成不同行政区为了争夺优势政策资源而相互抵制；二是经济区内各级政府合作由于缺乏权力和法制的保障协调难度较大；三是地方政府缺乏区域经济管理的经验。俞友康（2011）根据学术界对规划区建设成果的不同认识，总结出区域发展规划存在计划经济、市长经济痕迹突出，树立新的行政壁垒，规划落实不力等问题。

（4）规划区建设的政策建议及展望：陈秀山（2012）等认为国家战略经济规划区的未来走向应注重经济发展与社会事业发展同步协调；强化空间格局，弱化产业选择；强调政府引导，以市场为基础，以企业为主体；强调科技创新平台的搭建和各规划区间的有效衔接与协调。赵浚竹（2012）结合国内外经济社会发展形势，提出国家战略规划的未来趋势与展望：一是规划的内涵将向着注重经济发展与生态环境协调的方向拓展；二是由于全球化、网络化等趋势持续深化，战略规划的理念将不断创新，网络化发展战略逐渐形成；三是注重社会公平和公众参与意识的提高；四是完善制度保障体制机制，建立贯彻于规划出台、实施、评价和监督过程的法律规范。俞友康（2011）提出完善新一轮区域规划的路径主要有：完善区域协调体制，加快城市发展融入"经济区域"和"城市网络体系"中；要发挥市场机制与政府引导的双重作用，把着力点放在充分发挥企业的主体作用和完善市场机制上来，政府的作用主要在于完善区域的产业投资环境等。刘云中（2013）等学者提出完善国家战略性区域规划的相关建议主要有以下三点：一是在坚持以中央政府为主导的前提下，加强中央政府与地方政府的互动，通过二者的互动，充分考虑地方的利益诉求，发挥地方的主动性和积极性；二是增强编制程序的规范化和透明化，严格确立规划区的准入标准；三是重视区域发展理念的转变和制度创新，充分发挥市场机制对资源的引导作用，同时给予地方政府更多制度创新和自主发展的权利。

（5）国外规划区建设的经验借鉴：孙心亮（2011）等学者通过研究

英国、美国、法国、日本等国家区域规划的建设情况，指出区域规划本身只是技术层面的内容，若要实现既定目标，必须配合相应的法律、政策，甚至经济政治管理体制，只有实现规划与体制相匹配，才能真正发挥规划区的作用。刘慧（2013）等通过分析美国"2050"空间战略规划特点，认为研究美国区域规划得到的启示主要有：针对关键问题，瞄准重点区域；建立科学的分区标准，加强对重点区域划分的研究；重视区域协调，强调跨行政区合作；促使形成广泛的公众参与和制度创新，保障规划顺利实施。陈瑞莲（2009）认为，多层次、网络状治理的区域协调体系，多样化的区域协调模式，多管齐下的区域协调手段是欧盟国家区域协调发展取得成功的关键。

以上对经济规划区理论的研究基本都属于质性研究，所谓仁者见仁智者见智，一方面丰富了对国家战略经济规划区的理论研究，另一方面却难以克服主观性的弊病。国家战略经济规划区因所含区域较多且地理跨度较大，数据查找是一大难题，因而在量化研究方面几乎都是空白。正因为如此，本书试图挑战这一难题，对国家战略经济规划区的"垂直专业化引力"大小与方向进行量化指数化研究，以填补这一研究空白。

1.1.2.4　综合指数构建研究方法

科学评价最早的推行者是艾奇沃斯（Edgeworth），他于1888年在英国皇家统计学会的杂志上发表的论文《考试中的统计学》中就已经提出了对考试中的不同部分应如何加权计算平均数的研究。此后，对"权数"的研究不断演化与推进。1913年，他又发表了《和与差的相关性》一文，利用多元回归和典型分析方法论述了不同加权的作用。在20世纪70~80年代，现代科学评价方法得到快速发展，产生了多种应用广泛的评价方法，如多维偏好分析的线性规划法、层次分析法（AHP）、数据包络分析法（DEA）等，这些方法自20世纪80年代引入我国后，就受到广泛重视，其应用范围也在不断拓展。在综合国力、竞争力等指标评价方面，经常被学者采用的方法主要有以下几种。

（1）主成分分析法。该方法的主要宗旨是将大量的原始指标变量转化为少数几个综合指标并能保持原有指标的大量信息，能大大地简化计算过程，且不造成信息的大量丢失。其计算步骤简述如下：对原始数据进行标准化变换并求相关系数矩阵 $R_{m \times n}$ →求出 R 的特征根 λ_i 及相应的标准正交化特征向量 a_i →计算特征根 λ_i 的信息贡献率，确定主成分的个数→将经过标准化后的样本指标值代入主成分，计算每个样本的主成分得分。

该方法的主要优点有三个：一是用几个主成分来代替众多原始变量的复杂信息，有助于进一步明确研究思路，并大大减少工作量；二是通过提取相互独立的主成分，消除了评价指标之间的相关性，使模型分析更加有效；三是操作简单，便于掌握，因而可以广泛应用。但是，主成分分析法也有明显的缺点：一是该方法无法研究主成分内部指标变量之间存在怎样的关系，只是简单地简化计算；二是运用主成分分析法时采用的指标的合理性无法验证，没有进行相关效度和信度检验；三是提取出的主成分只是对众多指标的信息进行了综合，并没有明确的经济含义，这就给评价结果的解释带来了困难；四是主成分分析法要求指标间具有较高的相关性，这样才能提取出主成分，如果指标间相关度不够，则不宜使用该方法。

（2）因子分析法。因子分析法（factor analysis）是由心理学家斯皮尔曼（Spearman）首先提出的。它的基本思想是通过对原始指标相关矩阵内部结构的研究，找出能代表所有变量的几个公因子（公因子之间不存在相关性），并将每个指标变量表示成公因子的线性组合，从而达到以少数公因子代替多数指标变量来简化运算的目的。并且通过因子旋转的方法，对指标进行较为科学、清晰的分类，进一步明确其经济意义。该方法是通过对每个指标计算共性因子的累积贡献率来确定权重，累积贡献率越大，说明该指标对共性因子的作用越大，其权数也就越大。因子分析法可以被看成是主成分分析法的推广。它继承了主成分分析法在简化指标数量的同时，还能保持原有指标大量信息的优点，又能进行明确的效度检验，主成分因子的经济意义也得到明确，因而能更科学地解释经济现象。目前，该方法在自然科学领域中的应用越来越广泛。

（3）多因素综合评价法。多因素综合评价法的应用较为广泛，尤其是在竞争力评价方面，世界经济论坛和瑞士洛桑国际管理学院在国际竞争力评价中均采用该方法。多因素综合评价法最大的优点在于可以综合考察影响竞争力的多个因素，评价指标的覆盖面非常广，既有硬指标也可以有软指标，从而克服许多数量模型只采用硬指标的局限。在指标权重的确定上，两家机构均采取主观判断来确定各个因素的权重。引入软指标是该方法的一大进步，但依然没有克服定权的主观性。采用这种方式评价竞争力的主要问题有以下几个：第一，该方法给每一类型的因素确定相同的权重，但实际上同一类型中不同因素对竞争力的影响度（贡献度）是不一样的，因而缺乏科学性。第二，随着经济社会的发展，各个因素对竞争力的影响程度也会随着环境的变化而变化，但该方法采用的权数没有进行动态调整，而是长期沿用。第三，指标过多，导致指标交叉重叠，难以避免指标的相关性。

（4）层次分析法。层次分析法（analytic hierachy process，AHP）是由20 世纪 70 年代美国匹兹堡大学萨蒂教授提出的，主要通过设立准则层和子准则层来进行评价分析。其基本原理是：首先，根据问题的性质和研究目的，把要解决的问题进行分层，并将其聚类组合成一个递阶、有序的层次模型。其次，由专家根据个人对问题的掌握程度对模型中每一层次因素的相对重要性给予定量打分，再采用数学方法确定每一层次全部因素相对重要性次序的权数。最后，通过综合计算各因素相对重要性的权数，得到相对重要性次序的组合权数，以此作为评价结果。该方法在专家进行主观判断的基础上引入数学方法确定因素的权重从而克服了定权的纯主观性，但要求专家对每个要素的相对重要性给出精确判断这一原则却很难达到理想效果。由于客观事物本身的复杂性以及人的知识的局限性，很难以精确的数字表示出众多因素的相对重要性，也就无法从根本上改变定权的主观性缺陷。

综合来看，每一种方法都有其优点和局限性，也有各自具体的适用条件，还没有一种完美的评价方法可以规避各种缺陷。随着计算机技术在经济研究领域的广泛应用，指数综合评价方法得到了不断的改进和发展，如何使对多项指标的综合评价更加客观、有效，仍需要不断探索研究。而两种或多种评价方法的联用则成为克服单一方法局限性的较好选择。不同方法的联用可以发挥各自优势，相互弥补不足，从而使得综合评价更具有科学性和准确性。笔者根据本书中主要研究的具体特点选用因子分析法作为指数评价的分析方法，该方法既能客观地计算出国家战略经济规划区对不同价值模块的"垂直专业化引力指数"，又有助于对经济问题进行明确的分析；同时辅之以聚类分析法对国家战略经济规划区的"垂直专业化引力"进行科学分类，从而对国家战略经济规划区进行系统全面的分析评价和深入研究。

1.1.3 研究思路与框架

基于本书要解决的问题及拟达到的目的，一方面通过制定一套科学合理、系统全面的国家战略经济规划区"垂直专业化引力指数"评价体系，构建出不同产业价值模块（研发、制造、营销）的"垂直专业化引力"模型，以便于从微观企业和中观产业两方面科学指导单个"国家战略经济规划区"的科学建设与发展；另一方面是在对国家战略经济规划区"垂直专业化引力指数"比较分析的基础上，从模块化协同结网的研究视角，对国家战略经济规划区价值创造的"模块化协同结网"机理进行全方位研究，以指导建设具有"1 + 1 > 2"价值创造协同效应的"国家战略经济规划区模块化价值网络"，从而形成中国国家战略经济规划区"面"的整体协同竞争优势。本书沿着提出问题、分析问题、解决问题的规范研究思路，首先通过文献梳理构建出确定国家战略经济规划区研发、制造和营销服务价值模块"垂直专业化引力指数"的指标体系，为下一步构建模型打下基础；其次通过因子分析法建立国家战略经济规划区"垂直专业化引力指数"评价模型，计算出各经济规划区对各个价值模块的"垂直专业化引力指数"；再其次在"垂直专业化引力指数"评价模型构建的基础上深入分析比较各经济规划区对研发、制造和营销服务各价值模块及综合"垂直专业化引力"的水平；然后在深入分析比较各经济规划区"垂直专业化引力"的基础上，开展国家战略经济规划区模块化价值网协同结网机理研究，分别基于"企业竞合关系""产业价值模块""地点资源禀赋""政府网络治理"四维角度构建各区域协同价值创造网络；最后，在前面研究的基础上，给出基于国家战略经济规划区层面的"地点垂直专业化"发展及"区域经济模块化协同"的研究结论与政策建议。

1.1.4　研究方法

根据研究内容、研究目标和关键问题，本书拟采用的研究方法具体有以下两种。

研究方法一：文献研究法。本书通过全面系统地梳理国家出台的 30余份区域发展规划报告，以及相关的政府文件，深入系统地研究国家战略性区域规划目标定位、产业规划和空间布局等，并运用扎根理论对国家战略经济规划区的定位机制进行系统研究；广泛收集与阅读有关"指数"研究、模块化理论、区位理论、区域协同理论、治理理论等方面的文献资料，以支撑对"垂直专业化引力指数"指标构建和方法选取，以及对国家战略经济规划区"模块化协同结网"机理的研究。

研究方法二：实证分析和规范分析相结合。本书采用因子分析法和聚类分析法得到国家战略经济规划区对各价值模块的"垂直专业化引力指数"及其分类，构成了本书实证研究的主体部分。首先基于现有的企业区位选择理论研究成果设计一份初步的"垂直专业化引力指数"指标评价体系，其次采用 SPSS 统计软件对指标评价体系进行效度与信度检验，最后对指标体系进行修正并构建因子分析模型。因子分析法可以根据每个指标的因子载荷大小来决定该指标对需解决问题的影响程度（贡献大小），因子载荷越大，对评价体系就越重要。这种方法可以避免人为定权的主观性影响，使综合评价结果更加客观合理。聚类分析法也能科学地避免因人为归类产生的偏差，可以更科学地展示出国家战略经济规划区的引力分布情况。规范分析主要用于国家战略经济规划区的模块化协同结网机理研究。在对国家战略经济规划区"垂直专业化引力指数"的研究基础上，构建出各规划区的协同结网架构，并提出新的理论模型和新的学术观点等。

1.1.5 主要创新点与不足之处

1.1.5.1 主要创新点

根据本书的研究思路，与目前可查阅的相关文献相比，本书的特色创新之处在于以下三个方面。

第一，构建"企业+产业价值模块+地点"三维一体化的"区域垂直专业化"发展战略理论框架。在全球"垂直专业化"分工的背景下，企业和地点必须围绕"产业价值模块"开展竞争与合作，因此"企业+产业价值模块+地点"三维一体化是"垂直专业化"发展战略的基本构架。但在现有的研究文献中，往往只侧重"垂直专业化"某一方面的研究，缺乏综合系统的研究。本书从"国家战略经济规划区"这一区域层面进行"地点垂直专业化"发展战略的深入研究，通过基于"企业+产业价值模块"二维视角构建国家战略经济规划区"垂直专业化引力指数"，来探讨中国经济被国家战略经济规划区"垂直专业化分割"背景下的"市场一体化"和"生产非一体化"统一机理，预期构建"企业+国家战略经济规划区+产业价值模块"三位一体的"区域垂直专业化"发展理论框架。

第二，在企业与产业模块化组织研究基础上，开拓出"区域经济模块化组织"的新研究领域，并为目前区域经济协调发展战略增添"模块化协同"的发展新思路。根据现有文献对模块化理论和方法的研究，尽管出现了从"技术、产品模块化→企业、产业组织模块化"的研究大趋势，但目前并没有把模块化组织范畴延伸到"区域经济模块化组织"上来，而从本质上来看，本书的研究对象就是一种具体的"区域经济模块化组织"，即国家战略经济规划区模块化网络组织。

第三，延伸价值网研究范畴，形成"区域价值网"协同结网研究的基本理论构架。现有的"价值网"研究重点主要集中在企业价值网上，有关"区域价值网"的研究相对不足，而有关"区域价值网"协同结网的理论构建则基本处于空白之中。本书在对国家战略经济规划区模块化"协调结网"机理研究中，提出基于"企业竞合关系""产业价值模块""地点资源禀赋""政府网络治理"协同结网的"四维"框架，可能会成为未来研究"区域价值网"协同结网战略途径的基本理论构建。

1.1.5.2 不足之处

本书的不足之处主要体现在三个方面：一是对国家战略经济规划区的比较研究缺乏动态性。由于时间关系，本章以 2013 年的统计数据为准对各经济规划区的"垂直专业化引力指数"作静态、横向的比较分析，而没能基于时间推进对各经济规划区的建设成效作出纵向比较。二是数据统计问题。一方面是多数国家战略经济规划区的划分范围包含了县份，但县份的数据在数据库里查找难度非常大或者根本没有公布，因此将查找数据的区域范围定在市一级；另一方面是部分城市的部分指标数据无法查找从而采用了省级数据来进行替代，这在一定程度上会造成偏差。三是规划区选取问题。2005 年以来国家划定的国家战略经济规划区有 30 余个，因为多个规划区的地域范围存在包含或交叉重叠的关系，从而为横向比较带来较大困扰，加上新区包含的区域范围较小，难以查找数据，因此把所有新区规划都进行了删除，最后经过层层比较与权衡只保留了 21 个国家战略经济规划区作为研究样本。

1.2 区域产业"垂直专业化引力指数"评价指标体系构建

1.2.1 指标选取原则

本书采用多指标评价体系来建立各国家战略经济规划区"垂直专业化引力指数"的综合评价模型，多指标体系是由一系列相互联系的指标构成，这些指标需要满足怎样的条件或具备怎样的特征，需要在具体设计时有一定的原则进行规范引导，选取原则具体有如下几个方面。

第一，设计多指标体系要有明确的目的性。多指标评价体系是一个有机整体，各项指标都是为了满足研究的目标而设定。在确定多指标体系中的单项指标时，需要认真考虑它对研究问题的重要性，并依据它所反映的研究对象的特征，确定该指标的名称、含义、单位和计算口径等。本书建立评价指标体系的目的是要评价各个国家战略经济规划区对产业价值模块进行地点"扎根"的吸引力的大小及方向，因此要从影响企业投资选择的区位要素入手，建立多指标评价体系。

第二，设计多指标体系需要以一定的理论为依据。行动需要理论的指导，技术模型的设定也一样离不开理论，只有在正确理论的指导下才能设计出一个科学、完善的多指标评价体系。本书中指标的选取是从各经济规划区对研发、制造和营销服务模块产生垂直专业化引力的原因和影响因素入手，因此需从企业的区位选择理论出发，结合已有的研究文献进行综合考虑。企业的区位选择理论经过古典学派、行为学派、结构主义学派和新经济地理学派等学派的演绎与推进已经较为完善，可以作为本书指标选取的理论支撑。

第三，多指标体系的设计要有科学性。多指标体系为了充分反映复杂事务的特征，需要具有全面性，但并不是由大量简单指标重复堆砌而成，而需要遵循科学严谨的设计方法。科学性要求主要体现在三个方面：一是要层次合理，条理清晰，能形成逻辑统一的有机整体；二是要具有统一性，不仅各单项指标的名称、含义和统计口径要统一，研究的社会经济现象的目的也要统一；三是要具有可比性，要充分考虑统计方法或口径的变迁以及计量单位不同等造成的误差，做到多指标体系在不同的时间和空间范围都具有可比性。出于科学性要求的考虑，本书研究的各个国家战略经济规划区包含的地域范围不一致，如果采用绝对指标则不具有可比性，故本书一律采用相对指标构建国家战略经济规划区"垂直专业化引力"的指标评价体系。

第四，多指标体系的设计要具有可操作性。多指标体系在设计时必须充分考虑数据的可获得性，没有资料支撑，再好的研究思路也难以构建出科学的分析模型。笔者在主观上很希望能采用一些如制度建设等方面的软指标，但是，由于本书研究的时间及个人能力所限，加上软指标数据收集与定权的难度，本书中笔者所设计的多指标评价体系主要是利用现有数据库资料，通过查询原始数据构建国家战略经济规划区对产业价值模块的综合评价模型，而没有采用软指标。

1.2.2　指标选取的理论基础

区位理论是经济地理学以及区域经济学的核心基础理论之一，主要用于解释人类经济活动的空间分布规律。对于企业而言，其所处的地理位置不同，面临的市场、资本、技术等资源环境就会不同，投资回报也会产生明显差异。在利益驱使下，各决策主体会根据自身需要及其约束条件选择最佳的投资区位，在这一过程中，企业需要考虑哪些现实因素以及需要怎样的理论指导等，共同构成了区位选择理论的核心内容。长期以来对区位选择的研究形成了古典理论学派、新古典理论学派、行为学派、结构学派和新经济地理学派等主要流派。

1.2.2.1 古典区位选择理论学派

古典区位理论主要以德国的杜能和韦伯为代表，他们得出最小费用点就是最佳区位点的观点。韦伯通过运用"区位三角形"和"等费用线"等几何方法对企业成本进行研究，认为影响成本的主要因素是运输费用、劳动力成本和集聚效应三个因素，并把最小运输费用点作为工业企业最佳区位点。他认为企业出于费用最小化的考虑，在运输费用、劳动力成本和集聚效应三者之间进行权衡考虑，倾向于选择能带来最大费用节省程度的区位。最小费用学派理论也存在较为明显的缺陷，最小费用区位不一定能够带来最大利润，按照企业逐利的本质，如果不能创造利润，再低的成本也不能吸引其投入资本；另外，该理论学派不考虑市场需求和区位间相互关系对企业区位选择的影响，从而影响了理论的适用性。

1.2.2.2 新古典选择理论学派

"二战"以后，各种区域规划开始盛行，区位要素不断吸引着研究者的重视；网络理论及运筹学方法的大力运用与发展也使区位论获得迅速发展，新古典区位理论就是在此背景下逐渐形成的。新古典区位理论因为接受了新古典经济学中关于市场完全竞争、完全信息等假设而被称为新古典学派。新古典学派主要从完全信息、要素自由流动和企业的理性行为出发，运用传统的演绎方法，推导出企业投资的理想选址是利润最大、成本最小或收益最大的区位。新古典学派也因为其坚持完全竞争市场和完全信息的假设而受到了来自各方的批评，主要是该假设忽视了企业选址时信息搜集成本和信息处理能力的差别，与实际情况不相符。实际上，由于信息不对称和企业对信息处理能力的差异，会产生不同的投资决策效果。

1.2.2.3 行为经济学派

行为经济学派采用归纳法进行研究，通过对经济现象的观察，并进一步分析、概括而得出一般性的结论。该学派的代表人物有普瑞德和施梅内尔。行为学派在考虑企业在获取和处理信息能力及自身拥有的资源差别的基础上,指出企业多数情况下不是进行成本最小或收入最大的最优化计算,而是根据观察,运用经验性判断原则,通过可替代的支出来寻找可供采用的解决方式,即企业的选址是一个渐进的启迪式过程。行为学派认为企业区位决策具有高度的不确定性和复杂性,企业很难进行利润最大化或成本最小化的最优化计算,而好的启迪方法能降低决策问题的复杂性,并能节约信息、时间和资源成本。另外,行为学派也看到了企业的区位决策与其他战略决策的相关性,如企业生产计划的改变以及工艺变化等都会影响企业的选址。

1.2.2.4 结构主义学派

结构主义学派强调企业区域决策与整个国民经济条件的关系,该理论认为新古典学派和行为学派脱离了国民经济运行与社会发展的大环境,只针对单个企业的行为进行研究,并不能客观地反映出企业的区位选择偏好。这一学派认为区位是整个经济环境或经济结构的产物,尤其是资本主义结构的产物。这一观点的主要代表人物是斯科特、沃克尔和麻斯等。他们将资本主义经济体系划分为三个阶段进行研究,发现每个发展阶段中的企业都有不同的区位选择趋向,随着全球化趋势的增强,影响企业区位选择的因素不仅有地区的也有全球的,二者相互融合在一起。除此之外,该学派还强调了劳动力要素的重要性,由于劳动关系在区域间存在差别,从而产生了专业化的区域分工。

1.2.2.5 新经济地理学派

新经济地理学派以阿德尔和克鲁格曼等学者为代表,提出收益递增在经济理论中具有重要作用。克鲁格曼的新经济地理学理论研究了"规模报酬递增规律"如何影响产业的空间集聚,并利用"核心—外围"模型分析了一个国家内部产业集聚的形成原因。他认为产业集聚的形成是某种力量积累的历史过程,一个地理区位可能最初具有某种优势,从而对别的地区的厂商产生吸引力，由此导致这些厂商生产区位的改变，最终产生行业的集聚经济效应。这种集聚经济效应主要来自劳动力市场的"蓄水池效应"、中间投入品效用和技术"外溢"效应。新经济地理学派把区位因素纳入了西方主流经济学的分析框架，使区位理论在不完全竞争和规模报酬递增的框架下获得新发展。

综合各区位选择理论的观点，企业区位选择影响因素主要有运输成本、劳动力成本、自然资源、中间投入品以及公共产品（交通、通信、城市基础设施等）配套、集聚效应等。一方面，不同的产业特征和技术工艺特征对区位要素的要求不一样，另一方面，随着工业化进程的不断推进，经济结构的转变和新产品、新技术的引入，区位因素的意义也会发生改变。自20世纪80年代以来，随着知识经济的发展，技术创新的区位条件成为新的研究对象。许多研究者认为，靠近大学或其他科研机构、高级通信设施、人才储备以及良好的生活环境是影响选择的重要的区位要素。

1.2.3 研发价值模块"垂直专业化引力指数"评价指标体系构建

研究研发模块或研究一国研发能力的文献较为丰富，多数是以案例为基础的实证研究，提出的评价指标也很丰富。

郑京淑（2000）在分析跨国公司在海外设立研发机构的动因时发现，企业在选择海外研究机构的设立区位时，高度倾向于少数有雄厚科研实力、人才集聚、信息密集、有完善的科学研究服务设施并有相关产业高度集聚的发达国家中心城市或科技园区。

江小涓（2000）通过对跨国公司在我国设立研发机构的影响因素的分析，得出我国市场的良好前景、技术进步、科研人才及其能力、与其总部共生、国家政策等是吸引外资研发机构落户的重要因素。

薛澜、王书贵、沈群红（2001）则概括出影响跨国企业在华设立独立研发机构的要素主要有市场因素（是否接近市场）、当地科技资源优势、研发效率、国家政策、贸易壁垒、竞争压力等。

喻世友（2004）认为外商直接投资（FDI）规模、东道国的国内生产总值（市场规模）、知识产权保护力度是影响跨国公司 R&D 投资选择的关键因素。

李安方（2004）在经过系统研究后得出东道国的市场规模、科技发展水平、科技人员供应与工资水平、知识产权保护状况、市场结构、文化背景等因素共同影响着跨国公司海外研发区位的选择。

杜德斌（2005）通过对不同类型的研发企业的研究，得出靠近市场、获取技术溢出效应、利用当地有利的研发环境和技术资源等是研发类企业选择投资地点的重要影响因素。

涂涛涛、张建华（2006）通过对美国跨国公司的研究，提出在其他因素不变的条件下，东道国的市场规模、技术设施（网络和通信等基础设施）和技术资源的可利用性（科技人才供给等）对 R&D 投资进入具有正面影响。

何琼（2006）通过对跨国企业在中国的 R&D 投资区位因素的回归分析得出跨国研发投资与我国各省 FDI 水平、市场规模、人力资本水平、基础通信设施水平、商贸环境以及知识产权保护水平呈相关关系，其中市场规模、外国直接投资、知识产权保护力度和人力资本水平等是重要的决定因素。

张利飞（2009）提出影响跨国公司设立海外研发机构的主要因素有东道国的市场规模、研发人力资源、科技水平、知识产权保护力度、政策环境等。

陈健、徐康宁（2009）在研究中发现东道国的市场规模、工资水平、通信能力、金融环境、制度因素等对海外研发活动的区位选择存在重要影响。

杜军（2011）研究了跨国公司的不同投资动机，得出东道国的 FDI 规模和市场容量、科技水平、科技人才的供给、技术设施与环境保障程度等是跨国公司开展海外研发活动的重要影响因素。

通过对以上文献进行梳理，区域对研发价值模块产生引力的影响因素大概可以归纳为：政府对研发的重视（投入、政策）、技术支持（通信能力）、研发人力资源（数量、成本）、产业聚集优势（技术溢出）、市场规模（FDI 投资存量）、投资环境等。这些要素既有政府层面的也有产业层面的。通过系统的梳理与斟酌，特选取以下指标作为评价国家战略经济规划区对研发价值模块"垂直专业化引力"的标准，如表 1-2 所示。

表 1-2   研发价值模块引力指数指标选取

代码	指标选取	指标说明	评价标准	单位
a1	市场的开放度	一个区域的市场越开放，对国外先进技术的学习吸收能力越强，越有利于营造良好的研发环境	进出口额占区域 GDP 的比重	%
a2	信息化水平	研发类企业对信息畅通程度的要求较高，需要利用通信设施及时获取外界信息，进行交流；同时，通信发达地区的居民接受外界资讯的速度和能力较强，更具有创新意识	互联网户均开户数（互联网户数/总户数）	户
a3	对知识产权的保护	当地对科技成果越重视，对知识产权的保护越有力，越能激发企业的创新意识	每百万人均专利授权数	项/百万人
a4	当地政府的科技投入情况	政府对科技支出的占比显示出其对科研的重视程度，政府对科研的重视有利于营造良好的创新氛围，使企业获得较大的溢出效应	政府科技支出占公共财政支出的比重	%
a5	研发人力资本	及时低成本地获取当地的研发人才是企业进行研发投资所考虑的重要因素，科技人员储备越丰富，越能获得竞争优势	R&D 人员占区域人口总数的比重	%
a6	科技成果转化能力	区域科技实力越强，科技市场建设越完善，对企业的研发越具有促进作用	技术市场交易额占区域 GDP 的比重	%
a7	研发资金投入	一个区域的政府对科技的重视和扶持力度越大，越能形成好的研发氛围	政府研发资金投入占 GDP 的比重	%

续表

代码	指标选取	指标说明	评价标准	单位
a8	科研机构	科研机构的数量越多，产生的知识成果越丰富，企业获得的支持和溢出效益就越大	每百万人拥有研发与发展（R&D）机构数	个/百万人
a9	FDI 规模	一个地区 FDI 规模越大，越有利于产业链的延伸，对研发活动的支持度就越高	前一期 FDI 总量占区域 GDP 的比重	%

资料来源：笔者据已有研究总结所得。

1.2.4 制造价值模块"垂直专业化引力指数"评价指标体系构建

目前学术界研究制造业"垂直专业化"的文献较为丰富，本书选取一些较有影响力的文献作为选取制造引力评价指标的参考依据。

韦伯是古典区位论的创立者，他认为，工业企业区位选择是劳动力费用、运输费用和集聚作用共同作用的结果。

贺灿飞、谢秀珍（2006）通过对中国制造业地理集中现象的研究，发现劳动力强度和技术强度能明显地促使制造业地理集中，比较优势、规模经济和经济全球化参与程度等因素对中国制造业空间分布有着显著影响。

楚波（2007）认为各企业的投资偏好不同，对区位要素的要求也不相同。但工业园区聚集和交通运输便利会提高企业的投资选择。

李宏艳、齐俊妍（2008）提出与投资国间存在的生产前后关联、利用FDI 规模和运输成本等都会影响一国在垂直专业化分工中所处的地位。

刘钜强、赵永亮（2010）对中国经验数据的动态面板进行了回归分析，结果显示低劳动成本依然是制造业企业进行区位选择的重要参考指标；中间产品和最终产品的市场活动从不同层面影响着制造业的区位选择；交通基础设施是促进企业区位选择的主要指标。

叶素云、叶振宇（2012）利用2000～2010年间中国286个城市的数据，通过对不同时段、区域和所有制类型的工业企业进行分析，结果显示国内市场潜力、地区资源禀赋条件、工业税负水平对工业布局影响显著。

李瑞琴、张晓涛（2013）通过对假设的验证，得出我国地区的要素禀赋仍然是决定我国产业选择的重要因素；地区产业的区位选择对该地区交通的便利性以及市场一体化程度非常敏感；地区完善的工业基础和生产性服务的配套程度也是决定产业区位选择的重要因素。

孔翔、杨宏玲、黄一村（2013）认为劳动力和土地、自然资源等要素禀赋和交易成本节约是决定企业布局海外的关键因素。他们通过回归模型得出名义工资水平对加工制造区位的影响有限，效率工资水平对成本的影响更大；运输距离与加工贸易规模的负相关关系非常明显，基础设施建设是吸引外资的重要因素；提高市场开放程度和市场化水平以及集聚经济有利于加工制造业的发展。

年猛（2014）利用1999～2007年间中国工业企业数据库，以新经济地理理论为基本分析框架对制造业区位选择的主要因素进行研究，结果表明市场规模越大、城市化经济特征越明显，越有利于制造业企业的迁入。

综合上述文献数据，影响区域"制造价值模块引力指数"的因素大致可以分为以下几大类：劳动资源（数量规模和成本效率）、自然资源禀赋、交通基础设施、政策优惠（税负水平、土地价格）、相关产业状况（工业基础及配套设施与服务）、市场开放度、规模效应和集聚经济等。因而取以下指标作为评价国家战略经济规划区对制造价值模块"垂直专业化引力"的标准，如表1－3所示。

表1－3　　　　　　　制造价值模块引力指数指标选取

代码	评价指标	指标说明	变量选取	单位
b1	市场的开放度	一个区域的市场开放度反映了其参与全球垂直专业化的程度，参与程度越高越有利于外资引进	进出口额占区域GDP的比重	%

续表

代码	评价指标	指标说明	变量选取	单位
b2	信息化水平	制造模块的采购、储存、加工、制造等各环节都需要网络技术的运用和普及，网络使用率高的地区有利于流程管理和信息交流	互联网的户均开户数（互联网户数/总户数）	户
b3	劳动力市场的发育程度	劳动力市场发育程度越高，企业及时获得劳动力的成本就越低，越有利于开展生产；充足的劳动力供给可以带来规模经济	制造业就业人数占区域总人数的比重	%
b4	能源富集度	丰富的能源储备能带给企业原料采购的便利度和低成本优势	人均能源产量	吨
b5	综合运输能力	制造业对地区的运输承载能力要求较高，原材料采购和制成品的流通都需要较强的运输能力。由于地理区位的差异，各区域运输方式差异较大，公路、铁路和水运货运量反映了区位的综合运输能力	人均公路、铁路和水运货运量	吨
b6	土地价格	制造业用地规模较大，土地成本占总成本支出较大比例，土地价格优惠会带来低成本优势	平均土地价格	万元/公顷
b7	工资的效率水平	制造业对劳动力成本较为敏感，成本越低，竞争优势越明显；但当地的经济发展水平和生产效率也会影响企业的成本，因而不能仅用工资水平来衡量用工成本的高低	区域工资的效率水平（人均GDP/人均工资）	%
b8	区域的税收水平	税收优惠对制造业有较大吸引力，能直接降低企业成本	区域工业应交增值税占工业产品销售收入的比重	%
b9	市场活跃度	市场化水平高的地区民营企业投资积极性高，市场交易的活跃度较高，有利于为制造业发展创造良好环境	地区国有企业总产值占工业企业总产值的比重	%
b10	工业基础	工业基础雄厚的地区能为新进企业提供更多可以共享的资源，从而降低企业的成本	区域工业总值占区域GDP的比重	%
b11	FDI规模	一个地区FDI规模越大，越有利于产业链的延伸，对制造活动的支持度越高	前一期FDI总量占GDP的比重	%

备注：土地价格、税收水平、市场活跃度三个指标选取的变量对模型效果起逆向作用，因此在进行模型分析时取倒数。

资料来源：笔者据已有研究总结所得。

1.2.5 营销价值模块"垂直专业化引力指数"评价指标体系构建

在关于产业价值链的研究文献中，基本都把营销和服务放在一个模块进行研究，因而本书在选取指标时也把二者放在一起考虑。单独研究营销价值模块和售后服务模块的文献较少，本书从营销和服务角度选取几篇较为权威的文献作为参考依据。

陈菲（2005）以美国服务外包情况为例，对服务外包的发展动因和影响服务外包的各种力量的强弱进行研究，认为信息技术发展、全球化程度、市场变迁程度、总成本、人均 GDP 存在显著影响。

吴晓云（2006）认为影响企业拓展销售市场的驱动要素主要有市场因素（"全球顾客"的影响度和市场环境的成熟度）、成本因素（规模经济性）、竞争因素（行业全球化特征）、技术因素（营销网络的支持）、环境因素（金融等服务支持）等要素。

唐宜红、王林（2012）利用我国 1997～2008 年间各服务业分行业的面板数据对我国服务业外商直接投资的决定因素进行实证检验。结果表明，我国的市场规模、贸易开放度、经济增长率及服务业发展水平、集聚因素（前期 FDI 水平）是吸引服务业 FDI 的主要因素。

方远平、阎小培、陈中暖（2008）认为影响服务型企业区位选择的主要因素有市场与集聚因素（消费人口总量与密度、构成，居民收入与消费水平，市场范围与潜力，商业设施布局，配套设施情况等）、交通通信因素等。

鄂丽丽（2008）认为影响服务外包竞争的因素主要有三大类：一类是外生因素，如政府政策、国家风险和基础设施等，一类是催化因素，即文化兼容性和人力资源储备等，还有一类是商业环境因素，包括成本优势、服务提供商的技能等。

陶爱萍、黄小庆（2014）利用 2005～2012 年间安徽省对外进出口贸易的相关面板数据分析了安徽省对外贸易的区位选择问题，验证了对外贸易倾向于高经济规模、低双边距离以及经济发展水平较高的国家（或地区）这一传统论断。

张海涛（2010）论述了在集群环境下的企业营销绩效评价指标体系研究中营销网络和竞争环境的重要性。

薛求知、宋丽丽（2008）对影响信息技术服务离岸外包区位选择的影响因素进行实证研究，结果显示劳动力成本、劳动力素质、IT 基础设施状况及东道国的经济发展水平对服务离岸外包有显著影响。

通过对以上文献进行整理可知，影响营销服务价值模块进行地点扎根的主要因素有市场规模（居民收入和消费水平）、基础设施（交通和通信网络）、劳动力状况（成本和素质）、市场开放程度及金融环境等，特选取如下指标作为评价国家战略经济规划区对营销服务模块"垂直专业化引力"的标准，如表 1-4 所示。

表 1-4　　　　　　　　　营销价值模块引力指数指标选取

代码	评价指标	指标说明	变量选取	单位
c1	市场消费容量	市场的消费空间直接关系到产品的销售业绩，消费潜力越大的地区越有利于开拓消费市场	人均社会消费品零售额	元
c2	收入水平	收入水平高的地区居民消费潜力大，消费层次高，对产品销售吸引力较大	城镇和农村居民人均可支配收入	元
c3	城市化水平	城镇居民的消费水平和需求层次都明显高于农村，城市化水平高的地区消费能力大	城镇（非农业）人口占区域总人口比重	%
c4	信息化水平	随着网购成为越来越普遍的购买方式，互联网的发达对产品销售形成强大支撑；同时现代物流业务拓展和流程升级也依赖于网络通信的发展	互联网的户均开户数（互联网户数人数/总户数）	户

续表

代码	评价指标	指标说明	变量选取	单位
c5	市场的开放度	一个区域的市场越开放,对外贸易往来就越频繁,越有利于产品市场的拓展和品牌推广	进、出口额占区域 GDP 的比重	%
c6	金融服务体系的发展程度	金融业的发达程度直接关系到企业获取资金支持的成本和消费者消费能力的提升与降低	贷款额占区域 GDP 的比重	%
c7	服务业发展水平	整个服务业的发展水平和发展环境关系对服务外包和消费水平的提高有重要影响	第三产业总值占区域 GDP 的比重	%
c8	交通网络	完善的道路基础设施能降低交通运输成本,加大产品流通;同时交通网络的发达有利于延伸产品的市场范围,拓展销售空间	公路密度(等级公路里程数/区域面积)	公里/百平方公里
c9	城市人口的密集程度	城市居民的消费意识和消费能力都较强,对高端产品的接受能力更强,因而城市人口密集的地区消费潜力更大,消费档次更高,产品销售的盈利空间更大	城市人口密度	人/平方公里

资料来源:笔者据已有研究总结所得。

1.2.6 区域产业"垂直专业化引力指数"评价模型方法选取与样本数据收集

1.2.6.1 模型方法选取

1.2.6.1.1 基于因子分析法建立引力评价体系

因子分析法是通过研究多个变量的相关矩阵的内部依赖关系,提炼出能代替所有变量的少数公因子,然后将每个指标变量以公共因子的线性组合表示,以再现原始变量与公因子之间的相互关系。因子分析法的特点是在保留原始变量大部分信息的前提下,提炼出少量相互线性不相关的公因子,用少数变量来解释整个问题,以达到简化观测系统,便于经济分析的目的,其核心是通过因子提取实现变量降维和因子载荷矩阵的求解。因子分析法具有以下几个优点：通过提取公因子来代替多个指标变量，对指标变量进行"降维"从而能简化运算；各公因子之间不存在明显的相关性，并能对因子进行独立命名，便于解释经济现象；对权重的确定较为客观，避免了人为定权的主观性。

引力评价模型中涉及的经济变量众多且存在较大相关性，如果直接以原始变量进行分析，易造成分析过程复杂、经济意义解释不清楚、分析结果不符合实际等问题。本书中基于因子分析法建立的评价体系，可以在尽可能多地收集相关变量以更全面反映研究问题的同时，提炼出具有更清晰经济解释意义的公因子，既保存了原有的大部分信息，又使得分析过程更加明了，结果更加精确。

本书基于因子分析法建立评价体系，该体系由三个等级指标进行评价，一级指标是综合水平指标 Z，二级指标是引力模型中提炼出来的公因子 $F_j(j=1, 2, 3, \cdots, m)$，三级指标是原始变量的信息贡献值。其中，三级指标是通过原始变量标准化后的成分得分系数矩阵获得的，三级指标与原指标 $X_h(h=1, 2, 3, \cdots, p)$ 相对应，记作 $VX_h(h=1, 2, 3, \cdots, p)$，三级指标权重由主成分分析自动赋权的功能取得；接下来由三级指标构建二级指标，权重即为各个指标的因子成分得分系数 $W_{hj}(h=1, 2, 3, \cdots, p; j=1, 2, 3, \cdots, m)$；再由二级指标构建一级指标，权重是各个公因子的方差贡献率与累积方差贡献率的比值，记公因子 F_j 对应的方差贡献率为 $\lambda_j(j=1, 2, 3, \cdots, m)$，则有如下公因子和综合得分的计算公式。

$$F_j = \sum_{h=1}^{p} W_{hj} \times VX_h(h=1, 2, 3, \cdots, p; j=1, 2, 3, \cdots, m) \qquad (1-1)$$

$$Z = \frac{\lambda_1}{\lambda_1 + \lambda_2 + \cdots + \lambda_m}F_1 + \frac{\lambda_2}{\lambda_1 + \lambda_2 + \cdots + \lambda_m}F_2 + \cdots + \frac{\lambda_m}{\lambda_1 + \lambda_2 + \cdots + \lambda_m}F_m$$

$$(1-2)$$

1.2.6.1.2　引力评价体系因子分析法的运用

因子分析法主要有以下步骤：数据标准化处理→相关矩阵 R→变量相关分析→求 m 个主成分（m 个公因子）→求因子载荷矩阵 $A_{p \times m}$→对 $A_{p \times m}$

进行旋转→计算因子得分→求出综合评价模型，具体阐述如下。

第一，原始数据的标准化处理。原始数据标准化处理能有效避免由于量纲不同造成的可比性偏差或有较大方差的变量过分影响因子载荷的确定等问题。假设引力模型中有 n 个区域和 p 个变量，原始数据为：

$$X = \begin{bmatrix} x_{11} & x_{12} & \cdots & x_{1p} \\ x_{21} & x_{22} & \cdots & x_{2p} \\ \cdots & \cdots & \cdots & \cdots \\ x_{n1} & x_{n2} & \cdots & x_{np} \end{bmatrix}_{n \times p}$$

经过标准化处理后：

$$X_{ij}^* = \frac{x_{ij} - \bar{x}_j}{\sqrt{\mathrm{var}(x_j)}}, \ i = 1, 2, \cdots, n, \ j = 1, 2, \cdots, p \qquad (1-3)$$

其中 $\bar{x}_j = \frac{1}{n} \sum\limits_{i=1}^{n} x_{ij}$，$\mathrm{var}(x_j) = \frac{1}{n} \sum\limits_{i=1}^{n} (x_{ij} - \bar{x}_j)^2$，$j = 1, 2, \cdots, p$。标准化数据体现了原始数据对平均值的偏离程度，大于零表明高于平均水平，低于零表明低于平均水平。在标准化完成后得到的 X_{ij}^* 仍用 X_{ij} 来表示，方便下一步的分析。

第二，计算引力模型相关矩阵 R。

$$R = (r_{ij})_{p \times p} = \frac{1}{n}X, \ X = \frac{1}{n} \begin{bmatrix} x_{11} & x_{21} & \cdots & x_{n1} \\ x_{12} & x_{22} & \cdots & x_{n2} \\ \cdots & \cdots & \cdots & \cdots \\ x_{1p} & x_{1p} & \cdots & x_{np} \end{bmatrix} \begin{bmatrix} x_{11} & x_{12} & \cdots & x_{1p} \\ x_{21} & x_{22} & \cdots & x_{2p} \\ \cdots & \cdots & \cdots & \cdots \\ x_{n1} & x_{n2} & \cdots & x_{np} \end{bmatrix}$$

即 $r_{ij} = \frac{1}{n} \sum\limits_{i=1}^{n} x_{ij}x_{ij}(i, j = 1, 2, \cdots, p)$，而 $r_{11} = r_{22} = \cdots = r_{pp} = 1$。

第三，进行变量相关性分析。运用因子分析法的前提是变量之间存在线性关系，即变量之间存在较多的信息重叠，这样才能通过提取公因子以达到减少分析变量的目的。因而需对指标变量进行相关性检验，只有通过检验才能构建因子分析模型。相关性检验通常采用 KMO 值测度和 Bartlett 球形检验法。KMO 检验（Kaiser - Meyer - Olkin）统计量是用于比较变量简单相关系数和偏相关系数的指标。KMO 统计量取值在 0 ~ 1 之间，一般地，KMO 值大于 0.5 便可以采用因子分析法。Bartlett 检验假设原有变量的相关系数矩阵是单位矩阵，其检验统计量是根据相关矩阵的行列式计算得到，且近似服从卡方分布。如果该统计量的观测值比较大，且对应的概率 P 值小于给定的显著性水平 a，则应拒绝原假设，认为原有变量的相关系数矩阵不是单位矩阵，变量之间存在相关性，适合做因子分析；反之，则不适合。

第四，提取主成分。通过矩阵 R 求出 p 个特征值并按照从大到小排列，即 $\lambda_1 \geqslant \lambda_2 \geqslant \cdots \geqslant \lambda_p \geqslant 0$，然后求出每个特征值所对应的特征向量 $e_1 \geqslant e_2 \geqslant \cdots \geqslant e_p \geqslant 0$。本书以特征值的累积贡献率大于 80% 为依据来选择主成分（公因子），个数 m。选择累积贡献率大于 80% 的特征值保证了原始变量的信息量，即选择出的 m 个公因子能代表原始变量的大部分信息。由于公因子数 m 远小于 P，则使分析由复杂变得简洁，简化了分析系统。

第五，构建引力评价模型。通过计算因子载荷矩阵可得出因子分析模型：

$$\begin{cases} X_1 = a_{11}F_1 + a_{12}F_2 + \cdots + a_{1m}F_m \\ X_2 = a_{21}F_1 + a_{22}F_2 + \cdots + a_{2m}F_m \\ \qquad\qquad \cdots \\ X_p = a_{p1}F_1 + a_{p2}F_2 + \cdots + a_{pm}F_m \end{cases}$$

其中，F_1，F_2，…，F_m 为公因子：$a_{ij}(i = 1, 2, \cdots, p; j = 1, 2, \cdots, k)$ 为因子载荷，是第 i 个变量在第 j 个因子上的负荷。因子载荷的绝对值 ≤1，绝对值越接近 1，表明因子 F 与变量 X 的相关性越强。因此，P 个指标变量都可以由互不相关的公因子 F 来线性表示。

第六，明确公因子的经济含义。通常情况下，因子载荷矩阵往往会出现某个因子载荷的绝对值在多个列上或行上有较大的取值（通常大于0.5），即表明存在有公因子能够同时解释多个变量信息，或只能解释变量较少部分信息的情况，从而使公因子不能典型地代表任何一个原有变量，公因子实际含义是模糊的。而在实际工作中需要对公因子代表的经济意义有清楚的认识,才能更好地解释经济现象。为此,可以通过因子旋转的方式重新分配各个公因子解释原始变量方差的比例,使公因子能代表更明确的实际意义。通常使用方差最大正交旋转法进行旋转,让公因子的负载荷系数接近 1 或者 0,使公因子具有明显区别度和聚合度。

第七,计算引力评价体系指标得分。采用因子分析法的最终目的是获得有效的引力评价得分,以此来衡量和对比各区域的引力状况。当公共因子 F 确定后,就可以计算各公因子在每个样本上的得分,即成分得分系数矩阵,由此得到三级指标评价得分;二级评价即各公因子 F 的得分值,是以三级指标评价得分为基础,由每个公因子 F 所对应的指标成分得分系数与指标值相乘计算加权平均数而得,如公式(1-1)所示;在二级指标得分值确定后,通过以各公因子的解释总方差占比来确定其权数,每个公因子 F 的系数(权数)大小表示了该公因子 F 对整体信息解释的重要程度,综合得分的计算如公式(1-2)所示。

综上所述,从指标的确定和相关性分析、信息的提炼、评价分值的计算,到最终综合得分的获得,构成了一个完整的评价体系。本书构建引力模型的因子分析过程均通过 spss18.0 完成,在建立模型之前如果发现存在逆向指标,则进行数据逆向处理(取倒数),以便使同一因子中所有指标对最终目的的解释方向一致。

1.2.6.2 研究样本选取

2005~2012 年间批复建设的国家战略经济规划区共有 37 个,本书删除了 16 个经济规划区,只保留了 21 个有代表性的国家战略经济规划区作为研究样本。删除的情况说明如下:上海浦东新区、浙江海洋经济区、江苏沿海经济区、舟山群岛新区和连云港区域合作示范区,因为都包含在长三角经济区之内而被删除;重庆和成都综合配套改革试验区与重庆两江新区,因为包含在成渝经济区之内而被删除;横琴新区、深圳综合改革试验区和广州南沙新区,因为包含于珠三角经济区之内而被删除,广东海洋经济区因为更注重海洋经济特色,与其他经济区的相似性相对较少而被删除;黄河三角洲高效生态经济区因为与山东半岛经济区交叉的区域较多且包含几个县级市,数据难以精确查找因而被删除;平潭综合试验区因为包含于海峡西岸经济规划区而被删除;天津滨海新区、柴达木循环经济试验区、兰州新区因为公开的数据较少很难展开研究,因而被删除。书中保留的 21 个经济规划区都比较具有代表性,长株潭城市群和武汉城市圈批复时间较早,而且是"两型社会"建设的典型区域,是湖南省、湖北省经济发展的增长极;广西北部湾经济区面向东南亚,是拉动广西壮族自治区经济发展的引擎和发展中国—东盟关系的窗口;海南省经济仍然处于落后水平,海南国际旅游岛经济区致力于开拓旅游国际化道路以提升海南省的经济发展水平;鄱阳湖生态经济区对探索产业生态化道路,实现经济与自然和谐发展有着重要意义;长吉图开发开放先导区是面向东北亚合作的桥头堡,对东北地区尤其是吉林省经济走出国门,提高竞争力尤为重要;辽宁沿海经济带和沈阳经济区都位于辽宁省内,但二者的定位和特色都有较大差别,一个倾向于沿海开发开放,另一个倾向于探索新型工业化道路,都很具有代表性;关中—天水经济区跨越陕西和甘肃两省,且强调科技创新,是西北地区的重要经济走廊;海峡西岸经济区对对台合作,实现两岸产业共建、文化融合具有重大意义;之所以保留长三角经济区和珠三角经济区而删除与之有包含或交叉关系的区域是因为这两个规划区走在改革开放的最前沿,是中国产业发展与层次升级的领头羊,对区域经济的发展具有标杆性意义和极好的借鉴作用;皖江产业转移示范区对我国中西部地区承接产业转移具有示范性作用;河北沿海经济区是河北省的经济增长极,也是环渤海地区构建合作网络的重要组成部分;成渝经济区是我国西部地区开发开放较好的内陆型经济区,对内陆经济的发展有较好的示范作用;山东半岛蓝色经济区是黄渤海经济圈的重要一级,近年来发展势头迅猛,对全国经济发展有很强的借鉴意义;中原经济区作为农业主产区对我国粮食生产举足轻重,正走在实现"三化"的探索道路上;宁夏经济区是加强中国与阿拉伯国家经贸合作的窗口,该经济区的发展对民族团结和国际合作有着重要意义；黔中经济区位于贵州省内，属于山地型经济区，经济发展整体处于落后水平，但依然不乏经济增长点，其民族特色产业有着良好的开拓前景；陕甘宁革命老区被纳入国家战略经济规划的范畴，表明国家对革命老区经济建设的重视，有利于改变革命老区的落后面貌，创新老区发展道路；呼包银榆经济区作为我国资源最富集的区域，但经济整体水平依然不高，这正说明我国资源型区域需要进行产业结构升级的重要性和迫切性。这21个经济规划区可以勾勒出我国新的经济版图，样本规划区选取及内部组成如表1-5所示。

表1-5　　　　　　　　　　　　　样本规划区一览

序号	区域名称	所属辖区	所含地域
1	武汉城市圈综合配套改革试验区	湖北省	武汉、黄石、鄂州、孝感、黄冈、咸宁、仙桃、天门、潜江
2	长株潭城市群综合配套改革试验区	湖南省	长沙、株洲、湘潭
3	广西北部湾经济区	广西壮族自治区	南宁、北海、钦州、防城港、崇左、玉林
4	海南国际旅游岛	海南省	海南省全境
5	鄱阳湖生态经济区	江西省	南昌、景德镇、鹰潭三市及九江、新余、抚州、宜春、上饶、吉安等部分县
6	长吉图开发开放先导区	吉林省	长春、吉林部分区域和延边州
7	辽宁沿海经济带	辽宁省	大连、丹东、锦州、营口、盘锦、葫芦岛
8	关中—天水经济区	陕西省、甘肃省	陕西省西安、铜川、宝鸡、咸阳、渭南、杨凌、商洛（部分区县）和甘肃省天水所辖行政区
9	海峡西岸经济区	福建省	福建省全境、浙江省温州、衢州、丽水，广东省汕头、梅州、潮州、揭阳，江西省上饶、鹰潭、抚州、赣州
10	珠三角经济区	广东省	广东省广州、深圳、珠海、佛山、江门、东莞、中山、惠州、肇庆9个市

续表

序号	区域名称	所属辖区	所含地域
11	长三角经济区	上海、江苏省、浙江省	上海、江苏省、浙江省
12	沈阳经济区	辽宁省	以沈阳为中心，辐射鞍山、抚顺、本溪、营口、埠新、辽阳、铁岭8市
13	皖江城市带产业转移示范区	安徽省	安徽省合肥、芜湖、马鞍山、铜陵、安庆、池州、巢湖、滁州、宣城9市
14	河北沿海经济区	河北省	秦皇岛、唐山、沧州
15	成渝经济区	四川省、重庆	重庆、四川省
16	山东半岛蓝色经济区	山东省	山东全部海域和青岛、东营、烟台、潍坊、威海、日照6市及滨州市的无棣、沾化2个沿海线所属陆域
17	宁夏内陆开放型经济试验区	宁夏回族自治区	宁夏回族自治区全境
18	黔中经济区	贵州省	贵阳、遵义、仁怀、安顺、毕节、黔东南州凯里、黔南州都匀、福泉
19	陕甘宁革命老区	陕西省、宁夏回族自治区、甘肃省	陕西省延安、榆林、铜川，甘肃省庆阳、平凉，宁夏回族自治区吴忠、固原、中卫等8个地级市，以及陕西省富平、旬邑、淳化、长武、彬县、三原、泾阳，甘肃省会宁，宁夏回族自治区灵武等9个县（市）
20	中原经济区	河南省、河北省、山西省、安徽省、山东省	河南省全境，河北省邢台、邯郸，山西省长治、晋城、运城，安徽省宿州、淮北、阜阳、亳州、蚌埠和淮南市凤台县、潘集区，山东省聊城、菏泽和泰安市东平县
21	呼包银榆经济区	内蒙古自治区、宁夏回族自治区、陕西省	内蒙古自治区呼和浩特、包头、鄂尔多斯、巴彦淖尔、乌海、锡林郭勒盟的二连浩特、乌兰察布市的集宁区、卓资县、凉城县、丰镇、察哈尔右翼前旗、阿拉善盟的阿拉善左旗，宁夏回族自治区的银川、石嘴山、吴忠，中卫市的沙坡头区和中宁县，陕西省榆林

资料来源：作者根据各规划区批复报告整理而得。

1.2.6.3 国家战略经济规划区情况简介

（1）武汉城市圈综合配套改革试验区。该规划区所辖区域为武汉、黄石、鄂州、孝感、黄冈、咸宁、仙桃、天门、潜江9市，规划期为2006～2020年。设立武汉城市圈综合配套改革试验区是落实节约资源和保护环境基本国策，推进新型工业化、城市化，实现经济社会可持续发展的重要改革探索和部署。规划区的战略定位是建成以长江经济带为主轴的东中西部互动发展的关键接力点与推进器、内陆地区先进制造业高地和现代服务中心、促进中部崛起的重要战略支点，目标是建设活力城市圈、形成快捷城市圈、打造安全城市圈、构建生态城市圈。

（2）长株潭城市群综合配套改革试验区（以下简称为"长株潭城市群"）。规划区以长沙、株洲、湘潭三市为依托，辐射周边岳阳、常德、益阳、衡阳、娄底五市的区域，规划期为2008～2020年。长株潭城市群位于京广经济带、泛珠三角经济区、长江经济带的结合部，具备建设区域性中心城市群、影响和辐射四方的区位优势。规划区内部结构紧凑，区位条件优越，自然资源丰富，生态环境良好，历史文化特色鲜明，是国家不可多得的城市群资源。同时，也面临着城市群一体化进程相对滞缓，经济发展转型仍然艰难，中心城市的枢纽地位偏低，发展与保护的矛盾依旧突出，资源紧缺与利用低效并存等问题。规划区的战略定位是建成全国"两型社会"建设的示范区，中部崛起的重要增长极，全省新型城镇化、新型工业化和新农村建设的引领区，具有国际品质的现代化生态型城市群。目标是建设全国城市群协同发展的先行区，全国生态文明建设的样板区，长江经济带承东启西的支撑区，内陆开放与自主创新的先导区，全省率先迈向基本现代化的引领区。

（3）广西北部湾经济区。规划区地处我国沿海西南端，由南宁、北海、钦州、防城港四市所辖行政区域组成，规划期为2006～2020年。北部湾经济区地处华南经济圈、西南经济圈和东盟经济圈的结合部，是我国西部大开发地区唯一的沿海区域，也是我国与东盟国家既有海上通道、又有陆地接壤的区域，区位优势明显，战略地位突出。同时也面临着北部湾经济区总体经济实力还不强，工业化、城镇化水平较低，现代大工业较少，高技术产业薄弱，经济要素分散，缺乏大型骨干企业和中心城市带动；港口规模不大，竞争力不强，集疏运交通设施依然滞后，快速通达周边省特别是珠三角大市场以及东盟国家的陆路通道亟待完善，与经济腹地和国际市场联系不够紧密；现代市场体系不健全，民间资本不活跃，创业氛围不浓等问题。其功能定位是立足北部湾、服务"三南"（西南、华南和中南）、沟通东中西、面向东南亚，充分发挥连接多区域的重要通道、交流桥梁和合作平台作用，以开放合作促开发建设，努力建成中国—东盟开放合作的物流基地、商贸基地、加工制造基地和信息交流中心，成为带动、支撑西部大开发的战略高地和开放度高、辐射力强、经济繁荣、社会和谐、生态良好的重要国际区域经济合作区。

（4）海南国际旅游岛。规划区域范围为海南省全境，规划期为2010～2020年。海南省有着独特的区位优势和丰富的旅游资源，但在规划初期，总体上仍属于欠发达地区，存在经济实力不强，城镇化发展不足，经济结构层次偏低，产业整体素质不高，企业市场竞争力不强；对外开放水平有待进一步提高，国际贸易、利用外资总量和入境游客规模偏小；重大交通设施发展滞后，快速通达周边地区的出岛通道亟待完善；旅游产品创新不足，配套服务不完善等问题。其战略定位是建成我国旅游业改革创新的试验区、世界一流的海岛休闲度假旅游目的地、全国生态文明建设示范区、国际经济合作和文化交流的重要平台、南海资源开发和服务基地、国家热带现代农业基地。

（5）鄱阳湖生态经济区。规划范围包括南昌、景德镇、鹰潭3市，以及九江、新余、抚州、宜春、上饶、吉安的部分县（市、区），共38个县（市、区），规划期为2009～2015年，远期展望到2020年。鄱阳湖位于长江中下游南岸、江西省北部，是我国最大的淡水湖，是四大淡水湖中唯一没有富营养化的湖泊，同时也是具有世界影响力的重要湿地。鄱阳湖地区位于沿长江经济带和沿京九经济带的交汇点，是连接南北方、沟通东西部的重要枢纽；毗邻武汉城市圈、长株潭城市群、皖江城市带，是长江三角洲、珠江三角洲、海峡西岸经济区等重要经济板块的直接腹地。但经济区的综合经济实力不强，区域竞争力较弱，优势产业和优势企业不多，社会事业发展滞后，人力资源开发培养不足，生态经济区经济社会发展的基础较为薄弱；重开发、轻保护的传统发展模式惯性依然较大。其发展定位是建成全国大湖流域综合开发示范区、长江中下游水生态安全保障区、加快中部崛起重要带动区、国际生态经济合作重要平台。

（6）长吉图开发开放先导区。本规划区的主要范围是中国图们江区域的核心地区，即吉林省范围内的长春、吉林部分区域和延边州，同时辐射我国其他参与图们江区域国际合作的辽宁省、黑龙江省和内蒙古自治区等地区，规划期为 2009～2020 年。经过十几年的开发建设，图们江区域已成为我国参与东北亚地区合作的重要平台。图们江区域与东北亚国家资源禀赋互补性强，经济技术合作的空间广阔，加快发展的潜力巨大。图们江区域合作开发还面临着一些不利因素，主要有：对外运输道路通而不畅，产业国际竞争力不强，腹地与前沿联动不够，窗口地区经济总量不大，体制机制创新不足等。其战略定位是建成我国沿边开放开发的重要区域、我国面向东北亚开放的重要门户、东北亚经济技术合作的重要平台、东北地区新的重要增长极。

（7）辽宁沿海经济带。该规划区位于我国东北地区，毗邻渤海和黄海，包括大连、丹东、锦州、营口、盘锦、葫芦岛 6 个沿海城市所辖行政区域，规划期为 2009～2020 年。辽宁沿海经济带是我国北方沿海发展基础较好的区域，位于环渤海地区重要位置，是东北经济区与京津冀都市圈的结合部，地处东北亚经济圈的关键地带，与日本、韩国、朝鲜隔海相望，邻近俄罗斯、蒙古国，是东北地区对外开放的重要门户，是欧亚大陆通往太平洋的重要通道。镁、硼、钼、石油、天然气等资源储量较大；造船、机床、内燃机车、成套设备等装备制造业具有较强的国际竞争力。但其进一步发展仍然面临着较为严峻的挑战。整体发展缺乏统筹协调，尚未形成一体化发展格局；产业集聚度不高，结构有待进一步优化；淡水资源严重不足，生态环境压力较大；体制机制尚不完善，对外开放总体水平不高。其战略定位是立足辽宁、依托环渤海、服务东北、面向东北亚，建设成为东北地区对外开放的重要平台、东北亚重要的国际航运中心、具有国际竞争力的临港产业带、生态环境优美和人民生活富足的宜居区，形成我国沿海地区新的经济增长极。

（8）关中—天水经济区。本规划区包括陕西省西安、铜川、宝鸡、咸阳、渭南、杨凌、商洛（部分区县）和甘肃省天水所辖行政区域，规划期为2009~2020年。经济区地处亚欧大陆桥中心，处于承东启西、连接南北的战略要地，是我国西部地区经济基础好、自然条件优越、人文历史深厚、发展潜力较大的地区。但还是面临着企业市场竞争力不强，产业集聚度不高；体制机制创新活力不足，非公有制经济发展相对滞后；城乡发展失衡，城乡人民生活水平差距明显等问题。其战略定位是建成全国内陆型经济开发开放战略高地、统筹科技资源改革示范基地、全国先进制造业重要基地、全国现代农业高技术产业基地、彰显华夏文明的历史文化基地。

（9）海峡西岸经济区。规划范围包括福建省全境以及浙江省温州、衢州、丽水，广东省汕头、梅州、潮州、揭阳，江西省上饶、鹰潭、抚州、赣州，规划期为2011~2020年。海峡西岸经济区东与中国台湾地区一水相隔，北承长江三角洲，南接珠江三角洲，是我国沿海经济带的重要组成部分，在全国区域经济发展布局中处于重要位置，具有对台交往的独特优势。但其加快发展也面临着严峻挑战，主要是存在发展方式还比较粗放，自主创新能力不够强，经济发展整体水平和产业素质有待提升；区域中心城市实力还比较弱；港口资源开发利用还不充分，交通、能源等基础设施建设相对落后等问题。其战略定位是建成两岸人民交流合作先行先试区域、服务周边地区发展新的对外开放综合通道、东部沿海地区先进制造业的重要基地、我国重要的自然和文化旅游中心。

（10）珠三角经济区。该区域以广东省的广州、深圳、珠海、佛山、江门、东莞、中山、惠州和肇庆为主体，辐射泛珠江三角洲区域，并将与港澳紧密合作的相关内容纳入规划，规划期为2009~2020年。自改革开放以来，珠江三角洲地区充分发挥改革"试验田"的作用，率先在全国推行以市场为取向的改革，较早地建立起社会主义市场经济体制框架，成为全国市场化程度最高、市场体系最完备的地区；依托毗邻港澳的区位优势，抓住国际产业转移和要素重组的历史机遇，率先建立开放型经济体系，成为我国外向度最高的经济区域和对外开放的重要窗口；带动广东省由落后的农业大省转变为我国位列第一的经济大省。但依然面临着产业层次总体偏低，产品附加值不高，贸易结构不够合理，创新能力不足，整体竞争力不强；土地开发强度过高，能源资源保障能力较弱，环境污染问题比较突出，资源环境约束凸显，传统发展模式难以持续；城乡和区域发展仍不平衡，生产力布局不尽合理等问题。其战略定位是建成探索科学发展模式试验区、深化改革先行区、扩大开放的重要国际门户、世界先进制造业和现代服务业基地、全国重要的经济中心。

（11）长三角经济区。本规划区的范围包括上海、江苏省和浙江省，规划期为 2009~2015 年，展望到 2020 年。长江三角洲地区是我国综合实力最强的区域，在社会主义现代化建设全局中具有重要的战略地位和突出的带动作用。自改革开放以来，长三角地区锐意改革，开拓创新，实现了经济社会发展的历史性跨越，已经成为提升国家综合实力和国际竞争力、带动全国经济又好又快发展的重要引擎。但区域内尚未解决的结构性矛盾与国际金融危机的影响交织在一起，长三角地区进一步发展困难加大，一些深层次矛盾和问题亟待解决。区域内各城市发展定位和分工不够合理，区域整体优势尚未充分发挥；交通、能源、通信等重大基础设施还没有形成有效的配套与衔接，促进要素合理流动的制度环境和市场体系有待完善；产业层次不高，现代服务业发展相对滞后，产业水平和服务功能有待提升；外贸依存度偏高，贸易结构还需优化；自主创新能力不够强，国际竞争力尚需提高；土地、能源匮乏，资源环境约束日益明显；社会事业发展不平衡，行政管理、社会管理体制等方面改革还不到位，改革攻坚的任务仍然繁重。这些都给长三角地区进一步发展带来严峻的挑战。其战略定位是建成亚太地区重要的国际门户、全球重要的现代服务业和先进制造业中心、具有较强国际竞争力的世界级城市群。

（12）沈阳经济区。该规划区以沈阳为中心，由沈阳、鞍山、抚顺、本溪、营口、阜新、辽阳、铁岭8市构成，是国家重要装备制造业基地和优化开发区域，是东北地区重要的工业城市群和辽宁省经济发展的核心区域。2010年4月，国务院批准在沈阳经济区开展国家新型工业化综合配套改革试验（规划期至2020年），目的是推进沈阳经济区进一步贯彻落实科学发展观，加快转变经济发展方式和调整经济结构，坚持走中国特色新型工业化道路，推进东北地区等老工业基地全面振兴，促进东中西部地区协调发展，把沈阳经济区建设成为具有国际竞争力的先进装备制造业基地、重要原材料和高新技术产业基地，成为充满活力的区域性经济中心和全国新型工业化典型示范区。

（13）皖江城市带产业转移示范区（以下简称"皖江城市带"）。示范区规划范围为安徽省长江流域，包括合肥、芜湖、马鞍山、铜陵、安庆、池州、巢湖、滁州、宣城九市全境和六安市金安区、舒城县，共59个县（市、区），辐射安徽全省，对接长三角地区。规划期为2010～2015年，重大问题展望到2020年。皖江城市带承东启西、连南接北，区域内长江黄金水道、快速铁路、高速公路等综合交通体系比较完善，区位优势明显。自20世纪90年代以来，安徽省着力推进皖江开发开放，加快推进与长三角一体化的进程，承接产业转移规模不断扩大，为设立示范区奠定了良好基础。但承接产业转移中存在的主要问题是：缺乏规划引导，承接产业转移的模式有待创新，发展环境有待优化，区域合作机制有待完善，资金、技术、人才等要素支撑条件和交通、能源、水利等基础设施尚需加强。其战略定位是立足安徽，依托皖江，融入长三角，连接中西部，积极承接产业转移，不断探索科学发展新途径，努力构建区域分工合作、互动发展新格局，加快建设长三角拓展发展空间的优选区、长江经济带协调发展的战略支点、引领中部地区崛起的重要增长极。建成合作发展的先行区、科学发展的试验区、中部地区崛起的重要增长极、全国重要的先进制造业和现代服务业基地。

（14）河北沿海经济区。该经济区包括秦皇岛、唐山、沧州三市所辖行政区域，规划期为 2011～2015 年，远期展望到 2020 年。河北沿海地区毗邻京津，东临渤海，面向东北亚，腹地广阔，是京津城市功能拓展和产业转移的重要承接地，是华北、西北地区重要的出海口和对外开放门户，具有发展外向型经济的良好条件。区域内集中了我国 10% 的铁矿、10% 的油气资源和 10% 的海盐产能，焦煤、非金属矿等资源丰富；钢铁产能规模较大，是全国重要的钢铁生产基地；石化、装备制造、建材产业在全国占有重要地位；并形成了连接华北、西北、东北地区的能源原材料集疏运体系，是我国北煤南运的战略通道；区域内交通网相对完善，铁路公路网密度高于全国平均水平。河北沿海地区实现加快发展也面临着诸多制约因素和挑战。如：港口功能单一，路网结构不完善，重大基础设施有待加强；外向型经济发展不充分，对外开放水平有待提升；高层次人才短缺，科技创新能力有待提高；水资源短缺，环境承载能力较低，资源环境约束日益明显；与京津及其他沿海地区发展差距较大，区域协调发展的任务十分繁重。其战略定位是建成环渤海地区新兴增长区域、京津城市功能拓展和产业转移的重要承接地、全国重要的新型工业化基地、我国开放合作的新高地、我国北方沿海生态良好的宜居区。

（15）成渝经济区。本规划范围包括重庆、四川省，规划期为 2011～2015 年，远期展望到 2020 年。成渝经济区位于长江上游，地处四川盆地，北接陕甘，南连云贵，西通青藏，东邻湘鄂，是我国重要的人口、城镇、产业集聚区，是引领西部地区加快发展、提升内陆开放水平、增强国家综合实力的重要支撑，在我国经济社会发展中具有重要的战略地位。但也面临着国际金融危机影响和结构性矛盾，发展难度加大。区域内合作机制不够完善，一体化发展任务艰巨；技术创新能力不足，产业竞争力有待提升；交通、水利、能源等重大基础设施相对薄弱，支撑能力亟待加强；土地等资源集约利用程度不高，生态环境约束日益明显；内陆型经济特征明显，拓展对外开放难度较大。其战略定位是建成西部地区重要的经济中心、全国重要的现代产业基地、深化内陆开放的试验区、统筹城乡发展的示范区、长江上游生态安全的保障区。

（16）山东半岛蓝色经济区。规划区范围包括日照、滨州、青岛、烟台、威海、潍坊、东营 7 市，规划期为 2009～2020 年。山东省是海洋大省，海岸线长 3000 多公里，占全国的 1/6。拥有海湾 200 余处，其中优良港湾 70 余处，2/3 以上海岸为基岩质港湾式海岸，是我国长江口以北具有深水大港预选港址最多的岸段。此外，山东省海洋科技优势得天独厚，是全国海洋科技力量的"富集区"。山东半岛蓝色经济区是依托海洋资源，以劳动地域分工为基础形成的，是以海洋产业为主要支撑的地理区域，是涵盖了自然生态、社会经济、科技文化诸多因素的复合功能区。其战略定位是成为黄河流域出海大通道经济引擎、环渤海经济圈南部隆起带、贯通东北老工业基地与长三角经济区的枢纽、中日韩自由贸易先行区。

（17）宁夏内陆开放型经济试验区（以下简称"宁夏开放区"）。本试验区规划范围为宁夏回族自治区全境，规划期为 2012～2020 年。宁夏回族自治区地处新亚欧大陆桥国内段的重要位置，承东启西，连南接北，在我国与中东中亚交通联系中具有区位优势；区域内资源富集，是国家重要的煤电化基地和新能源开发示范区；引黄灌溉便利，农业优势突出；旅游资源特色鲜明，是我国重要的旅游目的地，其投资市场、消费市场都在拓展，为经贸合作提供了广阔的空间。同时，宁夏内陆开放型经济试验区对外开放还面临一些困难和挑战，如：地处内陆，既不沿边又不靠海，对外开放水平较低，对外贸易和利用外资总量较小；基础设施建设相对滞后，对外运输通道不畅；开放意识不强，外向型人才缺乏；发展环境亟待改善，体制机制创新需要进一步加强。其战略定位是建成国家向西开放的战略高地、国家重要的能源化工基地、重要的清真食品和穆斯林用品产业集聚区、承接产业转移的示范区。

（18）黔中经济区。规划区范围包括贵阳、遵义、仁怀、安顺、毕节、黔东南州凯里、黔南州都匀、福泉等，规划期为 2012～2020 年。黔中经济区地处西南地区腹心地带，在全国"两横三纵"城市化战略格局中位于包昆通道纵轴南部，是西南地区重要的陆路交通枢纽；水能资源、煤炭、磷、铝、稀土、锰等矿产资源丰富，磷矿资源查明储量占西南地区的42%，是国家重要的能源基地和资源深加工基地。但其发展面临诸多困难与挑战：发展方式相对粗放，产业结构调整压力较大，"赶"与"转"任务繁重；水资源丰富与工程性缺水并存，水利、交通、能源等重大基础设施建设滞后；城镇化进程有待加快，城镇承载能力需要进一步加强，城乡发展不平衡；科技投入不足，人才结构不合理，区域创新环境亟待优化。其战略定位是建成国家重要能源资源深加工、特色轻工业基地和西部地区装备制造业、战略性新兴产业基地，国家文化旅游发展创新区，全国山地新型城镇化试验区，东西互动合作示范区、区域性商贸物流中心。

（19）陕甘宁革命老区。规划区包括陕西省延安、榆林、铜川，甘肃省庆阳、平凉，宁夏回族自治区吴忠、固原、中卫等8个地级市，规划期为2012～2020年。陕甘宁革命老区的前身是中国共产党在土地革命战争时期创建的红色革命根据地，既是党中央和中国工农红军长征的落脚点，又是八路军奔赴抗日前线的出发点。这里曾是老一辈无产阶级革命家战斗和生活的地方，是爱国主义、革命传统和延安精神教育基地。区域特点是：经济实力得到增强，人民生活改善，但总体水平偏低，与全国发展差距较大；区位条件独特，通道作用突出，但基础设施建设滞后，瓶颈制约十分严重；生态地位重要，土地资源丰富，但水资源匮乏，生态环境整体脆弱；能源资源富集，优势产业初具规模，但发展粗放，集聚度低，结构单一等。其战略定位是建成黄土高原生态文明示范区、国家重要能源化工基地、国家重点红色旅游区、现代旱作农业示范区、基本公共服务均等化试点区。

（20）中原经济区。规划范围包括河南省全境，河北省邢台、邯郸，山西省长治、晋城、运城，安徽省宿州、淮北、阜阳、亳州、蚌埠和淮南市凤台县、潘集区，山东省聊城、菏泽和泰安市东平县等，规划期为2012～2020年。该规划区地处我国腹地，承东启西、连南贯北，是全国"两横三纵"城市化战略格局中陆桥通道和京广通道的交汇区域；农业生产条件优越，是我国重要的农产品主产区；矿产资源丰富，煤、铝、钼、金、天然碱等储量较大，是全国重要的能源原材料基地。同时，中原经济区加快发展还面临着诸多矛盾和挑战。集中表现在农村人口多、农业比重大、保粮任务重、经济结构不合理、农村富余劳动力亟待转移、基本公共服务水平低，"三农"问题突出是制约"三化"协调发展的最大症结，人多地少是制约"三化"协调发展的最现实问题，城镇化水平低是制约"三化"协调发展的最突出矛盾。其战略定位是建成国家重要的粮食生产和现代农业基地、全国"三化"协调发展示范区、全国重要的经济增长板块、全国区域协调发展的战略支点和重要的现代综合交通枢纽、华夏历史文明传承创新区。

（21）呼包银榆经济区。该经济区地处我国鄂尔多斯盆地腹地，是沟通华北和西部地区的重要枢纽，包括内蒙古自治区的呼和浩特，包头，鄂尔多斯，巴彦淖尔，乌海，锡林郭勒盟的二连浩特，乌兰察布市的集宁区、卓资县、凉城县、丰镇市、察哈尔右翼前旗，阿拉善盟的阿拉善左旗；宁夏回族自治区的银川，石嘴山，吴忠，中卫市的沙坡头区和中宁县；陕西省的榆林。规划期为 2012～2020 年。呼包银榆经济区是我国重要的能源和矿产资源富集区，也是重要的生态功能区。其战略定位是建成国家综合能源基地、全国节水型社会建设示范区、国家重要的生态安全保障区、国家向北开放的重要门户。

1.2.6.4 研究数据收集与处理

本书选取的 21 个国家战略经济规划区多数或者包含了同一省份的数个城市，或者包含了数个省份的多个城市，为精确分析比较其对产业价值模块的战略引力，需要将每个城市的指标变量一一查出再计算算术平均数，从而得出整个规划区的指标变量值，数据处理工作非常庞大，涉及多方面的处理环节。因此，此次数据搜集处理主要分为三个阶段。

（1）准备阶段。这一阶段主要明确两件事情：一是确定查找数据的区域范围。多数规划区地域划分到县一级，但是因为县级的统计资料公布较少，查找难度较大，因而数据收集只到市一级单位，市级数据无法查获的以所属省份的数据代替。二是明确指标变量的类型，实现数据的可比性。因各国家战略经济规划区包含地域范围不同，数据难以比较，本书中的指标数据一律采用相对指标，如人均数值或与区域 GDP 的比值，在统计相对指标的基础上再进行标准化处理。

（2）正式搜集数据阶段。正式开始搜集数据时先对指标变量进行分析，以确定哪些指标可以在哪些年鉴中查找。如常见的经济指标（人口数、GDP 值、社会消费品零售额、进出口额等）可以在中国区域经济统计年鉴和中国城市统计年鉴中查询，土地价格的指标可以在中国国土资源统计年鉴中查询，科技类的指标可以查询各个省份的统计年鉴和科技统计年鉴，其余较为分散的指标可以在各省级或者地级市统计年鉴以及《国民经济和社会发展统计公报》中查询。分析指标之后搜集所需要年份的统计年鉴或者资料，有些常见的经济指标虽然在很多年鉴中都有，但是由于不同的年鉴可能有不同的统计方法导致同一个指标会得到不同的数据，所以需要先比较不同年鉴的差别，最终确定一个统计年鉴来查询数据，以免统计标准不一样。各类年鉴的搜集渠道有国家统计局网站、各个省市或者地级市的统计局网站以及各种数据论坛。

（3）数据检验阶段。由于数据搜集过程中难免存在人为失误，所以需要对数据进行检验，查询是否存在数据缺失、有误的情况，并对此进行修正。

小结　本节为本书的后续研究作基础性铺垫工作，主要内容包括：（1）指标体系构建。在遵守指标选取原则和相关企业选址理论的基础上构建出国家战略经济规划区研发、制造和营销三个模块"垂直专业化引力"的评价指标体系。（2）方法的选取。本书选取因子分析法为综合指数评价方法，一是因子分析法能对多个评价指标起到"降维"的作用，简化计算过程，二是在因子命名环节便于深化对数据的分析，能更好地解释经济现象。（3）研究样本的选择。国家战略经济规划区数量众多，全部进行研究的工作量过于庞大，且许多区域所含地域存在包含或交叉关系而难以进行比较，因此需要简化；但数量太少又难以达到研究效果，权衡二者的关系共选取了 21 个具有代表性的区域作为研究样本。（4）数据收集与处理。本书数据统计量非常庞大，但基本都能在公开的数据库里找到，即使有些城市的指标数据难以查找也可以用省级数据替代，虽然这会造成一定程度的偏差，但总体能用数量统计方法评价国家战略经济规划区的"垂直专业化引力"的大小与方向，是对国家战略经济规划区量化研究的重大突破。

1.3　2013 年研发价值模块"垂直专业化引力指数"研究

1.3.1　研发价值模块指标评价变量及其原始数据

根据研发价值模块引力指数指标的选取思路及因子分析法对指标变量相关性的要求，本书选取如下 10 个变量以衡量国家战略经济规划区的研发引力：（1）区域出口占区域 GDP 的比重（X1）；（2）区域进口占区域 GDP 的比重（X2）；（3）互联网的户均开户数（X3）；（4）每百万人均专利授权数（X4）；（5）科学技术支出占区域公共财政支出的比重（X5）；（6）规模以上工业企业 R&D 人员占就业人口的比重（X6）；（7）区域技术市场交易额占 GDP 的比重（X7）；（8）R&D 支出占区域 GDP 的比重（X8）；（9）每百万人拥有研究与开发机构数（X9）；（10）FDI 的流入存量占区域 GDP 的比重（X10）。

每个国家战略经济规划区研发引力指标变量的原始数据均由其所含城市的对应变量值计算算术平均数而得，具体如表 1－6 所示。

表1—6　研发价值模块指标变量原始数据

区域名称	X1 区域出口占区域GDP的比重(%)	X2 区域进口占区域GDP的比重(%)	X3 互联网的户均开户数(户)	X4 每百万人均专利授权数(项/百万人)	X5 科技支出占区域公共财政支出的比重(%)	X6 规模以上工业企业R&D人员占比(%)	X7 区域技术市场交易额占区域GDP比重(%)	X8 R&D支出占区域GDP的比重(%)	X9 每百万人拥有研发机构数(个/百万人)	X10 FDI流入存量占区域GDP的比重(%)
1 武汉城市圈	3.8883	2.6394	43.8471	371.8956	1.6699	0.3911	1.5801	1.9650	2.4311	0.2261
2 长株潭城市群	5.1357	4.0612	52.9346	940.3682	2.0230	0.4717	0.3683	1.9451	1.9728	0.4380
3 广西北部湾经济区	9.3712	18.2505	54.0731	181.7241	1.4910	0.1086	0.0511	0.8141	2.5047	0.2754
4 海南国际旅游岛	7.1118	21.6413	25.5092	148.7151	0.4742	0.0909	0.1218	0.4670	3.4637	0.2373
5 鄱阳湖生态经济区	11.5644	8.1869	35.7656	233.7174	1.2942	0.1800	0.2900	1.1536	2.6824	0.4551
6 长吉图开发开放先导区	7.0200	8.5027	48.2512	182.6775	1.2734	1.0238	0.2675	0.8448	3.9622	0.4529
7 辽宁沿海经济带	14.6585	9.0430	48.2965	343.5141	1.7194	0.3808	0.5240	1.1454	3.7358	0.9568
8 关中—天水经济区	3.2001	1.9346	42.0182	480.4738	0.7081	0.3003	2.6713	2.3558	3.0988	0.2006
9 海峡西岸经济区	17.0030	7.7571	52.4338	896.0137	1.4962	0.3979	0.4481	1.0653	1.6189	0.2933
10 珠三角经济区	65.1286	45.6012	253.4184	2488.0559	3.7883	1.1617	0.8606	1.9699	1.7475	0.5466
11 长三角经济区	43.6581	34.3433	151.5711	2904.9145	4.5338	1.0032	1.2338	2.7417	3.0899	0.5749
12 沈阳经济区	7.2164	4.2472	48.2046	351.3971	1.4757	0.3808	0.3848	1.3435	3.7358	0.5071
13 皖江城市带	8.6633	9.5800	41.0932	1418.3689	3.5334	0.5863	0.6006	1.8541	1.7910	0.6424
14 河北沿海经济区	10.8285	6.0759	47.8503	306.8806	1.0334	0.2247	0.1609	0.9983	1.0364	0.3288

续表

区域名称	X1 区域出口占区域GDP的比重(%)	X2 区域进口占区域GDP的比重(%)	X3 互联网的户均开户数(户)	X4 每百万人均专利授权数(项/百万人)	X5 科技支出占区域公共财政支出的比重(%)	X6 规模以上工业企业R&D人员占比(%)	X7 区域技术市场交易额占区域GDP比重(%)	X8 R&D支出占区域GDP的比重(%)	X9 每百万人拥有研发机构数(个/百万人)	X10 FDI流入存量占区域GDP的比重(%)
15 成渝经济区	16.0049	7.8350	33.2168	702.7399	1.0338	0.2557	0.6346	1.4481	1.5642	0.6533
16 山东半岛蓝色经济区	16.9842	30.9053	58.3169	1005.2679	2.3824	0.6948	0.4252	2.2305	2.3014	0.2962
17 宁夏开放区	6.0367	1.5742	36.1223	185.1682	0.9146	0.2459	0.0554	0.8108	3.2110	0.0791
18 黔中经济区	3.8048	0.7003	27.8386	339.2964	0.9746	0.1074	0.2298	0.5893	2.2273	0.1410
19 陕甘宁革命老区	0.5471	0.4966	23.5609	269.0319	0.6385	0.2439	1.2951	1.1147	3.3460	0.3957
20 中原经济区	4.3006	3.2840	43.1620	331.5507	1.2452	0.2373	1.1054	0.9926	1.8693	0.3420
21 呼包银榆经济区	2.1387	1.8732	38.4162	146.3668	1.0320	0.2439	0.5535	0.8243	3.8585	0.1782

资料来源：2014年《中国区域经济统计年鉴》、2014年《中国城市统计年鉴》、2013年《城市国民经济和社会发展统计公报》、2014年各省市统计年鉴①。

① 本节中关于区域情况介绍的资料来源均与此同。

1.3.2　研发价值模块"垂直专业化引力指数"

1.3.2.1　研发价值模块"垂直专业化引力指数"计算

本部分首先对代表研发价值模块引力的指标数据作标准化处理，在标准化完成后得到的 X_{ij}^* 仍用 x_{ij} 来表示，以方便下一步的分析；再在此基础上进行相关性分析，判定其是否适合作因子分析；在其适合作因子分析的基础之上，进行公因子提取和载荷矩阵求解，并对产生的主成分因子重新命名，最终计算出各因子及其综合得分。

（1）相关性分析。本书同时采用巴特利特球形检验（Bartlett Test of Sphericity）和 KMO 检验（Kaiser – Meyer – Olkin）进行研发价值模块指标变量的相关性分析检验，KMO 和 Bartlett 检验结果如表 1 – 7 所示。

表 1 – 7　　　　　　　　　　KMO 和 Bartlett 检验

取样足够多的 Kaiser – Meyer – Olkin 度量		0.688
Bartlett 球形检验	近似卡方	183.046
	df	45
	Sig.	0.000

分析方法：经由因子分析法分析所得。

检验的结果显示 KMO = 0.688 > 0.6，表明适合构建因子分析模型；Bartlett 球形检验的 Sig = 0.000，拒绝了原假设，结论表明各个变量之间不是独立的，适合做因子分析。

（2）公因子提取和因子载荷矩阵求解。在选取的 10 个指标满足了因子分析法的前提下，对 21 个规划区的 10 个指标提取主成分，结果如表 1 – 8 所示。

表1-8　　　　　　　　　　　　　　解释的总方差

成分	初始特征值			提取平方和载入			旋转平方和载入		
	合计	方差的%	累积%	合计	方差的%	累积%	合计	方差的%	累积%
1	5.654	56.542	56.542	5.654	56.542	56.542	5.325	53.251	53.251
2	1.404	14.045	70.587	1.404	14.045	70.587	1.708	17.075	70.326
3	1.070	10.695	81.282	1.070	10.695	81.282	1.096	10.956	81.282
4	0.853	8.532	89.814						
5	0.416	4.157	93.972						
6	0.269	2.688	96.659						
7	0.181	1.810	98.470						
8	0.082	0.820	99.290						
9	0.057	0.572	99.861						

提取方法：经由主成分分析法提取所得。

　　由表1-8可以看到经由主成分分析法提取出的每个公因子的方差解释和累积贡献率，方差大于1的公因子有三个，其累积贡献率为81.282%，可认为这三个因子能较好地反映原有变量包含的信息。

　　（3）因子的命名。以上得出的主成分虽然能包含研发引力指标变量的大部分信息，但是这些主成分没能反映出代表的实际意义，因而需通过旋转因子载荷矩阵重新分配各个因子解释原始变量的方差比例，使每个因子载荷分配的信息更清晰，更容易说明各因子代表的实际意义，旋转结果如表1-9所示。

表1-9　　　　　　　　　　　　　　旋转成分矩阵

指标变量	成分		
	1	2	3
X1 区域出口占区域 GDP 的比重	0.941	0.027	-0.126

续表

指标变量	成分		
	1	2	3
X2 区域进口占区域 GDP 的比重	0.882	− 0.063	− 0.073
X3 互联网的户均开户数	0.903	0.119	− 0.107
X4 每百万人均专利授权数	0.896	0.312	− 0.164
X5 科学技术支出占区域公共财政支出的比重	0.887	0.229	− 0.057
X6 规模上工业企业 R&D 人员占就业人口的比重	0.835	0.217	0.198
X7 区域技术市场交易额占区域 GDP 的比重	− 0.051	0.945	0.043
X8 R&D 支出占区域 GDP 的比重	0.523	0.774	− 0.080
X9 每百万人拥有研究与开发机构数	− 0.174	− 0.003	0.915
X10 FDI 的流入存量占区域 GDP 的比重	0.503	− 0.005	0.384

旋转方法：具有 Kaiser 标准化的正交旋转法。

从表 1 – 9 中可以看到因子载荷是公因子与变量的相关系数，载荷绝对值越大，说明该公因子越能代替该变量。其中成分因子 1 相关系数绝对值大于 0.5 的变量有 X1 区域出口占区域 GDP 的比重、X2 区域进口占区域 GDP 的比重、X3 互联网的户均开户数、X4 每百万人均专利授权数、X5 科技支出占区域公共财政支出的比重、X6 规模以上工业企业 R&D 人员占就业人口的比重、X8 R&D 支出占区域 GDP 的比重（该变量在因子 2 中有更高的载荷因而将其归于因子 2）、X10 FDI 的流入存量占区域 GDP 的比重，这些变量反映了区域的对外市场规模、技术支持和对科技发展的重视与投入，因而命名成分因子 1 为研发基础性因子；

成分因子 2 相关系数绝对值大于 0.5 的变量有 X7 区域技术市场交易额占区域 GDP 的比重、X8 R&D 支出占区域 GDP 的比重，这两个变量反映了区域的创新投入和创新成果的市场转化能力，因而命名成分因子 2 为创新驱动因子；

成分因子 3 相关系数绝对值大于 0.5 的变量有 X9 每百万人拥有研究与开发机构数，这个变量反映了区域研发要素的集聚情况，因而命名成分因子 3 为研发集聚因子。

　　总体而言，研发引力的测度可以从三个方面来评估，分别是研发基础性因子、创新驱动因子和研发集聚因子。

　　（4）计算因子得分。在以上数据基础上，可以计算出每个公因子对指标变量的成分得分系数，结果如表 1 - 10 所示。

表 1 - 10　　　　　　　　　成分得分系数矩阵

指标变量	成分		
	1	2	3
X1 区域出口占区域 GDP 的比重	0.196	- 0.112	- 0.064
X2 区域进口占区域 GDP 的比重	0.198	- 0.165	- 0.017
X3 互联网的户均开户数	0.176	- 0.045	- 0.048
X4 每百万人均专利授权数	0.144	0.087	- 0.103
X5 科学技术支出占区域公共财政支出的比重	0.160	0.031	- 0.004
X6 规模上工业企业 R&D 人员占就业人口的比重	0.165	0.029	0.231
X7 区域的技术市场交易额占区域 GDP 比重	- 0.140	0.644	0.033
X8 R&D 支出占区域 GDP 的比重	0.003	0.450	- 0.048
X9 每百万人拥有研究与开发机构数	0.015	0.018	0.841
X10 FDI 的流入存量占区域 GDP 的比重	0.133	- 0.075	0.386

　　提取方法：主成分分析，旋转方法：具有 Kaiser 标准化的正交旋转法。

　　通过成分得分系数矩阵，不仅可以得到各变量对因子的影响权重，还可以计算出各因子得分，公因子 F1、F2、F3 的得分用各指标表示如下：

$$F1 = 0.196 \times X1 + 0.198 \times X2 + 0.176 \times X3 + 0.144 \times X4 + 0.160 \times X5$$
$$+ 0.165 \times X6 - 0.140 \times X7 + 0.003 \times X8 + 0.015 \times X9 + 0.133 \times X10$$

$$F2 = - 0.112 \times X1 - 0.165 \times X2 - 0.045 \times X3 + 0.087 \times X4 + 0.031 \times X5$$
$$+ 0.029 \times X6 + 0.644 \times X7 + 0.450 \times X8 + 0.018 \times X9 - 0.075 \times X10$$

$$F3 = - 0.064 \times X1 - 0.017 \times X2 - 0.048 \times X3 - 0.103 \times X4 - 0.004 \times X5$$
$$+ 0.231 \times X6 + 0.033 \times X7 - 0.048 \times X8 + 0.841 \times X9 + 0.386 \times X10$$

为了进一步比较各经济规划区的研发引力大小，可以在以上基础上计算出研发引力的综合得分，计算公式为：

$$Z_i = \frac{\lambda_1}{\lambda_1 + \lambda_2 + \lambda_3}F_{1i} + \frac{\lambda_2}{\lambda_1 + \lambda_2 + \lambda_3}F_{2i} + \frac{\lambda_3}{\lambda_1 + \lambda_2 + \lambda_3}F_{3i} \quad (i = 1, 2, 3, \cdots, 21)$$

$$(1-4)$$

其中，i 代表各区域；λ_1、λ_2、λ_3 分别代表解释的总方差中 F1、F2、F3 各自的占比；F1、F2、F3 前面的系数是各因子对综合引力得分的贡献率（即权重），它是各因子的方差贡献率与三个因子的累积方差贡献率的比值。由表 1 - 8 解释的总方差结果可知，λ_1、λ_2、λ_3 分别为 53.251%、17.075% 和 10.956%，将其代入式（1 - 4），则各区域研发引力综合得分为：

$$Z_i = 0.6551F_{1i} + 0.2101F_{2i} + 0.1348F_{3i} \quad (1-5)$$

其中，Z_i 为研发引力综合得分，综合得分值越高，表明该地区研发引力越高。由于在构建模型的初始阶段对原始数据进行了标准化处理，因而区域研发引力的综合得分可为负值，这表明这些区域的研发引力低于平均水平。区域研发引力综合得分及排名情况如表 1 - 11 所示。

表 1 - 11   区域研发引力综合得分及排名

区域名称	F1	F2	F3	Z	排名
1 武汉城市圈	- 0.6721	1.5728	- 0.4135	- 0.1656	10
2 长株潭城市群	0.0000	0.2783	- 0.5577	- 0.0167	8
3 广西北部湾经济区	- 0.1599	- 1.1385	- 0.4797	- 0.4086	15
4 海南国际旅游岛	- 0.4249	- 1.3174	0.4302	- 0.4972	18
5 鄱阳湖生态经济区	- 0.2703	- 0.5729	0.0795	- 0.2867	13
6 长吉图开发开放先导区	0.1766	- 0.6960	1.9712	0.2352	6
7 辽宁沿海经济带	0.3040	- 0.4991	2.1448	0.3834	5
8 关中—天水经济区	- 1.1160	2.9834	0.1361	- 0.0860	9
9 海峡西岸经济区	- 0.0349	- 0.3836	- 1.1976	- 0.2649	12

续表

区域名称	F1	F2	F3	Z	排名
10 珠三角经济区	3.0070	−0.1214	−0.7509	1.8432	1
11 长三角经济区	2.2688	1.2787	0.5798	1.8331	2
12 沈阳经济区	−0.1610	−0.2262	1.3259	0.0258	7
13 皖江城市带	0.5469	0.3946	−0.3310	0.3966	4
14 河北沿海经济区	−0.3541	−0.7758	−1.7170	−0.6264	20
15 成渝经济区	−0.1033	−0.0777	−0.6575	−0.1726	11
16 山东半岛蓝色经济区	0.6899	0.1856	−0.4589	0.4291	3
17 宁夏开放区	−0.6592	−0.7917	−0.0061	−0.5990	19
18 黔中经济区	−0.7819	−0.7711	−0.9188	−0.7981	21
19 陕甘宁革命老区	−0.8863	0.6504	0.7770	−0.3393	14
20 中原经济区	−0.6447	0.3002	−0.7995	−0.4670	17
21 呼包银榆经济区	−0.7247	−0.2724	0.8439	−0.4182	16

资料来源：笔者由相关公式计算所得。

1.3.2.2　研发价值模块"垂直专业化引力指数"分析

通过构建国家战略经济规划区研发价值模块指标变量的因子分析模型，提取出三个公因子并计算出各自得分，进一步得出公因子的综合得分及排名情况，具体分析如下。

（1）珠三角经济区。珠三角经济区是我国改革开放的先行区，是全国重要的经济中心，也是改革开放和现代化建设的排头兵。在经济全球化和区域经济一体化深入发展的背景下，2008 年国际金融危机使珠江三角洲地区的发展受到严重冲击，对"外向型"经济模式的过度依赖，加上产业层次总体偏低，贸易结构不够合理，抗风险能力不强，国际金融危机的影响与区域内部的结构性矛盾交织在一起；产业发展难以突破"加工制造"的低价值环节，创新能力不足，整体竞争力不强；土地开发强度过高，环境污染问题突出，资源环境约束明显。一系列矛盾的凸显使珠三角地区深刻认识传统发展模式的弊病，不断完善自主创新的体制机制和政策环境，致力于构建全面、开放型区域创新体系，不断发展成为亚太地区重要的创新中心和成果转化基地。珠三角经济区因子 1 得分最高，即科研基础性条件最好。首先是因为经济发展的外向度高，接受新思想新产品的能力强，其次因为信息化发展迅速，科研的技术支撑能力高，最后科研人员队伍庞大，科技支出占比较高，三者共同构成了珠三角区域优越的研发基础性环境。在珠三角区域内部，深圳的研发基础性指标远远好于其他城市，2013年深圳科技支出占公共财政支出的比例为 7.9%，位于第二位的珠海该比例为 4.9%，惠州和肇庆只有 1.7%，其他城市居中。规模以上工业企业研发人员也在深圳高度集中，研发人员占就业人员的比例为 2.1%，佛山、中山次之，肇庆最低，只有 0.2%。由此可知，珠三角经济区的研发引力指标差异依然很大，主要是深圳最佳，中山、佛山、珠海、广州与深圳依然存在较大差距，惠州、肇庆等研发基础性条件欠佳。珠三角经济区因子 2 和因子 3 的得分均为负值，即低于各经济规划区的平均水平，这个可能与因子 1 得分过高和本书选取的都是相对指标，而珠三角地区 GDP 较大，因而相对指标偏低有关。但从总体来看，珠三角地区的总体研发环境和研发引力依然在全国居于领先地位，是最具研发引力的地区。

（2）长三角经济区。长三角地区是我国综合实力最强的区域，自改革开放以来，不仅保持了强劲的发展速度，也不断改善发展质量，提升发展层次。长三角地区科教文化发达，是我国高等院校和科研机构高度集聚的区域，拥有上海、南京、杭州等科教名城和苏州、镇江、扬州等国家历史文化名城，人力资源优势显著，文化底蕴深厚，具有率先建成创新型区域的坚实基础。近年来，长三角区域以关键领域和核心技术创新为突破口，不断增强自主创新能力，致力于建设优势互补、资源共享、互利共赢的具有国际竞争力的区域创新体系。长三角地区因子 1 的得分低于珠三角地区主要是因为开放度和网络的技术支撑能力不及珠三角，但人均专利数和科技支出占公共财政支出的比例都高于珠三角地区，这与长三角地区高校云集，大量科研机构和高新技术开发区在此落户有关。长三角地区每百万人拥有的专利授权数为 2905 项，科技支出占公共财政支出的比例为 4.5%，二者都居于最高水平。长三角经济区因子 2 和因子 3 的得分也均为正值，说明代表创新驱动和集聚因子的各项指标均居于前列，科研要素体系较为健全。从各项指标来看，长三角内部三省（市）的发展差距不大，各省（市）均有自己的优势，上海出口比例和科技支出占比最高，江苏和浙江的人均专利数和研发人员占比均高于上海，各区域优势互补，区域一体化发展形势较好。从总体排名看，虽然长三角地区居于珠三角地区之后，但差距甚微，并且一体化协调发展状态较好，因而在总体研发引力角度上，可以说与珠三角地区不分伯仲。

（3）山东半岛蓝色经济区。山东半岛蓝色经济区依托海洋资源，是以海洋产业为主要支撑的地理区域，也是全国海洋科技产业发展的先导区。区域内海洋科技优势得天独厚，拥有大量海洋科研院所和教学机构，包括中科院海洋研究所、中国海洋大学、国家海洋局第一海洋研究所、中国水产科学研究院等一大批国内一流的科研、教学机构，是全国海洋科技力量的"富集区"。山东半岛蓝色经济区三个因子的得分差异较大，代表研发基础性条件的因子 1 得分较高，为 0.69，但代表创新驱动的因子 2 得分只有 0.18，代表创新集聚要素的因子 3 得分为 -0.46，说明山东半岛蓝色经济区的研发基础环境较好，但创新能力和要素集聚还有欠缺。随着与日韩合作的加速，山东半岛蓝色经济区的进出口占比大幅增长，通信设施不断完善，信息化发展迅速，网络对经济的支持日益显著，每百万人的专利授权数达到 1005 项，居于第四位，远高于排在其后的其他区域，科技支出占公共财政支出的比值为 2.38%，研发支出与区域 GDP 的比值为 2.23%，都远高于排在其后的区域，该区域表现较差的地方在于 FDI 流入量与区域 GDP 的比值只有 0.29%，低于绝大多数经济规划区，说明该区域很重视研发投入和对研发环境的改善，但对外商直接投资依然缺乏吸引力，还需要做出更大的努力。从各因子代表的内部指标来看，青岛、烟台、威海和东营的数值表现有所领先，除青岛、威海和东营的每百万人均专利授权数领先较多之外，各城市的总体研发引力指标差距不是特别大，呈现出各有优势、齐头并进的态势。虽然山东半岛蓝色经济区在排名上居于第三，但总研发引力得分 0.43 大大低于珠三角经济区的 1.84 和长三角经济区的 1.83，说明国家战略经济规划区研发引力的梯度层次非常明显，地区发展悬殊。

（4）皖江城市带承接产业转移示范区（简称皖江城市带）。皖江城市带是长江三角洲地区产业向中西部地区转移和辐射最近的地区，区位优势得天独厚。该区域在承接产业转移过程中积极引进具有较强创新能力的企业，并支持引进企业加快融入承接地技术创新体系，不断增强自主创新能力。在因子 1 代表的各项指标中，皖江城市带除了进出口比值不高和互联网普及情况居中之外，每百万人均专利授权数达到 1418 项，科技支出占公共财政支出的比例为 3.5%，二者都仅低于长三角经济区和珠三角经济区，研发人员的占比也高于大多数规划区，可见其对知识产权的保护和对科技发展的重视程度都非常高。在因子 2 代表的各项指标中，皖江城市带都高于平均水平，创新潜力和科研成果转化能力都较强。但因子 3 为负值，说明对研发机构的吸引力不足，研发集聚效应还比较欠缺。从内部指标来看，合肥、芜湖、马鞍山和铜陵的总体表现较好，其他区域相对落后，但差距不是很大，整体协同效果较好。

（5）辽宁沿海经济带。辽宁沿海经济带是我国北方沿海发展基础较好的区域，拥有大连经济技术开发区、大连出口加工区、大连高新技术产业开发区、大连保税区、丹东市边境经济合作区、营口经济技术开发区等近 20 个国家级开发区，科技资源集聚，科技实力不断增强。辽宁沿海经济带的因子 1 得分为正，因子 2 得分为负值，二者在都在平均水平附近，因子 3 得分在规划区中最高，说明该经济区的科研要素集聚效应非常明显，每百万人拥有的研发机构数为 3.7 个，居于领先位置，但整体研发基础环境的表现和创新驱动力量不明显，因而总体得分逊于皖江城市带和山东半岛蓝色经济区。从内部城市的各项指标来看，大连的分值遥遥领先于其他城市，从科技支出占公共财政支出和研发支出占区域 GDP 的比值来看，大连分别为 4.26% 和 1.85%，而支出比例最小的丹东只有 0.96% 和 0.59%，差距悬殊。处于中间地位的城市与大连的差距依然较为明显，整个规划区的科技优势基本集中于大连，整体协同发展程度不够。

（6）长吉图开发开放先导区（简称长吉图开放区）。长吉图开放区是中国图们江区域的核心地区，自 1992 年中、俄、朝、韩、蒙五国共同启动了图们江区域合作开发项目以来，图们江区域合作领域不断扩大，为我国沿边对外开发开放打下了坚实基础。长吉图开放区以珲春边境经济合作区为窗口，加强边境区域经济技术合作，推动建设跨境经济合作区，逐渐发展成为东北亚经济技术合作的重要平台。长吉图开放区因子 1 和因子 3 的得分均为正值，因子 1 略高于零，因子 3 得分明显偏高，因子 2 得分为负，总研发引力得分为 0.24。该区域与辽宁沿海经济区特征较为相似，都是研发基础环境欠缺和创新驱动效应不足，但研发要素集聚效应明显，每百万人拥有的研发机构数为 3.96 个，得分最高。但总体来看，长吉图开放区的开放水平仍然不够，进出口与区域 GDP 的比值相对偏低，虽然研发人员占就业人员的比值较大，但研发投入不够，技术市场交易额不大，研发成果的市场转化成效不明显，整体研发环境和创新动能还有较大的提升空间。内部研发环境和创新实力以长春最优，长春的研发支出占比远高于其他两个城市，但三个城市每百万人授予的专利数差距不大，说明吉林和延边州依然有较大的创新潜力，该区域的整体协同发展态势向好。

（7）沈阳经济区。2010 年，国务院批准在沈阳经济区开展国家新型工业化综合配套改革试验，沈阳经济区担负着加快转变经济发展方式和调整经济结构，坚持走中国特色新型工业化道路的重任，创新科技引领的体制机制对其尤为重要。该区域在改造传统产业和发展新兴产业的过程中着力发挥科技创新的支撑引领作用，运用高新技术加快促进传统产业升级和重点产业振兴，科技发展实力得到提高。沈阳经济区与辽宁沿海经济区同位于辽宁省内，研发引力得分构成较为相似，都是因子 1 和因子 2 得分不高，因子 3 得分较有优势（每百万人均研发机构数都取辽宁省的平均数），但辽宁沿海经济区有明显的开发开放优势，对研发价值模块的吸引力更为突出。沈阳经济区经济发展的外向度较低，进出口比值明显偏低，技术支持、科技投入和科研人员占比等指标居于中上水平，没有表现出突出的亮点，每百万人拥有的研发机构数因无法查到各城市的具体数值而采用辽宁省的平均数，可能存在偏高的情况，但整体研发引力还是处于偏上位置。从区域内部城市的各指标来看，沈阳的各项指标都居于领先位置，具有明显的科研优势，铁岭整体指标最为落后，其他城市水平居中，与沈阳仍然有较大差距，需要进一步提升一体化发展水平。

（8）长株潭城市群综合配套改革试验区（简称长株潭城市群）。自19世纪80年代以来，长株潭城市群积极推进区域经济一体化发展，经济社会综合实力领先，科教文化资源在全国突出。长株潭城市群的研发引力得分与排在其前面的辽宁沿海经济区和长吉图开放区有较大差距，长株潭城市群是研发基础环境因子和创新驱动因子得分表现相对较好，集聚因子得分为负，说明该经济区的整体研发环境较好，创新潜力和实力较强，但对研发机构的吸引力还不够，这应该与该区域为内陆经济区，缺乏开放的环境有关。长株潭城市群因子1的得分为0，正好位于平均水平，其进出口占比和科研从业人员占比较低，但互联网普及率、每百万人均专利授权数和科技支出占公共财政的比例都较高，尤其是每百万人均专利授权数为940.37项，比排在其后面的经济区高出很多，说明该区域重视对创新的投入和对创新成果的保护。因子2得分为正，其技术市场交易额占比和研发支出占比都处于较高水平，创新潜力和成果转化能力都比较强。因子3得分较低主要是因为每百万人均研发机构数不高，只有1.97个，低于多数样本规划区，说明研发集聚效应不足。从内部城市各指标来看，长沙的表现优于其他两个城市，尤其是专利授权数明显占优势，但整体差距不是特别大，一体化发展成效明显。

（9）关中—天水经济区。关中—天水经济区是西部地区经济基础较好、人文历史深厚、发展潜力较大的地区；科教实力雄厚，拥有80多所高等院校、100多个国家级和省级重点科研院所，研发经费支出占地区生产总值比例达2.36%，显著高于全国平均水平，科教综合实力居全国前列。关中—天水经济区因子1得分为负，因子2和因子3均为正，总得分为负，略低于长株潭城市群。该经济区内部研发指标发展较不均衡，因子1代表的研发基础性条件各项指标明显偏低，但因子2代表的两项指标都非常高，技术市场交易额占比在样本规划区中最高，研发投入占比也只是稍低于长三角经济区，创新优势非常明显。因子 3 代表的每百万人拥有的研发机构数位于中上水平，人均占有量没有优势。从规划区内部城市指标来看，西安是研发要素最为集中的城市，科技支出、研发支出占比和人均专利授权数都明显高于其他城市，内部城市研发要素的培育较不平衡，因而降低了整个区域的研发引力。

（10）武汉城市圈。2008 年武汉城市圈和长株潭城市群获国务院批准成为"资源节约型和环境友好型"社会建设综合配套改革试验区，肩负着在优化结构、节能减排、自主创新等重要领域和关键环节实现新突破，率先在推动科学发展、和谐发展上取得新进展，为构建促进中部地区崛起的重要战略支点提供有力支撑的重任。近年来武汉城市圈以"两型社会"建设为引领目标，以增强自主创新能力为重点，加大科技创新力度，深化科技体制改革，探索建立科研成果转化的助推机制，不断促进科技与经济融合，朝着建设创新型城市圈努力。武汉城市圈因子 1 和因子 3 得分为负值，但因子 2 得分较高，与关中—天水经济区有着较相似的研发要素特征。该区域经济发展的外向度不高，进出口占比非常小，网络的普及率及科研人员占比和科技支出占比都没有明显的优势，但因子 2 代表的技术市场交易额占比和研发支出占比都明显偏高，尤其是技术市场交易额占比仅低于关中—天水经济区，排在第二位，说明该区域的创新潜力和创新驱动力量都较强。因子 3 代表的每百万人拥有的研发机构数处于中上水平，聚集创新要素的能力不断加强。武汉城市圈内部除了武汉之外许多城市的研发指标较难获取，因而只能以省份数据代替，从总体的指标得分看，武汉处于明显优势，比湖北省的平均水平高出很多，一体化发展还没有获得明显成效。

（11）成渝经济区。自西部大开发战略实施以来，成渝经济区经济社会发展取得了明显成效，成为西部地区综合实力最强的区域之一。该区域人口总量大，密度高，人力资源丰富，拥有各类高等院校 130 多所，职业技术学校近 800 所，在校学生 280 多万人。科研机构众多，科技活动人员约 30 万人。成渝经济区 3 个因子得分均为负，因子 1 和因子 2 的得分略低于零,因子3偏低。因子1得分为负主要在于互联网的普及情况和研发人员占就业人员的比例偏低,这与该区域总人口数量庞大有关,虽然总体规模不小,但相对值不高。该区域也有其突出的优势,每百万人均专利授权数达到703项,处于较高水平,说明其对知识产权的保护非常重视,创新的积极性较高,潜力较大,整体研发基础环境向好。因子2代表的两项指标都有一定的优势,处于靠前位置,创新驱动力量较强。因子3代表的每百万人均拥有的研发机构数不是很突出,是因为总体人口规模较大因而相对优势较小。成渝经济区虽然总体得分为负,人口规模较大使许多相对指标不具有优势,但总体研发基础环境、创新潜力和研发要素的聚集效果还是不错的。

(12)海峡西岸经济区。海峡西岸经济区具有对台交往的独特优势,依托毗邻台港澳优势建立起开放型经济体系,基本形成了全方位的对外开放格局。该区域不断加强与中国台湾在技术研发、成果转化等方面的合作,鼓励两岸科研机构、高等院校、企业共同设立合作研发机构,推进两岸科技合作深入发展。海峡西岸经济区三个因子得分均为负值,因子1表现相对较好,因子3明显偏低。因子1得分较好主要在于对外开放体系的建立,进出口规模较大,网络对科技的支持能力较强,尤其是每百万人拥有的人均专利数也具有明显优势,说明创新潜力较大,但科技支出占公共财政支出的比值和科研人员占比两个指标表现一般,这与该经济区总体经济实力和科研发展的历史积累不够深厚有关。因子2代表的指标没有突出表现,创新动力不足,还没有形成较好的创新氛围。从规划区内部城市的整体指标来看,福建省整体水平较好,浙江省温州、衢州,广东省汕头,江西省鹰潭、赣州表现较为突出,其他城市相对落后,需要进一步加强一体化协同发展,改善区域的整体研发环境。

(13)鄱阳湖生态经济区。推进鄱阳湖生态经济区建设,是要改变传统高投入高消耗的经济发展模式,遵循产业经济生态化、生态经济产业化的理念,主要依靠科技引领,发展循环经济、生态经济,推动工业文明向生态文明迈进。但鄱阳湖生态经济区整体研发环境和研发实力欠佳。因子

1 和因子 2 的得分均为负值，因子 3 得分为正，总得分偏低。从整体指标来看，鄱阳湖生态经济区的出口占比和每百万人均研发机构数表现较好，其他各项指标都表现欠佳，尤其是研发人员占比和技术市场交易额占比低于平均水平较大幅度，需要在科研投入和创新激励上做出更大努力。

（14）陕甘宁革命老区。陕甘宁革命老区的前身是中国共产党在土地革命战争时期创建的红色革命根据地，自西部大开发战略实施以来，老区经济社会发展有了较大改善，但仍然存在许多特殊困难，经济建设仍然落后，面临着资源地区发展方式转型的考验。该区域整体研发引力指数得分偏低，虽然有两个因子得分为正，主要是因为该区域的多数城市的几个指标无法查找只能以省级数据代替，因而提高了得分。从各项指标来看，剔除用省级数据代替部分，各城市的指标得分都很不乐观。该区域的进出口占比最低，科技支出占比也只有 0.64，略高于海南国际旅游岛，排倒数第二，因而该区域的整体研发环境、创新动力和创新要素集聚效应都处于落后状态，但该区域靠近西安这个创新要素集聚的城市，可以加强与西安的合作，在合作中不断增强研发引力。

（15）广西北部湾经济区。北部湾经济区是我国西部大开发地区唯一的沿海区域，随着中国—东盟自由贸易区建设加快推进，开放格局不断扩大，整体经济实力提升较快，但整体上仍属于落后地区，科研实力不强。北部湾经济区的 3 个因子得分均为负值，与排在其前面的经济区有较大的差距。除了进出口占比、网络普及率和每百万人均研发机构数表现稍好之外，其他指标均为落后，尤其是每百万人均专利授权数和技术市场交易额占比更是远远落后于其他大多数区域，创新意识不强，技术交易市场基本没有发育。说明该区域具备开放的市场环境和较大的市场潜力，但整体研发投入和创新能力都不足。

（16）呼包银榆经济区。呼包银榆经济区是我国重要的能源和矿产资源富集区，也是国家向北开放的重要门户，与蒙古国、俄罗斯等国家的经济技术交流与合作不断加强。但整体开放程度仍然很低，进出口额占比仅仅相较于陕甘宁革命老区好一些，除了每百万人均研发机构数较大之外，其他研发引力指标整体处于落后状态。虽然每百万人均研发机构数有较大优势，但研发投入不够，创新意识不浓，基本停留在依靠自然资源发展的低水平状态。

（17）中原经济区。中原经济区地处我国中心地带，是全国的粮食生产基地，实施促进中部地区崛起战略以来经济水平有了较大提高，但整体研发环境和创新能力依然处于落后状态。该区域因子 2 得分为正，因子 1 和因子 3 均为负数，总因子得分靠后。该区域除了互联网普及情况和技术市场交易额表现稍好之外，其他指标都乏善可陈，作为农业人口多、农业占比大的地区，想要实现"三化"协同发展，中原经济区还需要不断加强对研发环节的重视，加大科技投入，改善创新环境。

（18）海南国际旅游岛。海南国际旅游岛是我国旅游业改革创新的试验区，也是国际经济合作和文化交流的重要平台，但海南总体上仍属于欠发达地区，经济实力不强，经济结构层次偏低，产业整体素质不高，科技对经济的贡献率很低。该区域的进口占比很大，市场空间广阔，但研发的基础性条件欠缺，互联网普及率处于倒数第二，科技支出占比、研发人员占比都是倒数第一，虽然每百万人均研发机构数有优势，但研发投入少，创新意识不浓，难以改善整个区域的研发环境。

（19）宁夏内陆开放型经济试验区（简称宁夏开放区）。宁夏回族自治区是我国最大的回族聚居区，近年来国家在宁夏回族自治区连续举办的中国（宁夏）国际投资贸易洽谈会暨中国阿拉伯国家经贸论坛（中阿经贸论坛）有效地促进了我国与阿拉伯国家及世界穆斯林地区的交流合作，对外开放程度不断扩大。该区域的出口占比高于其他西北地区，每百万人均研发机构数也较大，这与该区域人口数量较少有关，因而人均相对值较大，对外商直接投资的吸引力非常弱，在规划区中排名最后，其他指标也较为落后，整体研发环境不佳，创新意识和动力不足，还没有培育出有利于研发价值模块扎根的区位要素。

（20）河北沿海经济区。河北沿海经济区毗邻京津，东临渤海，是华北、西北地区重要的出海口和对外开放门户，具有发展外向型经济的良好条件。河北沿海经济区除了进出口比例相对高一点之外,其他反映研发投入和创新动力的指标都非常低,尤其是技术市场交易额占比远远低于其他区域,说明其出口产品技术含量不高。河北沿海经济区是沿海经济规划区中研发引力最弱的区域,需要激励创新意识,加大科技投入,营造良好的研发环境,才能摆脱低产业价值环节固化的状态。

(21)黔中经济区。黔中经济区是我国自然资源和民族历史文化富集的地区,民族特色产业具有一定优势,但经济水平依然落后,研发引力是21 个经济规划区中表现最弱的。经济发展的落后和处于山区的地理位置制约了该区域的科研投入和创新意识的培育,对外资也缺乏吸引力,表现较好的指标为每百万人均专利授权数和每百万人均拥有研发机构数,这与该地区食品、民族医药等特色轻工业的发展有关,可以深度挖掘自身优势,加大科技创新力度,从而提升民族品牌以获得竞争优势。

1.3.3　研发价值模块"垂直专业化引力指数"聚类分析

聚类分析是将样本数据的诸多特征按照在性质上的亲疏程度在没有先验知识的情况下进行自动分类。通过聚类分析,可以看出每一类的内部个体特征都具有相似性,不同类之间差异性较大,这样便于对样本特征的整体把握,也可以避免直接凭数据观察进行分类的主观性风险。相似性程度可以采用相关系数法或者等级相关系数法进行判断;差异程度通常通过测试某种距离来定,可以选择欧式距离(euclidean distance)、平方欧式距离(squared euclidean distance)、切比雪夫距离(Chebychev)等。

在聚类分析中对样本相似度的测量方法按对象可分为指标聚类(R型)和案例聚类(Q 型)两种方法,由于本书是依据国家战略经济规划区产业价值模块引力得分对各规划区进行聚类,将在产业价值模块中引力特征相近的样本(规划区)划成一类,而将差异性较大的样本排斥在外,故选择常用的 Q 型层次聚类法;对样本间的差异(相近)程度采用平方欧式距离(squared euclidean distance)法来衡量。具体凝聚过程如下:首先,k 个规划区自成一类，共 k 类，把产业价值模块引力特征最相近的两个规划区合并为一类，此时形成 k－1 类；然后，将 k－1 类中最相近的两类再凝聚成一类，形成 k－2 类；依次类推，直至形成最优分类。在聚类过程中，类的数目不断减少，同一类内规划区产业价值模块引力相似性逐步降低。

1.3.3.1 聚类分析模型

为便于科学地把握国家战略经济规划区研发引力的层级分布，特以研发引力的综合得分为变量对样本进行聚类分析。该过程主要采用 Q 型层次聚类法和平方欧式距离法来度量各区域研发引力水平的"亲疏程度"，从而更科学直观地划分出各国家战略经济规划区的研发引力等级，结果如图 1－1 所示。

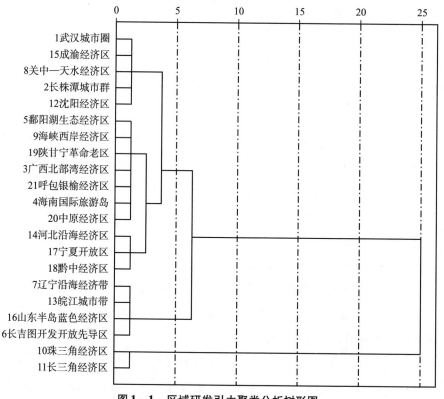

图 1－1　区域研发引力聚类分析树形图

　　结合以上聚类分析树形图和各经济规划区研发引力得分情况，将 21 个样本规划区划分为 5 类即 5 个等级档次，其聚类情况如表 1 – 12 所示。

表 1 – 12　　　　　　　　区域研发引力聚类分类情况

分类	区域名称	Z 综合得分	区域个数	最大值	最小值	均值	标准差
一	10 珠三角经济区	1.8432	2	1.8432	1.8331	1.8381	0.0050
	11 长三角经济区	1.8331					
二	7 辽宁沿海经济带	0.3834	4	0.4291	0.2352	0.3610	0.0746
	13 皖江城市带	0.3966					
	16 山东半岛蓝色经济区	0.4291					
	6 长吉图开发开放先导区	0.2352					
三	1 武汉城市圈	− 0.1656	5	0.0258	− 0.1726	− 0.0830	0.0788
	15 成渝经济区	− 0.1726					
	8 关中—天水经济区	− 0.0860					
	2 长株潭城市群	− 0.0167					
	12 沈阳经济区	0.0258					
四	5 鄱阳湖生态经济区	− 0.2867	7	− 0.2649	− 0.4972	− 0.3831	0.0820
	9 海峡西岸经济区	− 0.2649					
	19 陕甘宁革命老区	− 0.3393					
	3 广西北部湾经济区	− 0.4086					
	21 呼包银榆经济区	− 0.4182					
	4 海南国际旅游岛	− 0.4972					
	20 中原经济区	− 0.4670					
五	14 河北沿海经济区	− 0.6264	3	− 0.5990	− 0.7981	− 0.6745	0.0881
	17 宁夏开放区	− 0.5990					
	18 黔中经济区	− 0.7981					

　　资料来源：笔者经聚类分析法分析所得。

　　从以上各区域研发引力的指标特征来看，第一类排在第一档次；第二类排在第二档次；第三类排在第三档次；第四类排在第四档次，第五类排在第五档次。

1.3.3.2　聚类结果分析

根据 21 个国家战略经济规划区的研发引力得分大小及分类情况,特将这五类分类分别命名为"国际创新型研发引力区""高速成长型研发引力区""步入成长型研发引力区""发育型研发引力区"和"萌芽型研发引力区",具体分析如下。

(1) 一类区域包含长三角经济区和珠三角经济区。因为这两个经济区最早融入全球化浪潮,率先引领产业结构优化升级并致力于提高产业国际竞争力,因而被命名为"国际创新型研发引力区"。这两个经济区的研发引力指数得分远远高于排在第二类的区域。因最早受益于改革开放的政策优惠,通过发展外向型经济,经济实力大大提升,在短短几十年间积累了巨大的物质财富。而受 2008 年国际金融危机的影响,过度依靠劳动力和原材料廉价成本优势的传统发展方式受到严重挑战,长三角经济区和珠三角经济区开始转变经济增长方式,通过加大研发投入,强化企业的创新主体地位,完善区域科技创新平台,加快关键领域与核心技术创新向价值链的高端环节攀升,从而在研发领域占据了遥遥领先的位置。

(2) 二类区域包含山东半岛蓝色经济区、皖江城市带、辽宁沿海经济带和长吉图开发开放先导区。这四个区域吸引研发价值模块扎根的区位要素得到不断完善,研发引力优势突出,因而被命名为"高速成长型研发引力区"。山东半岛蓝色经济区海洋经济发展基础好,海洋科技实力雄厚,同时与日韩加强经贸与科技交流合作,对研发价值模块的引力与日俱增;皖江城市带受长三角经济区的辐射,在提升研发实力和改善研发环境方面取得了巨大突破,在承接产业转移的过程中不断强化吸收再创新,自主创新能力得到了大幅提升;辽宁沿海经济带拥有开放的经济环境和强大的工业基础,创新氛围和实力都具有较大优势,从而整体研发引力居高;长吉图开发开放先导区在二类区域中研发引力得分最低,且与其他三个区域有较大差距，但因有着较为深厚的工业基础和面向东北亚开放的发展环境而对研发价值模块引力强大。这四个区域都有得天独厚的区位优势，皖江城市带直接受益于长三角经济区的辐射，山东半岛蓝色经济区与辽宁沿海经济带同属黄渤海经济圈的重要组成部分，借助于开放的发展环境及与日韩产业合作的优势而不断强化自主创新，长吉图开发开放先导区工业实力强大，开放环境不断改善。但二类区域与一类区域的总研发引力得分相距悬殊，要在国际竞争中获取优势，二类区域还需要付出很大的努力；但相较于三类区域，二类区域依然有着突出优势。

（3）三类区域包含沈阳经济区、长株潭城市群、关中—天水经济区、武汉城市圈、成渝经济区等五个经济规划区。这些区域具有一定的研发优势，发展潜力很大，因此被命名为"步入成长型研发引力区"。它们重视对知识产权的保护，不断强化技术支撑，加大对研发和科技的投入，促进研发要素的集聚以增强区域研发引力，因而是充满希望的区域。但由于经济水平整体不高，且内部研发要素培育不均衡而使得这些区域的总体研发引力停留在一般水平，要实现产业结构升级的目标，必须针对自身特点不断弥补缺陷，加速创造出研发基础性条件以改善研发环境，并完善鼓励创新的体制机制。三类区域的研发引力得分相比二类区域还有较大差距，但后劲强大，优势突出，具备了很大的赶超能力。

（4）四类区域包含海峡西岸经济区、鄱阳湖生态经济区、陕甘宁革命老区、广西北部湾经济区、呼包银榆经济区、中原经济区、海南国际旅游岛等七个区域。这些区域的研发引力得分均为负值，对研发的重视还处于初始状态，因而被命名为"发育型研发引力区"。这些区域基本都处于中西部地区，经济发展落后，市场化、国际化程度不够，科研投入不足，创新意识不浓，缺乏研发价值模块进行"扎根"的引力；但对研发的重视程度在不断提高，有希望获得后发优势。

（5）五类区域包含宁夏开放区、河北沿海经济区和黔中经济区三个区域。这三个区域在代表研发引力的指标表现上基本没有亮点，区域研发要素还有待挖掘和培育，但也意识到提高经济发展质量，转变发展方式的重要性，因而被命名为"萌芽型研发引力区"。

　　小结　本节利用 SPSS 软件对 21 个国家战略经济规划区的 10 个代表研发引力的指标进行因子分析，选取出的三个主成分因子分别为研发基础性因子、创新驱动因子和研发集聚因子，并以这三个因子来代表 10 个指标对国家战略经济规划区的研发引力，最后得出总因子得分。这三个因子的权重差异较大，因子 1 即研发基础性因子权重为 0.6551，因子 2 即创新驱动因子权重为 0.2101，因子 3 即研发集聚因子权重为 0.1348，这说明研发基础性条件对区域的研发引力影响最大，好的研发环境会产生巨大的知识溢出效应，从而吸引研发类机构和企业集聚于此。本节在因子分析的基础上再利用聚类分析对国家战略经济规划区总研发引力得分进行分类，一共分为五类即五个档次，分别被命名为"国际创新型研发引力区""高速成长型研发引力区""步入成长型研发引力区""发育型研发引力区"和"萌芽型研发引力区"。总体来看，一方面，21 个国家战略经济规划区研发引力呈现出层次不齐、差距悬殊的特征，充分体现了我国大国经济发展不平衡的特点；另一方面，通过聚类分析我们可以看到，研发引力归类在成长型以下的区域有 10 个，约占 21 个国家战略经济规划区的 48%，这一比例远高于另外三类各自的占比，说明科研引力不足的地区占据了很大比例，要实现产业结构升级和促进区域协调发展任重道远。从规划区内部指标来看，单个规划区内部城市研发要素的培育也较不平衡，如武汉城市圈的研发要素主要集中在武汉，其他城市研发引力指标的表现与武汉差距很大；关中—天水经济区内西安研发引力要素最集中，其他城市落后很多；诸如此类，许多经济规划区都是一城独强，其他区域难免会被边缘化，一体化发展难以推进。因而要推动全国产业结构升级，提高科技发展对经济的贡献度，不仅要促进落后经济区的发展，也要重视发达经济区内部的协调发展。

1.4　2013 年制造价值模块"垂直专业化引力指数"研究

1.4.1　制造价值模块指标评价变量及其原始数据

根据制造价值模块引力指数指标的选取思路，本书选取如下 12 个变量以衡量国家战略经济规划区的制造引力：（1）区域出口占区域 GDP 的比重（X1）；（2）互联网的户均开户数（X2）；（3）区域进口占区域 GDP 的比重（X3）；（4）制造业就业人数占区域总人数的比重（X4）；（5）人均能源产量（X5）；（6）公路铁路水路人均货运量（X6）；（7）平均土地价格（X7）；（8）制造业工资效率水平（X8）；（9）区域工业本年度应交增值税占工业主营业务收入的比重（X9）；（10）区域国有企业总产值占工业企业总产值的比重（X10）；（11）区域工业总值占区域 GDP 的比重（X11）；（12）FDI 的流入存量占区域 GDP 的比重（X12）。

每个国家战略经济规划区制造引力指标变量的原始数据均由其所含城市的对应变量值计算算术平均数所得，具体如表 1–13 所示。

1.4.2　制造价值模块"垂直专业化引力指数"

1.4.2.1　制造模块"垂直专业化引力指数"计算

本部分首先对所有代表制造价值模块引力的指标数据作标准化处理，标准化完成后得到的 X_{ij}^{*} 仍用 x_{ij} 来表示，以方便下一步的分析［制造模块的指标变量中有三个逆向指标（X7、X9、X10），因而取其倒数进行模型分析］；而后在此基础上进行相关性分析，判定其是否适合作因子分析；

表1-13 制造价值模块指标变量原始数据

区域名称	X1 区域出口占区域GDP的比重(%)	X2 互联网的户户数(户)	X3 区域进口占区域GDP的比重(%)	X4 制造业就业人数占区域总人数的比重(%)	X5 人均能源产量(吨)	X6 公路铁路水路人均货运量(吨)	X7 平均土地价格(万元/公顷)	X8 制造业工资效率水平(%)	X9 区域工业本年度应交增值税占主营业务收入的比重(%)	X10 区域国有企业总产值占工业企业总产值的比重(%)	X11 区域工业总值占区域GDP的比重(%)	X12 FDI的流入存量占区域GDP的比重(%)
1 武汉城市圈	3.8883	43.8471	2.6394	4.8137	0.8700	7.9655	760.2000	1.2492	2.9047	22.5512	46.5221	0.2261
2 长株潭城市群	5.1357	52.9346	4.0612	4.2009	1.2600	14.2760	1458.5800	1.2717	3.8382	28.3068	51.4142	0.4380
3 广西北部湾经济区	9.3712	54.0731	18.2505	1.7721	0.3900	22.5482	776.1000	1.0127	2.9418	32.1925	37.1721	0.2754
4 海南国际旅游岛	7.1118	25.5092	21.6413	0.6458	2.0300	5.8980	1281.7200	0.7930	4.1714	25.6371	17.3438	0.2373
5 鄱阳湖生态经济区	11.5644	35.7656	8.1869	3.4260	0.5700	13.6317	760.5500	0.9564	3.3105	20.5180	47.6721	0.4551
6 长吉图开发开放先导区	7.0200	48.2512	8.5027	3.7110	1.2600	5.3314	682.7200	1.2544	3.1506	35.9771	46.1458	0.4529
7 辽宁沿海经济带	14.6585	48.2965	9.0430	3.6061	1.2800	19.7078	1031.8400	1.5325	3.2463	23.5153	47.3804	0.9568
8 关中—天水经济区	3.2001	42.0182	1.9346	2.6542	10.6400	11.4970	723.5400	0.7752	3.8493	45.5905	43.1340	0.2006
9 海峡西岸经济区	17.0030	52.4338	7.7571	3.0000	0.6700	8.3237	1286.2100	0.7233	3.4969	14.2503	45.8893	0.2933
10 珠三角经济区	65.1286	253.4184	45.6012	15.8479	0.5100	12.2441	3725.9100	1.5128	2.9898	14.7633	46.9952	0.5466
11 长三角经济区	43.6581	151.5711	34.3433	7.5075	0.1100	10.4180	4168.8500	1.1751	2.9854	20.8159	39.8672	0.5749
12 沈阳经济区	7.2164	48.2046	4.2472	3.6304	1.2800	17.0718	1012.7800	1.4159	2.6979	21.3259	48.6078	0.5071
13 皖江城市带	8.6633	41.0932	9.5800	3.6822	1.6900	25.8744	1248.3300	0.9975	2.9302	27.7725	50.7629	0.6424

续表

区域名称	X1 区域出口占区域 GDP 的比重（%）	X2 互联网的户均开户数（户）	X3 区域进口占区域 GDP 的比重（%）	X4 制造业就业人数占区域总人数的比重（%）	X5 人均能源产量（吨）	X6 公路铁路水路人均货运量（吨）	X7 平均土地价格（万元/公顷）	X8 制造业工资水平（%）	X9 区域本年工业增度应交增值税占主营业务收入的比重（%）	X10 区域国有企业总产值占工业企业总产值的比重（%）	X11 区域工业总值占区域 GDP 的比重（%）	X12 FDI 的流入存量占区域 GDP 的比重（%）
14 河北沿海经济区	10.8285	47.8503	6.0759	2.4366	0.9900	15.1424	736.7200	1.1433	2.5051	22.9397	44.7469	0.3288
15 成渝经济区	16.0049	33.2168	7.8350	4.5265	1.4600	9.1409	1685.1200	0.7722	3.6073	42.3379	42.4689	0.6533
16 山东半岛蓝色经济区	16.9842	58.3169	30.9053	6.7415	1.5600	12.5434	757.2600	1.6613	2.4246	14.7006	48.5953	0.2962
17 宁夏开放经济区	6.0367	36.1223	1.5742	1.9251	9.8500	19.5076	319.8800	0.7848	3.3868	46.2546	36.6426	0.0791
18 黔中经济区	3.8048	27.8386	0.7003	1.5806	4.1700	7.8131	933.9000	0.5132	4.8602	48.0709	34.5520	0.1410
19 陕甘宁革命老区	0.5471	23.5609	0.4966	1.0568	8.6800	16.3917	448.9700	0.7267	5.5801	49.3951	46.6393	0.3957
20 中原经济区	4.3006	43.1620	3.2840	1.8496	6.3900	13.2990	888.3100	0.6741	3.9303	24.8673	48.2800	0.3420
21 呼包银榆经济区	2.1387	38.4162	1.8732	2.3892	18.2500	35.4429	476.0000	1.4559	4.0724	33.9203	46.2059	0.1782

资料来源：2014 年《中国区域经济统计年鉴》、2014 年《中国城市统计年鉴》、2014 年《中国国土资源年鉴》、2014 年各省省市统计年鉴①。

① 本节中关于区域情况介绍的资料来源均与此同。

并在其适合作因子分析的基础之上，进行公因子提取和载荷矩阵求解，进一步对产生的因子重新命名，最终计算出各公因子及其综合得分。

（1）相关性分析。本书同时采用巴特利特球形检验（Bartlett Test of Sphericity）和 KMO 检验（Kaiser – Meyer – Olkin）来进行制造价值模块指标变量的相关性检验，KMO 和 Bartlett 检验结果如表 1 – 14 所示。

表 1 –14　　　　　　　　　　　KMO 和 Bartlett 检验

取样足够度的 Kaiser – Meyer – Olkin 度量		0. 596
Bartlett 球形检验	近似卡方	200. 754
	df	66
	Sig.	0. 000

分析方法：由因子分析法分析所得。

检验的结果显示 KMO = 0. 596 接近 0. 6，表明适合构建因子分析模型；Bartlett 球形检验的 Sig = 0. 000，拒绝了原假设，结论认为各个变量之间不是独立的，适合做因子分析。

（2）公因子提取和因子载荷矩阵求解。在选择的 12 个指标满足了因子分析法的基础上，对 21 个代表区域制造引力的 12 个指标变量提取主成分，结果如表 1 – 15 所示。

表 1 –15　　　　　　　　　　　解释的总方差

成分	初始特征值			提取平方和载入			旋转平方和加载		
	合计	方差的%	累积%	合计	方差的%	累积%	合计	方差的%	累积%
1	5. 603	46. 693	46. 693	5. 603	46. 693	46. 693	3. 974	33. 120	33. 120
2	2. 002	16. 683	63. 375	2. 002	16. 683	63. 375	2. 238	18. 647	51. 767
3	1. 452	12. 103	75. 478	1. 452	12. 103	75. 478	2. 179	18. 161	69. 928
4	1. 045	8. 704	84. 182	1. 045	8. 704	84. 182	1. 710	14. 254	84. 182

成分	初始特征值			提取平方和载入			旋转平方和加载		
	合计	方差的%	累积%	合计	方差的%	累积%	合计	方差的%	累积%
5	0.675	5.627	89.810						
6	0.417	3.472	93.281						
7	0.322	2.681	95.962						
8	0.233	1.938	97.900						
9	0.108	0.901	98.801						
10	0.090	0.749	99.550						
11	0.042	0.348	99.898						
12	0.012	0.102	100.000						

提取方法：主成分分析法。

从表 1−15 可以看到经过主成分分析法提取出的每个公因子的方差解释和贡献率累积和，方差大于 1 的公因子有 4 个，其贡献率累积和为 84.182% >80%，可认为这 4 个因子能较好地代表原有变量包含的信息。

（3）因子命名。表 1−15 得出的主成分能包含制造引力分析的大部分信息，但是这些主成分没能反映出代表的实际意义，因而需通过旋转因子载荷矩阵重新分配各个因子解释原始变量的方差比例，使得每个因子载荷分配的信息更清晰，更容易说明各因子代表的实际意义，旋转结果如表 1−16 所示。

表 1−16　　　　　　　　旋转成分矩阵

指标变量	成分			
	1	2	3	4
X2 互联网的户均开户数	0.958	−0.048	0.129	0.100
X1 区域出口占区域 GDP 的比重	0.943	−0.194	0.134	0.121

续表

指标变量	成分			
	1	2	3	4
X4 制造业就业人数占区域总人数的比重	0.882	-0.072	0.277	0.218
X3 区域进口占区域 GDP 的比重	0.857	-0.246	0.280	-0.088
X5 人均能源产量	-0.147	0.837	-0.374	-0.220
X6 公路铁路水路人均货运量	-0.080	0.812	0.102	0.264
X7 平均土地价格	-0.451	0.676	-0.015	-0.375
X9 区域工业本年度应交增值税占工业主营业务收入的比重	0.160	-0.139	0.905	0.097
X8 制造业工资效率水平	0.350	0.248	0.695	0.342
X10 区域国有企业总产值占工业企业总产值的比重	0.475	-0.294	0.636	0.051
X12 FDI 的流入存量占区域 GDP 的比重	0.216	-0.266	0.035	0.861
X11 区域工业总值占区域 GDP 的比重	-0.031	0.278	0.363	0.708

旋转方法：具有 Kaiser 标准化的正交旋转法。

从表 1-16 中可以看出因子载荷是公因子与变量的相关系数，载荷绝对值越大，说明公因子越能代替该变量。其中成分因子 1 相关系数绝对值大于 0.5 的变量有 X2 互联网的户均开户数、X1 区域出口占区域 GDP 的比重、X4 制造业就业人数占区域总人数的比重、X3 区域进口占区域 GDP 的比重。进口水平反映了区域对原材料和中间品的需求，出口水平反映了区域制造产品的国际市场占有能力，制造业人数和网络发展水平反映了区域制造业的发展基础，以上指标能综合反映区域的工业发展水平，故命名成分因子 1 为工业基础因子；

成分因子 2 相关系数绝对值大于 0.5 的变量有 X5 人均能源产量、X6 公路铁路水路人均货运量、X7 平均土地价格，这些变量反映了区域的能源交通和土地资源优势，故命名成分因子 2 为区位优势因子；

成分因子 3 相关系数绝对值大于 0.5 的变量有 X9 区域工业本年度应交增值税占工业主营业务收入的比重、X8 制造业工资效率水平、X10 区域国有企业总产值占工业企业总产值的比重，这些变量均反映了区域的税收优惠程度，劳动力资本的效率水平和民营经济的发达程度，故而命名成分因子 3 为投资环境因子；

成分因子 4 相关系数绝对值大于 0.5 的变量有 X12FDI 的流入存量占区域 GDP 的比重、X11 区域工业总值占区域 GDP 的比重，这些变量反映了区域工业经济发展的规模，故而命名成分因子 4 为工业集聚效应因子。

总体而言，制造引力的测度可以从四个方面来评估，分别是工业基础（发展因素）、区位优势（资源因素）、投资环境（成本因素）和集聚效应（助推因素）。

（4）计算因子得分。以上述数据为基础，可以计算出每个主成分对应指标变量的成分得分系数，结果如表 1 – 17 所示。

表 1 – 17　　　　　　　　　　成分得分系数矩阵

指标变量	成分			
	1	2	3	4
X1 区域出口占区域 GDP 的比重	0.299	0.041	− 0.131	− 0.006
X2 互联网的户均开户数	0.329	0.119	− 0.133	− 0.022
X3 区域进口占区域 GDP 的比重	0.242	0.001	0.036	− 0.186
X4 制造业就业人数占区域总人数的比重	0.258	0.095	− 0.043	0.035
X5 人均能源产量	0.163	0.418	− 0.177	− 0.068
X6 公路铁路水路人均货运量	0.053	0.411	0.024	0.170
X7 平均土地价格	− 0.043	0.287	0.168	− 0.242
X8 制造业工资效率水平	0.006	0.180	0.325	0.063
X9 区域工业本年度应交增值税占工业主营业务收入的比重	− 0.153	− 0.051	0.565	− 0.148
X10 区域国有企业总产值占工业企业总产值的比重	0.004	− 0.084	0.327	− 0.140
X11 区域工业总值占区域 GDP 的比重	− 0.093	0.137	0.091	0.433
X12FDI 的流入存量占区域 GDP 的比重	− 0.023	− 0.110	− 0.219	0.606

通过成分得分系数矩阵，不仅可以得到各变量对因子的影响权重，还可以计算出各因子得分，公因子 F1、F2、F3、F4 的得分用各指标表示如下：

$$F1 = 0.299 \times X1 + 0.329 \times X2 + 0.242 \times X3 + 0.258 \times X4 + 0.163 \times X5$$
$$+ 0.053 \times X6 - 0.043 \times X7 + 0.006 \times X8 - 0.153 \times X9$$
$$+ 0.004 \times X10 - 0.093 \times X11 - 0.023 \times X12$$

$$F2 = 0.041 \times X1 + 0.119 \times X2 + 0.001 \times X3 + 0.095 \times X4 + 0.418 \times X5$$
$$+ 0.411 \times X6 + 0.287 \times X7 + 0.180 \times X8 - 0.051 \times X9$$
$$- 0.084 \times X10 + 0.137 \times X11 - 0.110 \times X12$$

$$F3 = -0.131 \times X1 - 0.133 \times X2 + 0.036 \times X3 - 0.043 \times X4 - 0.177 \times X5$$
$$+ 0.024 \times X6 + 0.168 \times X7 + 0.325 \times X8 + 0.565 \times X9$$
$$+ 0.327 \times X10 + 0.091 \times X11 - 0.219 \times X12$$

$$F4 = -0.006 \times X1 - 0.022 \times X2 - 0.186 \times X3 + 0.035 \times X4 - 0.068 \times X5$$
$$+ 0.170 \times X6 - 0.242 \times X7 + 0.063 \times X8 - 0.148 \times X9$$
$$- 0.140 \times X10 + 0.433 \times X11 + 0.606 \times X12$$

为了进一步比较各经济规划区的制造引力大小，可以在以上基础上计算出引力的综合得分，制造引力综合得分计算公式为：

$$W_i = \frac{\beta_1}{\beta_1 + \beta_2 + \beta_3 + \beta_4} F_{1i} + \frac{\beta_1}{\beta_1 + \beta_2 + \beta_3 + \beta_4} F_{2i} + \frac{\beta_1}{\beta_1 + \beta_2 + \beta_3 + \beta_4} F_{3i}$$
$$+ \frac{\beta_1}{\beta_1 + \beta_2 + \beta_3 + \beta_4} F_{4i} \quad (i = 1, 2, 3, \cdots, 21) \tag{1-6}$$

其中，i 代表各区域；β_1、β_2、β_3、β_4 分别代表解释的总方差中 F1、F2、F3、F4 的各自占比；公因子前面的系数是各因子对综合引力的贡献率，它是各因子的方差贡献率与四个因子的累积方差贡献率的比值（即权重）。由表 1-15 中解释的总方差结果可知，β_1、β_2、β_3、β_4 分别为 33.120%、18.647%、18.161% 和 14.254%，将其代入式（1-6），则各区域制造引力综合得分为：

$$W_i = 0.3934 F_{1i} + 0.2215 F_{2i} + 0.2157 F_{3i} + 0.1693 F_{4i} \tag{1-7}$$

W_i 为制造引力综合得分，综合得分值越高，表明该区域制造引力越高。由于在构建模型的初始阶段对原始数据进行了标准化处理，因而制造引力综合得分可为负值，表明这些区域的综合制造引力低于平均水平。区域制造引力综合得分及排名情况如表 1 – 18 所示。

表 1 – 18　　　　　　　　区域制造引力综合得分及排名

区域名称	F1	F2	F3	F4	W	排名
1 武汉城市圈	– 0.6143	– 0.4188	1.0828	– 0.4439	– 0.1760	13
2 长株潭城市群	– 0.3246	– 0.1724	– 0.2106	1.0800	– 0.0285	8
3 广西北部湾经济区	– 0.1744	0.0705	0.4439	– 0.6738	– 0.0713	10
4 海南国际旅游岛	0.0463	– 1.4680	– 0.8781	– 2.0680	– 0.8465	21
5 鄱阳湖生态经济区	– 0.4203	– 0.4083	0.2830	0.3380	– 0.1375	12
6 长吉图开发开放先导区	– 0.4716	– 0.4714	0.2617	0.1685	– 0.2049	14
7 辽宁沿海经济带	– 0.2175	– 0.0199	0.0965	2.1611	0.2967	5
8 关中—天水经济区	– 0.2191	0.5184	– 0.9634	– 0.4970	– 0.2633	15
9 海峡西岸经济区	– 0.1699	– 1.0545	0.2726	– 0.3852	– 0.3068	18
10 珠三角经济区	3.7271	0.1914	0.0942	0.2153	1.5654	1
11 长三角经济区	1.8219	– 0.7491	– 0.2556	0.1327	0.5182	4
12 沈阳经济区	– 0.6037	– 0.0690	1.1982	0.7162	0.1269	7
13 皖江城市带	– 0.3962	0.1956	0.1474	1.5246	0.1773	6
14 河北沿海经济区	– 0.6556	– 0.1844	1.3698	– 0.3479	– 0.0622	9
15 成渝经济区	– 0.1273	– 0.9934	– 1.2106	1.0287	– 0.3571	19
16 山东半岛蓝色经济区	0.3051	0.0667	2.4771	– 0.7440	0.5432	3
17 宁夏开放区	– 0.3427	1.5425	– 0.0854	– 1.7348	– 0.1053	11
18 黔中经济区	– 0.3937	– 0.6756	– 1.5960	– 0.9378	– 0.8076	20
19 陕甘宁革命老区	– 0.4882	0.8864	– 1.5891	0.3403	– 0.2809	16
20 中原经济区	– 0.4052	– 0.0388	– 0.7195	0.2226	– 0.2855	17
21 呼包银榆经济区	0.1237	3.2521	– 0.2190	– 0.0954	0.7056	2

资料来源：笔者据相关公式计算所得。

1.4.2.2 制造价值模块"垂直专业化引力指数"分析

通过构建国家战略经济规划区制造价值模块指标变量的因子分析模型，提取出 4 个公因子并计算出各自得分，进一步得出公因子的综合得分及排名情况，具体分析如下。

（1）珠三角经济区。珠三角经济区制造模块的引力得分为 1.57，远高于排在第二位的呼包银榆经济区 0.71 的得分，虽然经过 2008 年的国际金融危机，珠三角经济区的加工制造企业受到巨大打击，因为成本因素许多制造环节外迁，但珠三角经济区因其雄厚的工业基础、优越的区位环境和活跃的市场因素依然对制造模块的扎根有着强大的吸引力。但是这些吸引力基本体现在除深圳、广州及珠海以外的城市，广州的制造优势在珠三角区域并不明显，深圳和珠海高昂的土地价格足以让附加值低的制造模块望而却步，区域内其他城市因为有着良好的工业基础，熟练的技术工人和税收、土地价格方面的优惠而成为制造模块扎根的首要选择。珠三角经济区四个因子的得分均为正值，因子 1 的得分尤其高，主要是因为在改革开放后珠三角经济区发展外向型经济成为世界工厂而积累了雄厚的工业技术，制造业人员占比远高于其他区域。因子 2 得分为正，略高于平均水平，主要是因为其公路铁路和港口运输便利，人均货运量较高，而平均土地价格略低于长三角经济区，远远高于全国平均水平，在人均能源指标上也处于劣势。因子 3 得分高是因为人员工资的效率水平较高，民营经济发达，市场活跃度高，但税收优惠已不具有绝对优势。因子 4 得分高主要在于其庞大的制造规模和对外商直接投资的强大吸引力从而产生的工业集聚效应。总体而言，除了广州、深圳和珠海等不具有制造优势之外，其他城市依然处于占优位置。

（2）呼包银榆经济区。呼包银榆经济区是我国重要的能源和矿产资源富集区，是国家重要的煤炭基地、油气基地和电源基地，资源的富集度全国居首。该区域制造引力指数的综合得分较山东半岛蓝色经济区和长三角经济区高出较多，主要在于其能源极为丰富、运输能力强大和土地价格低廉,从而使因子 2 得分远高于其他区域。因子 1 虽然得分为正,但也只是略高于平均水平,因子 3 和因子 4 的得分均为负值,说明其在市场成本、活跃度及产业集聚效应方面没有优势。呼包银榆经济区经济发展的外向度不高,制造业人口占比处于中等水平,也没有明显的税收优势,规模以上工业企业主要以国有企业为主,民营经济不发达,整体工业规模处于中上水平,对外资的吸引力度较弱,从而可以看出该经济区主要依赖资源优势而致使制造模块引力指数较高,要真正吸引制造模块扎根于此,还需要在工业基础和市场方面做出很大努力。

(3) 山东半岛蓝色经济区。山东省是海洋大省,海洋资源丰富,海岸线长达 3000 多千米,占全国的 1/6,是我国长江口以北具有深水大港预选港址最多的岸段。在全国规划的铁路"五纵五横"中,山东省处于东部沿海"一纵"的中枢地带,交通区位优势明显。山东半岛蓝色经济区因子 1、因子 2 和因子 3 得分均为正,因子 4 得分为负,工业集聚效应相对较弱。在因子 1 代表的各项指标中,山东半岛蓝色经济区除了进出口占比位于全国前列之外,互联网的普及情况和制造业就业人员占比也都远高于平均水平,尤其是制造业就业人员占比仅低于长三角经济区和珠三角经济区,海洋工业制造发达。其在因子 2 代表的区位优势上表现不是非常突出,但因子 3 得分非常突出,主要在于工资的效率水平和税收优惠程度领先,在因子 4 代表的两项指标中工业规模占比较高,但对外商直接投资的吸引力不足,FDI 流入存量占区域 GDP 的比值只有 0.3%,低于多个经济区的数值。从而可以看出,该区域自身的制造实力较强,工业底子厚,但还没有形成吸引外商直接投资从而产生强大集聚效应的能力。

(4) 长三角经济区。长三角经济区制造模块引力指数排在上述三个规划区的后面主要是因为人均能源产量全国最低,平均土地价格最高,土地、能源匮乏,资源环境约束日益明显。但该区域位于我国东部沿海地区,较早地参与全球分工,融入国际化趋势,且拥有面向国际、辐射全国的密集立体交通网络和现代化港口群,经济腹地广阔,相对于全国其他地区仍然在制造引力上有较大优势。长三角经济区市场潜力广阔,有较好的工业发展基础，技术支撑能力强大，制造业就业人数占比仅低于珠三角经济区，因此因子 1 的得分远高于其他三个因子。由于能源不足，土地价格高昂，也没有明显的税收优惠优势，故而因子 2 和因子 3 的得分均为负值。因为对外商直接投资具有强大吸引力，规模效应、集聚效应突出，所以因子 4 的得分也为正。从内部省市的各项指标来看，上海的土地均价为 8153 元，江苏省和浙江省分别为 1691 元、2663 元，远低于上海，江苏省和浙江省民营经济的发达程度也远高于上海，由此可知，长三角经济区对制造价值模块的吸引力主要集中在江苏省和浙江省，上海不适宜发展制造模块。

（5）辽宁沿海经济带。辽宁沿海经济带在工业产业方面具有诸多优势，一是地理区位优势明显，不仅是黄渤海经济圈的重要组成部分，还位于东北亚经济圈的关键地带，具有独特的开放优势；二是资源禀赋优良，镁、硼、钼、石油、天然气等资源储量较大，适宜开发的岸线资源丰富；三是工业实力较强，装备制造业具有较强的国际竞争力，能源工业规模较大，且拥有一大批技术骨干和产业工人；四是交通体系发达，拥有较为完备的疏港和支线铁路运输网络。辽宁沿海经济带因子 4 得分为 2.16，在规划区中得分最高，作为东北老工业基地和沿海发展经济区，该区域有着较大的工业规模和对外资的吸引力，因而工业集聚优势突出。因子 3 的得分也为正，但不高，因子 1 和因子 2 得分为负，略有偏低。在因子 3 代表的指标方面，区域工资的效率水平和民营经济的发展程度都有较大优势，但税收依然偏高，因而使因子 3 的得分不高，投资环境有待改善。在因子 2 代表区位优势的各指标中，该区域的土地价格偏高，与其所属的沿海经济区土地面积有限有关，能源富集度和人均货运量处于中等偏上位置，与西北能源丰富的其他区域有较大差距。在因子 1 代表的指标中，市场开放度相较于多数内陆经济区较有优势，但与发达沿海区域还有很大差距，制造业人口占比表现良好，但整体工业基础优势不是很突出。在区域内代表制造引力的各项指标中除了大连土地价格明显偏高之外其他指标均差距不大，制造环境要素相当。

（6）皖江城市带。皖江城市带直接受长三角经济区的辐射，长江黄金水道、快速铁路、高速公路等综合交通体系完善，区位优势明显；与长三角地区长期以来就有开展产业分工合作的历史，合作基础良好；矿产、土地、水、劳动力资源丰富，长江岸线条件优越，发展空间较大。该区域因子2、因子3和因子4的得分均为正值，只有因子1得分为负，说明其区位优势、投资环境和工业集聚效应都较为突出，不足的是市场开放度不够，国际化程度低。从各因子的表现来看，皖江城市带因子4在四个因子中得分最高，为1.52，在规划区中也位列第二，工业集聚效应突出，工业总产值占比仅低于长株潭城市群，主要得益于大规模承接产业转移。因子2代表的区位优势的指标中，人均货运量较为突出，土地价格有所偏高，随着承接产业转移规模的扩大，土地开发程度越来越高，从而显示出土地资源的局限性。在因子3代表的市场投资环境指标方面，各指标均位于中上水平，优越于多数中西部区域。

（7）沈阳经济区。沈阳经济区以沈阳为中心，是国家重要装备制造业基地和优化开发区，也是东北地区重要的工业城市群和辽宁省经济发展的核心区域。沈阳经济区新型工业化综合配套改革试点的批复，标志着沈阳经济区在中国特色新型工业化道路上迈出了新的步伐。从制造模块引力总因子得分来看，沈阳经济区总因子得分稍低于皖江城市带，但相较于同属辽宁省的辽宁沿海经济区还是有一定差距，主要在于其开放程度较低，对外商直接投资的引力不够，但也有自身优势，如税收优惠力度更大。该区域因子3和因子4得分均为正值，因子3得分高于辽宁沿海经济带和皖江城市带，主要在于其在税收方面优惠力度更大，国有企业占比较低，民营经济发达，市场投资环境较好；但因子4得分低于前两个区域，由于没有和辽宁沿海经济区与皖江城市带一样优越的区域条件，对外资的吸引力度较弱；同时因子1和因子2的得分不高，在工业基础环境和区位优势上没有突出表现。从区域内部各城市的指标表现来看，除沈阳土地价格为1955万元/公顷，远高于其他城市之外，其他指标基本相当，但相较于其他省会城市的土地价格沈阳依然不算高，因而整个区域较适宜制造模块扎根。

（8）长株潭城市群。长株潭城市群是湖南省工业实力最强、一体化发展程度最高的区域。该区域有 3 个因子得分为负，只有因子 4 得分为正，且分值较高达 1.08，主要是因为其工业总值占比为 51.41%，在经济规划区中排名第一，工业规模大，集聚效应明显。在因子 1 代表的指标中，制造业人数占比还是较高的，仅低于珠三角经济区和山东半岛蓝色经济区等五个区域，这与其工业规模大相关，但由于经济的开放度不高而使因子 1 得分不高；在因子 2 代表的指标中，人均能源产量和货运量相较于西北能源富集地区没有优势，土地价格相较于其他内陆型经济区较为偏高；因子 3 代表的指标中工资的效率水平和民营经济的发达程度都处于中等偏上水平，但因为增值税占主营业务收入的比值偏高，税收优惠力度不大而使总得分偏低，投资环境有所受限。从区域内部城市的指标来看，区域工业多数集中在长沙，但长沙的土地成本为 2318 万元／公顷，远远高于另外两个城市，因而需向株洲和湘潭倾斜制造模块。

（9）河北沿海经济区。河北沿海经济区制造模块总因子得分稍低于长株潭城市群，与之不同的是河北沿海经济区因子 3 得分为正，且仅低于山东半岛蓝色经济区，反映出其突出的市场活力和投资环境优势。在因子 3 代表的指标中，该区域增值税占主营业务收入比为 2.5%，仅高于山东半岛蓝色经济区，说明税收优惠力度大；国有企业总产值占比也偏低，民营经济较发达；工资的效率水平处于中等，整体市场投资环境较好。因子 2 的得分虽然为负，但不是明显偏低，因为其土地价格不仅低于其他沿海经济区，也低于多数内陆型经济区；因陆域和海域面积都较小因而能源产量不大，人均货运量处于中等。四个因子中因子 1 得分最低，主要是因为制造业人口占比明显偏低，与其缺乏工业积累的区域特征相关，因其为沿海经济区，经济的开放度还是较高的，进出口规模不小，但对外商直接投资的吸引力度还是不够，这从因子 4 的得分可以看出。因子 4 得分为 −0.36，工业总产值占比和 FDI 流入存量占比都处于相对落后水平。从而可知河北沿海经济区有着毗邻京津，东临渤海的区位优势，也有税收优惠的投资环境，但由于受能源和工业基础的局限而使其对制造模块的引力不如发达沿海区域高。

（10）广西北部湾经济区。北部湾经济区作为我国西部大开发地区唯一的沿海区域，与东盟国家既有海上通道、又有陆地接壤，交通网络发达，开放优势明显。其主要缺陷在于工业基础薄弱，开发时间短，没有形成规模效应。该区域因子2和因子3得分均为正，另外两个因子得分为负，总因子得分为负，略低于河北沿海经济区，排名第10。因子2得分高主要在于人均货运量有突出优势，因其作为西部大开发地区唯一的出海口，临近珠三角，又与东盟接壤，有着极大的区位优势，土地价格偏低，但由于总能源贫乏的影响使因子2得分略高于零。该区域在因子3的各指标方面有较大的税收优惠力度，工资的效率水平和民营经济发达程度处于中等水平，并不明显落后。在因子1和因子4代表的指标方面表现较为相似，除开放度稍高之外，制造业就业人数占比和工业规模都明显偏小，主要原因在于没有工业基础。

（11）宁夏开放区。宁夏回族自治区地处新亚欧大陆桥国内段的重要位置，在我国与中东中亚交通联系中具有重要作用；区域内能源资源丰富，是国家重要的煤电和新能源基地。宁夏开放区与广西北部湾经济区的总因子得分只有较小距离，在区域特征方面有差异较大之处，也有非常相似的地方。不同的是该区域只有因子2得分为正，且仅低于呼包银榆经济区，排名第二，主要在于其丰富的能源产量和最低的土地价格，人均货运量指标也偏高，这与其能源产量大但人口规模小有关。宁夏开放区经济的开放度不如广西北部湾经济区，北部湾属沿海经济区，有着更好的投资环境和更便于开发开放的区位优势。与北部湾经济区相似的是二者工业基础都非常薄弱，没有形成集聚效应。

（12）鄱阳湖生态经济区。鄱阳湖地区位于沿长江经济带和沿京九经济带的交汇点，在全国交通网络中具有枢纽地位，也是珠三角经济区和海峡西岸经济区等重要经济板块的直接腹地，立体交通框架初步形成。该区域规模经济效应明显，以江西省30%的国土面积创造了60%以上的经济总量，发展基础较好，新型工业初具规模。鄱阳湖生态经济区因子3和因子4得分为正，另外两个因子得分为负，显示出其投资环境较好，具备工业规模效应。在因子3代表的指标方面，工资的效率水平和税收优惠没有明显的优势，但国有工业企业总产值占工业总产值的比值较低，民营经济较发达，具备吸引企业投资的活跃的市场环境。在因子4代表的指标中，工业总产值占比和FDI流入存量占比都位于偏高水平，有着较好的工业集聚效应。因子2得分为负主要在于其人均能源产量偏低，鄱阳湖生态经济区是我国重要的生态功能保护区，能源富集度和开采度都较低，但土地价格和人均货运量都较有优势，土地资源丰富，且得益于其立体交通网络运输能力较强。因子1得分偏低主要是一方面因为互联网的户均开户数指标较低，信息化发展还很落后，工业发展的技术支撑能力弱，另一方面因其较好的区位优势，进出口规模和制造业从业规模都较高，有一定的工业基础。

（13）武汉城市圈。武汉城市圈只有因子3得分为正，其他因子得分均为负，主要原因在于其经济开放度不够，进出口占比和FDI流入存量占比都严重偏低，加上能源储备少，运输能力有限，因而整体得分不高。其优势在于总体工业规模较大，有着较好的工业基础和发展实力，同时税收优惠力度大，民营经济发展势头良好，经济效率偏高，市场投资环境不错。该区域还有一个显著特点就是省会城市武汉与其他城市差异较大，土地成本远高于其他城市，工业发展规模较低，所以制造模块的引力主要集中在其他城市。

（14）长吉图开发开放先导区。长吉图开发开放先导区因子3和因子4得分均为正，主要在于在因子3代表的指标方面，工资的效率水平偏高，2013年其人均GDP值为55454元，在内陆型经济区中占有较大优势，但税收优惠和民营经济的发展程度都处于中等水平，没有明显优势。在因子4代表的指标方面，工业总规模偏大，同时吸引外商直接投资的能力较强，随着图们江区域合作的深入推进，长吉图地区开发开放取得明显成效。在因子1代表的指标方面，进出口指标虽然比沿海经济区要低，但相对于多数内陆型经济区而言已经较有优势，开放程度不断加大。因子2代表的指标中人均货运量严重偏低，主要是因为铁路和水运能力薄弱，使整体运输能力受到局限；土地成本偏低，具备较大的开发潜力。该区域内部城市代表制造引力的指标中除了长春的土地成本稍高，延边的开放度较高之外，整体工业要素的培育较为均衡，协调状态较好。

（15）关中—天水经济区。关中—天水经济区处于我国内陆中心，是亚欧大陆桥的重要支点，也是西部地区连通东中部地区的重要门户，交通枢纽作用突出；区域内煤炭、矿产资源丰富，是国家重要的能源基地。从因子得分情况来看，该区域只有因子 2 得分为正，其他三个因子得分均为负值，体现出其突出的区域优势，但在工业实力和投资环境方面都较薄弱。因子 2 代表的 3 个指标都较有优势，尤其是人均能源产量排名第二，仅低于呼包银榆经济区，能源富集度非常高；因其作为中部和西部的重要交通枢纽，运输能力强大，土地价格也较有优势，从而使区位因子得分较高。但其最大的缺陷在于经济开放度太低，进出口占比和 FDI 流入存量占比都严重偏低，另外增值税占比偏高，区域经济实力不强，工资效率水平偏低，从而导致整体得分偏低。

（16）陕甘宁革命老区。陕甘宁革命老区位于陕甘宁三省交界处，包头至兰州和包头至西安铁路、北京至西藏高速线纵贯南北，青岛至银川高速、青岛至兰州高速线横穿东西，是西煤东运、西气东输和西电东送的重要通道；煤炭、石油、天然气以及岩盐、石灰岩等矿产资源和风能、太阳能等新能源都非常丰富。这些优势都在因子 2 得分上体现出来。其因子 2 得分为 0.89，稍低于呼包银榆经济区和宁夏经济区，在因子 2 代表的指标中，能源产量、运输能力和土地资源三项指标都具有突出优势。因子 4 得分为正主要是因为区域内部几个城市的工业总值占比和 FDI 流入存量占比都因无法查找到数据而使用省份的平均数来代替，因而有所偏高。因子 1 和因子 3 代表的指标均比较落后，市场开放度最低，税收比值最高，整个区域的投资环境和工业实力都很不乐观。

（17）中原经济区。中原经济区位于我国腹地，承东启西、连南贯北，是全国"两横三纵"城市化战略格局中陆桥通道和京广通道的交汇区域，交通区位极为重要；矿产资源丰富，煤、铝、钼、金、天然碱等储量较大，是全国重要的能源原材料基地。但作为我国重要的农产品主产区，其整体经济实力和工业基础都不强，经济的开放度也低，从而对制造价值模块的总引力较低。中原经济区只有因子4得分为正，其余三个得分均为负值。因子4得分为正主要在于工业总值占GDP的比值处于领先位置，但制造业人数占比并不高，这与其有一定的工业产业基础有关，应该也与其是农业主产区、经济总量不大有关。因子2的得分虽为负值，但只是略低于零，说明在地理区位上还是有一定优势的。作为全国重要的交通枢纽，货运量较高，山西省的几个城市也是全国的能源富集地，但土地价格相较于多数中西部经济区而言都偏高，安徽省的几个城市土地价格也较高，除淮北之外，其余三个城市的土地均价都超过1000万元/公顷。因子1总得分偏低，但进出口指标比武汉城市圈和关中—天水经济区有所超越，说明其经济开放度在改善。该区域的组成部分横跨四个省份，区域特征较为明显，内部差异较大，在吸引制造模块扎根的过程中还需因地制宜。

（18）海峡西岸经济区。海峡西岸经济区地处中国台湾地区和祖国大陆的结合部，邻近港澳，具有独特的对台合作优势；区域内民营经济发达，但整体经济实力还不够强大。海峡西岸经济区只有因子3得分为正，其余因子得分均为负值。主要是因为其民营经济发达，市场环境活跃，但税收优惠和经济效率整体不高。因子2在四个因子中得分最低，是因其人均能源产量偏低，另外土地价格也高于绝大多数经济区，主要是福建省、温州和汕头的土地均价较高从而拉高了整个区域的平均值。因子1和因子4的得分稍低于零，其经济的开放度较高，但工业规模和吸引外商直接投资的比值还是较低，没有获得工业集聚效应。

（19）成渝经济区。成渝经济区位于长江上游，地处四川盆地，与云贵、湘鄂、陕甘及西藏地区共建了密集的交通网络；天然气、水能、铝土、煤炭等资源富集，开发潜力大；工业门类较齐全，经济的开放程度在内陆型经济体中处于领先位置。因而可以看出该区域在交通运输能力、能源产量和经济开放指标方面都有较好表现，但区域总的制造引力得分较低，一方面，主要在于其土地价格高昂，仅低于长三角经济区和珠三角经济区，这与其地理区位有关，重庆为山城，土地资源非常有限；另一方面，税收比值偏高，国有经济占绝对优势，没有形成良好的吸引民间资本投资的环境。因而在因子得分上体现为只有因子4得分为正，其余三个因子都为负。因子1得分稍低于零，主要因为互联网户均开户数指标值非常低，这与其人口规模大、农业人口比值高有关，其余三个指标都表现较好，制造业人数占比位于前列，这与重庆的制造业规模大有关。因子4得分为正，主要在于FDI流入存量占区域GDP的比值较高，对外资的吸引力度较大。从总体来看，成渝经济区各指标表现不一，差别很大，其优势和缺陷一样突出。

（20）黔中经济区。黔中经济区地处西南地区腹心地带，是西南地区重要的陆路交通枢纽；水能、煤炭、磷、铝、稀土、锰等矿产资源储量丰富；轻工业特色鲜明，从而可以看出该区域有一定的区位优势。但制造引力各因子得分均为负值，总因子得分排名倒数第二。因子1得分低是因为其四个指标值都在全国接近末位，工业基础薄弱。因子2代表的指标中人均能源产量较高，但综合运输能力有限，土地价格较为偏高，因而得分较低，这与其位于山区，土地资源有限，交通设施建设难度大有关。因子3代表的三个指标都位于倒数一、二，税收比值高，民间资本不活跃，整个投资环境不理想。因子4代表的两个指标也接近末位，工业规模小，对外资也没有吸引力。从而可以看出除了资源较为丰富和在西部铺开的交通网络的优势之外，几乎没有优势能吸引企业来布局大规模制造价值模块。

（21）海南国际旅游岛。与黔中经济区不同的是，海南国际旅游岛因子1得分为正，但另三个因子得分都偏低，尤其是因子4在规划区中排名最低。因其作为国际旅游开发区，经济的开放度较高，但互联网户均开户数位于倒数第二，制造业人口占比位于倒数第一，因而虽然因子1得分为正但也只是略高于零。因子2得分也非常低，虽然能源产量有所优势，但作为岛屿经济区，综合运输能力较低，土地成本尤其偏高，几乎没有发展制造模块的区位优势。因子3和因子4代表的指标都非常落后，税收比值高，工业规模小，整体工业投资环境不佳。总体而言，该区域不适宜制造模块扎根，应根据其区位特点发展特色产业价值模块。

1.4.3 制造价值模块"垂直专业化引力指数"聚类分析

1.4.3.1 聚类分析模型

为便于科学地把握国家战略经济规划区制造引力的层级分布，特以制造引力的综合得分为变量对样本进行聚类分析。该过程主要采用 Q 型层次聚类法和平方欧式距离法来度量各区域制造引力水平的"亲疏程度"，从而更科学直观地划分各区域制造引力的等级和类别，结果如图 1－2 所示。

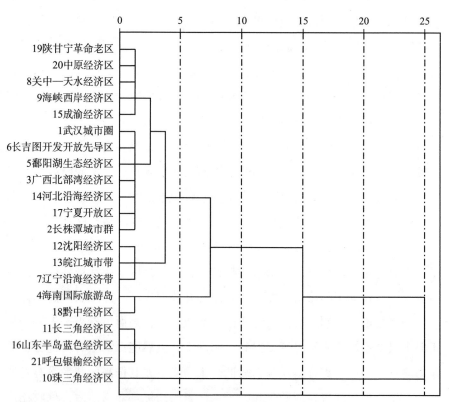

图 1－2 区域制造引力聚类分析树形图

结合聚类分析树形图和区域制造引力得分情况，将 21 个区域划分为六类即六个等级档次，其聚类分类情况如表 1 – 19 所示。

表 1 – 19　　　　　　　　区域制造引力聚类分类情况表

分类	区域名称	W 综合得分	区域个数	最大值	最小值	均值	标准偏差
一	10 珠三角经济区	1.5654	1	1.5654	1.5654	1.5654	0
二	11 长三角经济区	0.5182	3	0.7056	0.5185	0.5890	0.0831
	16 山东半岛蓝色经济区	0.5432					
	21 呼包银榆经济区	0.7056					
三	12 沈阳经济区	0.1269	3	0.2957	0.1251	0.2003	0.0712
	13 皖江城市带	0.1773					
	7 辽宁沿海经济带	0.2967					
四	1 武汉城市圈	– 0.1760	7	– 0.0622	– 0.2049	– 0.1122	0.0592
	2 长株潭城市群	– 0.0285					
	3 广西北部湾经济区	– 0.0713					
	5 鄱阳湖生态经济区	– 0.1375					
	6 长吉图开发开放先导区	– 0.2049					
	14 河北沿海经济区	– 0.0622					
	17 宁夏开放区	– 0.1053					
五	8 关中—天水经济区	– 0.2633	5	– 0.2633	– 0.3571	– 0.2987	0.0323
	9 海峡西岸经济区	– 0.3068					
	15 成渝经济区	– 0.3571					
	19 陕甘宁革命老区	– 0.2809					
	20 中原经济区	– 0.2855					
六	4 海南国际旅游岛	– 0.8465	2	– 0.8074	– 0.8465	– 0.8270	0.0195
	18 黔中经济区	– 0.8076					

从以上各区域制造引力的指标特征来看，第一类排在第一档次；第二类排在第二档次；第三类排在第三档次；第四类排在第四档次；第五类排在第五档次；第六类排在第六档次。

1.4.3.2 聚类结果分析

根据各规划区制造引力指数综合得分的聚类分析结果和各区域的具体

特征，把第一档次称为"国际引领型制造引力区"、第二档次称为"集聚优势型制造引力区"、第三档次称为"高速成长型制造引力区"、第四档次称为"步入成长型制造引力区"、第五档次称为"发育型制造引力区"、第六档次称为"萌芽型制造引力区"，具体分析如下。

（1）归在第一档次的只有珠三角经济区。因其得分遥遥领先于二类区域，且以"国际制造业基地"而著名，因而称之为"国际引领型制造引力区"。珠三角经济区是最早承接国际产业转移、发展外向型经济的区域，有着深厚的制造业基础、完善的配套设施和优越的市场环境。但随着资源利用程度的加深和中国制造业面临产业结构升级的挑战，深圳、广州等城市越来越不适宜承接低附加价值的制造模块，需要"腾笼换鸟"，但对于全国而言，该区域的其他几个城市对制造模块依然有着巨大的吸引力。

（2）第二档次包含三个规划区，按排名由高到低依次有呼包银榆经济区、山东半岛蓝色经济区和长三角经济区。这三个区域都有着各自突出而强大的优势因而被命名为"集聚优势型制造引力区"。呼包银榆经济区作为国家综合能源基地，有其他区域无可比拟的资源优势，有着丰富的煤炭、油气和电力资源，因这一突出优势而使制造引力排名第二，但该区域的缺陷非常明显，除了能源丰富和运输量占绝对优势之外，其他指标均很落后，经济开放度极低，税收偏高，投资环境有待改善；山东半岛蓝色经济区凭借雄厚的海洋制造实力和开放优惠的投资环境而位居前列；长三角经济区排名靠后反映出其正在进行产业结构升级的现实，土地成本高昂使得该区域投资制造价值模块的成本越来越高，上海明显不适宜布局制造价值模块，但其整体的工业实力和投资环境依然是领先的，且区域内多个城市间制造产业一体化、集群化发展态势良好。

（3）第三档次包含三个规划区，按排名由高到低依次为辽宁沿海经济带、皖江城市带和沈阳经济区。三个区域都有着良好的工业基础，区位制造要素不断完善，因而被命名为"高速成长型制造引力区"。辽宁沿海经济带和沈阳经济区作为东北老工业基地有着悠久的工业发展历史，基础设施完善，技术人员储备丰富，因而具有吸引制造模块扎根的天然优势。皖江城市带因其独特的区域优势而成为长三角地区产业转移的热土,工业实力不断增强,集聚效应得到发挥,因而对制造模块的引力较强。

(4)第四档次包含七个规划区,按排名由高到低依次为长株潭城市群、河北沿海经济区、广西北部湾经济区、宁夏开放区、鄱阳湖生态经济区、武汉城市圈、长吉图开发开放先导区,排名由第八位到第十四位。这些经济区的制造区位要素不断被挖掘和培育出来,虽然处于平均水平之下,但发展势头较好,因而被命名为"步入成长型制造引力区"。除了广西北部湾经济区和河北沿海经济区属于沿海经济区之外,其他均为内陆型经济区,因受资源贫乏、开放度较低以及工业基础薄弱等局限而与三类区域有较大差距,两个沿海经济区因为能源贫乏和开发开放时期较晚,工业基础薄弱而与内陆型经济区归为一类。这些区域整体工业发展历史较短,工业实力不强,但有着土地、资源方面的优势,加上政策环境的支持和开放环境的改善,对制造价值模块有着较大的引力,是发达地区产业转移的较好选择。

(5)第五档次包含四个规划区,按排名由高到低依次为关中—天水经济区、陕甘宁革命老区、中原经济区、海峡西岸经济区、成渝经济区等。这些区域的制造引力均低于平均水平,制造优势有待挖掘,因而被命名为"发育型制造引力区"。这些区域或者因为区位局限、资源贫乏、土地价格高昂,或者因为经济封闭、投资环境不佳而对制造类资本吸引力较小。

(6)第六档次包含黔中经济区和海南国际旅游岛。这两个区域的共同特点是整体经济实力落后,工业基础薄弱,同时受土地资源有限的约束,对制造模块引力极小,因而被命名为"萌芽型制造引力区"。

小结 本节利用 SPSS 软件对代表区域制造引力的 12 个指标进行因子分析,得出四个主成分因子,分别为工业基础因子、区位优势因子、投资环境因子和工业集聚因子,以代表 12 个指标来解释区域的制造引力情况。这四个因子的权重依次为 0.3934、0.2215、0.2157 和 0.1693,因子 1 的权重略有偏高,因子 4 有所偏低,说明工业基础对区域的制造引力影响较大,同时区位优势和投资制造环节的环境因素也很重要。在因子分析的基础上,本节利用聚类分析法对各经济规划区的制造引力总因子得分做了聚类分析，将 21 个经济规划区分为 6 类，分别为第一档次"国际引领型制造引力区"、第二档次"集聚优势型制造引力区"、第三档次"高速成长型制造引力区"、第四档次"步入成长型制造引力区"、第五档次"发育型制造引力区"、第六档次"萌芽型制造引力区"。从总体来看，各经济区对制造价值模块的引力差距较大，层次较多，呈现出梯度结构态势；并且均值以下（因子得分为负）的区域还是占多数，这些区域对吸引制造价值模块扎根依然存在很大的困难，抓住机会培育区位要素、尽快融入全球价值链是迫切需要的。对于大国经济特色非常鲜明的中国区域经济而言，同一区域内部城市的差异也是客观存在甚至非常显著的。如珠三角经济区内深圳、广州等城市在制造引力指标上的表现与其他城市的差异非常大，因此，经济规划区在布局产业发展战略或企业在选择投资区位时需因地制宜。

1.5 2013 年营销价值模块"垂直专业化引力指数"研究

1.5.1 营销价值模块指标评价变量及其原始数据

根据营销价值模块引力指数指标的选取思路，本书选取如下 11 个变量以衡量国家战略经济规划区的营销引力：（1）人均社会消费品零售额（X1）；（2）农村居民人均纯收入（X2）；（3）城镇居民人均可支配收入（X3）；（4）非农业人口占区域人口的比重（非农业人口占比）（X4）；（5）互联网的户均开户数（X5）；（6）区域出口占区域 GDP 的比重（X6）；（7）区域进口占区域 GDP 的比重（X7）；（8）贷款额占区域 GDP 的比重（X8）；（9）第三产业总值占区域 GDP 的比重（X9）；（10）公路密度（X10）；（11）城市人口密度（X11）。

国家战略经济规划区营销值模块引力指标变量的原始数据由其所含城市的对应变量值计算算术平均数而得，具体如表 1 - 20 所示。

表1-20 营销模块指标变量原始数据

区域名称	X1 人均社会消费品零售额（元）	X2 农村居民人均纯收入（元）	X3 城镇居民人均可支配收入（元）	X4 非农业人口占比（%）	X5 互联网的户开户数（户）	X6 区域出口占区域GDP的比重（%）	X7 区域进口占区域GDP的比重（%）	X8 贷款额占区域GDP的比重（%）	X9 第三产业总值占区域GDP的比重（%）	X10 公路密度（千米/百平方千米）	X11 城市人口密度（人/平方千米）
1 武汉城市圈	1860.1509	9541.5556	20469.4444	35.7620	43.8471	3.8883	2.6394	54.9230	32.3471	154.5500	1066.2900
2 长株潭城市群	2353.3975	15098.0000	29056.6667	27.4262	52.9346	5.1357	4.0612	83.9726	35.0825	137.2100	1344.8567
3 广西北部湾经济区	1231.0078	8133.7500	23534.2500	23.1306	54.0731	9.3712	18.2505	104.6539	35.5046	58.8800	396.5850
4 海南国际旅游岛	1109.3743	8342.5700	22928.9000	37.8343	25.5092	7.1118	21.6413	145.7338	51.7000	68.3204	521.4800
5 鄱阳湖生态经济区	1141.5613	9416.8889	23027.5714	29.6597	35.7656	11.5644	8.1869	75.2014	33.3709	103.1300	1076.1967
6 长吉图开发开放先导区	2320.2561	9566.3333	25927.3167	53.7046	48.2512	7.0200	8.5027	79.0152	40.5610	60.4400	582.7633
7 辽宁沿海经济带	1996.8288	13456.6667	26562.6350	52.4978	48.2965	14.6585	9.0430	82.1481	36.7480	78.6000	1245.1017
8 关中—天水经济区	1048.2959	8574.1250	26364.0986	48.9124	42.0182	3.2001	1.9346	71.8948	33.8391	102.6400	722.6288
9 海峡西岸经济区	1464.6022	10112.7625	24656.6800	35.3544	52.4338	17.0030	7.7571	87.6851	37.7081	108.5600	1095.2375
10 珠三角经济区	2976.0191	16701.7011	36519.6589	69.5059	253.4184	65.1286	45.6012	104.7614	46.0389	121.9000	1374.4056
11 长三角经济区	2907.6570	16432.9133	38079.9100	49.8407	151.5711	43.6581	34.3433	161.9519	51.0000	142.5700	1480.4600
12 沈阳经济区	2025.9859	12506.2500	24281.4638	56.1762	48.2046	7.2164	4.2472	76.0067	35.7875	70.5400	1177.2550
13 皖江城市带	1375.1997	10137.3750	23879.5788	31.7853	41.0932	8.6633	9.5800	95.0400	31.4500	153.3400	939.6213
14 河北沿海经济区	1713.2313	9717.0000	24265.6767	37.1819	47.8503	10.8285	6.0759	78.2178	39.0009	119.9800	1817.1333

续表

区域名称	X1 人均社会消费品零售额（元）	X2 农村居民人均纯收入（元）	X3 城镇居民人均可支配收入（元）	X4 非农业人口占比（%）	X5 互联网的户均开户数（户）	X6 区域出口占区域GDP的比重（%）	X7 区域进口占区域GDP的比重（%）	X8 贷款额占区域GDP的比重（%）	X9 第三产业总值占区域GDP的比重（%）	X10 公路密度（千米/百平方千米）	X11 城市人口密度（人/平方千米）
15 成渝经济区	1398.2275	8113.6500	23791.8800	45.7252	33.2168	16.0049	7.8350	127.8280	38.3000	80.2500	658.6700
16 山东半岛蓝色经济区	2644.0533	13596.1429	30778.2000	42.2122	58.3169	16.9842	30.9053	83.8474	38.7500	140.0000	690.9500
17 宁夏开放经济区	933.5015	6930.9700	21833.3300	52.0094	36.1223	6.0367	1.5742	153.1383	42.0000	43.0000	161.8600
18 黔中经济区	754.2649	6819.0000	20614.3240	21.5603	27.8386	3.8048	0.7003	101.1635	45.8532	102.3100	635.3920
19 陕甘宁革命老区	650.5817	6784.8750	21656.2588	28.9927	23.5609	0.5471	0.4966	74.3755	31.6038	68.4500	211.8663
20 中原经济区	1065.8880	8364.1800	21984.4200	29.8130	43.1620	4.3006	3.2840	72.8767	32.9060	107.2700	1441.0208
21 呼包银榆经济区	1803.0405	9575.0909	25411.0909	42.7456	38.4162	2.1387	1.8732	90.0431	36.9277	43.6600	319.5764

资料来源：2014 年《中国区域经济统计年鉴》，2014 年《中国城市统计年鉴》，2014 年各省市统计年鉴①。

① 本节中关于区域情况介绍的资料来源与此同。

1.5.2　营销价值模块"垂直专业化引力指数"

1.5.2.1　营销价值模块"垂直专业化引力指数"计算

本部分首先对所有代表营销价值模块引力的指标数据作标准化处理，在标准化完成后得到的 X_{ij}^* 仍用 x_{ij} 来表示，以方便下一步的分析；而后在此基础上进行变量的相关性分析，判定其是否适合作因子分析；并在其适合作因子分析的基础之上，进行公因子提取和载荷矩阵求解，进一步对产生的因子重新命名，最终计算出各因子及其综合得分。

（1）相关性分析。本书同时采用巴特利特球形检验（Bartlett Test of Sphericity）和 KMO 检验（Kaiser – Meyer – Olkin）进行营销价值模块指标变量的相关性分析检验。KMO 和 Bartlett 检验结果如表 1 – 21 所示。

表 1 – 21　　　　　　　　　　　KMO 和 Bartlett 检验

取样足够多的 Kaiser – Meyer – Olkin 度量		0.784
Bartlett 球形检验	近似卡方	199.827
	df	55
	Sig.	0.000

分析方法：由因子分析法分析所得。

检验的结果显示 KMO = 0.784 > 0.6，表明适合构建因子分析模型；Bartlett 球形检验的 Sig = 0.000，拒绝了原假设，结论认为各变量之间不是独立的，适合做因子分析。

（2）公因子提取和因子载荷矩阵求解。在选取的 11 个指标变量满足了因子分析法要求的基础上，对 21 个区域的 11 个指标变量提取主成分，结果如表 1 – 22 所示。

表1-22   解释的总方差

成分	初始特征值			提取平方和载入			旋转平方和加载		
	合计	方差的%	累积%	合计	方差的%	累积%	合计	方差的%	累积%
1	6.073	55.211	55.211	6.073	55.211	55.211	4.611	41.920	41.920
2	2.174	19.767	74.978	2.174	19.767	74.978	2.379	21.624	63.544
3	1.002	9.113	84.091	1.002	9.113	84.091	2.260	20.547	84.091
4	0.522	4.745	88.836						
5	0.463	4.210	93.046						
6	0.256	2.323	95.369						
7	0.230	2.088	97.458						
8	0.120	1.094	98.552						
9	0.081	0.740	99.292						
10	0.051	0.465	99.757						
11	0.027	0.243	100.000						

提取方法：主成分分析法。

从表1-22中可以看出经过主成分分析法提取出的每个公因子的方差解释和贡献率累积和，方差大于1的公因子有三个，其贡献率累积和为84.091% >80%，可认为这三个因子能较好地代表原有变量包含的信息。

（3）因子命名。以上得出的主成分尽管能包含营销引力分析的大部分信息，但是这些主成分没能反映出代表的实际意义，因而需通过旋转因子载荷矩阵重新分配各个因子解释原始变量的方差比例，使得每个因子载荷分配的信息更清晰，更容易说明各因子代表的实际意义，旋转结果如表1-23所示。

表 1 - 23　　　　　　　　　　　旋转成分矩阵

指标变量	成分		
	1	2	3
X4 非农业人口占比	0.856	0.062	- 0.346
X1 人均社会消费品零售额	0.854	0.045	0.324
X2 农村居民人均纯收入	0.810	0.075	0.469
X3 城镇居民人均可支配收入	0.806	0.334	0.345
X5 互联网的户均开户数	0.798	0.348	0.282
X6 区域出口占区域 GDP 的比重	0.760	0.461	0.293
X7 区域进口占区域 GDP 的比重	0.647	0.571	0.279
X8 贷款额占区域 GDP 的比重	0.059	0.908	- 0.201
X9 第三产业总值占区域 GDP 的比重	0.264	0.863	- 0.060
X10 公路密度	0.115	- 0.044	0.926
X11 城市人口密度	0.351	- 0.156	0.744

旋转方法：具有 Kaiser 标准化的正交旋转法。

从表 1 - 23 中可以看到因子载荷是公因子与变量的相关系数，载荷绝对值越大，说明该公因子越能代替该变量。其中：

成分因子 1 相关系数绝对值大于 0.5 的变量有 X4 非农业人口占比、X1 人均社会消费品零售额、X2 农村居民人均纯收入、X3 城镇居民人均可支配收入、X5 互联网的户均开户数、X6 区域出口占区域 GDP 的比重、X7 区域进口占区域 GDP 的比重 7 个指标，非农业人口占比、社会消费品零售额和人均收入指标反映了居民的购买能力，进出口水平和网络发展程度反映了市场的开放程度，故本书命名成分因子 1 为综合购买力因子；

成分因子 2 相关系数绝对值大于 0.5 的变量有 X7 区域进口占区域 GDP 的比重、X8 贷款额占区域 GDP 的比重、X9 第三产业总值占区域 GDP 的比重，因为变量 X7 在因子 1 中有更高的载荷，故把 X7 归类到因子 1。变量 X8、X9 反映了对营销业务发展的金融支持程度和服务业市场环境的成熟度，故本书命名成分因子 2 为消费市场环境因子；

成分因子 3 相关系数绝对值大于 0.5 的变量有 X10 公路密度、X11 城市人口密度，公路密度反映了区域运输网络的发达程度，是营运业务发展的硬件基础，公路密度越大，产品到达的可能性越大；城市人口密度则反映了区域城市居民购买的可能性，城市人口密度越大，越有利于产品营销，故本书命名成分因子 3 为消费潜力因子。

总体而言，营销引力的测度可以从三个方面来评估，分别是综合购买力因子（消费实力因素）、消费市场环境因子（消费环境因素）和消费潜力因子（潜力因素）。

（4）计算因子得分。在以上数据基础上，可以计算出每个主成分对应指标变量的成分得分系数，结果如表 1-24 所示。

表 1-24   成分得分系数矩阵

指标变量	成分		
	1	2	3
X1 人均社会消费品零售额	0.246	-0.149	-0.022
X2 农村居民人均纯收入	0.181	-0.099	0.085
X3 城镇居民人均可支配收入	0.145	0.037	0.047
X4 非农业人口占比	0.424	-0.239	-0.439
X5 互联网的户均开户数	0.155	0.039	0.012
X6 区域出口占区域 GDP 的比重	0.107	0.117	0.046
X7 区域进口占区域 GDP 的比重	0.036	0.210	0.084
X8 贷款额占区域 GDP 的比重	-0.160	0.493	-0.007
X9 第三产业总值占区域 GDP 的比重	-0.104	0.433	0.019
X10 公路密度	-0.192	0.081	0.541
X11 城市人口密度	-0.018	-0.074	0.347

提取方法：因子分析法。

通过成分得分系数矩阵，不仅可以得到各变量对公因子的影响权重，还可以计算出各因子的总得分，公因子 F1、F2、F3 的得分用各指标变量表示如下：

$$F1 = 0.246 \times X1 + 0.181 \times X2 + 0.145 \times X3 + 0.424 \times X4 + 0.155 \times X5$$
$$+ 0.107 \times X6 + 0.036 \times X7 - 0.160 \times X8 - 0.104 \times X9$$
$$- 0.192 \times X10 - 0.018 \times X11$$

$$F2 = -0.149 \times X1 - 0.099 \times X2 + 0.037 \times X3 - 0.239 \times X4 + 0.039 \times X5$$
$$+ 0.117 \times X6 + 0.210 \times X7 + 0.493 \times X8 + 0.433 \times X9$$
$$+ 0.081 \times X10 - 0.074 \times X11$$

$$F3 = -0.022 \times X1 + 0.085 \times X2 + 0.047 \times X3 - 0.439 \times X4 + 0.012 \times X5$$
$$+ 0.046 \times X6 + 0.084 \times X7 - 0.007 \times X8 + 0.019 \times X9$$
$$+ 0.541 \times X10 + 0.347 \times X11$$

为了进一步比较各经济规划区的营销引力大小，可以在以上基础上计算出各因子的综合得分，营销引力综合得分的计算公式为：

$$Y_i = \frac{\delta_1}{\delta_1 + \delta_2 + \delta_3} F_{1i} + \frac{\delta_1}{\delta_1 + \delta_2 + \delta_3} F_{2i} + \frac{\delta_1}{\delta_1 + \delta_2 + \delta_3} F_{3i} \ (i = 1, 2, 3, \cdots, 21)$$

$$(1 - 8)$$

其中，i 代表各区域；δ_1、δ_2、δ_3 分别代表解释的总方差中 F1、F2、F3 的各自占比；各公因子前面的系数是其对综合得分的贡献率（即权重），它是各因子的方差贡献率与三个因子累积方差贡献率的比值。由表 1 - 22 解释的总方差结果可知，δ_1、δ_2、δ_3 分别为 41.920%、21.624%，和 20.547%，将其代入式（1 - 8），则各区域营销引力综合得分为：

$$Y_i = 0.4985F_{1i} + 0.2571F_{2i} + 0.2443F_{3i} \qquad (1 - 9)$$

Y_i 为营销引力综合得分，综合得分值越高，表明该地区营销引力越高。由于在构建模型的初始阶段对原始数据进行了标准化处理，因而区域营销引力综合得分可为负值，表明这些区域的综合营销引力低于平均水平。营销引力综合得分及排名情况如表 1 - 25 所示。

表 1 - 25　　　　　　　区域营销引力综合得分及排名

区域名称	F1	F2	F3	Y	排名
1 武汉城市圈	- 0.4083	- 1.2153	0.9757	- 0.2776	13

续表

区域名称	F1	F2	F3	Y	排名
2 长株潭城市群	− 0.0060	− 0.6196	1.4592	0.1942	4
3 广西北部湾经济区	− 0.7222	0.5196	− 0.4102	− 0.3266	15
4 海南国际旅游岛	− 0.9286	2.1538	− 0.6364	− 0.0646	9
5 鄱阳湖生态经济区	− 0.6058	− 0.4676	0.5151	− 0.2963	14
6 长吉图开发开放先导区	0.8472	− 0.6191	− 1.3515	− 0.0670	10
7 辽宁沿海经济带	0.9214	− 0.8671	− 0.3931	0.1404	5
8 关中—天水经济区	0.0414	− 0.8990	− 0.4916	− 0.3306	16
9 海峡西岸经济区	− 0.2920	− 0.0705	0.4652	− 0.0500	8
10 珠三角经济区	2.9067	0.8750	0.3988	1.7714	1
11 长三角经济区	1.2297	2.2281	1.3395	1.5131	2
12 沈阳经济区	0.9605	− 1.2539	− 0.8052	− 0.0403	7
13 皖江城市带	− 0.6635	− 0.2180	1.1381	− 0.1088	11
14 河北沿海经济区	− 0.2997	− 0.3874	1.0709	0.0126	6
15 成渝经济区	− 0.2338	0.5159	− 0.7407	− 0.1649	12
16 山东半岛蓝色经济区	0.6940	0.0222	0.6837	0.5187	3
17 宁夏开放区	− 0.3791	1.0333	− 2.0117	− 0.4148	19
18 黔中经济区	− 1.6914	1.0674	0.3310	− 0.4879	20
19 陕甘宁革命老区	− 0.8814	− 0.5831	− 0.8087	− 0.7868	21
20 中原经济区	− 0.7821	− 0.6853	0.7554	− 0.3815	18
21 呼包银榆经济区	0.2927	− 0.5298	− 1.4834	− 0.3527	17

资料来源：笔者由相关公式计算所得。

1.5.2.2 营销模块"垂直专业化引力指数"分析

通过构建国家战略经济规划区营销价值模块指标变量的因子分析模型，提取出 3 个公因子并计算出各自得分，进一步得出公因子的综合得分及排名情况，具体分析如下。

（1）珠三角经济区。珠三角经济区的经济增速长期以来都位于全国首位，已成为推动我国经济社会发展的强大引擎；区域内人口和经济要素高度聚集，城镇化水平快速提高，基础设施较为完备；城乡居民收入水平大幅提高，购买力遥遥领先。珠三角经济区三个因子的得分均为正值，因子

1即综合购买力得分最高，总得分排名第一。在因子1代表的7个指标中，除了城镇居民人均可支配收入稍低于长三角经济区之外，其他6项指标均排在首位，体现出强大的市场购买能力。因子2和因子3的得分相对于因子1而言较低，这与因子1得分过高有关，也因为在两个因子代表的4个指标方面没有绝对优势，公路密度和城市人口密度还落后于其他部分规划区。从规划区内部城市代表营销引力的指标来看，深圳、广州、佛山、东莞和珠海的整体水平表现领先。

（2）长三角经济区。长三角经济区经济发展水平全国领先，是我国综合实力最强的区域；较早地建立起社会主义市场经济体制基本框架，并率先建立起开放型经济体系；城市群发展迅速，大城市及特大城市密集；城镇化发展进程快速，一批各具特色的城市具有很强的发展活力。长三角经济区因子2得分最高，因子1和因子3得分也明显靠前，第三产业发展遥遥领先，整体经济实力强大，综合购买力和消费潜力都具有突出优势。在因子1代表的7项指标中，长三角经济区城镇居民人均可支配收入全国最高，这与其特大城市集群的发展模式密切相关。因子2代表的两项指标贷款额与区域GDP的比值和第三产业占比都居于全国前几位，上海是全国金融中心，金融的发达对经济产生了巨大推动作用，第三产业整体规模庞大，为产品营销和品牌打造创造了优越的发展环境。长三角经济区不断推进跨区域重大基础设施一体化建设，交通网络发达，为产品销售提供了极大便利，另外超大的城市人口密度蕴含着巨大的商机。在长三角经济区内三省市的市场购买能力与市场潜力培育上，上海略有领先，但整体保持较好的一体化发展态势。

（3）山东半岛蓝色经济区。山东半岛蓝色经济区作为黄河流域出海大通道和日韩自由贸易先行区有着开放的市场环境和明显的经济贸易优势，尤其是随着中日韩自由贸易区的深入推进，其对外开放程度和市场实力不断增强。山东半岛蓝色经济区三个因子的得分均为正值，除了因子2得分偏低之外，另外两个因子得分都位于高位。在因子1代表的各项指标中，山东半岛蓝色经济区的人均社会消费品零售额和城镇居民人居可支配收入及进出口占比相较于长三角经济区和珠三角经济区还有一定差距，但远高于排在其后的经济区，市场开放度高，购买力强大。因子 2 代表的各指标的表现稍有逊色，金融发展对经济的支撑度不够，第三产业比值偏低，服务业发展的环境欠佳，有待进一步改善。在公路密度指标上，山东半岛蓝色经济区有明显优势，交通网络发达，但城市人口密度偏低，缺乏大城市发展的集聚效应。从内部各城市的整体指标表现来看，青岛、日照、威海的购买实力与潜力优于其他城市，但差距不大，区域一体化发展态势较好。

（4）长株潭城市群。长株潭城市群是较早推进区域一体化发展的城市群，是"国家第一个自行进行区域经济一体化实验"的案例，随着一体化发展的深入推进，长株潭城市群经济社会综合实力得到大大提高，区域内大中小城市与各级城镇协调发展，区域性重要交通枢纽作用日益增强，城镇化发展进程迅速，具备广阔的市场发展空间。长株潭城市群因子 1 和因子 2 的得分均为负，因子 3 得分为正，总得分为正，但与山东半岛蓝色经济区有着较大差距。从各因子的得分情况可以看出长株潭城市群在因子 3 代表的指标上有突出表现，发达的交通网络和城市化建设取得了巨大成效，城市人口集聚，规模效益明显。在综合购买能力和市场培育方面稍有逊色，但总体营销引力得分依然居于全国前列。由于农业人口基数大，长株潭城市群非农业人口占比低于大多数经济区，经济发展带有典型的内陆型经济特征，市场开放度不够，但购买力水平依然较有优势。在消费市场环境因子方面，贷款额与区域 GDP 的比值偏低，金融对消费的支持程度有待提高，第三产业发展不够，要使该区域成为对营销价值模块有强大引力的根据地，必须重视金融的支持作用，营造良好的消费环境。从内部城市的指标数值来看，长沙的人均社会消费品零售额比较领先，作为省会城市其消费能力更强，消费环境更为优越，对于其他指标，三个城市基本呈均衡态势，体现了一体化发展战略的突出成效。

（5）辽宁沿海经济带。该区域位于环渤海地区重要位置，与日本、韩国、俄罗斯、蒙古等国家贸易往来密切，是东北地区对外开放的重要门户，也是较早受益于国家开发开放政策的沿海地区，市场潜力广阔。辽宁

沿海经济带因子 1 得分为正，因子 2 和因子 3 得分均为负值，总得分为
正，稍低于长株潭城市群。由因子 1 得分较高可知辽宁沿海经济带的综合
购买力较强，东北亚经济圈的优势区位使其经济发展的外向度高，从而带
动居民收入水平和消费能力的提高。但在因子 2 和因子 3 代表的指标上表
现欠佳，除了城市人口密度有突出优势之外，其他指标均偏低，尤其是公
路密度指标低于多数经济规划区，一方面是因为交通网络建设不够完善；
另一方面的原因也可能是港口建设发达，水运便利程度较高，从而在陆路
建设上投入较少，但相较于同是沿海经济区的山东半岛蓝色经济区，该指
标还是落后很多。从规划区内部城市的各项指标来看，除了盘锦的非农业
人口比值和城市人口密度高于大连之外，大连的其他指标均遥遥领先于其
他城市，大连是辽宁沿海经济区的核心城市，其经济实力和市场潜力都具
有突出优势，还有待进一步发挥辐射作用，带动其他城市协同发展，使整
个经济区成为营销价值模块的扎根热土。

（6）河北沿海经济区。河北沿海经济区不仅是京津城市功能拓展和产
业转移的重要承接地，也是华北、西北地区重要的出海口和对外开放门
户，具有发展外向型经济的良好条件。从各项指标的表现来看，河北沿海
经济区的外向型经济发展程度不高，进出口比例相较于山东半岛蓝色经济
区和辽宁沿海经济区差距很大，其公路密度和城市人口密度具有绝对优
势，这与其陆域面积较小，只有 3.57 万平方千米有关。因为这一优势，
该区域因子 3 得分偏高，从而使整个规划区的综合营销引力指数排名靠
前。河北沿海经济区因子 1 和因子 2 得分均为负值，但偏低的幅度不大，
分别为 -0.2997 和 -0.3874，说明综合购买力和消费市场环境虽然没有优
势，但发展潜力较大。在因子 1 和因子 2 代表的各项指标中，河北沿海经济
区表现不突出，略高于平均水平，但也没有明显落后的指标，有消费潜力可
挖。区域内部三市各有优势，唐山居民的消费水平和收入水平较高，秦皇岛
经济的外向度高，沧州的城市人口密度大，三市优势互补，协同发展。

（7）沈阳经济区。沈阳经济区是东北地区重要的工业城市群和辽宁省
经济发展的核心区域，工业实力雄厚，整体经济实力较强，居民收入水平

高于全国平均水平较大幅度。沈阳经济区在因子1的得分为正，且分值较高，仅低于珠三角经济区和长三角经济区，但总得分为负，主要在于因子2和因子3得分为负，且因子2的得分明显偏低，说明在该区域虽然居民有较强的购买力，但消费市场的发育不完善，还有待于完善市场环境把居民购买力转化为现实的消费力。在因子1代表的指标中，沈阳经济区非农业人口的比值仅低于珠三角经济区，这主要是因为其工业发展历史悠久带动了城镇规模的扩大和城市人口的增加，人均社会消费品零售额居于全国前列，农村居民人均收入水平相较于其城镇居民可支配收入在规划区中的排名水平较有优势，这应该与该区域的农业人口比例较小而非农业人口占比较大有关。进出口指标明显偏低，说明其发展的外向度不够。在因子2代表的两项指标中，沈阳经济区都偏低，金融市场和第三产业发育不成熟束缚了对消费能力的培育。在因子3代表的指标中，城市人口密度偏大，这与因子1中非农业人口比值高是相符的。高的城市人口密度却没有高的城镇居民人居收入水平，这与老工业基地发展面临转型有关，传统发展模式难以持续，高耗能高污染的行业面临淘汰，工人也面临下岗失业的风险，从而导致城镇居民整体收入水平偏低。但随着沈阳经济区在新型工业化道路上不断前进，市场潜力依然可以期待。从内部城市指标来看，沈阳作为整个经济区的核心城市，多项指标领先于其他城市，但其他各城市也有自己的优势，本溪和营口经济的开发开放度超过沈阳，整体指标差距不是很大，体现出工业城市群协同发展的趋势。

（8）海峡西岸经济区。海峡西岸经济区地处长江三角洲和珠江三角洲的结合部，并具有独特的对台合作优势，也是我国改革开放以来最早对外开放的沿海地区之一，开放型经济体系较为健全。海峡西岸经济区因子3得分为正，因子1和因子2的得分均为负值，综合得分为负，三个因子的表现差别不是很大，除了出口指标较大，仅低于珠三角经济区和长三角经济区之外，其他指标总体特色不突出。该区域在因子1代表的指标中出口占比有明显优势，互联网的普及率相对较高，其他指标表现平常，收入水平和消费能力都缺乏可圈可点之处，说明其经济发展程度依然不够。在因子2代表的两项指标方面都表现平常，缺乏支持消费扩大的环境因素，但因子3代表的指标方面还是较有优势的，公路密度和城市人口密度都处于偏上水平，这主要与这些区域的民营经济发达，非农业人口比值较高有关，因而消费潜力较大。从区域内部省市各项指标来看，福建省的平均水平与浙江省、广东省中几市的平均水平相当，江西省的四市除鹰潭经济开放度高，整体表现较好之外，其余三市较为落后，需避免因区域规模过大，涉及省份较多而造成许多城市被边缘化的风险。

（9）海南国际旅游岛。海南国际旅游岛拥有丰富的旅游资源，旅游业发展蒸蒸日上，同时带动了第三产业和整体经济实力的增强。但海南省总体上经济实力还比较落后，城镇化水平较低，重大交通设施发展滞后，因而降低了其总的营销引力指数。海南国际旅游岛的最大优势在于第三产业发达，该指标与区域GDP的比值排名第一，具有优越的吸引营销价值模块扎根的市场环境，因而该区域在因子2的得分具有绝对优势，仅低于长三角经济区。海南岛旅游服务和文化体育产业的发展为消费市场的拓展提供了巨大空间，博鳌亚洲论坛、博鳌国际旅游论坛、国际旅游商品博览会等一系列国际会议吸引国内外大型企业、行业组织来海南省召开年会、营销大会，为市场拓展创造了条件，其银行贷款与区域GDP的比值也仅低于长三角经济区和宁夏开放区，金融对旅游业的支持程度较高，因而从消费市场环境这一角度而言，海南省拓展营销业务具有得天独厚的优势。但海南国际旅游岛总体营销引力得分为负且落后于多个区域，主要在于其经济整体实力不强，基础设施建设不完善，居民收入水平不高，城市化程度有限等诸多综合原因。海南国际旅游岛因子1的得分为 -0.9286，体现了其综合购买能力较低。除了进口指标较高突出了其较大的消费能力之外，人均社会消费品零售额和居民可支配收入都偏低，尤其是互联网的普及率远远落后于其他区域，这说明该区域本身的消费能力不强，但可以通过旅游业的发展吸引游客进入，从而不断拓展消费市场。海南国际旅游岛在因子3代表的两项指标上都处于弱势，基础设施有待完善，城市化建设需不断推进。

（10）长吉图开发开放先导区。自图们江区域合作开发项目启动以来，区域合作机制不断健全,长吉图开发开放先导区特别是对外合作前沿地区跨境经贸往来日益密切,珲春边境经济合作区、中俄互市贸易区等合作平台不断健全,带动了长吉图开发开放先导区经济社会的较快发展。长吉图开发开放先导区因子1得分为正,且列位第五,高于大多数经济区,但因子2和因子3表现较差,尤其是因子3,得分为 – 1.3515,接近末位。从而可见该区域在影响营销引力的要素培育方面的表现不是很均衡,经济实力提高较快,但基础设施没跟上,城市化建设落后,拉低了营销引力综合因子得分。在因子1代表的各指标方面,除了进出口比值偏低之外,其他指标均中等偏上,非农业人口的比值稍低于沈阳经济区,位于全国前列,显示出其老工业基地的特征,工业人口占比偏大。但作为沿边开发开放经济区,其进出口比值没有足够体现出其发展外向型经济的优势,对外开放进程度有待于进一步加大。因子2代表的指标中贷款额占比不到80%,处于偏低水平,第三产业总值占比有较大优势,产业结构升级效应有所显示。在因子3代表的指标方面,公路密度和城市人口密度都明显偏低,一方面是因为交通网络不够发达,城市化集聚效应不明显,另一方面也与该区域土地面积广阔,从而使密度指标偏低有关。区域内部城市指标的表现呈现出各有长处、优势互补的特征。从收入和消费指标来看,长春和吉林相当,主要在于其工业基础较好,经济实力较强;但延边州经济的外向度较高,对外贸易发达,城市化效应明显,区域内城市间可以构建良好的营销网络。

(11)皖江城市带。皖江城市带受益于承接产业转移的效应,整体经济实力有了大幅提升,成为带动中部地区崛起的重要力量。该区域的营销引力综合指数相较于许多中西部地区有突出优势,但从全国范围来看,依然处于中等水平,排名第十一位,不如其研发引力和制造引力有优势。该区域在因子3的得分仅低于长株潭城市群和长三角经济区,列位第三,主要在于其发达的交通网络,皖江城市带承东启西、连南接北,区域内快速铁路、高速公路等综合交通体系比较完善。但还是因为开发较晚而导致居民消费能力不高,消费市场的发育不够,要吸引营销价值模块扎根还需要在切实提升居民收入,营造良好的消费环境方面下功夫。

（12）成渝经济区。成渝经济区人口密集、城镇化发展迅速，并具有一定的产业集聚度，在引领西部地区加快发展、提升内陆开放水平方面发挥着重要作用。该区域第三产业发展较快，市场拓展能力强，物流、商贸、金融等现代服务业发展迅速；城镇化进程较快，是西部地区城镇分布最密集的区域，蕴含着巨大的消费潜力。相较于皖江城市带，成渝经济区的人均消费水平和收入水平有所逊色，这与其人口规模庞大有关；因处于高原盆地，成渝经济区的交通网络发展有所受限，但在非农业人口比值、经济发展的外向度和第三产业发展程度上有明显优势，说明该区域消费环境好，如果居民购买力得到较大提升，则消费市场非常广阔。从区域内部城市来看，重庆、成都两个特大城市有着强大的消费能力和可挖掘潜力，但四川省内部经济发展不平衡，因而造成整个区域营销引力偏低，单靠特大城市难以拓展整个区域的消费空间，一体化发展需要加强。

（13）武汉城市圈。武汉城市圈营销引力指数总因子得分为 -0.2776，排名第十三位，相比位于第十二位的成渝经济区的 -0.1649 的得分还有差距。武汉城市圈因子3的得分为0.9757，仅低于四个规划区，主要是因为其公路密度居于首位，交通基础设施布局完善，城市人口密度也有一定优势，但在因子1和因子2的得分偏低，尤其是因子2，得分为 -1.2153，大大低于其他经济区，贷款额与区域 GDP 的比值和第三产业占比严重偏低，消费市场环境发育不良，从而降低了整个区域的营销引力得分。武汉城市圈在因子1代表的各项指标方面均没有可圈可点之处，收入和消费指标偏低，进出口占比分别为3.89%和2.64%，远低于成渝经济区的16%和7.84%，同是内陆型经济体，成渝经济区的开放度远超过武汉城市圈。武汉城市圈的营销引力指数不乐观主要在于其内部城市发展不均衡，武汉一城独强，其他城市都相去甚远，从而使整体得分偏低。武汉的人均社会消费品零售额为3832元，远高于全国平均水平，但在区域内该项指标中位于第二位的鄂州只有1974元，最低的黄冈只有1015元，其他指标也呈现出类似特征，梯度差异明显，需发挥武汉核心城市的作用从带动其他城市协同并进，改善区域的整体营销环境。

（14）鄱阳湖生态经济区。鄱阳湖地区是长江三角洲、珠江三角洲等多个重要经济板块的直接腹地，受益于这些经济板块的辐射，基础设施条件较好，交通网络便捷；对江西省经济总量的贡献比例大，规模效应突出。鄱阳湖生态经济区的地理优势和经济规模效应使其在因子3的得分为正值，公路密度和城市人口密度都稍有优势。在另外两个因子代表的指标中，其进出口比值相对较高，借助于其靠近长三角经济区和珠三角经济区的区位优势，对外经济贸易获得较好发展。但由于缺乏历史积累，居民收入水平和消费能力都有限，第三产业发展也明显不足，消费市场环境不佳。从内部城市的指标表现来看，除作为省会城市的南昌在社会消费品零售额、城市人口密度和贷款额与区域GDP的比值几个指标上有较为明显的优势之外，其他指标各城市差距不大，整体营销空间有待拓展。

（15）广西北部湾经济区。随着中国—东盟自由贸易区建设加快推进，一系列合作机制得以建立和实施，中国—东盟经贸合作不断深化，北部湾地区的开发开放程度也不断扩大，整体经济实力增强。北部湾经济区综合营销引力指数得分稍低于鄱阳湖生态经济区，与鄱阳湖生态经济区不同的是，广西北部湾经济区因子2得分较高，主要是因为贷款额与区域GDP的比值较高，近年来随着北部湾经济区开放开放程度的加深，许多中小股份制银行纷纷前来落户，加大了金融对经济的支持力度。由于总体经济实力还不强，工业化、城镇化水平较低，居民购买力难以提升，除了互联网使用率和进出口比值较为领先之外，其他指标都处于落后状态，尤其是城市人口密度远远落后于全国平均水平。区域内部城市各有优势，作为首府的南宁不是沿海城市，除了人均社会消费品零售额、贷款比重和第三产业占比较有优势之外，在进出口指标方面低于三个沿海城市，四市具备优势互补、协同发展的条件，有利于营造良好的市场营销网络。

（16）关中—天水经济区。关中—天水经济区营销引力总因子得分为−0.3306，略低于广西北部湾经济区的−0.3266，与广西北部湾经济区不同的是，关中—天水经济区是因子1得分为正，广西北部湾经济区是因子2得分为正，从整体指标来看，广西北部湾经济区经济的开放度高，金融对经济发展的支撑作用强，但关中—天水经济区城镇居民的可支配收入水平和非农业人口比值都高于广西北部湾经济区，尤其在因子3代表的两个指标方面关中—天水经济区明显优于广西北部湾经济区，二者各有优势。而从区域内部城市的表现来看，西安经济的进出口比分别为11.87%和10.58%，最低的铜川只有0.29%和0.02%，经济的开放度明显不平衡，在人均社会消费品零售额、可支配收入及贷款占比等指标上西安也处于绝对领先地位。由此可以看出，西安的消费能力和消费环境是具有强大优势的，但因为区域内各城市营销引力指标得分差距悬殊，从而造成整体得分不乐观。

（17）呼包银榆经济区。呼包银榆经济区有着丰富的煤炭、矿产和油气等自然资源，区域GDP较大，加上人口规模小，因而在人均指标上较有优势。从因子1得分为正就可以看出该区域的综合购买能力较强，但因子2和因子3得分都较低，尤其是因子3得分为-1.4834，公路密度和城市人口密度接近末位水平。从因子1代表的指标来看，呼包银榆经济区除了进出口指标仅高于陕甘宁革命老区之外，其他指标虽然在全国没有领先优势，但相较于中西部的经济区而言都有所偏高的，突出了其资源型经济的特点，开发开放程度不够。在因子2代表的贷款占比和第三产业占比指标上，其表现也是在中西部地区稍有优势，因子3得分偏低与该区域地域面积宽广，人口密度较小有关，因而公路密度和城市人口密度都偏低。但从整体指标上可以看出呼包银榆经济区有着较大的挖掘潜力。从区域内部城市的具体表现来看，呼和浩特、包头和鄂尔多斯三个城市的购买力较强，在其他指标上各城市表现不一，各有所长。

（18）中原经济区。中原经济区地处我国中心地带，在全国综合交通运输网络中具有重要的枢纽地位，人口总量较大，农业人口多，农业基础较好，这些特点可以在各因子得分上反映出来。其因子3得分为正，主要在于其地处我国腹地，承东启西、连南贯北、交通网络发达；因为人口规模庞大、大城市人口密集、从而城市人口密度在规划区中排名第三，消费潜力巨大。但因子1和因子2得分都较低，居民市场购买力落后，消费市场环境发育不良，要吸引营销价值模块扎根还需在提高居民收入，改善消费环境方面下功夫。

（19）宁夏开放区。宁夏回族自治区是我国最大的回族聚居区，与世界其他穆斯林国家和地区的交流合作源远流长，中阿经贸论坛进一步加强了我国与阿拉伯国家及世界穆斯林地区的交流合作，扩大了宁夏开放区的开放度和发展空间。该区域在因子2的得分为1.0333，居于第四位，主要在于其贷款额与区域GDP的比值仅低于长三角经济区，随着中阿论坛的举办及国家政策倾向程度的加大，金融资本加速进入；第三产业占比也较为领先，消费市场环境良好。但作为依靠资源发展的少数民族自治区，宁夏回族自治区整体经济实力不强，虽然经济的开发开放程度不断扩大，但居民收入水平还没有实质性提高。因为人口规模小，地理区位偏远，因而交通网络密度和城市人口密度都在规划区中排在末位，消费潜力有待培育。

（20）黔中经济区。黔中经济区位于我国西部欠发达地区，经济实力落后，居民收入水平低下，但其区域特色较为突出。黔中经济区营销引力总因子得分为 -0.4879，排名第二十位，略低于宁夏开放区，相较于排在末位的陕甘宁革命老区还有其优势所在。因子2和因子3得分均为正，只有因子1得分为负，由此可知该区域在因子2和因子3代表的指标上有表现较好的地方。贷款与区域GDP的比值为101.16%，第三产业占比也高于多数经济规划区，这与国家政策倾斜有关，也与其经济总量不大有关，作为省会城市的贵阳的区域GDP总量才2085.42亿元，远低于其他省会城市的经济规模。在因子3代表的指标上，城市人口密度偏低，但公路密度较高，主要是因为黔中经济区地处西南地区腹心地带，贵广高速公路和渝黔铁路等交通大动脉纵横交错，陆路交通网络密集，是西南地区重要的交通枢纽。总体来看，黔中经济区经济规模较小，居民收入水平和消费能力低下，还需从发展经济的角度拓展消费市场。

（21）陕甘宁革命老区。陕甘宁革命老区是营销引力因子分析模型中唯一一个三个因子得分均为负值的区域，体现出在三个因子得分方面均没有优势，尤其在反映综合购买力的因子1代表的7个指标中有5个位于倒数第一。总体而言，该区域由于底子薄、条件差，经济发展依然滞后，贫困问题突出,对营销价值模块吸引力很低。

1.5.3 营销价值模块"垂直专业化引力指数"聚类分析

1.5.3.1 聚类分析模型

为便于科学地把握国家战略经济规划区营销引力的层级分布,特以营销引力的综合得分为变量对样本进行聚类分析。该过程主要采用 Q 型层次聚类法和平方欧式距离法来度量各区域营销引力水平的"亲疏程度",从而更科学直观地划分各区域营销引力的等级和分类情况,结果如图 1-3 所示。

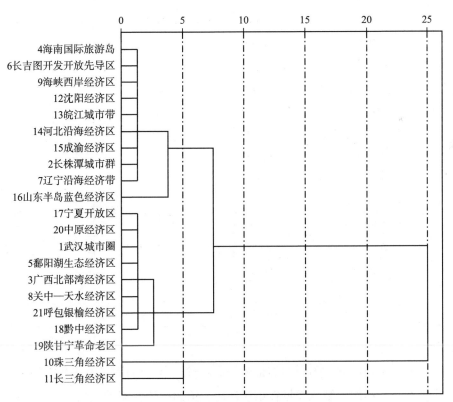

图 1-3 区域营销引力聚类分析树形图

结合聚类分析树形图和各区域营销引力得分情况，将 21 个规划区划分为 4 类即 4 个等级档次，其聚类分类情况如表 1-26 所示。

表 1-26 区域营销引力聚类分类情况表

分类	区域名称	Y 综合得分	区域个数	最大值	最小值	均值	标准偏差
一	10 珠三角经济区	1.7714	2	1.7714	1.5131	1.6422	0.1292
	11 长三角经济区	1.5131					
二	16 山东半岛蓝色经济区	0.5187	1	0.5187	0.5187	0.5187	/
三	2 长株潭城市群	0.1942	9	0.1942	-0.1649	-0.0165	0.109
	4 海南国际旅游岛	-0.0646					
	6 长吉图开发开放先导区	-0.0670					
	7 辽宁沿海经济带	0.1404					
	9 海峡西岸经济区	-0.0500					
	12 沈阳经济区	-0.0403					
	13 皖江城市带	-0.1088					
	14 河北沿海经济区	0.0126					
	15 成渝经济区	-0.1649					
四	3 广西北部湾经济区	-0.3266	8	-0.2776	-0.4879	-0.3585	0.0639
	5 鄱阳湖生态经济区	-0.2963					
	8 关中—天水经济区	-0.3306					
	1 武汉城市群	-0.2776					
	17 宁夏开放区	-0.4148					
	18 黔中经济区	-0.4879					
	20 中原经济区	-0.3815					
	21 呼包银榆经济区	-0.3527					
五	19 陕甘宁革命老区	-0.7868	1	-0.7868	-0.7868	-0.7868	/

从以上各区域营销引力的指标特征来看，第一类排在第一档次，第二类排在第二档次，第三类排在第三档次，第四类排在第四档次，第五类排在第五档次。

1.5.3.2　聚类结果分析

营销模块综合引力指数聚类分析结果的梯度层次差异较大，第二档次和第五档次只有一个经济规划区，这两个区域与其他区域差异明显。结合各区域营销引力综合得分与区域发展情况，把第一档次称为"国际开放型营销引力区"、第二档次称为"成熟趋向型营销引力区"、第三档次称为"高速成长型营销引力区"、第四档次称为"步入成长型营销引力区"、第五档次称为"发育型营销引力区"，具体分析如下。

（1）第一档次包含珠三角经济区和长三角经济区两个区域。二者的营销引力居于首位，且国际市场开放度最高，因而被命名为"国际开放型营销引力区"。这两个经济区是中国率先进行改革开放的区域，经济实力全国最强，城市化进程最快，居民受益于改革开放的成果收入激增，具有强大的购买力，并且消费意识超前，消费档次高，是进行营销业务拓展和品牌推广的最佳选择。

（2）第二档次的区域只包含山东半岛蓝色经济区。该区域的营销引力得分与第一档次还有较大差距，又大大领先于第三档次，市场要素培育较为健全，因而被命名为"成熟趋向型营销引力区"。山东半岛蓝色经济区依托黄渤海的区位优势，发展海洋经济，推进海陆统筹，并不断加大与日本韩国的经贸往来，经济实力突飞猛进，人们的生活质量大大提高，市场环境日趋成熟，从而跃升为营销引力排名第三的区域，但其与珠三角经济区和长三角经济区还是有较大差距，仍需不断努力。

（3）第三档次包含9个规划区，根据营销引力指数综合得分从高到低依次列示为长株潭城市群、辽宁沿海经济带、河北沿海经济区、沈阳经济区、海峡西岸经济区、海南国际旅游岛、长吉图开发开放先导区、皖江城市带、成渝经济区。这类经济区市场开放度高，城镇化水平领先，整体市场空间广阔，对营销价值模块有着较为强大的吸引力，因而被命名为"高速成长型营销引力区"。这些区域的共性是市场开放度较高，长株潭城市群、皖江城市带和成渝经济区属于内陆开放型区域，长吉图开发开放先导区是延边开发开放区，其他区域均为沿海经济区，市场潜力较大。

（4）第四档次包含 8 个规划区，按排名从高到低分别列示为武汉城市圈、鄱阳湖生态经济区、广西北部湾经济区、关中—天水经济区、呼包银榆经济区、中原经济区、宁夏开放区和黔中经济区。这些区域的营销引力均值都低于零下水平，但市场不乏活跃因素，成长性较好，因而被命名为"步入成长型营销引力区"。这些区域基本位于中西部地区，开发开放时间较晚，发展基础薄弱，整体经济实力不强，居民收入水平不高，市场消费环境发育欠佳，从而对营销价值模块引力还有待大幅提升。但也不乏潜力，随着"西部大开发"和"中部崛起"战略的深入推进，这些区域的市场潜力会不断被挖掘出来，从而成为推动中国市场开拓的新力量。

（5）第五档次的区域只有陕甘宁革命老区。该区域的营销总因子得分为 - 0.7868，排在营销引力得分的最后一位，与排在第二十位的黔中经济区还有较大差距，因而被单独归类在第五档次，被命名为"发育型营销引力区"。作为革命老区，该区域区位偏远，底子薄，条件差，总体发展依然滞后，贫困问题突出，难以开拓消费市场。但由于其有着深厚的革命传统和黄河文明历史，文化产业大有潜力可挖，文化消费市场空间广阔。

小结　本节利用 SPSS 软件对代表各经济规划区营销引力的 11 个指标进行因子分析，得出三个主成分因子，分别是综合购买力因子、消费环境因子和消费潜力因子，这三个公因子基本能代表 11 个指标来解释其对国家战略经济规划区的营销引力的影响。根据模型结果可知，综合购买力对区域营销引力的影响最大，权重为 0.4985，因为购买力直接决定了产品的销售空间；消费环境因子和潜力因子的权重分别为 0.2571 和 0.2443，各自约占总引力权重的 1/4，影响度要远远低于综合购买力因子。从而可以看出，要提高区域对营销价值模块的综合引力必须多在居民购买力上下功夫。本节在考虑了因子分析结果的基础上，对总营销引力因子得分做了聚类分析，将 21 个国家战略经济规划分为五个档次，分别为第一档次"国际开放型营销引力区"、第二档次"成熟趋向型营销引力区"、第三档次"高速成长型营销引力区"、第四档次"步入成长型营销引力区"、第五档次"发育型营销引力区"。从总体因子得分和聚类分析指标特征来看,各经济区对营销价值模块的引力差距非常大,凸显出区域经济实力和消费能力的悬殊;同一区域的内部城市之间也有着较大差别,不平衡特征非常明显,这是在战略决策制定过程中必须重视的客观事实。

1.6 区域产业"垂直专业化引力指数"综合分析

1.6.1 国家战略经济规划区定位机制研究

1.6.1.1 国家战略经济规划区的战略定位、产业远景及其引力分布

要想系统地分析各个国家战略经济规划区的综合产业价值模块"垂直专业化引力"情况,有必要结合规划文献中对每个区域的战略定位和产业规划,以便更深入地展开研究。结合三个产业价值模块引力的聚类分析情况,将"步入成长型"引力视为中等引力,其以上引力类型视为高等,以下视为低等,从而得到21个国家战略经济规划区的战略定位、产业远景及引力组合情况,如表1-27所示。

表1-27 区域战略定位、产业远景及引力组合情况

区域名称	定位内容	定位类型	产业远景	引力组合
珠三角经济区	改革开放试验田、探索科学发展模式试验区、深化改革先行区、扩大开放的重要门户、世界先进制造业和服务业基地、全国重要的经济中心	国际开放型	建设以现代服务业和先进制造业双轮驱动的主体产业群	高研发+高制造+高营销
长三角经济区	亚太地区重要门户、科学发展示范区、改革创新引领区、现代化建设先行区、国际化发展先导区	国际创新型	建设全球重要的现代服务业中心和先进制造业基地	高研发+高制造+高营销

续表

区域名称	定位内容	定位类型	产业远景	引力组合
山东半岛蓝色经济区	黄河流域出海大通道经济引擎、环渤海经济圈南部隆起带、贯通东北老工业基地与长三角经济区的枢纽、日韩自由贸易先行区、海洋科技产业发展先导区、生态文明建设和社会和谐进步示范区、海陆一体开发和城乡发展先行区	海洋产业引领型	重点发展海洋能源、生物、装备制造业、临港重化工业、现代服务业和高新技术产业	高研发+高制造+高营销
辽宁沿海经济带	连接东部地区与京津冀都市圈、东北亚经济圈、东北老工业基地,建设成为对外开放平台、国际航运中心、临港产业带、沿海地区新的增长极	沿海开放型	做强先进装备制造业和原材料工业,做大高技术产业,加快发展现代服务业和现代农业,形成以先进制造业为主的现代产业体系	高研发+高制造+高营销
皖江城市带	与长三角地区合作发展先行区、科学发展示范区、中部崛起的重要增长极、全国重要的先进制造业和现代服务业基地、	承接产业转移型	振兴装备制造业,提升原材料产业,壮大轻纺产业,培育高技术产业,积极发展现代服务业和现代农业	高研发+高制造+高营销
长株潭城市群	全国"两型社会"建设的示范区,中部崛起的重要增长极,全国新型城市化、新型工业化和新农村建设的引领区,具有国际品质的现代化生态型城市群	一体化"两型社会"建设型	发展战略性产业,培育先导性产业,提升基础性产业,建设"两型"产业体系和产业发展导向机制	中研发+中制造+高营销
长吉图开发开放先导区	我国沿边开发开放重要区域、面向东北亚开发重要门户、东北亚经济技术合作重要平台、东北地区新的重要增长极	面向东北亚合作型	建设以现代农业和特色农业为基础、以先进制造业和现代服务业为主体的产业体系	高研发+中制造+高营销
沈阳经济区	先进装备制造业基地、重要材料和高新技术产业基地、区域性经济中心、全国新型工业化典型示范区	新型工业化改革型	创新推进先进制造业、战略性新兴产业、现代服务业和现代农业发展	中研发+高制造+高营销

续表

区域名称	定位内容	定位类型	产业远景	引力组合
海峡西岸经济区	开放的沿海地区、两岸交流合作先行先试区、新的对外开放综合通道、先进制造业重要基地、自然和文化旅游中心	对台合作型	形成以现代农业为基础、以先进制造业为主、以服务业为支撑的现代产业体系	低研发+低制造+高营销
成渝经济区	全国粮食主产区之一、西部重要经济中心、全国重要的现代产业基地、深化内陆开放试验区、统筹城乡发展示范区	内陆开放型	积极发展现代农业,做强工业主导产业,大力发展现代服务业,打造现代产业基地	中研发+低制造+高营销
武汉城市圈	全国宜居的生态城市圈、重要的先进制造业基地、高新技术产业基地、优质农产品生产加工基地、现代服务业中心和综合交通运输枢纽、区域性经济中心、全国"两型社会"建设的典型示范区	一体化"两型社会"建设型	大力发展先进制造业,改造提升传统优势产业,促进传统农业升级,以发展生产性服务业为重点,加快壮大现代服务业,促进三次产业协同带动发展	中研发+中制造+中营销
河北沿海经济区	毗邻京津、东临渤海、面向东北亚的重要出海口和对外开放门户,京津冀一体化发展基地,新型工业化基地,科学发展示范区,渤海地区新兴增长区域,开放合作新高地	开放合作型	优化发展先进制造业、加快发展服务业、积极发展特色农业,形成以先进制造业和现代服务业为主的产业结构	低研发+低制造+高营销
关中—天水经济区	全国内陆型经济开发开放战略高地、统筹科技资源改革示范基地、全国先进制造业重要基地、全国现代农业高技术产业基地、彰显华夏文明的历史文化基地	科技改革型	大力发展航空航天产业,全面提升重大装备制造水平,加快重要资源开发与深加工,大力发展文化产业和现代服务业,加快农业产业化	中研发+低制造+中营销
鄱阳湖生态经济区	我国重要的生态功能保护区、生态经济示范区、全国大湖流域综合开发示范区、长江中下游水生态安全保障区、中部崛起重要带动带、国际生态经济合作重要平台	生态经济型	改造提升传统产业,发展生态经济,努力建设以生态农业、新型工业和现代服务业为支撑的环境友好型产业	低研发+中制造+中营销

续表

区域名称	定位内容	定位类型	产业远景	引力组合
呼包银榆经济区	国家综合能源基地、全国节水型社会建设示范区、国家重要的生态安全保障区、国家向北开放的重要门户	资源型地区转换型	发展特色农业、新材料、冶金产业、装备制造业、现代服务业等特色优势产业	低研发+高制造+中营销
广西北部湾经济区	中国—东盟开发合作的物流基地、商贸基地、加工制造基地和信息交流中心，成为带动、支撑西部大开发的战略高地和重要国际区域经济合作区	面向东盟合作型	加快发展现代产业体系，推动产业优化升级，大力推进信息化和工业化融合，加快发展现代农业，提高服务业现代化水平	低研发+中制造+中营销
海南国际旅游岛	旅游业改革创新试验区、世界一流海岛休闲度假旅游目的地、全国生态文明建设示范区、国际经济合作和文化交流重要平台、南海资源开发和服务基地、国家热带现代农业基地	旅游创新型	积极发展服务型经济、开放型经济、生态型经济，形成以旅游业为龙头、现代服务业为主导的特色经济结构	低研发+低制造+高营销
中原经济区	国家重要的粮食生产和现代农业基地、全国"三化"协调发展示范区、全国重要的经济增长板块、全国区域协调发展的战略支点、现代综合交通枢纽、华夏历史文明传承创新区、全国重要的能源基地	"三化"协调型	推进新型农业现代化，大力发展先进制造业，积极培育战略性新兴产业，加快发展服务业	低研发+低制造+中营销
宁夏开放区	国家向西开放的战略高地、国家重要的能源化工基地、重要的清真食品和穆斯林用品产业集聚区、承接产业转移的示范区	中阿开放合作型	集约发展第一产业，优化发展第二产业，全面提升第三产业，加快发展现代服务业，做大做强文化旅游产业	低研发+低制造+中营销
陕甘宁革命老区	黄土高原生态文明示范区、国家重要能源化工基地、国家重点红色旅游区、现代旱作农业示范区、基本公共服务均等化试点区	老区开发型	大力发展农产品加工业，改造提升制造业，有序开发优势矿产资源，加快发展服务业，培育多元化的产业结构	低研发+低制造+低营销

续表

区域名称	定位内容	定位类型	产业远景	引力组合
黔中经济区	国家重要能源资源深加工基地、特色轻工业基地和西部地区装备制造业、战略性新兴产业基地，国家文化旅游发展创新区，全国山地新型城镇化试验区，东西互动合作示范区，区域性商贸物流中心	山地经济开发型	加快推进新型工业化，发展能源资源深加工业、装备制造业、战略性新兴产业和特色轻工业，大力发展现代服务业	低研发+低制造+中营销

资料来源：笔者根据相关政府文件整理所得。

1.6.1.2　基于扎根理论的国家战略经济规划区定位机制研究

扎根理论起源于社会学领域，摆脱了传统研究方法中因先提出假设后进行论证所导致的结论并非真实反映现实的缺陷，被认为是质性研究中最为科学的方法论之一。质性研究的目的在于识别现实生活中社会现象的基本特征，诸如组织学习、技术开发、结构化或者战略化等。扎根理论在构建理论的过程中，需与事实资料不断地进行比较、修正、再验证，整个过程需对资料进行泛读和升华，加上研究者的"顿悟"和"创造性想象力"才能从资料中发现、发展和验证理论（Glaser and Strauss，1967）。扎根理论构建模型包括四个步骤：（1）开放式编码；（2）主轴编码；（3）选择性编码；（4）饱和度检验。通过三层编码不断地将搜集到的资料打碎、整理和重组，从而挖掘概念、提炼范畴，发展"故事线"。扎根理论适用于对现象提出理论概念并进行明晰化，从实践中挖掘概念的内涵和外延。但对国家战略经济规划区如何定位的理论研究至今尚未涉及，没有系统理论可以参考，只能收集繁杂的文献资料进行分析归纳，从中挖掘出理论逻辑，因而适宜采用扎根理论进行建模分析。

（1）开放式编码。开放式编码是一个发现的过程，要求放置个人"偏见"与"定见"，以开放的心态将收集到的资料进行分解，从资料中提炼出概念，再通过持续比较与归纳得出范畴。本书对21个规划区的定位材料进行逐一编码以挖掘出初始概念，再在初始概念的基础上进一步聚拢得出 49 个概念和 15 个范畴，如表 1 - 28 所示。

表 1 - 28　　　　　　　　　　开放式编码形成的范畴

序号	范畴	概念
1	地理区位	沿海、内陆、两岸、流域、亚太、亚欧大陆、东北亚
2	自然资源	矿产石化、海洋资源、新能源、湿地
3	开放门户	沿边开发、国际合作
4	跨区联结	区域联动、交流合作
5	经济实力	市场经济、工业基础、"三化"建设
6	生态文明	污染治理、生态保护、生态产业
7	历史积淀	华夏文明、历史传承、发展基础
8	合作网络	经济圈、城市群、增长极
9	基础配套	交通体系、工业设备、能源储备
10	体制建设	经济管理、行政管理、社会管理、市场机制
11	产业结构	农业基础、制造业、战略性新兴产业、现代服务业
12	政策意图	西部开发、中部崛起、东北振兴、两岸合作
13	创新能力	人才储备、科技水平
14	价值示范	海洋开发、生态建设、城乡统筹
15	区域整合	轴带延展、一体化

（2）主轴编码。经开放式编码得到的范畴意义较为宽泛，相互的关系较为模糊，主轴编码是发现和建立范畴之间的各种联系。通过对 15 个范畴进行整理与分析，得到 5 个主范畴，即深掘资源优势、拓展关系网络、特色产业布局、创新发展制度和整合区域模块。主范畴及其与对应范畴的关系内涵如表 1 - 29 所示。

表 1 - 29　　　　　　　　主轴编码形成的主范畴及对应范畴的关系内涵

序号	主范畴	对应范畴	关系的内涵
1	深掘资源优势	地理区位	经济规划区的地理位置对其定位有重要影响，它对能源安全、合作拓展、民族团结等意义重大
		自然资源	自然资源的丰富程度影响着规划区的产业结构，利用自身优势资源布局特色产业，走错位发展道路是区域规划的初衷
		生态文明	生态环境的好坏影响着区域的开发程度和可持续发展能力，区域定位必须考虑资源环境的承载能力和生态建设
		历史积淀	任何一个城市一个区域的发展都带有历史文化的烙印，尊重历史传承和文化沉淀才能做好规划，实现预期目标
2	拓展关系网络	开放门户	不断走出去，拓宽利用外资渠道、提高利用外资质量是促进区域发展的必然选择。区域规划在落笔之时就明确了既要开放门户引进外资也要走出去融入世界浪潮
		跨区联结	各规划区之间并不因各自规划而孤立，拓展合作关系是题中应有之意
3	特色产业布局	经济实力	区域的经济实力关系到规划区的产业层次构建、对外拓展和参与竞争的能力
		基础配套	配套设施的完善程度影响着经济的发展速度和扩张的空间范围
		产业结构	建立现代产业体系是区域规划的远景，但只有因地制宜地制定符合区域特色的产业结构才能促进区域持续健康发展
		创新能力	在区域发展过程中，强大的创新能力比自然资源更能增强区域的综合实力
4	创新发展制度	体制建设	区域发展离不开机制的建设与完善，经济管理体制、行政管理体制和社会管理体制的不断创新与完善决定区域发展的未来
		价值示范	区域规划通过对区域特定功能的设计探索新的发展模式，从而产生示范效应，节约发展成本
5	整合区域模块	合作网络	消除城乡二元结构，打破区域内部合作壁垒，促进城乡统筹发展、区域内各成员统筹发展，最终实现整个经济规划区的一体化发展是区域规划定位的宗旨
		区域整合	以科学规划界定功能分区，合理布局产业链，改善区域空间结构，实现区域内功能整合

资料来源：笔者据已有文件分析所得，此处不再对"政策意图"进行分析。

（3）选择性编码。选择性编码是指选择核心范畴，把它系统地和其他范畴联系起来，并以"故事线"的方式描绘行为的整个脉络，从而发展出新的理论架构。在本书中，主范畴之间的典型关系如表1-30所示。

表1-30 主范畴的关系结构

典型关系结构	关系结构的内涵
深掘资源优势（因果条件）	自身资源优势是国家战略经济规划区定位的内在因素和立足点，引导区域因地制宜、特色发展
拓展关系网络（脉络）	拓展关系网络是区域规划定位的外驱因素，引导区域向外部延伸，开放发展
创新发展制度（中介条件）	制度创新既是区域发展的动力也是发展本身的体现，是区域的软实力，通过制度创新才能实现经济发展、社会和谐
特色产业布局（行动策略）	特色产业布局是区域规划的落脚点，区域定位的关键是实现产业结构层次的升级和空间布局优化
整合区域模块（结果）	整合区域模块是区域规划的归宿点，区域规划的最终目的是实现区域一体化发展

通过对范畴的深入考察和对范畴关系的不断思考，结合规划原始资料，最终得出"国家战略经济规划区的定位机制"这一核心范畴。以上述"故事线"为基础，本书发展出一个新的国家战略经济规划区定位模式的理论框架，并称之为国家战略经济规划区的定位机制模型，如图1-4所示。

（4）饱和度检验。本书中用另外的五份国家战略性区域规划材料进行理论饱和度检验。结果显示模型中的范畴发展得非常丰富，在五个主范畴（深掘资源优势、拓展关系网络、特色产业布局、创新发展制度、整合区域模块）中没有发现形成新的重要范畴和关系，五个主范畴内部也没有发现新的构成因子。

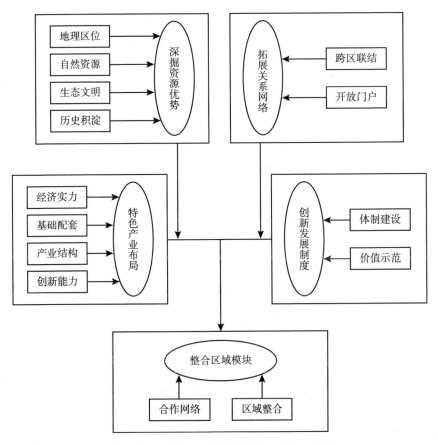

图1-4 国家战略经济规划区的定位机制模型

1.6.1.3 国家战略经济规划区定位机制模型阐释

（1）深掘资源优势。国家战略经济规划区的区位优势是对其进行定位的基础和前提条件。因地制宜，坚持错位发展、科学发展是国家战略经济规划区定位的基本思路，只有立足于区情，充分认识区域自身的特色和优势才能培养核心竞争力，避免恶性竞争和地方保护主义。每个经济区都有自己的优势和战略地位，如广西北部湾经济区是西部唯一沿海地区、西部出海大通道，是面向东盟合作的门户区，海洋资源丰富，拥有与东盟国家合作的历史文化积淀，自然和网络资源得天独厚，因而被定位为沿海发展新一极和国际经济合作区；山东半岛蓝色经济区和辽宁沿海经济带等利用区域海洋资源丰富，海洋经济实力雄厚和海洋科技力量突出的优势着眼于建立现代海洋产业体系，提升海洋经济国际竞争力；中原经济区地处我国中心地带，交通区位重要，粮食优势突出，文化底蕴深厚，因而被定位为国家重要粮食生产和现代农业基地、全国"三化"协调发展示范区。

（2）拓展关系网络。对外开放和区域间合作如同助力经济区发展的双翼，现代经济是开放与合作的经济，每一个经济区都需要与外部甚至与世界接轨的视野和胸怀才能在激烈竞争中谋求发展与胜局。国家战略经济区规划针对之前地区之间只重视外资规模甚至为争夺外商投资大打出手等状况特别强调要提高利用外资的质量，严格限制低水平、高污染、高耗能的外资项目引入，实现利用将外资从资金为主转向以先进技术、管理经验和高素质人才为主。区域间合作也被纳为国家经济区规划的重要内容，区域间要互惠互补，充分发挥彼此优势，加强协调合作。如珠江三角洲区域发展规划强调要进一步发挥"窗口"作用，以粤港澳合作、泛珠三角合作、中国—东盟合作为重要平台，大力推进对内对外开放，建立全方位、多层次、宽领域的开放型经济新格局。

（3）特色产业布局。产业发展是经济区定位的落脚点，没有产业发展就没有区域经济的繁荣复兴，区域规划的宏大目标最终要依靠产业发展来实现。经过30多年的飞速发展，我国产业结构到了不得不转型升级的时间窗口，资源耗竭与环境污染的警示，人口红利逐渐消失，"用工荒"现象突出，产品的国际竞争力衰弱等现象都让我们意识到必须进行产业重组与洗牌，提高产业的核心竞争力才是王道。战略性区域发展规划的内容重在产业布局和结构升级，要针对各区域特点因势利导，改造传统产业，发展优势产业，逐步建立现代产业体系。

（4）创新发展制度。国家战略经济规划区定位的一个亮点是强调体制机制创新，强调制度的力量。制度建设是经济社会发展的动力，制度进步本身也是发展的体现。要破解区域发展的困局必须重视制度建设。许多区域规划允许区域率先进行改革探索，先行先试，走出有利于经济社会环境和谐发展的创新型道路。如武汉城市圈和长株潭城市群转变发展理念，创新发展方式，开展"两型社会"建设综合试点；重庆和成都综合配套改革试验区发展规划明确在重庆和成都两市进行统筹城乡发展试验，统筹城乡行政管理、公共服务和产业规划等。

（5）整合区域模块。每个规划区通过空间布局的重构形成一个分工协调、产业链配置合理、区域一体化发展的有机模块。区域规划的最终目标是实现规划区的一体化发展，即区域一体化和城乡一体化。区域规划通过对区域内部的"核心""轴线""经济带"和"功能区"等的布局，由核心地区的"极化效应"转向周边地区的"扩散效应"，不断扩大"经济圈"的边界，打造出区域协调发展的"城市群"。如广西北部湾经济区规划通过"7 种岸线分区"和"5 个功能组团"打造北部湾"沿海经济发展新一极"；辽宁沿海经济带发展规划通过"一核一轴两翼"构建网络化城镇体系。

1.6.1.4　基于战略定位的国家战略经济规划区综合引力分析

每个国家战略经济规划区都在其独特资源优势和关系网络的基础上制定了明确的战略定位和产业远景，但其发展条件能否支撑美好的战略蓝图需要在建设过程中不断考量。因而需要对国家战略经济规划区的战略远景与其产业价值模块引力做深入的比较分析，具体分析如下。

（1）珠三角经济区。改革开放 30 多年来，珠三角经济区充分发挥改革"试验田"的作用，率先建立起社会主义市场经济体制，是全国市场化程度最高、市场体系最完备的地区；依托毗邻港澳的区位优势，率先抓住经济全球化机遇积极承接国际产业转移，奠定了建立世界制造业基地的雄厚基础；人口和经济要素高度聚集，城镇化水平快速提升，城乡居民收入水平大幅提高。该区域定位为探索科学发展模式试验区，深化改革先行区，扩大开放的重要门户，世界先进制造业和服务业基地，全国重要的经济中心等，在产业远景上致力于构建出现代服务业和先进制造业双轮驱动的主体产业框架，体现出其面向国际开放并继续探索改革道路的战略核心。从该区域各产业价值模块的"垂直专业化引力指数"分布情况来看，三项引力均列于首位，具备获得国际竞争优势的条件。珠三角经济区已经站在了一个新的、更高的历史起点上，有能力有条件不断吸引高端价值模块前来扎根。不过珠三角经济区的发展也面临着诸多挑战，随着区域内劳动力成本和土地成本的不断上升，大量制造业企业因为产能过剩而面临倒闭，另外许多外资企业开始向东南亚国家转移，珠三角经济区亟须进行产业结构升级，摆脱产业发展的低端模式，努力提升研发能力、拓展消费市场，以达到向价值链的高端环节攀升的目的。

（2）长三角经济区。长三角经济区地处我国东部沿海地区与长江流域的结合部，区位条件优越；制造业和高技术产业发达，服务业发展较快，经济基础雄厚；城镇体系完整，核心区城镇化水平超过60%；科教文化发达，区域内集中了大批高等院校和科研机构，具有率先建成创新型区域的坚实基础。该区域定位为亚太地区重要门户、科学发展示范区、改革创新引领区、现代化建设先行区和国际化发展先导区等，并以建设成为全球重要的现代服务业中心和先进制造业基地为产业规划远景，体现出面向国际开放创新的核心旨意。在产业引力的具体表现上，除了制造引力得分排在第四位之外，长三角经济区在研发和营销引力模块的得分均位于第二位，具备产业结构升级的优势。虽然该区域横跨三个省（直辖市），地域面积广阔，人口规模庞大，但区域一体化协同发展较好，整体优势非常突出；另外，创新环境优良、市场潜力广阔，具备吸引携带高端价值模块企业投资的良好条件。

（3）山东半岛蓝色经济区。山东半岛蓝色经济区区位优势明显，是黄河流域内陆各省区东出大海的门户；海洋科技优势得天独厚，是全国海洋科技力量的"富集区"；与日韩贸易蒸蒸日上，发展潜力和空间巨大。该区域定位为黄河流域出海大通道的经济引擎、环渤海经济圈南部隆起带、日韩自由贸易先行区、海洋科技产业发展先导区等，并以海洋能源、海洋生物产业、海洋装备制造业、现代服务业和高新技术产业等为主体产业框架，体现了提升海洋经济的战略意图。从产业引力得分情况来看，该区域的制造引力已经超越了长三角经济区，海洋装备制造规模优势突出。但总体产业引力与珠三角经济区和长三角经济区还有较大差距，主要体现在营销和研发引力上，要建设成为我国新的经济增长极还需继续加大研发投入，优化创新环境，完善鼓励创新的体制机制；在加强对日韩贸易的同时将拓宽国际市场与扩大内需相结合，提高经济发展的规模与质量。

（4）辽宁沿海经济带。辽宁沿海经济带依托海洋资源优势和较早的开发开放政策而成为全国经济实力较强且一体化发展水平较高的地区。该区域定位为东北亚经济圈、对外开放平台、国际航运中心、沿海地区新的增长极等，并致力于逐步形成以先进制造业为主的现代产业体系，体现出提升沿海经济开放合作高度的愿景。其产业引力得分表现较好，研发、制造和营销引力得分均列位第五，具备良好的工业发展基础和市场前景，有望成为先进制造业基地；从总体产业价值模块的引力情况来看，还是逊色于山东半岛蓝色经济区，山东半岛蓝色经济区的海洋装备制造产业基础和对外经贸合作更具优势。

（5）皖江城市带。皖江城市带位于长江安徽段，是长江三角洲地区产业向中西部地区转移和辐射最近的地区。该区域定位为与长三角地区合作发展先行区、科学发展示范区、中部崛起重要增长极、全国重要的先进制造业和现代服务业基地，以先进制造业和现代服务业为产业远景，其核心是以科学方式承接产业转移。在产业引力表现上，皖江城市带的研发引力比辽宁海洋经济区更有优势，主要是因为在承接产业转移的过程中不断加大研发投入，鼓励创新，研发环境不断改善；制造引力不断增强，但营销引力偏低，需要在开拓市场空间和品牌建设方面下功夫。皖江城市带依托良好的区位优势和内部资源获得承接产业转移的优势，要建设成为全国重要的先进制造业和现代服务业基地还需要不断增强研发引力和营销引力，吸引更多的高级产业价值模块前来扎根。

（6）长株潭城市群。长株潭城市群地处我国中南部，是中部地区一体化协同发展较早、成效较为突出的区域。该区域定位为全国"两型社会"建设的示范区、中部崛起的重要增长极、具有国际品质的现代化生态型城市群等，致力于构建"两型产业"体系，其战略核心是探索"两型社会"发展道路。其产业引力表现与战略愿景还有较大差距，优势在于营销引力强大，品牌培育效果突出；劣势在于研发和制造引力都处于一般水平。作为全国资源节约型和环境友好型社会建设综合配套改革试验区，还需创新科技和人才管理体制机制，完善区域创新系统，以提高经济发展质量。

（7）长吉图开发开放先导区。随着图们江合作机制的不断完善，长吉图开发开放先导区与俄、朝、韩、蒙四国的产业合作前景广阔，市场开放度日益扩大。该区域定位为我国沿边开发开放重要区域、面向东北亚开发重要门户、东北亚经济技术合作重要平台、东北地区新的重要增长极等，其产业目标是建设以现代农业和特色农业为基础、以先进制造业和现代服务业为主体的产业体系，体现出面向东北亚开放合作的战略意图。从产业价值模块引力情况来看，长吉图开发开放先导区研发和营销引力表现较好，制造引力不突出，从战略上来讲，应该不断加强其市场优势，因势利导。

（8）沈阳经济区。沈阳经济区工业历史悠久、实力雄厚，工业化、城市化水平较高。该区域定位为东部工业城市群、辽宁经济发展核心区、中国特色新型工业化道路试验区、现代产业体系建设基地等，在产业体系规划上是要创新推进先进制造业、战略性新兴产业、现代服务业和现代农业发展，其核心是要创新工业发展模式，走新型工业化发展道路。从产业引力得分来看，其制造引力和营销引力都具有较大优势，但受制于传统工业的束缚，科技实力不强，创新环境不佳，因而研发引力处于中等水平，要建设成为现代产业体系基地还需要付出很大的努力改善投资环境，尤其是培育增强研发引力的区位要素。

（9）海峡西岸经济区。海峡西岸经济区北承长江三角洲，南接珠江三角洲，是我国沿海经济带的重要组成部分，东与中国台湾地区一水相隔,具有对台交往的独特优势。该区域定位为两岸交流合作先行先试区、新的对外开放综合通道、先进制造业重要基地、自然和文化旅游中心等,并致力于构建以现代农业为基础、以先进制造业为主、以服务业为支撑的现代产业体系,其战略核心是深化对台产业合作,构建现代产业体系。其产业引力优势在营销引力表现较好,因依托毗邻港澳台的区位优势,率先建立起开放型经济体系,市场化程度高、民营经济发达,因而营销引力强大,市场空间广阔。但该经济区的研发引力和制造引力都偏低,主要依靠开放市场发展对外贸易,应抓住其主要优势扩大市场网络,提升品牌效应。

(10)成渝经济区。成渝经济区虽然属于内陆型经济规划区,但经济开放度高,城镇化进程较快,居民的消费能力和消费意愿较强,内外部市场环境都较为优越,是开拓消费市场的较好选择。该区域定位为西部重要经济中心、全国重要的现代产业基地、深化内陆开放试验区、统筹城乡发展示范区等,其产业目标是建设成特色鲜明、优势突出、具有竞争力的现代产业基地,战略核心是深化内陆开放合作,构建特色产业体系。从产业引力特征来看,该区域总体产业引力不具有明显优势,研发引力和营销引力稍微偏高,制造引力较低,主要原因一是该区域人口规模大,在人均指标上不具优势;二是区域内部发展不平衡,虽然重庆和成都研发资源丰富,消费市场广阔,但其他城市资源贫乏导致整体引力不高;三是受制于高原地区的资源和运输条件等的约束,制造引力较低。该区域的特征突出了一体化发展的重要性,只有区域内部城市协同发展才能提高整个经济规划区吸引产业投资的竞争力。

(11)武汉城市圈。武汉城市圈与长株潭城市群较为相似,二者都要建设成全国"两型社会"示范区和现代化生态型城市群。武汉城市群研发、制造和营销引力都位于中等水平,主要在于该区域内部城市协调发展较差,武汉一城独大,研发资源丰富,市场潜力广阔,但其他城市都较为落后,从而使整体水平偏低,这也是其各项产业价值模块引力都落后于长株潭城市群的主要原因,长株潭城市群一体化建设成效明显好于武汉城市圈。要建设成为现代生态型城市群,必须提高整个区域的研发引力,吸引研发类产业前来投资,并加强内部城市之间的产业价值链分工协作,才能真正地改善经济发展模式,提高经济发展质量。

(12)河北沿海经济区。河北沿海经济区的战略定位是建设成重要出海口和对外开放门户、新型工业化基地、科学发展示范区、渤海地区新兴增长区域和开放合作新高地等,在产业规划上形成以先进制造业和现代服务业为主的产业结构,体现出深化开放合作、构建新型产业体系的战略核心。该区域的明显优势在于内部城市开放度不断扩大,城镇化发展迅速,消费市场培育较快,从而使得营销引力较高,但研发和制造引力都较低,离以先进制造业和现代服务业为主的产业结构体系还有很大的距离。

(13)关中—天水经济区。关中—天水经济区的战略定位是全国内陆型经济开发开放战略高地、统筹科技资源改革示范基地、全国先进制造业重要基地、全国现代农业高技术产业基地等,其产业规划是大力发展航空航天产业,全面提升重大装备制造水平,加快重要资源开发与深加工,大力发展文化产业和现代服务业,加快农业产业化发展。其战略重点是要建成统筹科技资源改革示范基地,但内部科技资源发展较不平衡,西安科技资源非常丰富,城市化、工业化水平较高,但其他城市远远落后于西安,因而从总体产业价值模块引力来看还处于弱势地位,增强西安的辐射作用,提高区域一体化发展水平是迫切需求。

(14)鄱阳湖生态经济区。该区域的战略定位是我国生态经济示范区、全国大湖流域综合开发示范区、中部崛起重要带动带、国际生态经济合作重要平台、高效集约发展区等,其产业规划是建设以生态农业、新型工业和现代服务业为支撑的环境友好型产业,体现出发展生态型经济的战略核心。从产业引力表现来看,由于经济发展水平不高、研发投入低、创新环境不佳、消费市场难以拓展等因素,鄱阳湖生态经济区有着较低的研发引力和中等的制造和营销引力。该区域作为位于中部的内陆型经济区,担负着保护生态环境、节约能源资源、创新发展模式的重任,迫切需要努力提升研发引力和营销引力，以突破传统发展模式的束缚，走可持续发展道路。

（15）呼包银榆经济区。呼包银榆经济区被定位为国家综合能源基地、全国节水型社会建设示范区、国家重要的生态安全保障区、国家向北开放的重要门户等，并以发展特色农业、新材料、冶金产业、装备制造业和现代服务业等特色优势产业为产业目标，体现出国家推动资源型经济转型的战略意图。从吸引产业投资的区位要素来看，该区域是以煤炭、油气、电源和煤化工为主的国家综合能源基地，能源资源丰富；具有新材料、冶金、装备制造等特色优势产业，制造引力强大。但研发引力明显偏低，营销引力位于中等，随着与俄罗斯和蒙古国等国家对外经贸关系的深入发展，市场潜力较大。整体而言，该区域的发展主要依靠自然资源，要突破资源型经济发展模式的局限，还需要不断改善研发环境，加大研发投入，创新科技发展体制机制，增强科技对经济增长的贡献度。

（16）广西北部湾经济区。作为面向东盟国家开发开放的西部沿海经济区，广西北部湾经济区具备良好的开放条件，因为起步较晚整体经济实力依然落后。随着中国—东盟自由贸易区建设加快推进，中国—东盟博览会和商务与投资峰会等一系列合作机制的建立和实施，广西北部湾经济区作为面向东盟合作桥头堡的作用会日益突出，市场潜力较大。该区域的战略定位是建设成中国—东盟开发合作的物流基地、商贸基地、加工制造基地和信息交流中心，成为带动、支撑西部大开发的战略高地和重要国际区域经济合作区，其产业目标是加快发展现代产业体系，体现出面向东盟国家开放合作的战略核心。但广西北部湾经济区的产业引力表现不太乐观，研发引力明显偏低，制造和营销引力表现稍好，主要是因为中国—东盟自由贸易区的建设扩大了广西壮族自治区与东盟国家的贸易往来，市场潜力不断被挖掘；另外，也因为工业基础薄弱，经济发展落后，对科研投入不足，创新意识不强。面对这样的现实，广西北部湾经济区应该在扩大贸易市场，创造品牌效应上努力，通过发挥自身优势以增强经济实力。

（17）海南国际旅游岛。作为以旅游为主业的省份内的经济区，海南国际旅游岛工业份额低，研发资源有限，但消费潜力大，市场空间广阔。其被定位为旅游业改革创新试验区、世界一流海岛休闲度假旅游目的地、国际经济合作和文化交流重要平台等，产业目标是形成以旅游业为龙头、现代服务业为主导的特色经济结构。海南省的产业引力特征较为突出，营销引力的表现远远好于研发和制造引力，这是由其以旅游业为核心的产业环境造成的。海南省具备独特的旅游资源，应抓住这一优势培育旅游品牌效应，不断挖掘市场潜力来构建特色型以现代服务业为主导的产业结构。

（18）宁夏开放区。宁夏开放型经济区资源富集，是国家重要的能源基地，但因为长期作为原材料供应基地，工业基础薄弱，科技实力不强。近年来，随着中阿经贸论坛的举办，与阿拉伯国家及世界穆斯林地区的交流合作不断推进，市场开放程度不断加深，产品销售空间广阔。该区域的定位是国家向西开放的战略高地、国家重要的能源化工基地、重要的清真食品和穆斯林用品产业集聚区、承接产业转移的示范区，并以集约发展第一产业，优化发展第二产业，全面提升第三产业为产业发展架构，体现出深化中阿合作、推进向西合作的战略意图。从产业引力来看，宁夏开放区由于能源资源丰富而具备一定的制造引力优势，可以在优化发展制造业的同时，不断深化对外经贸合作，扩宽产品销售市场以进入高利润价值环节。

（19）中原经济区。中原经济区被定位为国家重要的粮食生产和现代农业基地、全国"三化"协调发展示范区、全国重要的经济增长板块、全国区域协调发展的战略支点等，并以推进农业现代化，大力发展先进制造业和积极培育战略性新兴产业，加快发展服务业为产业架构，体现出"三化"协调发展的战略意图。虽然该区域位于我国中部地区，具备明显的地理区位优势，但其主体河南省作为农业大省，工业底子薄，工业化进程慢，长期处于低水平发展状态，因而产业引力都明显落后，缺乏吸引产业价值模块扎根的区位要素。要实现"三化"协调发展，任务非常艰巨，可以抓住其人口规模大，劳动力成本低的优势积极承接产业转移，发展加工制造业以积累经济实力。

（20）陕甘宁革命老区。陕甘宁革命老区被定位为黄土高原生态文明示范区、国家重要能源化工基地、国家重点红色旅游区、现代旱作农业示范区等，在产业规划上致力于做大做强特色产业，培育多元化的产业结构，体现出推动老区开发开放的战略意图。在产业引力表现上，陕甘宁革命老区研发、制造和营销引力都处于较低水平，目前而言很难成为价值模块进行扎根的选择。但其丰富的革命文化资源可以作为旅游和文化产业发展的亮点，可以此为契机带动旅游业和第三产业的发展。

（21）黔中经济区。黔中经济区作为山地型经济区，区位偏远，市场封闭，整体经济实力依然非常落后。其被定位为国家重要能源资源深加工基地，特色轻工业基地和西部地区装备制造业、战略性新兴产业基地，国家文化旅游发展创新区，全国山地新型城镇化试验区等，其产业主体是发展能源资源深加工业、装备制造业、战略性新兴产业和特色轻工业等，体现出开发山地型经济的战略意图。从该区域的产业引力来看，三项引力基本都处于末位，在吸引产业投资方面几乎没有竞争力。其优势在于拥有酿酒和苗医药等特色轻工业，在资源有限的条件下，可以针对性地发展特色产业，走差异化发展道路。

1.6.2　区域产业各价值模块"垂直专业化引力指数"聚类分析

1.6.2.1　"垂直专业化引力指数"综合聚类分析模型

为便于科学地把握国家战略经济规划区整体战略引力的层级分布状态，特以三个产业价值模块引力的综合得分为变量对样本进行聚类分析。该过程主要采用 Q 型层次聚类法和平方欧式距离法来度量各区域综合引力水平的"亲疏程度",从而更科学直观地划分各区域综合产业价值模块引力的等级和分类情况,聚类分析树形图及指标特征情况如图 1－5 及表 1－31 所示。

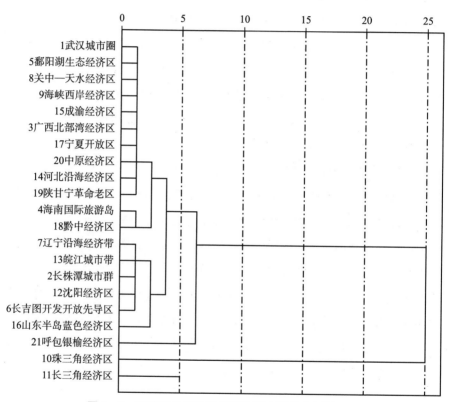

图 1－5　区域综合产业价值模块引力聚类分析树形图

表1-31 区域综合产业价值模块引力聚类分类情况

分类	区域	研发引力	制造引力	营销引力	数量	最大值	最小值	均值	标准差
一	10 珠三角经济区	1.8432	1.5654	1.7714	2	1.8432	0.5182	1.5074	0.5041
	11 长三角经济区	1.8331	0.5182	1.5131					
二	7 辽宁沿海经济带	0.3834	0.2967	0.1404	6	0.5432	-0.2049	0.1667	0.2188
	13 皖江城市带	0.3966	0.1773	-0.1088					
	2 长株潭城市群	-0.0167	-0.0285	0.1942					
	12 沈阳经济区	0.0258	0.1269	-0.0403					
	6 长吉图开发开放先导区	0.2352	-0.2049	-0.0670					
	16 山东半岛蓝色经济区	0.4291	0.5432	0.5187					
三	21 呼包银榆经济区	-0.4182	0.7056	-0.3527	1	0.7056	-0.4182	-0.0218	0.5150
四	1 武汉城市圈	-0.1656	-0.1760	-0.2776	12	0.0126	-0.8465	-0.3328	0.2264
	5 鄱阳湖生态经济区	-0.2867	-0.1375	-0.2963					
	8 关中-天水经济区	-0.0860	-0.2633	-0.3306					
	9 海峡西岸经济区	-0.2649	-0.3068	-0.0500					
	15 成渝经济区	-0.1726	-0.3571	-0.1649					
	3 广西北部湾经济区	-0.4086	-0.0713	-0.3266					
	17 宁夏开放区	-0.5990	-0.1053	-0.4148					
	20 中原经济区	-0.4670	-0.2855	-0.3815					

续表

分类	区域	研发引力	制造引力	营销引力	数量	最大值	最小值	均值	标准差
四	14 河北沿海经济区	-0.6264	-0.0622	0.0126	12	0.0126	-0.8465	-0.3328	0.2264
	19 陕甘宁革命老区	-0.3393	-0.2809	-0.7868					
	4 海南国际旅游岛	-0.4972	-0.8465	-0.0646					
	18 黔中经济区	-0.7981	-0.8076	-0.4879					

资料来源：笔者经聚类分析整理所得。

结合聚类分析树形图，将 21 个区域划分为四大类，其聚类分类情况为：

一类区域：珠三角经济区、长三角经济区。

二类区域：山东半岛蓝色经济区、皖江城市带、辽宁沿海经济带、长株潭城市群、沈阳经济区、长吉图开发开放先导区。

三类区域只包含呼包银榆经济区一个区域。

四类区域包含其余 12 个区域。这 12 个区域又可以归为三个小的类别，分别是武汉城市圈、鄱阳湖生态经济区、关中—天水经济区、海峡西岸经济区、成渝经济区、广西北部湾经济区、宁夏开放区为一类；中原经济区、河北沿海经济区、陕甘宁革命老区为一类；黔中经济区、海南国际旅游岛为一类。

1.6.2.2　聚类结果分析

国家战略经济规划区的综合引力可分为四个类别，即四个层级。归类在一至三层次的规划区只有 9 个，不到研究样本的一半；而归类在第四层级的规划区有 12 个，占半数以上，反映出我国国家战略经济规划区在吸引产业投资方面整体引力不高，且存在激烈竞争的事实，具体分析如下。

（1）一类区域包含珠三角经济区和长三角经济区。因为两个经济规划区最早参与全球产业分工且国际化程度最高，属于走向国际化的产业引力区。

这两个规划区走在改革开放的前沿，最早建立起市场经济体制，经过 30 多年的改革开放，投资环境不断完善，产业要素不断集聚，产业集群化发展态势良好，正在朝着增强国际竞争力的方向迈进。珠三角经济区的研发、制造和营销引力都排在第一位，展示了其良好的产业环境和产业结构升级所带来的成效。内部城市发展仍然不均衡，且产业特征差异显著，深圳、广州、珠海等城市研发和营销引力指标明显好于其他城市，但其他城市在制造引力指标上表现突出，区域内部需加强一体化协同发展。长三角经济区一体化发展程度较高，制造引力稍微落后，反映出其较高的制造成本（劳动力和土地等），但该区域有着巨大的创新空间和广阔的市场前景，有希望在国际产业价值链分工体系中占据有利位置。同时，在全球化、市场化和信息化不断深入的产业背景下，两个经济区依然面临着产业升级的挑战，摆脱产业发展的低端模式，向价值链的高端环节攀升是今后发展的主要方向和重大使命。

（2）二类区域包含山东半岛蓝色经济区、皖江城市带、辽宁沿海经济带、长株潭城市群、沈阳经济区、长吉图开发开放先导区六个区域。这六个区域总体产业模块引力与珠三角经济区、长三角经济区还是有较大差距，反映出我国区域经济发展的层次差异，又表现出强劲的发展势头，是拉动我国经济发展的第二梯队力量，属于强势突破型产业引力区。山东半岛蓝色经济区海洋资源富集，海洋科技优势突出，对日韩贸易发展迅速，具备强大的发展后劲，是各价值模块进行扎根的良好选择；辽宁沿海经济带作为东北老工业基地和开放较早的沿海经济区，工业基础较好，市场开放度高，因而三个价值模块的引力得分都较高；皖江城市带借助于临近长三角的区位优势，在承接产业转移的过程中不断强化自主创新，表现出强大的研发引力，但在营销引力指标上还较有不足，市场空间有待挖掘；长株潭城市群一体化发展趋势良好，研发和营销引力强大，具备产业升级的良好条件；沈阳经济区和长吉图开发开放先导区都属于东北老工业基地，有着较好的工业积累，同时也面临着老工业基地实现产业转型的重大机遇与挑战。六个区域各有优势，发展动力强大，市场潜力广阔，是我国极具前景的新的增长极。

（3）三类区域只包含呼包银榆经济区一个区域。呼包银榆经济区单独成一类是因为其制造引力非常突出，排名第二，但研发和营销引力都较为落后，个体特征非常明显。其制造引力的突出主要在于其资源富集，属于资源型产业引力区。呼包银榆经济区面临着资源型经济区转变发展方式，走资源节约的集约式发展道路的挑战，因而必须着力于提高研发引力，吸引研发价值模块扎根以提高发展的科技含量，才能真正实现集约发展、科学发展。

（4）四类区域包含其余的 12 个规划区。四类区域个数占研究样本的57%，且三项引力得分基本都位于中间水平，与二类区域拉开了较大距离。说明整体来看我国国家战略经济规划区多数都处在较为相似的发展阶段，产业环境同质性高，因而在招商引资、吸引产业投资方面必然存在非常大的竞争，这也是长期以来由地方保护主义造成的困局。因而，因地制宜，走差异化发展道路是破解这一困局的必然选择。这12个规划区又可以分为三个聚类类别，具体分析如下：

武汉城市圈、鄱阳湖生态经济区、关中—天水经济区、海峡西岸经济区、成渝经济区、广西北部湾经济区、宁夏开放区为一类。这7个区域在研发和营销引力表现上接近度较高，且在三类区域中表现较好，较有希望提升产业结构，属于具有较大产业提升空间的引力区。武汉城市圈、关中—天水经济区、成渝经济区有着丰富的研发资源，适合吸引研发价值模块扎根，但内部城市研发要素分布不均，都需发挥核心城市的溢出效应，加强一体化发展趋势；海峡西岸经济区、广西北部湾经济区和宁夏开放区有着开放的市场环境，两岸或国际合作优势明显，适合营销价值模块扎根；鄱阳湖生态经济区从产业引力指数来看没有明显优势，但作为生态经济区，必须提高研发和服务价值环节在产业结构中的比重，走绿色发展、科学发展的道路。这些区域应根据自身优势吸引高级产业价值模块扎根，积极向产业价值链的高端环节转移，以提升产业结构，让自身的区位优势更进一步。

中原经济区、河北沿海经济区、陕甘宁革命老区为一类。除河北沿海经济区的营销引力表现较好之外，其他区域的各项引力表现综合来看都相对落后，但从这些区域的定位和资源特点来看，各自的特征较为明显，属于有待提升的产业引力区。中原经济区以作为农业大省的河南省为主体，人口基数和密度都较大，并有一定的工业基础，适合制造模块扎根；河北沿海经济区有着开放的市场环境和较好的贸易条件，适合营销价值模块扎根；陕甘宁革命老区革命文化丰富，可以构建文化产业链。各区域之所以在产业引力指标上处于低水平状态，且表现出较大的雷同，这是因为其地方特色尚未被挖掘，因而迫切需要挖掘自身优势，走差异化发展道路。

海南国际旅游岛和黔中经济区两个区域为一小类，这两个规划区最大的特征是研发和制造引力都较为接近，且靠近末位。但海南省营销引力靠前，营销市场潜力较大，黔中经济区营销引力位于第21位，市场有待开发，二者的差异还是较为明显的，因而黔中经济区属于待挖掘产业引力区,而海南国际旅游岛属于市场专注型产业引力区。虽然二者在研发和营销模块引力得分很低,但各有优势,海南省消费市场广阔,黔中经济区特色轻工业知名度较高,只要因势利导,不断发挥自身优势,发展特色产业,依然有希望开拓出新的前景。

　　小结 本章在第三、第四、第五节计算出各国家战略经济规划区研发、制造和营销引力的基础上,结合区域定位和产业远景规划深入分析国家战略经济规划区具备的优势和需要进一步培育的要素。每个规划区都有着明确定位和美好愿景,这也是它们上升为国家战略经济区的意义所在;规划远景的实现需要大规模企业或产业的扎根,没有企业投资来推动经济发展,所有的蓝图都只是纸上谈兵。通过对战略定位、产业规划与区域现实产业引力的对比,可以看出部分规划区的产业引力可以支撑其战略远景,还有部分区域依然难以成为企业投资的热土,需要着力培育与其战略定位相适应的区位要素。第六节中第二部分将国家战略经济规划区的研发、制造和营销引力因子得分作为变量进行聚类分析,21 个区域共可以分为四大类,其中第四类包含 12 个区域,还可以分为三个小类别。从聚类分析图像特征及区域的引力得分来看,长三角经济区和珠三角经济区遥遥领先而成为一类;二类区域中的山东半岛蓝色经济区、皖江城市带、辽宁沿海经济带、长株潭城市群、沈阳经济区、长吉图开发开放先导区因强劲的发展势头和优越的区位要素而成为第二梯队;三类区域只包含呼包银榆经济区一个区域,呼包银榆经济区因独特的资源优势而具有极高的制造引力指数,但研发和营销引力指数都非常不乐观,要实现资源型地区发展方式转型还有较大挑战;四类区域包含 12 个规划区,占据了研究样本的大部分,但引力水平表现一般,区位产业要素的同质性较高。从整体结构来看,21 个国家战略经济规划区的引力表现和分布呈金字塔型,一般水平的占多数,越往上数量越少。这突出反映了我国区域经济发展的不平衡性,以及多数区域依然面临招商引资难和竞争激烈的问题。破解这一困境的方法就是每个区域集中挖掘自身优势,走差异化发展道路;并通过区域间的资源共享,相互构建协同合作网络以创造更大的整体价值。

第 2 章

国家战略经济规划区"垂直专业化引力指数"研究

——基于 2014 年的数据

2.1 2014 年研发价值模块"垂直专业化引力指数"研究

2.1.1 研发价值模块指标评价变量及其原始数据

根据研发价值模块引力指数指标的选取思路及因子分析对指标变量相关性的要求，本书选取如下 10 个变量以衡量国家战略经济规划区的研发引力：（1）区域出口占区域 GDP 的比重（X1）；（2）区域进口占区域 GDP 的比重（X2）；（3）互联网的户均开户数（X3）；（4）每百万人均专利授权数（X4）；（5）科学技术支出占区域公共财政支出的比重（X5）；（6）规模以上工业企业 R&D 人员占就业人口的比重（X6）；（7）区域技术市场交易额占区域 GDP 比重（X7）；（8）R&D 支出占区域 GDP 的比重（X8）；（9）每百万人拥有研究与开发机构数（X9）；（10）FDI 的流入存量占区域 GDP 的比重（X10）。

每个国家战略经济规划区研发引力指标变量的原始数据均由其所含城市的对应变量值计算算术平均数而得，具体如表 2-1 所示。

表 2-1

研发价值模块指标变量原始数据

区域名称	X1 区域出口占区域GDP的比重（%）	X2 区域进口占区域GDP的比重（%）	X3 互联网的户均开户数（户）	X4 每百万人均专利授权数（项/百万人）	X5 科学技术支出占区域公共财政支出的比重（%）	X6 规模以上工业企业R&D人员占比（%）	X7 区域技术市场交易额占区域GDP比重（%）	X8 R&D支出占区域GDP的比重（%）	X9 每百万人拥有研发机构数（个/百万人）	X10 FDI流入存量占区域GDP的比重（%）
1 武汉城市圈	4.2479	3.1156	50.5573	363.1599	1.7576	0.4758	2.2273	1.8774	2.3728	0.2299
2 长株潭城市群	5.5187	3.1307	53.3214	1023.2837	1.8562	0.6962	0.3451	1.9324	1.9593	0.4583
3 广西北部湾经济区	11.9086	20.4321	57.5753	189.3833	1.6344	0.1167	0.0739	0.8667	2.5452	0.1215
4 海南国际旅游岛	7.7201	20.0014	26.7531	176.8549	0.3903	0.0942	0.0614	0.4833	3.3223	0.1599
5 鄱阳湖生态经济区	11.7667	5.8650	47.9277	381.3175	1.4765	0.1921	0.3394	1.1988	2.5980	0.4940
6 长吉图开发开放先导区	5.5408	8.6370	49.3183	200.6015	1.3396	1.0658	0.2675	0.9138	6.6256	0.9839
7 辽宁沿海经济带	14.6761	11.2112	52.2345	374.5977	1.5218	0.3990	0.8304	1.1968	3.7805	0.8811
8 关中—天水经济区	3.4720	2.3290	63.5073	455.6325	0.8204	0.3384	2.6495	1.9749	3.1355	0.2284
9 海峡西岸经济区	17.0342	6.7494	58.7369	888.7742	1.4280	0.4289	0.2519	1.0808	1.8663	0.2041
10 珠三角经济区	62.6637	40.3566	251.3452	2384.2620	3.2935	1.1885	0.7663	2.2469	2.8238	0.5162
11 长三角经济区	41.7704	32.0462	172.9653	2675.2381	4.4249	1.0158	1.3436	2.7363	3.1304	0.5200
12 沈阳经济区	7.8172	4.3656	52.8624	595.3388	1.3163	0.3990	0.7502	1.4821	6.5511	0.4975
13 皖江城市带	8.7897	8.2309	44.4056	1319.2441	4.0876	0.6483	0.7417	1.9255	1.7097	0.6442
14 河北沿海经济区	9.2505	5.6539	50.8525	325.4332	1.1221	0.2608	0.2145	1.0681	1.0428	0.3373

续表

区域名称	X1 区域出口占区域GDP的比重（%）	X2 区域进口占区域GDP的比重（%）	X3 互联网的户均开户数（户）	X4 每百万人均专利授权数（项/百万人）	X5 科学技术支出占区域公共财政支出的比重（%）	X6 规模以上工业企业R&D人员占比（%）	X7 区域技术市场交易额占区域GDP比重（%）	X8 R&D支出占区域GDP的比重（%）	X9 每百万人拥有研发机构数（个/百万人）	X10 FDI流入存量占区域GDP的比重（%）
15 成渝经济区	18.1603	9.4549	37.2185	695.8541	1.1883	0.2937	0.5468	1.5015	1.5079	0.5432
16 山东半岛蓝色经济区	18.9600	25.5651	59.9315	962.0279	2.3953	0.7225	0.4625	2.3336	2.2168	0.5456
17 宁夏开放区	9.5650	2.5194	37.2561	214.2836	0.9507	0.2830	0.1161	0.8714	3.1722	0.0239
18 黔中经济区	4.9461	0.5930	128.0587	372.0967	0.9746	0.1088	0.2163	0.5987	2.2520	0.1517
19 陕甘宁革命老区	0.6277	0.0812	28.0361	177.0109	0.7648	0.2785	1.3883	1.1713	3.3673	0.4880
20 中原经济区	4.5508	2.9076	48.7921	315.6361	1.2175	0.2390	0.5018	1.0692	1.8257	0.3720
21 呼包银榆经济区	2.2245	2.4933	34.9620	209.7343	0.9777	0.2652	0.3825	0.5382	3.5388	0.1584

资料来源：2015 年《中国区域经济统计年鉴》，2015 年《中国城市统计年鉴》，2014 年《中国科技统计年鉴》，2015 年《城市国民经济和社会发展统计公报》，2015 年各省市统计年鉴①。

① 本节中所示关于区域情况介绍的数据来源均与此相同。

2.1.2 研发价值模块"垂直专业化引力指数"

本部分首先对代表研发价值模块引力的指标数据作标准化处理，在标准化完成后得到的 X_{ij}^* 仍用 x_{ij} 来表示，以方便下一步的分析；再在此基础上进行相关性分析，判定其是否适合作因子分析；在其适合作因子分析的基础之上，进行公共因子提取和载荷矩阵求解，并对提取的主成分因子重新命名，最终计算出各因子及其综合得分。

（1）相关性分析。本书同时采用巴特利特球形检验（Bartlett Test of Sphericity）和 KMO 检验（Kaiser – Meyer – Olkin）进行研发价值模块指标变量的相关性分析检验，KMO 和 Bartlett 检验结果如表 2 – 2 所示。

表 2 – 2   KMO 和 Bartlett 检验

取样足够多的 Kaiser – Meyer – Olkin 度量		0.730
巴特利特球形检验	近似卡方	162.581
	df	45
	Sig.	0.000

分析方法：由因子分析法分析所得。

检验的结果显示 KMO = 0.730 > 0.6，表明适合构建因子分析模型；Bartlett 球形检验的 Sig = 0.000，拒绝了原假设，结论表明各个变量之间不是独立的，适合作因子分析。

（2）公因子提取和因子载荷矩阵求解。在选择的 10 个指标满足了因子分析法的要求的前提下，对 21 个规划区的 10 个指标提取主成分，结果如表 2 – 3 所示。

表 2 - 3   解释的总方差

成分	初始特征值			提取载荷平方和			旋转载荷平方和		
	总计	方差的%	累积%	总计	方差的%	累积%	总计	方差的%	累积%
1	5.360	53.597	53.597	5.360	53.597	53.597	4.912	49.118	49.118
2	1.554	15.537	69.134	1.554	15.537	69.134	1.656	16.562	65.680
3	1.306	13.056	82.190	1.306	13.056	82.190	1.651	16.510	82.190
4	0.778	7.782	89.972						
5	0.323	3.230	93.202						
6	0.292	2.918	96.120						
7	0.177	1.772	97.893						
8	0.112	1.122	99.015						
9	0.065	0.647	99.662						
10	0.034	0.338	100.000						

提取方法：主成分分析法。

由表 2 - 3 可以看到经过主成分分析法提取出的每个公因子的方差解释和累积贡献率，方差大于 1 的公因子有 3 个，其累积贡献率为 82.190%，可认为这 3 个因子能较好地反映原有变量包含的信息。

（3）因子的命名。以上得出的主成分虽然能包含研发引力指标变量的大部分信息，但是这些主成分没能反映出代表的实际意义，因而需通过旋转因子载荷矩阵重新分配各个因子解释原始变量的方差比例，使得每个因子载荷分配的信息更清晰，更容易说明各因子代表的实际意义，旋转结果如表 2 - 4 所示。

表 2 - 4   旋转成分矩阵

指标变量	成分		
	1	2	3
X1 区域出口占区域 GDP 的比重	0.952	-0.026	0.013
X2 区域进口占区域 GDP 的比重	0.883	-0.123	0.066
X3 互联网的户均开户数	0.863	0.048	-0.034

续表

指标变量	成分		
	1	2	3
X4 每百万人均专利授权数	0.924	0.280	0.027
X5 科学技术支出占区域公共财政支出的比重	0.801	0.341	0.108
X6 规模以上工业企业 R&D 人员占就业人口的比重	0.717	0.263	0.530
X7 区域科学技术市场交易额占区域 GDP 比重	−0.057	0.912	0.011
X8 R&D 占区域 GDP 的比重	0.628	0.713	0.086
X9 每百万人拥有研究与开发机构数	−0.159	−0.113	0.825
X10 FDI 的流入存量占区域 GDP 的比重	0.217	0.150	0.815

提取方法：主成分分析法；旋转方法：凯撒正态化最大方差法；旋转在 4 次迭代后已收敛。

从表 2-4 中可以看到因子载荷是公因子与变量的相关系数，载荷绝对值越大，说明公因子越能代替该变量。

（4）计算因子得分。在以上数据基础上，可以计算出每个公因子对指标变量的成分得分系数，结果如表 2-5 所示。

表 2-5　　　　　　　　　成分得分系数矩阵

指标变量	成分		
	1	2	3
X1 区域出口占 GDP 的比重	0.236	−0.159	−0.056
X2 区域进口占 GDP 的比重	0.230	−0.222	−0.011
X3 互联网的户均开户数	0.206	−0.091	−0.084
X4 每百万人均专利授权数	0.183	0.061	−0.064
X5 区域科学技术支出占区域公共财政支出的比重	0.138	0.117	−0.007
X6 规模上工业企业 R&D 人员占就业人口的比重	0.100	0.048	0.274
X7 区域技术市场交易额占区域 GDP 比重	−0.149	0.654	−0.045
X8 R&D 占区域 GDP 的比重	0.043	0.408	−0.032
X9 每百万人拥有研究与开发机构数	−0.079	−0.108	0.548
X10 FDI 的流入存量占区域 GDP 的比重	−0.025	0.025	0.499

提取方法：主成分分析法；旋转方法：凯撒正态化最大方差法。

通过成分得分系数矩阵，不仅可以得到各变量对因子的影响权重，还可以计算出各因子得分，公因子 F1、F2、F3 的得分用各指标表示如下：

$$F1 = 0.236 \times X1 + 0.230 \times X2 + 0.206 \times X3 + 0.183 \times X4 + 0.138 \times X5$$
$$+ 0.100 \times X6 - 0.149 \times X7 + 0.043 \times X8 - 0.079 \times X9$$
$$- 0.025 \times X10$$

$$F2 = -0.159 \times X1 - 0.222 \times X2 - 0.091 \times X3 + 0.061 \times X4 + 0.117 \times X5$$
$$+ 0.048 \times X6 + 0.654 \times X7 + 0.408 \times X8 - 0.108 \times X9$$
$$+ 0.025 \times X10$$

$$F3 = -0.056 \times X1 - 0.011 \times X2 - 0.084 \times X3 - 0.064 \times X4 - 0.007 \times X5$$
$$+ 0.274 \times X6 - 0.045 \times X7 - 0.032 \times X8 + 0.548 \times X9$$
$$+ 0.499 \times X10$$

为了进一步比较各经济规划区的研发引力大小，可以在以上基础上计算出研发引力的综合得分，计算公式为：

$$Z_i = \frac{\lambda_1}{\lambda_1 + \lambda_2 + \lambda_3} F_{1i} + \frac{\lambda_2}{\lambda_1 + \lambda_2 + \lambda_3} F_{2i} + \frac{\lambda_3}{\lambda_1 + \lambda_2 + \lambda_3} F_{3i} \quad (i = 1, 2, 3, \cdots, 21)$$

$$(2-1)$$

其中，i 代表各区域；λ_1、λ_2、λ_3 分别代表解释的总方差中 F1、F2、F3 各自的占比；F1、F2、F3 前面的系数是各因子对综合引力得分的贡献率（即权重），它是各因子的方差贡献率与三个因子的累积方差贡献率的比值。由表 2 - 3 解释的总方差结果可知，λ_1、λ_2、λ_3 分别为 49.118%、16.562% 和 16.510%，将其代入式（2 - 1），则各区域研发引力综合得分为：

$$Z_i = 0.5976 F_{1i} + 0.2015 F_{2i} + 0.2009 F_{3i} \quad (2-2)$$

Z_i 为研发引力综合得分，综合得分值越高，表明该区域研发引力越高。由于在构建模型的初始阶段对原始数据进行了标准化处理，因而区域研发引力的综合得分可为负值，这表明这些区域的研发引力低于平均水平。区域研发引力综合得分及排名情况如表 2 - 6 所示。

表 2-6 区域研发引力综合得分及排名情况

区域	F1	F2	F3	Z	排名
1 武汉城市圈	-0.6675	2.0537	-0.5797	-0.1015	9
2 长株潭城市群	0.0297	0.4415	-0.0417	0.0983	6
3 广西北部湾经济区	0.0683	-1.1918	-0.8896	-0.3780	14
4 海南国际旅游岛	-0.3712	-1.5412	-0.4371	-0.6202	20
5 鄱阳湖生态经济区	-0.2963	-0.3716	-0.0745	-0.2669	13
6 长吉图开发开放先导区	-0.4073	-0.7681	3.2719	0.2592	5
7 辽宁沿海经济带	-0.2644	-0.0689	1.2844	0.0862	7
8 关中—天水经济区	-0.9150	2.3452	-0.4571	-0.1661	11
9 海峡西岸经济区	0.1328	-0.5235	-0.8112	-0.1891	12
10 珠三角经济区	3.0747	-0.3752	0.0840	1.7787	1
11 长三角经济区	2.3210	1.1202	0.1778	1.6485	2
12 沈阳经济区	-0.5640	-0.0007	1.5860	-0.0185	8
13 皖江城市带	0.4185	0.9932	0.1244	0.4752	4
14 河北沿海经济区	-0.2490	-0.4790	-0.9044	-0.4270	16
15 成渝经济区	-0.0497	-0.0052	-0.3767	-0.1064	10
16 山东半岛蓝色经济区	0.7820	0.2501	0.1454	0.5469	3
17 宁夏开放区	-0.4850	-0.8350	-0.6435	-0.5873	19
18 黔中经济区	-0.2632	-0.9078	-1.0204	-0.5452	18
19 陕甘宁革命老区	-1.0657	0.7355	0.3213	-0.4241	15
20 中原经济区	-0.4970	-0.1449	-0.5451	-0.4357	17
21 呼包银榆经济区	-0.7320	-0.7265	-0.2144	-0.6269	21

资料来源：笔者由相关公式计算所得。

2.1.3 研发价值模块"垂直专业化引力指数"聚类分析

2.1.3.1 聚类分析模型

为便于科学地把握国家战略经济规划区研发引力的层级分布，特以研发引力的综合得分为变量对样本进行聚类分析。该过程主要采用 Q 型层次聚类法和平方欧式距离法来度量各区域研发引力水平的 "亲疏程度"，从而更科学直观地划分出各国家战略经济规划区的研发引力等级，结果如图 2-1 所示。

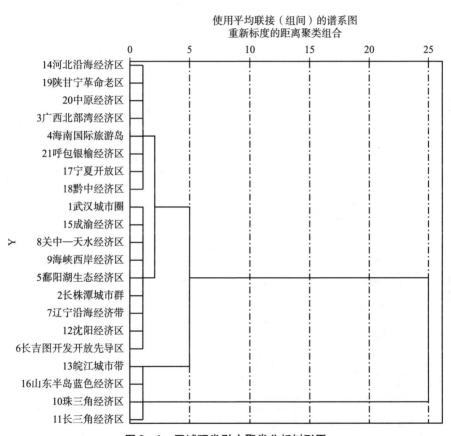

图 2-1　区域研发引力聚类分析树形图

结合以上聚类分析树形图和各经济规划区研发引力得分情况，将 21 个样本规划区划分为四类即四个等级档次，其聚类情况如表 2-7 所示。

表 2-7　　　　　　　　区域研发引力聚类分类情况

分类	区域名称	Z综合得分	区域个数	最大值	最小值	均值	标准差
一	10 珠三角经济区	1.7787	2	1.7800	1.6500	1.7136	0.0921
	11 长三角经济区	1.6485					
二	13 皖江城市带	0.4752	2	0.5500	0.4800	0.5111	0.0507
	16 山东半岛蓝色经济区	0.5469					
三	1 武汉城市圈	-0.1015	9	0.2600	-0.2700	-0.0450	0.1668
	15 成渝经济区	-0.1064					
	8 关中—天水经济区	-0.1661					
	9 海峡西岸经济区	-0.1891					
	5 鄱阳湖生态经济区	-0.2669					
	2 长株潭城市群	0.0983					
	7 辽宁沿海经济带	0.0862					
	12 沈阳经济区	-0.0185					
	6 长吉图开发开放先导区	0.2592					
四	14 河北沿海经济区	-0.427	8	-0.3800	-0.6300	-0.5056	0.1001
	19 陕甘宁革命老区	-0.4241					
	20 中原经济区	-0.4357					
	3 广西北部湾经济区	-0.378					
	4 海南国际旅游岛	-0.6202					
	21 呼包银榆经济区	-0.6269					
	17 宁夏开放区	-0.5873					
	18 黔中经济区	-0.5452					

资料来源：笔者经聚类分析法分析所得。

2.1.3.2　聚类结果分析

2014 年国家战略经济规划区研发价值模块"垂直专业化引力指数"可分为四类，即四个层级，第一层级包含两个规划区，研发引力指数均值为 1.71，远远高于第二层级的 0.51；第二层级包含两个规划区，与第一层级相距较大，但相较于第三层级还是有很大优势的；第三层级的研发引力指数均值低于 21 个规划区的平均值，包含的经济区的数量较多，有 9 个，同质性比较明显；第四层级的规划区有 8 个，研发引力指数偏离 21 个规划区均值较大，各规划区的差距不是很大，同质性也较强。

　　一类区域的长三角经济区和珠三角经济区研发引力指数遥遥领先于其他经济区，体现出其吸引研发价值模块进行地点"扎根"的强大优势。主要归功于两个规划区在研发方面的巨大投入，不断完善科技创新平台，推动产业价值链升级。珠三角经济区略领先于长三角经济区，这与深圳作为全国最早开发开放和科技创新的桥头堡是分不开的。

　　二类区域包含皖江城市带和山东半岛蓝色经济区。这两个经济规划区在研发引力方面虽然与一类区域差距较大，但表现出较好的成长性，有着良好的增长潜力，有望快速实现产业价值链升级，提升经济发展质量。

　　三类区域包含武汉城市圈、成渝经济区、关中—天水经济区、海峡西岸经济区、鄱阳湖生态经济区、长株潭城市群、辽宁沿海经济带、沈阳经济区、长吉图开发开放先导区 9 个经济规划区。与 2013 年不同的是，辽宁沿海经济带和长吉图开发开放先导区因为与皖江城市带和山东半岛蓝色经济区拉开了较大差距而被归为三类区域。这类区域的研发引力指数均在 21 个规划区研发引力指数的均值左右，差距不大，呈现出扎堆特征。这些规划区如果能重视科技创新，加大研发投入，就有望成为吸引研发价值模块"扎根"的潜力区域；但如果不能抓住机遇快速推动产业价值链升级，也很可能陷入低端发展的困境。

　　四类区域包含河北沿海经济区、陕甘宁革命老区、中原经济区、广西北部湾经济区、海南国际旅游岛、呼包银榆经济区、宁夏开放区、黔中经济区 8 个经济区。四类区域的研发引力指数均值比三类区域低很多，在集聚研发引力的要素投入方面还有很大差距，想要实现产业价值链升级还需要付出很大的努力。

2.2　2014 年制造价值模块"垂直专业化引力指数"研究

2.2.1　制造价值模块指标评价变量及其原始数据

根据制造价值模块引力指数指标的选取思路，本书选取如下 12 个变量以衡量国家战略经济规划区的制造引力：（1）区域出口占区域 GDP 的比重（X1）；（2）互联网的户均开户数（X2）；（3）区域进口占区域 GDP 的比重（X3）；（4）制造业就业人数占区域总人数的比重（X4）；（5）人均能源产量（X5）；（6）公路铁路水路人均货运量（X6）；（7）平均土地价格（X7）；（8）制造业工资效率水平（X8）；（9）区域工业本年度应交增值税占工业主营业务收入的比重（X9）；（10）区域国有企业总产值占工业企业总产值的比重（X10）；（11）区域工业总值占区域 GDP 的比重（X11）；（12）FDI 的流入存量占区域 GDP 的比重（X12）。

每个国家战略经济规划区制造引力指标变量的原始数据均由其所含城市的对应变量值计算算术平均数而得，具体如表 2 - 8 所示。

2.2.2　制造价值模块"垂直专业化引力指数"

本部分首先对所有代表制造价值模块引力的指标数据作标准化处理，在标准化完成后得到的 X_{ij}^* 仍用 x_{ij} 来表示，以方便下一步的分析［制造模块的指标变量中有三个逆向指标（X7、X9、X10），因而取其倒数进行模型分析］；而后在此基础上进行相关性分析，判定其是否适合作因子分析；并在其适合作因子分析的基础之上，进行公因子提取和载荷矩阵求解，进一步对提取的因子重新命名，最终计算出各公因子及其综合得分。

表 2－8　制造价值模块指标变量原始数据

区域名称	X1 区域出口占区域GDP的比重(%)	X2 互联网的户均开户数(户)	X3 区域进口占区域GDP的比重(%)	X4 制造业就业人数占区域总人数的比重(%)	X5 人均能源产量(吨)	X6 公路铁路水路货人均运量(吨)	X7 平均土地价格(万元/公顷)	X8 制造业工资效率水平(%)	X9 区域工业本年度应交增值税占工业主营业务收入的比重(%)	X10 区域国有企业总产值占工业企业总产值的比重(%)	X11 区域工业总值占区域GDP的比重(%)	X12 FDI的流入存量占区域GDP的比重(%)
1 武汉城市圈	4.2479	50.5573	3.1156	4.6114	0.9816	8.4054	855.8908	1.2823	3.5460	26.4885	51.8452	0.2299
2 长株潭城市群	5.5187	53.3214	3.1307	4.2045	0.9424	12.5203	1227.1037	1.2909	3.6333	25.3729	55.4863	0.4583
3 广西北部湾经济区	11.9086	57.5753	20.4321	1.5470	0.6018	21.2041	1012.1546	1.0413	4.6089	29.3804	47.5641	0.1215
4 海南国际旅游岛	7.7201	26.7531	20.0014	0.6292	2.0154	5.8967	1626.9207	0.7803	3.6933	19.0500	24.9777	0.1599
5 鄱阳湖生态经济区	11.7667	47.9277	5.8650	3.6565	0.5422	16.4366	924.9705	0.9373	3.2384	17.5299	53.1855	0.4940
6 长吉图开发开放先导区	5.5408	49.3183	8.6370	3.7533	1.2228	8.1494	869.2605	1.2231	2.8924	35.5580	54.0574	0.9839
7 辽宁沿海经济带	14.6761	52.2345	11.2112	3.1145	1.1726	22.3985	832.3773	1.4211	2.7696	31.6272	46.4460	0.8811
8 关中—天水经济区	3.4720	63.5073	2.3290	2.5961	11.2036	9.6865	798.6295	0.7525	3.7954	55.1201	49.2964	0.2284
9 海峡西岸经济区	17.0342	58.7369	6.7494	3.0143	0.6617	10.1998	1715.5071	0.7207	3.2953	13.8105	50.3998	0.2041
10 珠三角经济区	62.6637	251.3452	40.3566	15.6648	0.5256	13.3007	5161.4067	1.5207	2.9694	15.5491	49.5982	0.5162
11 长三角经济区	41.7704	172.9653	32.0462	7.6809	0.1079	10.4042	4624.6958	1.1773	2.8707	20.8501	43.3454	0.5200
12 沈阳经济区	7.8172	52.8624	4.3656	3.4205	1.1722	18.6102	969.8043	1.3024	2.4409	25.2841	50.8689	0.4975

续表

区域名称	X1 区域出口占区域GDP的比重（%）	X2 互联网的户均开户数（户）	X3 区域进口占区域GDP的比重（%）	X4 制造业就业人数占人总数的比重（%）	X5 人均能源产量（吨）	X6 公路铁路水路人均货运量（吨）	X7 平均土地价格（万元/公顷）	X8 制造业工资效率水平（%）	X9 区域工业本年度应交增值税占工业主营业务收入的比重（%）	X10 区域国有企业总产值占工业企业总产值的比重（%）	X11 区域总值工业占区域GDP的比重（%）	X12 FDI的流入存量占区域GDP的比重（%）
13 皖江城市带	8.7897	44.4056	8.2309	3.4876	1.5475	23.1821	1149.3300	1.0091	2.7833	29.0408	57.7950	0.6442
14 河北沿海经济区	9.2505	50.8525	5.6539	2.3405	1.1181	12.6120	665.7433	1.0814	2.2636	21.2842	48.9919	0.3373
15 成渝经济区	18.1603	37.2185	9.4549	6.9456	1.7704	8.4315	1521.1399	0.8180	3.6314	24.9521	48.3391	0.5432
16 山东蓝色经济区	18.9600	59.9315	25.5651	6.5750	1.5548	10.2312	850.1463	1.6147	2.3610	11.4228	52.6490	0.5456
17 宁夏开放区	9.5650	37.2561	2.5194	2.3269	8.9590	17.1817	265.5073	0.7051	2.9265	45.6821	53.7839	0.0239
18 黔中经济区	4.9461	128.0587	0.5930	1.6225	3.8560	10.8137	888.2118	0.5634	2.6526	52.5967	32.2404	0.1517
19 陕甘宁革命老区	0.6277	28.0361	0.0812	1.0432	8.6103	13.8572	501.6506	0.7557	4.5893	55.4817	55.1024	0.4880
20 中原经济区	4.5508	48.7921	2.9076	1.8528	6.0501	16.3539	943.1813	0.6757	2.8793	22.4467	50.4246	0.3720
21 呼包银榆经济区	2.2245	34.9620	2.4933	2.2664	17.5009	28.9227	364.0284	1.4635	3.8634	36.7523	54.8312	0.1584

资料来源：2015 年《中国区域经济统计年鉴》、2015 年《中国城市统计年鉴》、2015 年《中国国土资源年鉴》、2015 年各省省市统计年鉴①。

① 本节中所有有关于区域情况介绍的资料来源皆与此相同。

（1）相关性分析。本书同时采用巴特利特球形检验（Bartlett Test of Sphericity）和 KMO 检验（Kaiser – Meyer – Olkin）进行制造价值模块指标变量的相关性检验，KMO 和 Bartlett 检验结果如表 2 – 9 所示。

表 2 – 9　　　　　　　　　　　KMO 和 Bartlett 检验

取样足够多的 Kaiser – Meyer – Olkin 度量		0.520
巴特利特球形检验	近似卡方	160.989
	df	66
	Sig.	0.000

分析方法：由因子分析法分析所得。

检验的结果显示 KMO = 0.520 接近 0.6，表明适合构建因子分析模型；Bartlett 球形检验的 Sig = 0.000，拒绝了原假设，结论认为各个变量之间不是独立的，适合作因子分析。

（2）公因子提取和因子载荷矩阵求解。在选择的 12 个指标满足了因子分析要求的基础上，对 21 个区域代表制造引力的 12 个指标变量提取主成分，结果如表 2 – 10 所示。

表 2 – 10　　　　　　　　　　　解释的总方差

成分	初始特征值			提取载荷平方和			旋转载荷平方和		
	总计	方差的%	累积%	总计	方差的%	累积%	总计	方差的%	累积%
1	4.927	41.057	41.057	4.927	41.057	41.057	3.926	32.716	32.716
2	2.040	17.001	58.058	2.040	17.001	58.058	2.353	19.612	52.328
3	1.507	12.554	70.612	1.507	12.554	70.612	2.194	18.284	70.612
4	0.917	7.643	78.255						
5	0.789	6.574	84.829						
6	0.655	5.455	90.284						

续表

成分	初始特征值			提取载荷平方和			旋转载荷平方和		
	总计	方差的%	累积%	总计	方差的%	累积%	总计	方差的%	累积%
7	0.465	3.871	94.155						
8	0.279	2.328	96.483						
9	0.253	2.107	98.590						
10	0.090	0.751	99.341						
11	0.060	0.498	99.838						
12	0.019	0.162	100.000						

提取方法：主成分分析法。

从表 2 - 10 中可以看到经过主成分分析法提取出的每个公因子的方差解释和贡献率累积和，方差大于 1 的公因子有三个，其贡献率累积和为 70.612% > 70%，可认为这三个因子能较好地代表原有变量包含的信息。

（3）因子命名。表 2 - 10 得出的主成分虽然能包含制造引力分析的大部分信息，但是这些主成分没能反映出代表的实际意义，因而需通过旋转因子载荷矩阵重新分配各个因子解释原始变量的方差比例，使得每个因子载荷分配的信息更清晰，更容易说明各因子代表的实际意义，旋转结果如表 2 - 11 所示。

表 2 - 11　　　　　　　　　旋转成分矩阵

指标变量	成分		
	1	2	3
X1 区域出口占区域 GDP 的比重	0.956	0.150	- 0.084
X4 制造业就业人数占区域总人数的比重	0.892	0.269	0.068
X2 互联网的户均开户数	0.891	- 0.021	- 0.134
X3 区域进口占区域 GDP 的比重	0.874	0.191	- 0.182

续表

指标变量	成分		
	1	2	3
X12 FDI 的流入存量占区域 GDP 的比重	0.070	0.794	0.188
X5 人均能源产量	−0.229	−0.696	0.510
X9 区域工业本年度应交增值税占区域工业主营业务收入的比重	0.084	0.577	0.009
X10 区域国有企业总产值占工业企业总产值的比重	0.456	0.475	−0.252
X6 公路铁路水路人均货运量	−0.071	−0.126	0.770
X11 区域工业总值占区域 GDP 的比重	−0.092	0.274	0.765
X7 平均土地价格	−0.404	−0.463	0.585
X8 制造业工资效率水平	0.457	0.492	0.501

提取方法：主成分分析法；旋转方法：凯撒正态化最大方差法；旋转在 5 次迭代后已收敛。

从表 2 - 11 中可以看出因子载荷是公因子与变量的相关系数，载荷绝对值越大，说明公因子越能代替该变量。

（4）计算因子得分。以以上数据为基础，可以计算出每个主成分对应指标变量的成分得分系数，结果如表 2 - 12 所示。

表 2 - 12　　　　　　　　成分得分系数矩阵

指标变量	成分		
	1	2	3
X1 区域出口占区域 GDP 的比重	0.287	−0.104	0.034
X2 互联网的户均开户数	0.294	−0.184	0.004
X3 区域进口占区域 GDP 的比重	0.243	−0.067	−0.019
X4 制造业就业人数占区域总人数的比重	0.253	−0.026	0.103
X5 人均能源产量	0.096	−0.329	0.222
X6 公路铁路水路人均货运量	0.060	−0.049	0.363
X7 平均土地价格	−0.002	−0.169	0.246

指标变量	成分		
	1	2	3
X8 制造业工资效率水平	0.097	0.182	0.278
X9 区域工业本年度应交增值税占区域工业主营业务收入的比重	−0.082	0.296	0.014
X10 区域国有企业总产值占工业企业总产值的比重	0.042	0.167	−0.083
X11 区域工业总值占区域 GDP 的比重	−0.025	0.171	0.362
X12 FDI 的流入存量占区域 GDP 的比重	−0.115	0.418	0.101

提取方法：主成分分析法；旋转方法：凯撒正态化最大方差法。

通过成分得分系数矩阵，不仅可以得到各变量对因子的影响权重，还可以计算出各因子得分，公因子 F1、F2、F3 的得分用各指标表示如下：

$$F1 = 0.287 \times X1 + 0.294 \times X2 + 0.243 \times X3 + 0.253 \times X4 + 0.096 \times X5$$
$$+ 0.060 \times X6 - 0.002 \times X7 + 0.097 \times X8 - 0.082 \times X9$$
$$+ 0.042 \times X10 - 0.025 \times X11 - 0.115 \times X12$$

$$F2 = -0.104 \times X1 - 0.184 \times X2 - 0.067 \times X3 - 0.026 \times X4 - 0.329 \times X5$$
$$- 0.049 \times X6 - 0.169 \times X7 + 0.182 \times X8 + 0.296 \times X9$$
$$+ 0.167 \times X10 + 0.171 \times X11 + 0.418 \times X12$$

$$F3 = 0.034 \times X1 + 0.004 \times X2 - 0.019 \times X3 + 0.103 \times X4 + 0.222 \times X5$$
$$+ 0.363 \times X6 + 0.246 \times X7 + 0.278 \times X8 + 0.014 \times X9$$
$$- 0.083 \times X10 + 0.362 \times X11 + 0.101 \times X12$$

各区域制造引力综合得分公式为：

$$W_i = 0.4633 F_{1i} + 0.2778 F_{2i} + 0.2589 F_{3i} \qquad (2-3)$$

W_i 为制造引力综合得分，综合得分值越高，表明该区域制造引力越高。由于在构建模型的初始阶段对原始数据进行了标准化处理，因而制造引力综合得分可为负值，表明这些区域的综合制造引力低于平均水平。区域制造引力综合得分及排名情况如表 2 - 13 所示。

表 2 - 13　　　　　　　　区域制造引力综合得分及排名

区域	F1	F2	F3	W	排名
1 武汉城市圈	- 0.2875	0.0633	- 0.2091	- 0.1698	14
2 长株潭城市群	- 0.3399	0.5443	0.1849	0.0416	9
3 广西北部湾经济区	0.2339	- 0.8936	- 0.0662	- 0.1570	13
4 海南国际旅游岛	- 0.2727	- 0.8104	- 2.4308	- 0.9808	21
5 鄱阳湖生态经济区	- 0.3182	0.5723	- 0.0002	0.0115	10
6 长吉图开发开放先导区	- 0.6929	1.5169	0.1648	0.1430	8
7 辽宁沿海经济带	- 0.2253	1.1817	0.8067	0.4328	4
8 关中—天水经济区	- 0.3511	- 1.3571	- 0.1701	- 0.5837	19
9 海峡西岸经济区	- 0.1233	0.0849	- 1.0454	- 0.3042	15
10 珠三角经济区	3.6246	- 0.0904	0.3194	1.7369	1
11 长三角经济区	1.8022	0.0655	- 0.6808	0.6769	3
12 沈阳经济区	- 0.4400	1.0198	0.4514	0.1963	7
13 皖江城市带	- 0.4497	0.9345	0.8343	0.2672	5
14 河北沿海经济区	- 0.5550	0.7410	- 0.1751	- 0.0966	11
15 成渝经济区	- 0.0091	0.1743	- 0.6891	- 0.1342	12
16 山东半岛蓝色经济区	0.6165	1.5805	0.2574	0.7913	2
17 宁夏开放区	- 0.3963	- 1.6027	1.0330	- 0.3614	16
18 黔中经济区	- 0.3408	- 1.0950	- 1.4969	- 0.8496	20
19 陕甘宁革命老区	- 0.8657	- 0.8367	0.4995	- 0.5042	18
20 中原经济区	- 0.6395	- 0.0927	- 0.1548	- 0.3621	17
21 呼包银榆经济区	0.0297	- 1.7004	2.5672	0.2061	6

资料来源：笔者经相关公式计算所得。

2.2.3　制造价值模块"垂直专业化引力指数"聚类分析

2.2.3.1　聚类分析模型

为便于科学地把握国家战略经济规划区制造引力的层级分布，特以制造引力的综合得分为变量对样本进行聚类分析。该过程主要采用 Q 型层次聚类法和平方欧式距离法来度量各区域制造引力水平的"亲疏程度"，从而更科学直观地划分各区域制造引力的等级和类别，结果如图 2 - 2 所示。

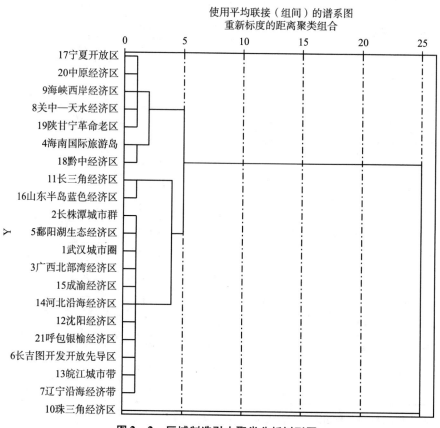

图 2 - 2　区域制造引力聚类分析树形图

结合聚类分析树形图和各区域制造引力得分情况，将 21 个区域划分为五类即五个等级档次，其聚类分类情况如表 2 - 14 所示。

表 2 - 14　　　　　　　　　区域制造引力聚类分类情况表

分类	区域名称	W 综合得分	区域个数	最大值	最小值	均值	标准差
一	10 珠三角经济区	1.7369	1	1.7400	1.7400	1.7369	0.0000
二	11 长三角经济区	0.6769	2	0.7900	0.6800	0.7341	0.0809
	16 山东半岛蓝色经济区	0.7913					
三	2 长株潭城市群	0.0416	11	0.4300	-0.1700	0.0674	0.1982
	5 鄱阳湖生态经济区	0.0115					
	1 武汉城市圈	-0.1698					
	3 广西北部湾经济区	-0.1570					
	15 成渝经济区	-0.1342					
	14 河北沿海经济区	-0.0966					
	12 沈阳经济区	0.1963					
	21 呼包银榆经济区	0.2061					
	6 长吉图开发开放先导区	0.1430					
	13 皖江城市带	0.2672					
	7 辽宁沿海经济带	0.4328					
四	17 宁夏开放区	-0.3614	5	-0.3042	-0.5837	-0.4231	0.1162
	20 中原经济区	-0.3621					
	9 海峡西岸经济区	-0.3042					
	8 关中—天水经济区	-0.5837					
	19 陕甘宁革命老区	-0.5042					
五	4 海南国际旅游岛	-0.9808	2	-0.8500	-0.9800	-0.9152	0.0928
	18 黔中经济区	-0.8496					

资料来源：笔者由聚类分析法分析所得。

2.2.3.2　聚类结果分析

2014 年各经济区制造引力指数共分为 5 个类别，即 5 个等级。各等级均值之间的差别较大，体现出各规划区在制造引力方面的梯度特征。相较于 2013 年各规划区制造引力指数被归为六类，2014 年区域制造引力指数归类更为集中，尤其是第三类共有 11 个规划区，同质性特征较为突出。

（1）一类区域只包含珠三角经济区。珠三角经济区作为最早承接全球制造业转移的基地之一，有着深厚的制造业基础、完善的配套设施和专业型人才储备。在深圳不断引领科技创新、推动产业价值链升级的背景下，珠三角经济区其他城市依然具有吸引制造价值模块"扎根"的强大优势。

（2）二类区域包含长三角经济区和山东半岛蓝色经济区。长三角经济区因为土地资源稀缺和制造业基础相对弱势，因而与珠三角经济区在制造引力指数方面相差较大。山东半岛蓝色经济区有着雄厚的海洋制造业实力和开放的投资环境，因而制造引力指数处于领先地位。

（3）三类区域包含长株潭城市群、鄱阳湖生态经济区、武汉城市圈、广西北部湾经济区、成渝经济区、河北沿海经济区、沈阳经济区、呼包银榆经济区、长吉图开发开放先导区、皖江城市带、辽宁沿海经济带11个经济规划区。这类区域的制造引力指数都在均值附近，其中7个规划区的制造引力指数为正，4个规划区的制造引力指数为负，有承接制造价值模块转移的较大潜力。但各规划区引力指数相差不大，在吸引制造业进行产业转移方面会面临较大竞争。因此各规划区必须突出各自优势，打造自己的核心竞争力，才能避免同质化竞争。

（4）四类区域包含宁夏开放区、中原经济区、海峡西岸经济区、关中—天水经济区、陕甘宁革命老区5个区域。这5个区域的制造引力指数与三类区域的差距不是特别大，但由于制造业基础薄弱，相关资源储备不足等原因，在制造引力方面总体表现较弱，想要吸引制造价值模块前来"扎根"还有较大难度。

（5）五类区域包含海南国际旅游岛和黔中经济区两个规划区。这两个规划区因为资源禀赋和工业基础等要素欠缺而在制造引力方面远远落后于其他区域。

2.3　2014 年营销价值模块"垂直专业化引力指数"研究

2.3.1　营销价值模块指标评价变量及其原始数据

根据营销价值模块引力指数指标的选取思路，本书选取如下 11 个变量以衡量国家战略经济规划区的营销引力：（1）人均社会消费品零售额（X1）；（2）农村居民人均纯收入（X2）；（3）城镇居民人均可支配收入（X3）；（4）非农业人口占区域人口的比重（X4）；（5）互联网的户均开户数（X5）；（6）区域出口占区域 GDP 的比重（X6）；（7）区域进口占区域 GDP 的比重（X7）；（8）贷款额占区域 GDP 的比重（X8）；（9）第三产业总值占区域 GDP 的比重（X9）；（10）公路密度（X10）；（11）城市人口密度（X11）。

国家战略经济规划区营销引力指标变量的原始数据由其所含城市的对应变量值计算算术平均数而得，具体如表 2 - 15 所示。

2.3.2　营销价值模块"垂直专业化引力指数"

本部分首先对所有代表营销价值模块引力的指标数据作标准化处理，在标准化完成后得到的 X_{ij}^{*} 仍用 x_{ij} 来表示，以方便下一步的分析；而后在此基础上进行变量的相关性分析，判定其是否适合作因子分析；并在其适合作因子分析的基础之上，进行公因子提取和载荷矩阵求解，进一步对提取的因子重新命名，最终计算出各因子及其综合得分。

表2-15　营销模块指标变量原始数据

区域名称	X1 人均社会消费品零售额（元）	X2 农村居民人均纯收入（元）	X3 城镇居民人均可支配收入（元）	X4 非农人口占区域人口的比重（%）	X5 互联网的户数（户）	X6 区域出口占区域GDP的比重（%）	X7 区域进口占区域GDP的比重（%）	X8 贷款额占区域GDP的比重（%）	X9 第三产业总值占区域GDP的比重（%）	X10 公路密度（千米/百平方千米）	X11 城市人口密度（人/平方千米）
1 武汉城市圈	1989.3156	12048.8889	24098.6667	49.1957	50.5573	4.2479	3.1156	57.0157	34.6791	156.1809	681.1889
2 长株潭城市群	2684.0694	18195.0000	34391.6667	60.0584	53.3214	5.5187	3.1307	82.9316	35.3054	137.9571	1445.9267
3 广西北部湾经济区	1365.0775	9017.7500	26210.2500	30.3866	57.5753	11.9086	20.4321	101.1391	36.5078	58.7687	397.3050
4 海南国际旅游岛	1355.3195	9913.0000	24487.0000	37.6511	26.7531	7.7201	20.0014	105.8021	51.8530	69.2991	531.0700
5 鄱阳湖生态经济区	1433.8035	10842.3333	24634.7500	53.7454	47.9277	11.7667	5.8650	80.3445	34.2261	105.0357	1092.6389
6 长吉图开发开放先导区	2609.3374	10250.6667	22391.6667	53.5376	49.3183	5.5408	8.6370	70.1027	44.3677	61.1616	622.9600
7 辽宁沿海经济带	2373.8238	11947.6667	24103.1600	52.3267	52.2345	14.6761	11.2112	95.4286	40.9873	80.9323	1227.5400
8 关中—天水经济区	1243.7319	9751.8750	29056.4500	49.0491	63.5073	3.4720	2.3290	76.5972	34.7261	103.6700	716.7925
9 海峡西岸经济区	1649.4548	12233.4127	25850.6727	44.0870	58.7369	17.0342	6.7494	87.9228	43.1267	110.3196	1383.3757
10 珠三角经济区	3204.8117	17029.5600	33423.7889	67.0660	251.3452	62.6637	40.3566	102.9465	39.7502	121.3027	981.5378
11 长三角经济带	3344.3692	18507.8139	40816.4186	63.4630	172.9653	41.7704	32.0462	155.9876	51.9072	154.7068	1465.8366
12 沈阳经济区	2292.3100	11566.2500	25770.2650	59.3840	52.8624	7.8172	4.3656	148.1763	39.5712	73.9235	1157.6543
13 皖江城市带	1629.9989	12557.7500	26413.7500	31.9200	44.4056	8.7897	8.2309	96.2647	31.8141	127.8112	929.80
14 河北沿海经济区	1923.5796	10757.5033	26372.6067	46.7691	50.8525	9.2505	5.6539	84.6053	40.3082	117.2673	1745.8100

续表

区域名称	X1 人均社会消费品零售额（元）	X2 农村居民人均纯收入（元）	X3 城镇居民人均可支配收入（元）	X4 非农人口占区域人口的比重（%）	X5 互联网的户均开户数（户）	X6 区域出口占区域GDP的比重（%）	X7 区域进口占区域GDP的比重（%）	X8 贷款额占区域GDP的比重（%）	X9 第三产业总值占区域GDP的比重（%）	X10 公路密度（千米/百平方千米）	X11 城市人口密度（人/平方千米）
15 成渝经济区	1678.6792	9419.0000	24690.5000	40.9011	37.2185	18.1603	9.4549	124.1156	40.8088	109.1884	693.8000
16 山东半岛蓝色经济区	2948.1741	15138.7143	33523.1429	62.8699	59.9315	18.9600	25.5651	83.1937	40.1012	141.8571	605.1514
17 宁夏沿黄经济区	1017.6593	8410.0000	23284.6000	53.6100	37.2561	9.5650	2.5194	166.3636	43.3171	50.7834	163.8500
18 黔中经济区	876.0509	7870.0000	22332.0000	57.7292	128.0587	4.9461	0.5930	114.7664	45.5869	106.0538	633.2640
19 陕甘宁革命老区	793.0858	7864.8338	23334.1375	20.0294	28.0361	0.6277	0.0812	82.3144	32.0362	63.5820	211.7388
20 中原经济区	1183.3158	9536.9962	23275.7146	31.3715	48.7921	4.5508	2.9076	126.7627	34.6817	134.4371	1554.0177
21 呼包银榆经济区	1940.1943	10738.4718	32732.0818	55.2928	34.9620	2.2245	2.4933	103.0311	40.2781	42.4013	320.8064

资料来源：2015 年《中国区域经济统计年鉴》、2015 年《中国城市统计年鉴》、2015 年各省市统计年鉴①。

① 本节中所有关于区域情况介绍的资料来源均与此同。

（1）相关性分析。本书同时采用巴特利特球形检验（Bartlett Test of Sphericity）和 KMO 检验（Kaiser – Meyer – Olkin）进行营销价值模块指标变量的相关性分析检验。KMO 和 Bartlett 检验结果如表 2 – 16 所示。

表 2 – 16　　　　　　　　KMO 和 Bartlett 检验

取样足够多的 Kaiser – Meyer – Olkin 度量		0.724
巴特利特球形检验	近似卡方	151.100
	df	55
	Sig.	0.000

分析方法：由因子分析法分析所得。

检验的结果显示 KMO = 0.724 > 0.6，表明适合构建因子分析模型；Bartlett 球形检验的 Sig = 0.000，拒绝了原假设，结论认为各变量之间不是独立的，适合作因子分析。

（2）公因子提取和因子载荷矩阵求解。在选取的 11 个指标变量满足了因子分析要求的基础上，对 21 个区域的 11 个指标变量提取主成分，结果如表 2 – 17 所示。

表 2 – 17　　　　　　　　解释的总方差

成分	初始特征值			提取载荷平方和			旋转载荷平方和		
	总计	方差的%	累积%	总计	方差的%	累积%	总计	方差的%	累积%
1	5.371	48.831	48.831	5.371	48.831	48.831	4.497	40.878	40.878
2	1.824	16.579	65.410	1.824	16.579	65.410	2.103	19.117	59.995
3	1.003	9.117	74.527	1.003	9.117	74.527	1.599	14.532	74.527
4	0.889	8.081	82.608						
5	0.580	5.277	87.885						
6	0.535	4.868	92.752						

续表

成分	初始特征值			提取载荷平方和			旋转载荷平方和		
	总计	方差的%	累积%	总计	方差的%	累积%	总计	方差的%	累积%
7	0.374	3.400	96.153						
8	0.227	2.061	98.214						
9	0.087	0.790	99.004						
10	0.064	0.581	99.585						
11	0.046	0.415	100.000						

提取方法：主成分分析法。

从表 2 - 17 中可以看到经过主成分分析法提取出的每个公因子的方差解释和贡献率累积和，方差大于 1 的公因子有三个，其贡献率累积和为 74.527% > 70%，可认为这三个因子能较好地代表原有变量包含的信息。

（3）因子命名。以上得出的主成分虽然能包含营销引力分析的大部分信息，但是这些主成分没能反映出代表的实际意义，因而需通过旋转因子载荷矩阵重新分配各个因子解释原始变量的方差比例，使得每个因子载荷分配的信息更清晰，更容易说明各因子代表的实际意义，旋转结果如表 2 - 18 所示。

表 2 - 18　　　　　　　　　旋转成分矩阵

指标变量	成分		
	1	2	3
X7 区域进口占区域 GDP 的比重	0.900	- 0.077	0.125
X6 区域出口占区域 GDP 的比重	0.883	0.089	0.193
X5 互联网的户均开户数	0.804	0.115	0.188
X1 人均社会消费品零售额	0.786	0.397	0.023
X2 农村居民人均纯收入	0.753	0.569	- 0.062

续表

指标变量	成分		
	1	2	3
X3 城镇居民人均可支配收入	0.743	0.340	0.046
X4 非农业人口占区域人口的比重	0.577	0.307	0.301
X11 城市人口密度	0.059	0.900	0.087
X10 公路密度	0.310	0.754	−0.246
X8 贷款额占区域 GDP 的比重	0.031	−0.009	0.867
X9 第三产业总值占区域 GDP 的比重	0.300	−0.086	0.771

提取方法：主成分分析法；旋转方法：凯撒正态化最大方差法；旋转在 5 次迭代后已收敛。

从表 2-18 中可以看到因子载荷是公因子与变量的相关系数，载荷绝对值越大，说明公共因子越能代替该变量。

（4）计算因子得分。在以上数据基础上，可以计算出每个主成分对应指标变量的成分得分系数，结果如表 2-19 所示。

表 2-19　　　　　　　　　成分得分系数矩阵

指标变量	成分		
	1	2	3
X1 人均社会消费品零售额	0.163	0.068	−0.064
X2 农村居民人均纯收入	0.124	0.177	−0.093
X3 城镇居民人均可支配收入	0.159	0.044	−0.049
X4 非农业人口占区域人口的比重	0.064	0.105	0.161
X5 互联网的户均开户数	0.211	−0.099	0.007
X6 区域出口占区域 GDP 的比重	0.244	−0.136	−0.007
X7 区域进口占区域 GDP 的比重	0.304	−0.261	−0.085
X8 贷款额占区域 GDP 的比重	−0.145	0.122	0.620
X9 第三产业总值占区域 GDP 的比重	−0.016	−0.013	0.489
X10 公路密度	−0.042	0.385	−0.116
X11 城市人口密度	−0.225	0.598	0.193

提取方法：主成分分析法；旋转方法：凯撒正态化最大方差法；组件得分。

　　通过成分得分系数矩阵，不仅可以得到各变量对公共因子的影响权重，还可以计算出各因子的总得分，公因子 F1、F2、F3 的得分用各指标变量表示如下：

$$F1 = 0.163 \times X1 + 0.124 \times X2 + 0.159 \times X3 + 0.064 \times X4 + 0.211 \times X5$$
$$+ 0.244 \times X6 + 0.304 \times X7 - 0.145 \times X8 - 0.016 \times X9$$
$$- 0.042 \times X10 - 0.225 \times X11$$

$$F2 = 0.068 \times X1 + 0.177 \times X2 + 0.044 \times X3 + 0.105 \times X4 - 0.099 \times X5$$
$$- 0.136 \times X6 - 0.261 \times X7 + 0.122 \times X8 - 0.013 \times X9$$
$$+ 0.385 \times X10 + 0.598 \times X11$$

$$F3 = -0.064 \times X1 - 0.093 \times X2 - 0.049 \times X3 + 0.161 \times X4 + 0.007 \times X5$$
$$- 0.007 \times X6 - 0.085 \times X7 + 0.620 \times X8 + 0.489 \times X9$$
$$- 0.116 \times X10 + 0.193 \times X11$$

　　为了进一步比较各经济规划区的营销引力大小，可以在以上基础上计算出各因子的综合得分，营销引力综合得分的计算公式为：

$$Y_i = \frac{\delta_1}{\delta_1 + \delta_2 + \delta_3} F_{1i} + \frac{\delta_1}{\delta_1 + \delta_2 + \delta_3} F_{2i} + \frac{\delta_1}{\delta_1 + \delta_2 + \delta_3} F_{3i} \quad (i = 1, 2, 3, \cdots, 21)$$

$$(2 - 4)$$

其中，i 代表各区域；δ_1、δ_2、δ_3 分别代表解释的总方差中 F1、F2、F3 的各自占比；各公因子前面的系数是其对综合得分的贡献率（即权重），它是各因子的方差贡献率与三个因子累积方差贡献率的比值。由表 2 - 17 解释的总方差结果可知，δ_1、δ_2、δ_3 分别为 40.878%、19.117% 和 14.532%，将其代入式（2 - 4），则各区域营销引力综合得分为：

$$Y_i = 0.5485 F_{1i} + 0.2565 F_{2i} + 0.1950 F_3 \quad (2 - 5)$$

　　Y_i 为营销引力综合得分，综合得分值越高，表明该地区营销引力越高。由于在构建模型的初始阶段对原始数据进行了标准化处理，因而区域营销引力综合得分可为负值，表明这些区域的综合制造引力低于平均水平。营销引力综合得分及排名情况如表 2 - 20 所示。

表 2 - 20   区域营销引力综合得分及排名情况

区域	F1	F2	F3	Y	排名
1 武汉城市圈	- 0. 1872	0. 4538	- 1. 6192	- 0. 3020	15
2 长株潭城市群	0. 1403	1. 9225	- 0. 8264	0. 4090	4
3 广西北部湾经济区	0. 1891	- 1. 6568	- 0. 5520	- 0. 4289	20
4 海南国际旅游岛	- 0. 1445	- 1. 1830	0. 9861	- 0. 1904	10
5 鄱阳湖生态经济区	- 0. 3778	0. 3171	- 0. 7002	- 0. 2625	14
6 长吉图开发开放先导区	0. 0600	- 0. 7965	- 0. 1747	- 0. 2054	12
7 辽宁沿海经济带	- 0. 0747	0. 2437	0. 1822	0. 0570	6
8 关中—天水经济区	- 0. 3181	- 0. 1449	- 0. 9118	- 0. 3894	19
9 海峡西岸经济区	- 0. 3419	0. 6998	0. 1370	0. 0187	7
10 珠三角经济区	3. 1124	- 0. 5352	- 0. 3433	1. 5029	2
11 长三角经济区	1. 9514	1. 3243	1. 8434	1. 7695	1
12 沈阳经济区	- 0. 5412	0. 5750	1. 3474	0. 1134	5
13 皖江城市带	- 0. 3434	0. 3579	- 1. 0880	- 0. 3087	16
14 河北沿海经济区	- 0. 6622	1. 3180	0. 0091	- 0. 0234	8
15 成渝经济区	- 0. 3317	- 0. 2694	0. 4655	- 0. 1602	9
16 山东半岛蓝色经济区	1. 3235	0. 0701	- 0. 8344	0. 5812	3
17 宁夏开放区	- 0. 7257	- 1. 1983	1. 8937	- 0. 3361	17
18 黔中经济区	- 0. 5993	- 0. 3073	1. 1018	- 0. 1927	11
19 陕甘宁革命老区	- 0. 7997	- 1. 5002	- 1. 3049	- 1. 0779	21
20 中原经济区	- 1. 3369	1. 2740	0. 2559	- 0. 3566	18
21 呼包银榆经济区	0. 0076	- 0. 9649	0. 1328	- 0. 2174	13

资料来源：笔者据相关公司计算可得。

2.3.3　营销价值模块"垂直专业化引力指数"聚类分析

2.3.3.1　聚类分析模型

为便于科学地把握国家战略经济规划区营销引力的层级分布，特以营销引力的综合得分为变量对样本进行聚类分析。该过程主要采用 Q 型层次聚类法和平方欧式距离法来度量各区域营销引力水平的"亲疏程度",从而更科学直观地划分各区域营销引力的等级和分类情况,结果如图 2－3 所示。

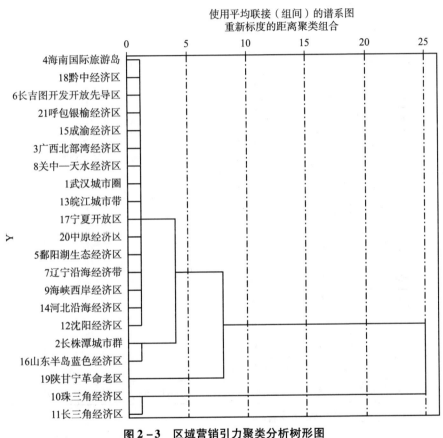

图2－3 区域营销引力聚类分析树形图

结合聚类分析树形图和各区域营销引力得分情况,将21个区域划分为四类即四个等级档次,其聚类分类情况如表2－21所示。

表 2 – 21 区域营销引力聚类分类情况

分类	区域名称	Y综合得分	区域个数	最大值	最小值	均值	标准差
一	10 珠三角经济区	1.5029	2	1.7700	1.5000	1.6362	0.1885
	11 长三角经济区	1.7695					
二	2 长株潭城市群	0.4090	2	0.5800	0.4100	0.4951	0.1218
	16 山东半岛蓝色经济区	0.5812					
三	4 海南国际旅游岛	-0.1904	16	0.1100	-0.4300	-0.1990	0.1639
	18 黔中经济区	-0.1927					
	6 长吉图开发开放先导区	-0.2054					
	21 呼包银榆经济区	-0.2174					
	15 成渝经济区	-0.1602					
	3 广西北部湾经济区	-0.4289					
	8 关中—天水经济区	-0.3894					
	1 武汉城市圈	-0.3020					
	13 皖江城市带	-0.3087					
	17 宁夏开放区	-0.3361					
	20 中原经济区	-0.3566					
	5 鄱阳湖生态经济区	-0.2625					
	7 辽宁沿海经济带	0.0570					
	9 海峡西岸经济区	0.0187					
	14 河北沿海经济区	-0.0234					
	12 沈阳经济区	0.1134					
四	19 陕甘宁革命老区	-1.0779	1	-1.0800	-1.0800	-1.0779	0.0000

资料来源：笔者经聚类分析法分析可得。

2.3.3.2 营销引力聚类分析

2014 年国家战略经济规划区营销引力指数可分为四类，一类和二类区域均包含两个规划区，三类区域包含 16 个规划区，四类区域只包含一个规划。三类区域集中度非常高，说明国家战略经济规划区在营销引力方面虽然各层级之间差异较大，但各规划区在各层级的分布较不均匀，同质性特征明显。

（1）一类区域包含长三角经济区和珠三角经济区。这两个规划区有着开放的市场环境，经济发展水平和居民购买力遥遥领先，因而具有强大的吸引营销价值模块"扎根"的优势。在两个规划区之间，长三角经济区略胜一筹，这与长三角经济区金融高度发达，居民收入水平高和交通网络密集有着密切关系。

（2）二类区域包含长株潭城市群和山东半岛蓝色经济区。这两个区域营销引力指数的均值与一类区域差距较大，但发展潜力大，市场前景好，是可以大力培养营销价值模块优势的区域。

（3）三类区域包含了海南国际旅游岛、黔中经济区、长吉图开发开放先导区、呼包银榆经济区、成渝经济区、广西北部湾经济区、关中—天水经济区、武汉城市圈、皖江城市带、宁夏开放区、中原经济区、鄱阳湖生态经济区、辽宁沿海经济带、海峡西岸经济区、河北沿海经济区、沈阳经济区16 个规划区。这 16 个国家战略经济规划区中有 3 个区域的营销引力指数高于平均值，其他 13 个区域的引力指数均低于平均值，但差距不大。这意味着该类别的规划区在吸引营销引力前来"扎根"时将面临较为激烈的同质化竞争，因而需要各区域明确差别，确立优势，避免在竞争中两败俱伤。

（4）四类区域包含陕甘宁革命老区。因为受经济发展水平和市场环境的影响，陕甘宁革命老区营销引力指数排名最后。对于该规划区而言，当务之急是创造开放的市场环境，提升经济发展水平，提高居民购买力。

2.4　2014 年区域产业"垂直专业化引力指数"综合分析

2.4.1　2014 年国家战略经济规划区综合引力指数

综合各区域研发、制造、营销引力指数，2014 年各国家战略经济规划区总引力指数如表 2 - 22 所示。

表 2 - 22　　　　　　　　2014 年总引力指数排名情况

区域	2014 年研发	2014 年制造	2014 年营销	合计	排名
10 珠三角经济区	1.7787	1.7369	1.5029	5.0185	1
11 长三角经济区	1.6485	0.6769	1.7695	4.0949	2
16 山东半岛蓝色经济区	0.5469	0.7913	0.5812	1.9194	3
7 辽宁沿海经济带	0.0862	0.4328	0.0570	0.5760	4
2 长株潭城市群	0.0983	0.0416	0.4090	0.5489	5
13 皖江城市带	0.4752	0.2672	- 0.3087	0.4337	6
12 沈阳经济区	- 0.0185	0.1963	0.1134	0.2912	7
6 长吉图开发开放先导区	0.2592	0.1430	- 0.2054	0.1968	8
15 成渝经济区	- 0.1064	- 0.1342	- 0.1602	- 0.4008	9
9 海峡西岸经济区	- 0.1891	- 0.3042	0.0187	- 0.4746	10
5 鄱阳湖生态经济区	- 0.2669	0.0115	- 0.2625	- 0.5179	11
14 河北沿海经济区	- 0.4270	- 0.0966	- 0.0234	- 0.5470	12
1 武汉城市圈	- 0.1015	- 0.1698	- 0.3020	- 0.5733	13
21 呼包银榆经济区	- 0.6269	0.2061	- 0.2174	- 0.6382	14
3 广西北部湾经济区	- 0.3780	- 0.1570	- 0.4289	- 0.9639	15
8 关中—天水经济区	- 0.1661	- 0.5837	- 0.3894	- 1.1392	16
20 中原经济区	- 0.4357	- 0.3621	- 0.3566	- 1.1544	17
17 宁夏开放区	- 0.5873	- 0.3614	- 0.3361	- 1.2848	18
18 黔中经济区	- 0.5452	- 0.8496	- 0.1927	- 1.5875	19
4 海南国际旅游岛	- 0.6202	- 0.9808	- 0.1904	- 1.7914	20
19 陕甘宁革命老区	- 0.4241	- 0.5042	- 1.0779	- 2.0062	21

2.4.2　2014 年综合引力指数聚类模型

为便于科学地把握国家战略经济规划区 2014 年"垂直专业化引力"

总指数的层级分布情况，特以研发、制造、营销引力综合得分的汇总数为变量对样本进行聚类分析。该过程主要采用 Q 型层次聚类法和平方欧式距离法来度量各区域综合引力水平的"亲疏程度"，从而更加科学直观地划分各区域综合引力的等级和分类情况，结果如图 2 - 4 所示。

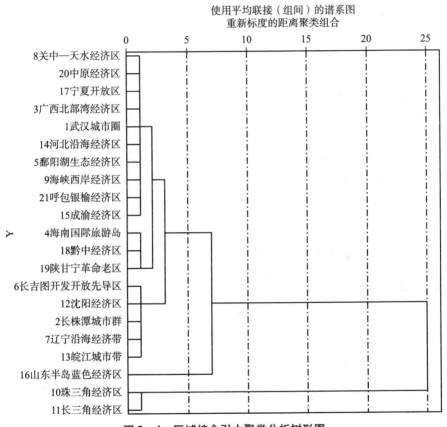

图 2 - 4　区域综合引力聚类分析树形图

　　综合以上聚类分析树形图和各区域总引力得分情况，将 21 个规划区划分为五类即五个等级档次，其聚类分类情况如表 2 - 23 所示。

表 2 - 23　　　　　　　　　规划区总引力指数聚类分类情况表

分类	区域名称	总引力指数	区域个数	最大值	最小值	均值	标准差
一	11 珠三角经济区	5.0185	2	5.0185	4.0949	4.5567	0.4618
	10 长三角经济区	4.0949					
二	16 山东半岛蓝色经济区	1.9194	1	1.9194	1.9194	1.9194	0.0000
三	6 长吉图开发开放先导区	0.1968	5	0.5760	0.1968	0.4093	0.1463
	12 沈阳经济区	0.2912					
	2 长株潭城市群	0.5489					
	7 辽宁沿海经济带	0.5760					
	13 皖江城市带	0.4337					
四	4 海南国际旅游岛	- 1.7914	3	- 1.5875	- 2.0062	- 1.7950	0.1710
	18 黔中经济区	- 1.5875					
	19 陕甘宁革命老区	- 2.0062					
五	8 关中—天水经济区	- 1.1392	10	- 0.4008	- 1.2848	- 0.7694	0.3130
	20 中原经济区	- 1.1544					
	17 宁夏开放区	- 1.2848					
	3 广西北部湾经济区	- 0.9639					
	1 武汉城市圈	- 0.5733					
	14 河北沿海经济区	- 0.5470					
	5 鄱阳湖生态经济区	- 0.5179					
	9 海峡西岸经济区	- 0.4746					
	21 呼包银榆经济区	- 0.6382					
	15 成渝经济区	- 0.4008					

资料来源：笔者经聚类分析法分析所得。

　　2014 年国家战略经济规划区总引力指数可分为五类，即五个层级。一、二、三类区域中规划区的均值均为正数，共包含 8 个区域，一类区域遥遥领先，二类区域爆发出较大潜力，只是数目较少，三类区域与前两类差别较大，但有很大的提升空间。四类、五类区域共包含 13 个规划区，均值为负数，与前三类拉开了很大差距。这充分说明了我国区域经济发展不平衡的现状。极具产业价值模块吸引力的规划区数量较少，而且各价值模块的引力都遥遥领先，先发优势明显；处于中等偏下水平的规划区数量较多，而且差距不大，这就意味着这些规划区在招商引资方面将面临激烈的同质化竞争，抢商机、抢资源大战不可避免。相对落后的区域必须抓住机遇，树立优势，迎头追赶，才能避免在激烈的竞争中衰落。

第 *3* 章

国家战略经济规划区 "垂直专业化引力指数" 研究

——基于 2015 年的数据

3.1 2015 年研发价值模块 "垂直专业化引力指数" 研究

3.1.1 研发价值模块指标评价变量及其原始数据

根据研发价值模块引力指数指标的选取思路及因子分析对指标变量相关性的要求，本书选取如下 10 个变量以衡量国家战略经济规划区的研发引力：（1）区域出口占区域 GDP 的比重（X1）；（2）区域进口占区域 GDP 的比重（X2）；（3）互联网的户均开户数（X3）；（4）每百万人均专利授权数（X4）；（5）科学技术支出占区域公共财政支出的比重（X5）；（6）规模以上工业企业 R&D 人员占就业人口的比重（X6）；（7）区域技术市场交易额占 GDP 比重（X7）；（8）R&D 支出占区域 GDP 的比重（X8）；（9）每百万人拥有研究与开发机构数（X9）；（10）FDI 的流入存量占区域 GDP 的比重（X10）。

每个国家战略经济规划区研发引力指标变量的原始数据均由其所含城市的对应变量值计算算术平均数而得，具体如表 3-1 所示。

表 3 - 1 研发价值模块指标变量原始数据

区域名称	X1 区域出口占区域GDP的比重（%）	X2 区域进口占区域GDP的比重（%）	X3 互联网的户均开户数（户）	X4 每百万人均专利数（项/百万人）	X5 科学技术支出占区域公共财政支出的比重（%）	X6 规模以上工业企业R&D人员占比（%）	X7 区域技术市场交易额占GDP比重（%）	X8 R&D支出占区域GDP的比重（%）	X9 每百万人拥有研发机构数（个/百万人）	X10 FDI流入存量占区域GDP的比重（%）
1 武汉城市圈	4.37	2.14	71.12	913.34	3.35	1.59	4.48	3.03	4.29	0.18
2 长株潭城市群	4.88	3.00	65.37	2390.29	2.29	4.74	3.99	0.93	9.26	0.49
3 广西北部湾经济区	14.36	25.26	72.74	1066.93	0.95	0.37	0.25	1.81	9.43	0.17
4 海南国际旅游岛	38.27	104.83	21.10	226.28	1.33	0.04	0.05	0.46	3.07	0.12
5 鄱阳湖生态经济区	11.50	4.69	54.19	686.23	4.80	0.38	0.22	1.24	3.35	0.50
6 长吉图开发开放先导区	4.12	6.73	35.24	615.36	1.50	0.76	0.33	1.63	7.56	0.55
7 辽宁沿海经济带	12.07	8.68	56.61	1402.98	2.06	0.46	2.16	2.69	8.97	0.15
8 关中—天水经济区	4.40	3.69	57.68	853.05	0.60	0.92	4.24	3.09	2.47	0.10
9 海峡西岸经济区	16.94	5.49	82.52	6193.49	4.06	2.19	1.88	7.70	5.04	0.24
10 珠三角经济区	58.25	32.02	201.22	4104.23	6.66	3.12	1.04	2.89	2.74	0.50
11 长三角经济区	38.60	29.79	81.35	3426.72	5.80	1.57	0.82	2.71	1.80	0.49
12 沈阳经济区	7.19	3.35	57.24	1039.84	3.10	0.39	1.47	2.30	6.07	0.12
13 皖江城市带	8.69	0.63	53.94	2113.80	8.78	0.59	0.74	2.95	3.33	0.68
14 河北沿海经济区	8.99	4.81	52.20	1644.90	1.32	4.52	0.33	3.29	3.88	0.34

续表

区域名称	X1 区域出口占区域 GDP 的比重（%）	X2 区域进口占区域 GDP 的比重（%）	X3 互联网的户户数开户数（户）	X4 每百万人均专利授权数（项/百万人）	X5 科学技术支出占区域公共支出的财政支出比重（%）	X6 规模以上工业企业 R&D 人员占比（%）	X7 区域技术市场交易额占 GDP 比重（%）	X8 R&D 支出占区域 GDP 的比重（%）	X9 每百万人拥有研发机构数（个/百万人）	X10 FDI 流入存量占区域 GDP 的比重（%）
15 成渝经济区	14.09	5.59	15.51	925.69	2.80	0.19	0.87	1.64	1.50	0.49
16 山东半岛蓝色经济区	18.64	16.90	67.13	2648.29	4.20	0.88	1.00	4.55	5.59	0.31
17 宁夏开放区	6.23	1.70	49.55	279.24	1.61	0.19	0.12	0.88	3.14	0.06
18 黔中经济区	4.89	0.90	60.85	614.34	4.29	0.11	0.08	0.87	3.22	0.18
19 陕甘宁革命老区	0.32	0.01	30.71	724.25	0.82	0.11	2.22	1.81	3.92	0.46
20 中原经济区	6.83	4.07	43.22	1512.38	1.18	0.56	0.90	4.97	3.93	0.36
21 呼包银榆经济区	2.33	2.26	91.92	349.33	0.73	0.37	0.05	0.86	5.20	0.18

资料来源：2016 年《中国区域经济统计年鉴》、2016 年《中国城市统计年鉴》、2015 年《城市国民经济和社会发展统计公报》、2016 年各省市统计年鉴①。

① 本节中关于区域情况介绍的资料来源均与此同。

3.1.2　研发模块"垂直专业化引力指数"计算

本部分首先对原有的所有变量进行相关性分析，判定其是否适合作因子分析；并在其适合作因子分析的基础之上，进行公因子提取和载荷矩阵求解，并进一步对产生的因子重新命名，最终计算出各公因子及其综合得分。

（1）相关性分析。基于上述理论依据，对选取出的 10 个指标变量进行相关性分析。本书同时采用巴特利特球形检验（Bartlett Test of Sphericity）和 KMO 检验（Kaiser – Meyer – Olkin）进行分析检验。KMO 和 Bartlett 的球形检验结果如表 3 – 2 所示。

表 3 – 2　　　　　　　　　　　**KMO 和 Bartlett 的检验**

取样足够多的 Kaiser – Meyer – Olkin 度量		0.506
Bartlett 的球形度检验	近似卡方	108.874
	df	45
	Sig.	0.000

分析方法：由因子分析法分析所得。

检验结果显示，KMO = 0.506 > 0.5，适合进行因子分析；Bartlett 球形检验的 Sig. = 0.000，强烈拒绝了各变量之间相互独立的原假设，即认为各变量之间不是相互独立的，进行因子分析的效果较好。

（2）公因子提取和因子载荷矩阵求解。对 21 个区域的研发方面的 10 个指标变量提取主成分，结果如表 3 – 3 所示。

表 3 – 3　　　　　　　　　　　**解释的总方差**

成分	初始特征值			提取平方和载入			旋转平方和载入		
	合计	方差的%	累积%	合计	方差的%	累积%	合计	方差的%	累积%
1	3.767	37.674	37.674	3.767	37.674	37.674	2.564	25.641	25.641
2	1.825	18.250	55.924	1.825	18.250	55.924	2.452	24.520	50.161

续表

成分	初始特征值			提取平方和载入			旋转平方和载入		
	合计	方差的%	累积%	合计	方差的%	累积%	合计	方差的%	累积%
3	1.244	12.444	68.368	1.244	12.444	68.368	1.821	18.207	68.368
4	0.992	9.917	78.284						
5	0.774	7.736	86.020						
6	0.573	5.727	91.747						
7	0.456	4.556	96.304						
8	0.254	2.541	98.845						
9	0.089	0.888	99.733						
10	0.027	0.267	100.000						

提取方法：主成分分析法。

从表3-3中可以看到经过主成分分析法提取出的公因子的方差解释和贡献率累计和，共提取出3个公因子，贡献率之和为68.368%。这三个因子包含了原始变量接近70%的信息，可以较好地代表原始变量。

（3）因子命名。通过旋转因子载荷矩阵重新分配各个因子解释原始变量的方差比例，使每个因子载荷分配的信息更清晰，更容易说明各个因子代表的实际意义。旋转结果如表3-4所示。

表3-4　　　　　　　　　旋转主成分矩阵结果

指标变量	成分		
	1	2	3
X1 区域出口占区域 GDP 的比重	0.280	0.924	0.085
X2 区域进口占区域 GDP 的比重	-0.214	0.816	-0.330
X3 互联网的户均开户数	0.522	0.600	0.430
X4 每百万人均专利授权数	0.721	0.470	0.369
X5 科学技术支出占区域公共财政支出的比重	0.800	0.204	0.089
X6 规模以上工业企业 R&D 人员占就业人口的比重	0.299	0.351	0.560

续表

指标变量	成分		
	1	2	3
X7 技术市场交易额占区域 GDP 的比重	-0.226	-0.231	0.648
X8 R&D 占地区生产总值的比重	0.103	-0.063	0.788
X9 每百万人拥有研究与开发机构数	-0.323	-0.339	0.129
X10 FDI 的流入存量占区域 GDP 的比重	0.867	-0.125	-0.068

　　提取方法：主成分分析法；旋转法：Kaiser 正态化最大方差法；旋转在 8 次迭代后收敛。

　　表 3 - 4 中显示了公因子与原始变量的相关系数即权重，载荷绝对值越大，说明该公因子越能代替该变量。

　　（4）计算因子得分。在以上数据基础上，可以计算出每个主成分对应指标变量的成分得分系数，如表 3 - 5 所示。

表 3 - 5　　　　　　　　　　成分得分系数矩阵

指标变量	成分		
	1	2	3
X1 区域出口占区域 GDP 的比重	-0.060	0.401	0.020
X2 区域进口占区域 GDP 的比重	-0.226	0.443	-0.153
X3 互联网的户均开户数	0.076	0.196	0.185
X4 每百万人均专利授权数	0.216	0.089	0.114
X5 科学技术支出占区域公共财政支出的比重	0.357	-0.063	-0.072
X6 规模以上工业企业 R&D 人员占就业人口的比重	-0.009	0.120	0.296
X7 技术市场交易额占区域 GDP 的比重	-0.174	-0.058	0.426
X8 R&D 占区域 GDP 的比重	-0.061	-0.041	0.460
X9 每百万人拥有研究与开发机构数	-0.118	-0.099	0.126
X10 FDI 的流入存量占区域 GDP 的比重	0.484	-0.242	-0.183

　　提取方法：主成分分析法；旋转法：具有 Kaiser 标准化的正交旋转法。

根据成分得分系数矩阵，不仅可以得到各变量对公因子的影响权重，还可以计算出各个因子的总得分，公因子得分计算公式如下：

$$F1 = -0.060 \times X1 - 0.226 \times X2 + 0.076 \times X3 + 0.216 \times X4 + 0.357 \times X5$$
$$- 0.009 \times X6 - 0.174 \times X7 - 0.061 \times X8 - 0.118 \times X9$$
$$+ 0.484 \times X10$$

$$F2 = 0.401 \times X1 + 0.443 \times X2 + 0.196 \times X3 + 0.089 \times X4 - 0.063 \times X5$$
$$+ 0.120 \times X6 - 0.058 \times X7 - 0.041 \times X8 - 0.099 \times X9$$
$$- 0.242 \times X10$$

$$F3 = 0.020 \times X1 - 0.153 \times X2 + 0.185 \times X3 + 0.114 \times X4 - 0.072 \times X5$$
$$+ 0.296 \times X6 + 0.426 \times X7 + 0.460 \times X8 + 0.126 \times X9$$
$$- 0.183 \times X10$$

综合得分计算公式为：

$$Z = 0.3750 \times F1 + 0.3586 \times F2 + 0.2663 \times F3 \qquad (3-1)$$

Z 为研发引力综合得分。综合得分值越高，表明该地区研发引力越高。由于对初始数据进行了标准化，因而综合得分可为负值，但并不表示研发引力为负，而是表明其综合水平低于平均水平。研发引力综合得分如表 3-6 所示。

表 3-6　　　　　　　　　研发引力综合得分及排名情况

区域名称	F1	F2	F3	Z	排名
1 武汉城市圈	-0.6873	-0.5374	1.4572	-0.0624	8
2 长株潭城市群	0.7473	-0.4691	-0.1795	0.0642	7
3 广西北部湾经济区	-0.7535	0.5369	-0.6567	-0.2649	15
4 海南国际旅游岛	-1.7414	2.5457	-1.9693	-0.2645	14
5 鄱阳湖生态经济区	0.9911	-0.5554	-1.1851	-0.1431	10
6 长吉图开发开放先导区	0.2536	-0.9785	-0.6750	-0.4355	18
7 辽宁沿海经济带	-1.1243	-0.3395	0.8118	-0.3272	16
8 关中—天水经济区	-1.2573	-0.2322	1.5018	-0.1548	11

续表

区域名称	F1	F2	F3	Z	排名
9 海峡西岸经济区	− 0.0627	0.2163	0.8294	0.2749	5
10 珠三角经济区	1.5948	2.3882	1.2015	1.7744	1
11 长三角经济区	1.4709	1.5909	0.4573	1.2439	2
12 沈阳经济区	− 0.5742	− 0.3385	0.3019	− 0.2563	13
13 皖江城市带	2.2175	− 0.8497	− 0.5028	0.3930	3
14 河北沿海经济区	0.0196	0.1055	1.1227	0.3442	4
15 成渝经济区	0.6618	− 0.3813	− 0.9283	− 0.1358	9
16 山东半岛蓝色经济区	− 0.0787	0.0250	0.8346	0.2017	6
17 宁夏开放区	− 0.6842	− 0.1325	− 0.9240	− 0.5501	20
18 黔中经济区	0.1705	− 0.3535	− 1.0784	− 0.3500	17
19 陕甘宁革命老区	− 0.1496	− 1.0949	− 0.3093	− 0.5311	19
20 中原经济区	− 0.3627	− 0.6587	0.6997	− 0.1859	12
21 呼包银榆经济区	− 0.6513	− 0.4873	− 0.8093	− 0.6345	21

资料来源：笔者据相关公式计算所得。

3.1.3　研发模块"垂直专业化引力指数"聚类分析

3.1.3.1　聚类分析模型

为便于科学地把握 2015 年国家战略经济规划区研发引力的层级分布，特以研发引力的综合得分为变量对样本进行聚类分析。该过程主要采用 Q 型层次聚类法和平方欧式距离法来度量各区域研发引力水平的"亲疏程度"，从而更科学直观地划分各区域研发引力的等级和分类情况，结果如图 3 - 1 所示。

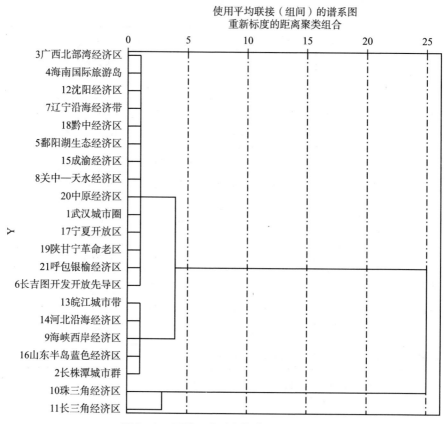

图 3-1 区域研发引力聚类分析树形图

结合聚类分析树形图和各区域研发引力得分情况，将 21 个规划区划分为四类即四个等级档次，其聚类分类情况如表 3-7 所示。

表 3-7　　　　　　　　　　区域研发引力聚类分类情况

分类	区域名称	Z综合得分	区域个数	最大值	最小值	均值	标准差
一	10 珠三角经济区	1.7744	1	1.7744	1.7744	1.7744	0
二	11 长三角经济区	1.2439	1	1.2439	1.2439	1.2439	0

分类	区域名称	Z 综合得分	区域个数	最大值	最小值	均值	标准差
三	2 长株潭城市群	0.0642	5	0.3930	0.0642	0.2556	0.1154
	13 皖江城市带	0.3930					
	14 河北沿海经济区	0.3442					
	9 海峡西岸经济区	0.2749					
	16 山东半岛蓝色经济区	0.2017					
四	1 武汉城市圈	−0.0624	14	−0.0624	−0.6345	−0.3069	0.1680
	3 广西北部湾经济区	−0.2649					
	4 海南国际旅游岛	−0.2645					
	5 鄱阳湖生态经济区	−0.1431					
	6 长吉图开发开放先导区	−0.4355					
	7 辽宁沿海经济带	−0.3272					
	8 关中—天水经济区	−0.1548					
	12 沈阳经济区	−0.2563					
	15 成渝经济区	−0.1358					
	17 宁夏开放区	−0.5501					
	18 黔中经济区	−0.3500					
	19 陕甘宁革命老区	−0.5311					
	20 中原经济区	−0.1859					
	21 呼包银榆经济区	−0.6345					

资料来源：笔者经聚类分析法分析所得。

3.1.3.2　聚类结果分析

2015 年国家战略经济规划区研发引力指数共可分为五个档次，位于第一、第二档次的分别为珠三角经济区和长三角经济区，因为长三角经济区的研发引力指数较珠三角经济区还是有较大差距，故而分为两个独立的档次。第三档次的区域包含长株潭城市群、皖江城市带、河北沿海经济区、海峡西岸经济区和山东半岛蓝色经济区。皖江城市带和河北沿海经济区的研发引力在该类区域中较为领先，尤其是河北沿海经济区，较前两年排名有大幅提高，山东半岛蓝色经济区相较于 2013 年、2014 年有所退步，长株潭城市群研发引力排名三年来较稳定，海峡西岸经济区研发引力提高较快，从 2013 年的第 12 名跃居第 5 名，表现出强劲的追赶态势。第四档次的区域包括武汉城市圈、广西北部湾经济区、海南国际旅游岛、鄱阳湖生态经济区、长吉图开发开放先导区、辽宁沿海经济带、关中—天水经济区、沈阳经济区、成渝经济区、宁夏开放、黔中经济区、陕甘宁革命老区、中原经济区和呼包银榆经济区 14 个规划区。该档次区域中稍微靠前的是武汉城市圈和成渝经济区，排名靠后的是宁夏经济区和呼包银榆经济区，辽宁沿海经济带、沈阳经济区和长吉图开发开放先导区较前两年有较大退步，进步较大的是中原经济区和海南国际旅游岛，其余区域相对稳定。第四档次的区域包含 14 个规划区，占 21 个规划区的一半以上，说明多数规划区的研发引力依然处于较落后状态，要实现整体产业价值链升级任重道远。

3.2 2015 年制造价值模块"垂直专业化引力指数"研究

3.2.1 制造价值模块指标评价变量及其原始数据

根据制造价值模块引力指数指标的选取思路，本书选取如下 12 个变量以衡量国家战略经济规划区的制造引力：（1）区域出口占区域 GDP 的比重（X1）；（2）互联网的户均开户数（X2）；（3）区域进口占区域 GDP 的比重（X3）；（4）制造业就业人数占区域总人数的比重（X4）；（5）人均能源产量（X5）；（6）公路铁路水路人均货运量（X6）；（7）平均土地价格（X7）；（8）制造业工资效率水平（X8）；（9）区域工业本年度应交增值税占工业主营业务收入的比重（X9）；（10）区域国有企业总产值占工业企业总产值的比重（X10）；（11）区域工业总值占区域 GDP 的比重（X11）；（12）FDI 的流入存量占区域 GDP 的比重（X12）。

每个国家战略经济规划区制造引力指标变量的原始数据均由其所含城市的对应变量值计算算术平均数而得，具体如表 3-8 所示。

表3-8 制造价值模块指标变量原始数据

区域名称	X1 区域出口占区域GDP的比重(%)	X2 互联网的户均开户数(户)	X3 区域进口占区域GDP的比重(%)	X4 制造业就业人数占区域总人数的比重(%)	X5 人均能源产量(吨)	X6 公路铁路水路人均货运量(吨)	X7 平均土地价格(万元/公顷)	X8 制造业工资效率水平(%)	X9 区域工业本年度应交增值税占主营业务收入的比重(%)	X10 区域国有企业总产值占工业企业总产值的比重(%)	X11 区域工业总值占区域GDP的比重(%)	X12 FDI的流入存量占区域GDP的比重(%)
1 武汉城市圈	4.3700	71.1200	2.1400	77.7017	28.5674	37.3500	1132.7064	1.8393	2.3026	352.3490	63.0930	0.18
2 长株潭城市群	4.8800	65.3700	3.0000	3.8878	12.1598	12.4100	1142.7372	1.7155	2.8459	225.3080	49.0992	0.49
3 广西北部湾经济区	14.3600	72.7400	25.2600	1.5038	14.5502	18.4400	971.9279	0.9499	3.3417	347.2568	44.4257	0.17
4 海南国际旅游岛	38.2700	21.1000	104.8300	0.8311	1.9052	8.1600	2161.6517	0.7622	4.7471	80.8218	12.9421	0.12
5 鄱阳湖生态经济区	11.5000	54.1900	4.6900	3.7467	9.2036	14.2800	906.9199	0.8799	2.9468	201.5578	50.1892	0.50
6 长吉图开发开放先导区	4.1200	35.2400	6.7300	14.8140	8.3157	7.7800	778.6397	1.4751	2.7951	33.0079	43.0040	0.55
7 辽宁沿海经济带	12.0700	56.6100	8.6800	3.3366	20.6753	21.7900	728.6163	1.2686	3.3112	1255.9792	29.5108	0.15
8 关中—天水经济区	4.4000	57.6800	3.6900	66.1814	444.111	100.0900	837.5002	0.7404	3.2314	606.5855	54.4173	0.10
9 海峡西岸经济区	16.9400	82.5200	5.4900	3.0466	9.8318	8.0200	1622.0441	1.3049	3.3166	563.8030	43.6295	0.24
10 珠三角经济区	58.2500	201.2200	32.0200	14.8992	15.3888	14.3200	4875.4400	1.4640	5.4431	264.1122	48.3706	0.50
11 长三角经济区	38.6000	81.3500	29.7900	7.3471	0.2589	10.9500	6269.1696	1.2426	2.9003	140.2304	38.9494	0.49
12 沈阳经济区	7.1900	57.2400	3.3500	3.1837	21.8550	17.3400	695.4651	1.1591	55.9310	936.9685	48.1133	0.12
13 皖江城带	8.6900	53.9400	0.6300	2.9160	36.6728	21.5700	1317.0014	0.8683	2.8871	52.7709	46.9358	0.68

续表

区域名称	X1 区域出口占区域GDP的比重（%）	X2 互联网的户均开户数（户）	X3 区域进口占区域GDP的比重（%）	X4 制造业就业人数占区域总人数的比重（%）	X5 人均能源产量（吨）	X6 公路铁路水路人均货运量（吨）	X7 平均土地价格（万元/公顷）	X8 制造业工资效率水平（%）	X9 区域工业本年度交应交增值税占主营业务收入的比重（%）	X10 区域国有企业总产值占工业企业总产值的比重（%）	X11 区域工业总值占区域GDP的比重（%）	X12 FDI的流入存量占区域GDP的比重（%）
14 河北沿海经济区	8.9900	52.2000	4.8100	2.2018	13.9069	11.5200	687.0975	0.9794	2.4835	654.2971	42.9110	0.34
15 成渝经济区	14.0900	15.5100	5.5900	4.7969	1.7441	8.8800	1656.4721	0.8160	3.6422	25.6851	38.4651	0.49
16 山东半岛蓝色经济区	18.6400	67.1300	16.9000	6.3773	37.5626	10.5900	787.5318	1.5163	1.8583	296.6519	50.1118	0.31
17 宁夏开放区	6.2300	49.5500	1.7000	2.1796	8.4178	21.2700	287.0111	0.9755	3.0376	41.6298	35.7652	0.06
18 黔中经济区	4.8900	60.8500	0.9000	3.6094	38.2536	15.7000	668.0618	0.5494	18.3855	337.3690	38.2440	0.18
19 陕甘宁革命老区	1.6700	30.7100	0.4900	0.9859	141.0078	20.1700	443.0663	0.6327	4.6261	1910.6612	47.8975	0.46
20 中原经济区	6.8300	43.2200	4.0700	1.9361	19.4451	14.8000	772.7461	0.6769	2.6891	95.1683	44.6162	0.36
21 呼包银榆经济区	2.3300	91.9200	2.2600	2.5920	236.808	30.4800	319.1373	1.3879	3.7815	636.7927	53.1198	0.18

资料来源：2016 年《中国区域经济统计年鉴》、2016 年《中国城市统计年鉴》、2016 年《中国国土资源年鉴》、2016 年各省市统计年鉴①。

① 本节中关于区域情况介绍的资料来源均与此同。

3.2.2　制造价值模块"垂直专业化引力指数"计算

本部分首先对原有所有变量进行相关性分析，判定其是否适合作因子分析；并在其适合作因子分析的基础之上，进行公因子提取和载荷矩阵求解，进一步对提取的因子重新命名，最终计算出各公因子及其综合得分。

（1）相关性分析。基于上述理论依据，对确定的 12 个指标变量进行相关性分析［制造模块的指标变量中有三个逆向指标（X7、X9、X10），因而取其倒数进行模型分析］。本书同时采用巴特利特球形检验（Bartlett Test of Sphericity）和 KMO 值检验（Kaiser – Meyer – Olkin）进行因子分析条件检验。KMO 和 Bartlett 球形检验结果如表 3 – 9 所示。

表 3 – 9　　　　　　　　　KMO 和 Bartlett 球形检验结果

取样足够多的 Kaiser – Meyer – Olkin 度量		0.591
Bartlett 的球形检验	近似卡方	169.458
	df	66
	Sig.	0.000

分析方法：由因子分析法分析所得。

检验结果显示，KMO = 0.591，接近 0.6，适合使用因子分析模型；Bartlett 球形检验 Sig. = 0.000，强烈拒绝了各变量相互独立的原假设，即认为各变量之间不是相互独立的，适合进行因子分析。

（2）因子提取和因子载荷矩阵求解。12 个原始指标变量适合进行因子分析，对 21 个区域的 12 个原始变量提取主成分，结果如表 3 – 10 所示。

表 3 – 10　　　　　　　　　　　　　　　总方差的解释

成分	初始特征值			提取载荷平方和			旋转载荷平方和		
	总计	方差的%	累积%	总计	方差的%	累积%	总计	方差的%	累积%
1	4.161	34.674	34.674	4.161	34.674	34.674	3.234	26.953	26.953
2	2.814	23.451	58.126	2.814	23.451	58.126	2.867	23.891	50.844
3	1.887	15.723	73.848	1.887	15.723	73.848	2.655	22.127	72.971
4	1.065	8.872	82.721	1.065	8.872	82.721	1.170	9.749	82.721
5	0.570	4.752	87.472						
6	0.545	4.542	92.015						
7	0.319	2.659	94.674						
8	0.283	2.360	97.034						
9	0.161	1.343	98.376						
10	0.099	0.825	99.201						
11	0.079	0.658	99.859						
12	0.017	0.141	100.000						

提取方法：主成分分析法。

　　由表 3 – 10 可知，使用主成分分析法提取出的公因子的方差解释和贡献率累计值，为 82.721% > 80%，包含了原有变量的大部分信息，可以较好地代表所有原始变量。

　　（3）因子命名。以上得到的主成分包含了原始变量的大部分信息，但是没有反映出具体代表的实际含义，因而需要通过旋转因子载荷矩阵重新划分各个因子解释原始变量的方差比例，使得每个因子载荷分配的信息更加清晰，更容易说明各因子代表的实际含义。旋转结果如表 3 – 11 所示。

表 3 – 11　　　　　　　　　　旋转主成分矩阵结果

指标变量	成分			
	1	2	3	4
X1 区域出口占区域 GDP 的比重	− 0.597	0.727	− 0.235	− 0.099
X2 互联网的户均开户数	− 0.033	0.958	0.044	− 0.086
X3 区域进口占区域 GDP 的比重	− 0.882	0.142	− 0.223	0.147
X4 制造业就业人数占区域总人数的比重	0.069	0.916	− 0.191	− 0.165
X5 人均能源产量	0.106	− 0.151	0.851	0.138
X6 公路铁路水路人均货运量	0.133	− 0.003	0.851	− 0.031
X7 平均土地价格	0.278	− 0.318	0.765	0.299
X8 制造业工资效率水平	0.381	0.555	− 0.306	0.400
X9 区域工业本年度应交增值税占工业主营业务收入的比重	0.640	− 0.197	− 0.461	0.363
X10 区域国有企业总产值占工业企业总产值的比重	− 0.846	0.028	− 0.283	0.032
X11 区域工业总值占区域 GDP 的比重	0.826	0.239	0.057	− 0.048
X12FDI 的流入存量占区域 GDP 的比重	0.190	0.186	− 0.296	− 0.836

提取方法：主成分分析法；旋转方法：凯撒正态化最大方差法；旋转在 6 次迭代后已收敛。

从表中可以看到因子载荷是公因子与变量的相关系数（即权重），载荷绝对值越大，说明公因子越能代替该变量。

（4）计算因子得分。在以上数据基础上，可以计算出每个主成分对应指标变量的成分得分系数，具体如表 3 – 12 所示。

表 3 – 12　　　　　　　　　　成分得分系数矩阵

指标变量	成分			
	1	2	3	4
X1 区域出口占区域 GDP 的比重	− 0.164	0.243	0.020	0.021
X2 互联网的户均开户数	0.005	0.377	0.132	0.028

续表

指标变量	成分			
	1	2	3	4
X3 区域进口占区域 GDP 的比重	−0.273	0.034	−0.036	0.187
X4 制造业就业人数占区域总人数的比重	0.053	0.327	0.024	−0.039
X5 人均能源产量	−0.023	0.051	0.335	0.058
X6 公路铁路水路人均货运量	−0.007	0.091	0.360	−0.080
X7 平均土地价格	0.030	−0.004	0.261	0.186
X8 制造业工资效率水平	0.139	0.239	−0.116	0.434
X9 区域工业本年度应交增值税占工业主营业务收入的比重	0.221	−0.078	−0.279	0.318
X10 区域国有企业总产值占工业企业总产值的比重	−0.257	−0.031	−0.070	0.071
X11 区域工业总值占区域 GDP 的比重	0.268	0.110	0.004	−0.043
X12 FDI 的流入存量占区域 GDP 的比重	0.105	−0.050	−0.071	−0.731

提取方法：主成分分析法；旋转方法：凯撒正态化最大方差法。

通过成分得分系数矩阵可以看到各变量对公因子的影响权重，也可以计算出各公因子的得分。公因子得分用各指标变量表示如下：

$$F1 = -0.164 \times X1 + 0.005 \times X2 - 0.273 \times X3 + 0.053 \times X4 - 0.023 \times X5$$
$$- 0.007 \times X6 + 0.030 \times X7 + 0.139 \times X8 + 0.221 \times X9$$
$$- 0.257 \times X10 + 0.268 \times X11 + 0.105 \times X12$$

$$F2 = 0.243 \times X1 + 0.377 \times X2 + 0.034 \times X3 + 0.327 \times X4 + 0.051 \times X5$$
$$+ 0.091 \times X6 - 0.004 \times X7 + 0.239 \times X8 - 0.078 \times X9$$
$$- 0.031 \times X10 + 0.110 \times X11 - 0.050 \times X12$$

$$F3 = 0.020 \times X1 + 0.132 \times X2 - 0.036 \times X3 + 0.024 \times X4 + 0.335 \times X5$$
$$+ 0.360 \times X6 + 0.261 \times X7 - 0.116 \times X8 - 0.279 \times X9$$
$$- 0.070 \times X10 + 0.004 \times X11 - 0.071 \times X12$$

$$F4 = 0.021 \times X1 + 0.028 \times X2 + 0.187 \times X3 - 0.039 \times X4 + 0.058 \times X5$$

$$-0.080 \times X6 + 0.186 \times X7 + 0.434 \times X8 + 0.318 \times X9$$
$$+0.071 \times X10 - 0.043 \times X11 - 0.731 \times X12$$

综合得分计算公式为：

$$W_i = 0.3258 \times F_{1i} + 0.2888 \times F_{2i} + 0.2675 \times F_{3i} + 0.1179 \times F_{4i} \quad (3-2)$$

W_i 为综合得分。综合得分值越高，表明该区域制造引力越高。由于对初始数据进行了标准化处理，综合得分可为负，但并不表示制造引力为负，而是表明其综合水平低于平均水平。综合得分情况如表3-13所示。

表3-13　　　　　　　制造引力综合得分及排名情况

区域名称	F1	F2	F3	F4	W	排名
1 武汉城市圈	1.2635	0.4372	-1.1916	1.5943	0.4071	4
2 长株潭城市群	0.7292	0.1282	-0.7950	-0.0937	0.0509	10
3 广西北部湾经济区	-0.3529	-0.1970	0.1450	0.2582	-0.1026	13
4 海南国际旅游岛	-3.7682	-0.7330	-0.6694	0.9883	-1.5019	21
5 鄱阳湖生态经济区	0.1300	-0.3697	-0.4016	-1.0728	-0.2983	19
6 长吉图开发开放先导区	0.6232	-0.4326	-0.9429	-0.4216	-0.2238	14
7 辽宁沿海经济带	-0.3378	-0.0662	0.3978	0.6466	0.0535	9
8 关中—天水经济区	0.3185	-0.3757	0.6581	0.3158	0.2085	6
9 海峡西岸经济区	-0.2807	0.0582	-0.7749	0.3733	-0.2379	16
10 珠三角经济区	-0.7633	3.6037	0.3036	-0.9544	0.7607	2
11 长三角经济区	-0.3744	1.4969	-0.6526	-0.4983	0.0770	8
12 沈阳经济区	0.4611	-0.1873	-0.1124	0.9466	0.1777	7
13 皖江城市带	0.3772	-0.4411	-0.0222	-1.9570	-0.2411	17
14 河北沿海经济区	0.2818	-0.6412	-0.5820	0.0458	-0.2436	18
15 成渝经济区	-0.1891	-0.6217	-0.5629	-1.4283	-0.5601	20
16 山东半岛蓝色经济区	1.1990	0.4369	-1.1202	1.2518	0.3648	5
17 宁夏开放区	-0.0250	-0.4021	1.5982	1.2427	0.4498	3
18 黔中经济区	0.0581	-0.6396	0.3040	-0.0159	-0.0863	12
19 陕甘宁革命老区	0.1262	-0.8403	1.4361	-1.5444	0.0005	11
20 中原经济区	0.0878	-0.8134	0.1447	-0.5258	-0.2296	15
21 呼包银榆经济区	0.4358	0.5996	2.8400	0.8487	1.1749	1

资料来源：笔者根据相关公式计算所得。

3.2.3 制造价值模块"垂直专业化引力指数"聚类分析

3.2.3.1 聚类分析模型

通过将经过标准化处理后的统一数量级公因子（W综合得分）当成新的变量，采用组内聚类法和计算平方欧式距离法来进行系统聚类分析，以此度量各区域制造引力水平的"亲疏程度"，能更科学直观地划分各区域制造引力等级和聚类情况，结果如图3-2所示。

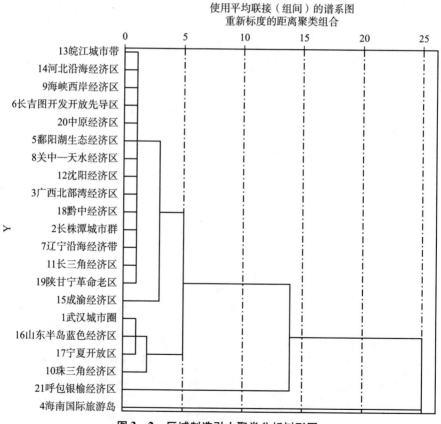

图3-2 区域制造引力聚类分析树形图

结合聚类分析树形图和各区域制造引力得分情况，将 21 个规划区划分为五类即五个等级档次，其聚类分类情况如表 3 – 14 所示。

表 3 – 14　　　　　　区域制造引力聚类分类情况表

分类	区域	W 综合得分	区域个数	最大值	最小值	均值	标准差
一	21 呼包银榆经济区	1.1749	1	1.1749	1.1749	1.1749	—
二	10 珠三角经济区	0.7607	4	0.7607	0.3648	0.4956	0.1560
	1 武汉城市圈	0.4071					
	16 山东半岛蓝色经济区	0.3648					
	17 宁夏开放区	0.4498					
三	2 长株潭城市群	0.0509	14	0.2085	– 0.2983	– 0.0782	0.1657
	3 广西北部湾经济区	– 0.1026					
	5 鄱阳湖生态经济区	– 0.2983					
	6 长吉图开发开放先导区	– 0.2238					
	7 辽宁沿海经济带	0.0535					
	11 长三角经济区	0.0770					
	8 关中—天水经济区	0.2085					
	12 沈阳经济区	0.1777					
	14 河北沿海经济区	– 0.2436					
	18 黔中经济区	– 0.0863					
	20 中原经济区	– 0.2296					
	13 皖江城市带	– 0.2411					
	9 海峡西岸经济区	– 0.2379					
	19 陕甘宁革命老区	0.0005					
四	15 成渝经济区	– 0.5601	1	– 0.5601	– 0.5601	– 0.5601	—
五	4 海南国际旅游岛	– 1.5019	1	– 1.5019	– 1.5019	– 1.5019	—

资料来源：笔者经聚类分析法分析所得。

3.2.3.2　聚类结果分析

2015 年国家战略经济规划区制造引力指数可分为五个层级，位于第一层级的是呼包银榆经济区，该规划区制造引力于 2013 年排名第二，2014年排名第六，2015 年跃居第一，吸引制造模块"扎根"的优势非常明显。第二档次的区域包含珠三角经济区、宁夏开放区、武汉城市圈和山东半岛蓝色经济区,其中宁夏开放区和武汉城市圈进步较大,山东半岛蓝色经济区略有后退。第三类区域包括关中—天水经济区、沈阳经济区、长三角经济区、辽宁沿海经济带、长株潭城市群、陕甘宁革命老区、黔中经济区、广西北部湾经济区、长吉图开发开放先导区、中原经济区、海峡西岸经济区、皖江城市带、河北沿海经济区、鄱阳湖生态经济区14个规划区。长三角经济区、辽宁沿海经济带、河北沿海经济区和鄱阳湖生态经济区退步较大,其与这些区域的土地价格上涨,劳动力成本上升和传统制造业衰落有很大关系。关中—天水经济区、陕甘宁革命老区和黔中经济区进步较大,发展制造业优势凸显。成渝经济区制造引力不突出,2015年在2014年基础上退步较大,因为与其他规划区差距较大而被单独归为第四档次。位于最后层级的是海南国际旅游岛,最为缺乏吸引制造模块"扎根"的要素。

3.3 2015 年营销价值模块"垂直专业化引力指数"研究

3.3.1 营销价值模块指标评价变量及其原始数据

根据营销价值模块引力指数指标的选取思路,本书选取如下11个变量以衡量国家战略经济规划区的营销引力:(1)人均社会消费品零售额(X1);(2)农村居民人均纯收入(X2);(3)城镇居民人均可支配收入(X3);(4)非农业人口占区域人口的比重(X4);(5)互联网的户均开户数(X5);(6)区域出口占区域 GDP 的比重(X6);(7)区域进口占区域 GDP 的比重(X7);(8)贷款额占区域 GDP 的比重(X8);(9)第三产业总值占区域 GDP 的比重(X9);(10)公路密度(X10);(11)城市人口密度(X11)。

国家战略经济规划区营销引力指标变量的原始数据由其所含城市的对应变量值计算算术平均数所得,具体如表 3 - 15 所示。

表3-15 营销模块指标变量原始数据

区域名称	X1 人均社会消费品零售额（元）	X2 农村居民人均纯收入（元）	X3 城镇居民人均可支配收入（元）	X4 非农业人口占区域人口的比重（%）	X5 互联网的户数（户）	X6 区域出口占区域GDP的比重（%）	X7 区域进出口占区域GDP的比重（%）	X8 贷款额占区域GDP的比重（%）	X9 第三产业总值占区域GDP的比重（%）	X10 公路密度（千米/百平方千米）	X11 城市人口密度（人/平方千米）
1 武汉城市圈	22818.88	13340.17	24799.82	44.77	71.12	4.37	2.14	61.94	35.84	170.87	1277.27
2 长株潭城市群	29695.82	18195.00	34391.67	43.94	65.37	4.88	3.00	89.23	39.01	137.89	1368.54
3 广西北部湾经济区	14879.71	9867.50	28137.25	29.97	72.74	14.36	25.26	105.51	37.56	61.06	407.10
4 海南国际旅游岛	9298.91	10858.00	26356.00	37.09	21.10	38.27	104.83	126.18	53.26	104.26	526.19
5 鄱阳湖生态经济区	14577.90	11941.11	27987.43	27.07	54.19	11.50	4.69	87.69	36.36	105.58	1159.98
6 长吉图开发开放先导区	27777.82	10736.33	26600.33	62.87	35.24	4.12	6.73	107.32	41.92	72.02	642.58
7 辽宁沿海经济带	25681.46	12897.67	29224.00	50.84	56.61	12.07	8.68	106.68	43.12	85.82	1251.30
8 关中—天水经济区	13948.40	20527.75	27568.25	48.36	57.68	4.40	3.69	86.35	38.54	105.02	713.36
9 海峡西岸经济区	17755.69	12973.28	27850.10	35.08	82.52	16.94	5.49	94.90	40.78	107.05	1272.74
10 珠三角经济区	35196.10	17128.39	36379.34	169.69	201.22	58.25	32.02	111.90	46.76	111.63	896.23
11 长三角经济区	36772.11	20195.67	44616.33	63.51	81.35	38.60	29.79	164.95	54.97	156.95	1320.47
12 沈阳经济区	25044.32	12436.88	27665.25	57.09	57.24	7.19	3.35	105.06	42.92	76.08	1169.48
13 皖江城市带	17302.61	12884.00	28722.50	59.77	53.94	8.69	0.63	101.98	37.77	137.74	938.31
14 河北沿海经济区	21019.70	11702.00	28593.33	50.52	52.20	8.99	4.81	87.51	41.80	122.61	1465.67

续表

区域名称	X1 人均社会消费品零售额（元）	X2 农村居民人均纯收入（元）	X3 城镇居民人均可支配收入（元）	X4 非农业人口占区域人口的比重（%）	X5 互联网的户均开户数（户）	X6 区域出口占区域GDP的比重（%）	X7 区域进口占区域GDP的比重（%）	X8 贷款额占区域GDP的比重（%）	X9 第三产业总值占区域GDP的比重（%）	X10 公路密度（千米/百平方千米）	X11 城市人口密度（人/平方千米）
15 成渝经济区	18711.27	9868.50	25676.00	50.55	15.51	14.09	5.59	131.85	45.69	117.78	677.64
16 山东半岛蓝色经济区	32410.91	14629.43	33859.00	64.81	67.13	18.64	16.90	88.16	42.80	143.85	608.69
17 宁夏开放区	11822.01	9119.00	17329.00	55.55	49.55	6.23	1.70	175.76	44.45	122.74	163.67
18 黔中经济区	10266.12	8712.20	24441.20	20.24	60.85	4.89	0.90	121.64	46.03	105.86	633.56
19 陕甘宁革命老区	8783.46	7498.62	23891.38	34.84	30.71	1.67	0.49	93.67	37.13	65.26	211.20
20 中原经济区	14091.72	10337.80	24644.27	42.73	43.22	6.83	4.07	83.39	39.68	160.08	1421.90
21 呼包银榆经济区	21142.40	11544.03	29043.81	69.41	91.92	2.33	2.26	108.52	40.13	43.15	320.33

资料来源：2016 年《中国区域经济统计年鉴》，2016 年《中国城市统计年鉴》，2016 年各省市统计年鉴①。

① 本节中关于区域情况介绍的资料来源均与此同。

3.3.2　营销价值模块"垂直专业化引力指数"的计算

本部分首先对原有所有变量进行相关性分析，判定其是否适合作因子分析；并在其适合作因子分析的基础之上，进行公因子提取和因子载荷矩阵求解，进一步对选取的因子重新命名，最终计算出各因子及其综合得分。

（1）相关性分析。基于上述理论依据，对确定的 11 个指标变量进行相关性分析。本书同时采用巴特利特球形检验（Bartlett Test of Sphericity）和 KMO 检验（Kaiser - Meyer - Olkin）进行指标变量相关性分析检验。KMO 和 Bartlett 球形检验结果如表 3 - 16 所示。

表 3 - 16　　　　　　　　　**KMO 和 Bartlett 球形检验结果**

取样足够多的 Kaiser - Meyer - Olkin 度量		0.531
Bartlett 的球形检验	近似卡方	185.910
	df	55
	Sig.	0.000

分析方法：由因子分析法分析所得。

检验结果显示 KMO = 0.531 > 0.5，适合使用因子分析模型，Bartlett 球形检验结果强烈拒绝各变量之间相互独立的原假设，即认为各变量之间不是相互独立的，从而适合进行因子分析。

（2）因子提取和因子载荷矩阵求解。原始变量有 11 个，满足因子分析的条件，故对 21 个区域的 11 个指标变量提取主成分，结果如表 3 - 17 所示。

表 3 – 17   解释的总方差

成分	初始特征值			提取载荷平方和			旋转载荷平方和		
	总计	方差的%	累积%	总计	方差的%	累积%	总计	方差的%	累积%
1	4.951	45.013	45.013	4.951	45.013	45.013	3.876	35.233	35.233
2	2.366	21.508	66.521	2.366	21.508	66.521	2.603	23.661	58.893
3	1.296	11.783	78.304	1.296	11.783	78.304	2.135	19.410	78.304
4	0.826	7.505	85.809						
5	0.671	6.099	91.908						
6	0.339	3.081	94.989						
7	0.300	2.729	97.718						
8	0.124	1.125	98.843						
9	0.057	0.519	99.362						
10	0.050	0.451	99.813						
11	0.021	0.187	100.000						

提取方法：主成分分析法。

从表 3 – 17 中可以看到经过主成分分析法提取出的每个公因子的方差解释和贡献率，方差大于 1 的成分有三个，其贡献率之和为 78.304%，说明这三个公因子包含了原始变量近 80% 的信息，因而认为这三个因子可以较好地代表原始变量。

（3）因子命名。以上得出的主成分虽然包含了原有变量的大部分信息，但是这些主成分没能反映出代表的实际意义，因而需要通过旋转因子载荷矩阵重新划分各个因子解释原始变量的方差比例，使得每个因子载荷分配的信息更加清晰，更易说明每个主成分因子代表的实际意义。旋转结果如表 3 – 18 所示。

表 3 – 18   旋转主成分矩阵结果

指标变量	成分		
	1	2	3
X1 人均社会消费品零售额	0.817	0.066	0.358
X2 农村居民人均纯收入	0.743	0.119	0.585
X3 城镇居民人均可支配收入	0.764	0.175	0.414
X4 非农业人口占比	0.858	0.116	−0.216
X5 互联网的户均开户数	0.913	0.154	0.029
X6 区域出口占区域 GDP 的比重	0.631	0.658	0.104
X7 区域进口占区域 GDP 的比重	0.031	0.816	0.056
X8 贷款额占区域 GDP 的比重	0.072	0.734	−0.258
X9 第三产业总值占区域 GDP 的比重	0.247	0.900	0.093
X10 公路密度	0.032	0.097	0.801
X11 城市人口密度	0.192	−0.244	0.845

提取方法：主成分分析法；旋转方法：凯撒正态化最大方差法。

从表 3 – 18 中可以看到因子载荷是公因子与变量的相关系数，载荷绝对值越大，说明公因子对该变量的替代性越强。

（4）计算因子得分。在以上结果的基础上，可以计算出每个主成分对应原始指标变量的成分得分系数，结果如表 3 – 19 所示。

表 3 – 19   成分得分系数矩阵

指标变量	成分		
	1	2	3
X1 人均社会消费品零售额	0.218	−0.075	0.052
X2 农村居民人均纯收入	0.139	−0.020	0.200
X3 城镇居民人均可支配收入	0.170	−0.011	0.103
X4 非农业人口比值	0.337	−0.106	−0.281
X5 互联网的户均开户数	0.303	−0.078	−0.148

续表

指标变量	成分		
	1	2	3
X6 区域出口占区域 GDP 的比重	0. 102	0. 206	− 0. 009
X7 区域进口占区域 GDP 的比重	− 0. 134	0. 374	0. 094
X8 贷款额占区域 GDP 的比重	− 0. 045	0. 303	− 0. 100
X9 第三产业总值占区域 GDP 的比重	− 0. 076	0. 380	0. 080
X10 公路密度	− 0. 160	0. 106	0. 460
X11 城市人口密度	− 0. 054	− 0. 073	0. 425

提取方法：主成分分析法。

通过成分得分系数矩阵，不仅可以得到各变量对公因子的影响权重，还可以计算出各因子的总得分，公因子 F1、F2、F3 的得分用各指标变量表示如下：

$$F1 = 0.218 \times X1 + 0.139 \times X2 + 0.170 \times X3 + 0.337 \times X4 + 0.303 \times X5$$
$$+ 0.102 \times X6 - 0.134 \times X7 - 0.045 \times X8 - 0.076 \times X9$$
$$- 0.160 \times X10 - 0.054 \times X11$$

$$F2 = -0.075 \times X1 - 0.020 \times X2 - 0.011 \times X3 - 0.106 \times X4 - 0.078 \times X5$$
$$+ 0.206 \times X6 + 0.374 \times X7 + 0.303 \times X8 + 0.380 \times X9$$
$$+ 0.106 \times X10 - 0.073 \times X11$$

$$F3 = 0.052 \times X1 + 0.200 \times X2 + 0.103 \times X3 - 0.281 \times X4 - 0.148 \times X5$$
$$- 0.009 \times X6 + 0.094 \times X7 - 0.100 \times X8 + 0.080 \times X9$$
$$+ 0.460 \times X10 + 0.425 \times X11$$

综合得分计算公式为：

$$Y_i = 0.4499 \times F_{1i} + 0.3022 \times F_{2i} + 0.2479 \times F_{3i} \qquad (3-3)$$

Y_i 为综合得分。综合得分值越高，表明该地区营销引力越高。由于对初始数据进行了标准化处理，综合得分可为负，但并不表示营销引力为负，而是表明其综合水平低于平均水平。营销引力综合得分情况如表 3 − 20

所示。

表 3 - 20 　　　　　　　区域营销引力综合得分及排名情况

区域名称	F1	F2	F3	Y	排名
1 武汉城市圈	− 0.2785	− 1.1660	1.3481	− 0.1435	11
2 长株潭城市群	0.4215	− 0.8154	1.5025	0.3157	5
3 广西北部湾经济区	− 0.2436	− 0.0683	− 1.1133	− 0.4062	18
4 海南国际旅游岛	− 1.2539	3.1371	0.1636	0.4245	3
5 鄱阳湖生态经济区	− 0.4587	− 0.7030	0.4117	− 0.3167	15
6 长吉图开发开放先导区	0.1480	− 0.3634	− 0.8454	− 0.2528	14
7 辽宁沿海经济带	0.1360	− 0.1859	0.2067	0.0563	6
8 关中—天水经济区	− 0.3275	− 0.6620	− 0.3643	− 0.4377	20
9 海峡西岸经济区	− 0.1453	− 0.3209	0.5139	− 0.0349	7
10 珠三角经济区	3.3494	0.4773	− 0.9354	1.4193	2
11 长三角经济区	1.5332	1.8884	1.6172	1.6614	1
12 沈阳经济区	0.1845	− 0.4035	− 0.1465	− 0.0753	9
13 皖江城市带	− 0.1524	− 0.4255	0.3787	− 0.1032	10
14 河北沿海经济区	− 0.2344	− 0.4762	0.8510	− 0.0384	8
15 成渝经济区	− 0.6527	0.6207	− 0.1981	− 0.1552	12
16 山东半岛蓝色经济区	0.6042	− 0.0519	0.5047	0.3813	4
17 宁夏开放区	− 0.9257	0.9756	− 1.2366	− 0.4282	19
18 黔中经济区	− 0.7754	0.3449	− 0.5631	− 0.3842	17
19 陕甘宁革命老区	− 0.7366	− 0.6513	− 1.5092	− 0.9023	21
20 中原经济区	− 0.8843	− 0.4802	1.1845	− 0.2493	13
21 呼包银榆经济区	0.6919	− 0.6705	− 1.7706	− 0.3303	16

资料来源：笔者根据相关公式计算所得。

3.3.3 营销价值模块"垂直专业化引力指数"聚类分析

3.3.3.1 聚类分析模型

通过将以上经过标准化处理后的统一数量级公因子（Y综合得分）当成新的变量，采用组内聚类法和计算平方欧式距离法来进行系统聚类分析，以此度量各区域营销引力水平的"亲疏程度"，从而能更科学直观地划分各区域营销引力的等级和分布情况，结果如图3–3所示。

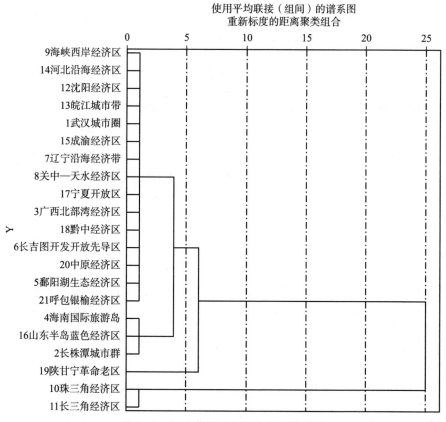

图3–3　区域营销引力聚类分析树形图

结合以上聚类分析树形图和各区域营销引力得分情况，将21个区域划分为四类即四个等级档次，其聚类分类情况如表3-21所示。

表3-21　　　　　　　　　区域营销引力聚类分类情况

分类	区域名称	Y综合得分	区域个数	最大值	最小值	均值	标准差
一	10 珠三角经济区	1.4193	2	1.6614	1.4193	1.5404	0.1211
	11 长三角经济区	1.6614					
二	4 海南国际旅游岛	0.4245	3	0.4245	0.3157	0.3738	0.0447
	16 山东半岛蓝色经济区	0.3813					
	2 长株潭城市群	0.3157					
三	9 海峡西岸经济区	-0.0349	15	0.0563	-0.4377	-0.2200	0.1558
	14 河北沿海经济区	-0.0384					
	12 沈阳经济区	-0.0753					
	13 皖江城市带	-0.1032					
	1 武汉城市圈	-0.1435					
	15 成渝经济区	-0.1552					
	7 辽宁沿海经济带	0.0563					
	8 关中—天水经济区	-0.4377					
	17 宁夏开放区	-0.4282					
	3 广西北部湾经济区	-0.4062					
	18 黔中经济区	-0.3842					
	6 长吉图开发开放先导区	-0.2528					
	20 中原经济区	-0.2493					
	5 鄱阳湖生态经济区	-0.3167					
	21 呼包银榆经济区	-0.3303					
四	19 陕甘宁革命老区	-0.9023	1	-0.9023	-0.9023	-0.9023	—

资料来源：笔者经聚类分析法分析所得。

3.3.3.2 聚类结果分析

2015 年国家战略经济规划区营销引力指数可分为 4 个档次，位于第一档次的是长三角经济区和珠三角经济区，这两个规划区的营销引力一直遥遥领先。归于第二档次的是海南国际旅游岛、山东半岛蓝色经济区和长株潭城市群。海南国际旅游岛的营销引力排名于 2015 年有了大幅提高，其市场开放度不断扩大。山东半岛蓝色经济区、长株潭城市群和辽宁沿海经济区的营销引力于 2013～2015 年间基本保持稳定，具有较好的市场前景。归于第三档次的区域有辽宁沿海经济带、海峡西岸经济区、河北沿海经济区、沈阳经济区、皖江城市带、武汉城市圈、成渝经济区、中原经济区、长吉图开发开放先导区、鄱阳湖生态经济区、呼包银榆经济区、黔中经济区、广西北部湾经济区、宁夏开放区、关中—天水经济区 15 个区域。在第三档次的区域中皖江城市带和中原经济区的营销引力进步较大，其余规划区排名只是略有波动。该类规划区数量最多，且与一类规划区相差极大，说明我国区域经济发展两极分化现象较严重。少数区域最先富裕起来并遥遥领先，还有多数区域发展滞后。位于最后档次的是陕甘宁革命老区，该规划区于 2013～2015 年间营销引力一直排名最后，想要提高经济发展水平，增强居民购买力任重而道远。

3.4 2015 年区域产业"垂直专业化引力指数"综合分析

3.4.1 2015 年各模块综合引力指数分析

为了更好地分析 2015 年国家战略经济规划区研发、制造和营销价值模块的综合引力情况，特汇总出相关数据，见表 3-22。

表 3 - 22　　　　　　　　2015 年各价值模块综合引力情况

区域名称	2015 年研发	2015 年制造	2015 年营销	合计	排名
1 武汉城市圈	- 0.0624	0.4071	- 0.1435	0.2012	6
2 长株潭城市群	0.0642	0.0509	0.3157	0.4308	4
3 广西北部湾经济区	- 0.2649	- 0.1026	- 0.4062	- 0.7737	16
4 海南国际旅游岛	- 0.2645	- 1.5019	0.4245	- 1.3419	20
5 鄱阳湖生态经济区	- 0.1431	- 0.2983	- 0.3167	- 0.7581	15
6 长吉图开发开放先导区	- 0.4355	- 0.2238	- 0.2528	- 0.9121	19
7 辽宁沿海经济带	- 0.3272	0.0535	0.0563	- 0.2174	11
8 关中—天水经济区	- 0.1548	0.2085	- 0.4377	- 0.3840	12
9 海峡西岸经济区	0.2749	- 0.2379	- 0.0349	0.0021	9
10 珠三角经济区	1.7744	0.7607	1.4193	3.9544	1
11 长三角经济区	1.2439	0.0770	1.6614	2.9823	2
12 沈阳经济区	- 0.2563	0.1777	- 0.0753	- 0.1539	10
13 皖江城市带	0.3930	- 0.2411	- 0.1032	0.0487	8
14 河北沿海经济区	0.3442	- 0.2436	- 0.0384	0.0622	7
15 成渝经济区	- 0.1358	- 0.5601	- 0.1552	- 0.8511	18
16 山东半岛蓝色经济区	0.2017	0.3648	0.3813	0.9478	3
17 宁夏开放区	- 0.5501	0.4498	- 0.4282	- 0.5285	13
18 黔中经济区	- 0.3500	- 0.0863	- 0.3842	- 0.8205	17
19 陕甘宁革命老区	- 0.5311	0.0005	- 0.9023	- 1.4329	21
20 中原经济区	- 0.1859	- 0.2296	- 0.2493	- 0.6648	14
21 呼包银榆经济区	- 0.6345	1.1749	- 0.3303	0.2101	5

3.4.2　国家战略经济规划区 2015 年"垂直专业化引力指数"聚类分析

3.4.2.1　聚类分析模型

为便于科学地把握国家战略经济规划区 2015 年"垂直专业化引力"

的层级分布情况，特以该年度研发、制造、营销引力的综合得分为变量对样本进行聚类分析。该过程主要采用 Q 型层次聚类法和平方欧式距离法来度量各区域综合引力水平的"亲疏程度"，从而更科学直观地划分各区域综合引力的等级和分类情况，结果如图 3 - 4 所示。

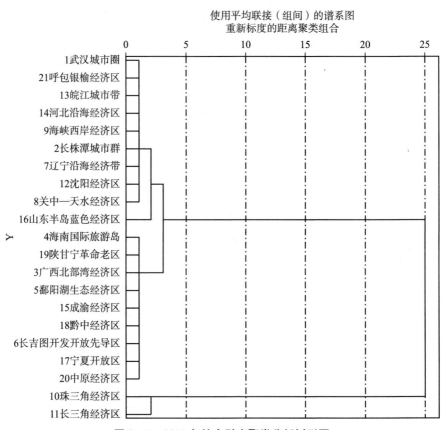

图 3 - 4 2015 年综合引力聚类分析树形图

结合以上聚类分析树形图和区域综合引力得分情况，将 21 个区域划分为五类即五个等级档次，其聚类分类情况如表 3 - 23 所示。

表 3 - 23   2015 年规划区总引力指数聚类分类情况

分类	区域名称	总引力指数	区域个数	最大值	最小值	均值	标准差
一	10 珠三角经济区	3.9544	1	3.9544	3.9544	3.9544	—
二	11 长三角经济区	2.9823	1	2.9823	2.9823	2.9823	—
三	16 山东半岛蓝色经济区	0.9478	1	0.9478	0.9478	0.9478	—
四	1 武汉城市圈	0.2012	9	0.4308	-0.384	0.0222	0.2334
	21 呼包银榆经济区	0.2101					
	13 皖江城市带	0.0487					
	14 河北沿海经济区	0.0622					
	9 海峡西岸经济区	0.0021					
	2 长株潭城市群	0.4308					
	7 辽宁沿海经济带	-0.2174					
	12 沈阳经济区	-0.1539					
	8 关中—天水经济区	-0.384					
五	4 海南国际旅游岛	-1.3419	9	-0.5285	-1.4329	-0.8982	0.2824
	19 陕甘宁革命老区	-1.4329					
	3 广西北部湾经济区	-0.7737					
	5 鄱阳湖生态经济区	-0.7581					
	15 成渝经济区	-0.8511					
	18 黔中经济区	-0.8205					
	6 长吉图开发开放先导区	-0.9121					
	17 宁夏开放区	-0.5285					
	20 中原经济区	-0.6648					

资料来源：笔者根据聚类分析法分析所得。

3.4.2.2 2015 年总引力指数聚类分析

2015 年国家战略经济规划区总引力指数可分为五个类别，也即五个层级。珠三角经济区、长三角经济区和山东半岛蓝色经济区各成一类，另外 18 个经济区被分为两类。一类区域是珠三角经济区。珠三角经济区的研发引力和制造引力都超过长三角经济区，营销引力略低于长三角经济区，总引力指数也较长三角经济区领先很多。珠三角经济区代表了我国最先进的科技创新能力和最高的制造业水平。二类区域的长三角经济区代表了我国最开放的市场和最强大的消费水平，各有优势。三类区域的山东半岛蓝色经济区相较于珠三角和长三角经济区还有很大差距，但是作为国家战略经济规划区第二梯队成员有着极大的发展潜力和前景。该规划区的研发、制造和营销引力指数较后面两类区域都具有很大优势。四类区域包括武汉城市圈、呼包银榆经济区、皖江城市带、河北沿海经济区、海峡西岸经济区、长株潭城市群、辽宁沿海经济带、沈阳经济区、关中—天水经济区9个规划区。其中长株潭城市群、武汉城市圈和呼包银榆经济区较为领先。长株潭城市群的营销引力较高，研发和制造引力都高于平均值；呼包银榆经济区的制造引力具有突出优势，但研发和营销引力指数都不是很理想；武汉城市圈的研发、制造和营销引力表现都不是特别突出，但在21个规划区中排名不算落后。五类区域包括海南国际旅游岛、陕甘宁革命老区、广西北部湾经济区、鄱阳湖生态经济区、成渝经济区、黔中经济区、长吉图开发开放先导区、宁夏开放区和中原经济区9个规划区。这些规划区除了宁夏开放区和陕甘宁革命老区的制造引力指数以及海南国际旅游岛的营销引力指数为正之外，其他规划区的研发、制造和营销引力指数都为负，吸引各价值模块进行地点"扎根"的难度都非常大，因而在招商引资过程中自然处于劣势地位。

第 *4* 章

2013～2015 年国家战略经济规划区 "垂直专业化引力指数" 比较分析

4.1　2013～2015 年研发价值模块 "垂直 专业化引力指数" 比较分析

4.1.1　2013～2015 年研发价值模块指标评价变量及原始 数据对比

根据研发价值模块引力指数指标的选取思路及因子分析对指标变量相关性的要求，选取的用来衡量国家战略经济规划区研发引力的变量有：（1）区域出口占区域 GDP 的比重（X1）；（2）区域进口占区域 GDP 的比重（X2）；（3）互联网的户均开户数（X3）；（4）每百万人均专利授权数（X4）；（5）科学技术支出占区域公共财政支出的比重（X5）；（6）规模以上工业企业 R&D 人员占就业人口的比重（X6）；（7）区域的技术市场交易额占区域 GDP 比重（X7）；　（8）R&D 支出占区域 GDP 的比重（X8）；（9）每百万人拥有研究与开发机构数（X9）；（10）FDI 的流入存量占区域 GDP 的比重（X10）。2013～2015 年各规划区研发引力指标原始数据如表 4－1 所示。

表4-1　2013~2015年研发价值模块指标变量原始数据对照表

区域	X1 区域出口占区域GDP的比重(%)			X2 区域进口占区域GDP的比重(%)			X3 互联网的户均开户数(户)			X4 每百万人专利授权数(项/百万人)			X5 科学技术支出占区域公共财政支出的比重(%)		
	2013年	2014年	2015年	2013年	2014年	2015年	2013年	2014年	2015年	2013年	2014年	2015年	2013年	2014年	2015年
1 武汉城市圈	3.8883	4.2479	4.37	2.6394	3.1156	2.14	43.8471	50.5573	71.12	371.8956	363.1599	913.34	1.6699	1.7576	3.35
2 长株潭城市群	5.1357	5.5187	4.88	4.0612	3.1307	3	52.9346	53.3214	65.37	940.3682	1023.2837	2390.29	2.023	1.8562	2.29
3 广西北部湾经济区	9.3712	11.9086	14.36	18.2505	20.4321	25.26	54.0731	57.5753	72.74	181.7241	189.3833	283.01	1.491	1.6344	0.95
4 海南国际旅游岛	7.1118	7.7201	38.27	21.6413	20.0014	104.83	25.5092	26.7531	21.1	148.7151	176.8549	226.28	0.4742	0.3903	1.33
5 鄱阳湖生态经济区	11.5644	11.7667	11.5	8.1869	5.865	4.69	35.7656	47.9277	54.19	233.7174	381.3175	686.23	1.2942	1.4765	4.8
6 长吉图开发开放先导区	7.02	5.5408	4.12	8.5027	8.637	6.73	48.2512	49.3183	35.24	182.6775	200.6015	615.36	1.2734	1.3396	1.5
7 辽宁沿海经济带	14.6585	14.6761	12.07	9.043	11.2112	8.68	48.2965	52.2345	56.61	343.5141	374.5977	574.67	1.7194	1.5218	2.06
8 关中—天水经济区	3.2001	3.472	4.4	1.9346	2.329	3.69	42.0182	63.5073	57.68	480.4738	455.6325	853.05	0.7081	0.8204	0.6
9 海峡西岸经济区	17.003	17.0342	16.94	7.7571	6.7494	5.49	52.4338	58.7369	82.52	896.0137	888.7742	684.33	1.4962	1.428	4.06
10 珠三角经济区	65.1286	62.6637	58.25	45.6012	40.3566	32.02	253.4184	251.3452	201.22	2488.0559	2384.262	4104.23	3.7883	3.2935	6.66
11 长三角经济区	43.6581	41.7704	38.6	34.3433	32.0462	29.79	151.5711	172.9653	181.35	2904.9145	2675.2381	3426.72	4.5338	4.4249	5.8
12 沈阳经济区	7.2164	7.8172	7.19	4.2472	4.3656	3.35	48.2046	52.8624	57.24	351.3971	595.3388	1039.84	4.4757	3.1163	3.1
13 皖江城市带	8.6633	8.7897	8.69	9.58	8.2309	8.63	41.0932	44.4056	53.94	1418.3689	1319.2441	2113.8	3.5334	4.0876	8.78
14 河北沿海经济区	10.8285	9.2505	8.99	6.0759	5.6539	4.81	47.8503	50.8525	52.2	306.8806	325.4332	1644.90	1.0334	1.1221	1.32
15 成渝经济区	16.0049	18.1603	14.09	7.835	9.4549	5.59	33.2168	37.2185	45.51	702.7399	695.8541	925.69	1.0338	1.1883	2.8
16 山东半岛蓝色经济区	16.9842	18.96	18.64	30.9053	25.5651	16.9	58.3169	59.9315	67.13	1005.2679	962.0279	1042.32	2.3824	2.3953	4.2
17 宁夏开放区	6.0367	9.565	6.23	1.5742	2.5194	1.7	36.1223	37.2561	49.55	185.1682	214.2836	279.24	2.9146	0.9507	1.61
18 黔中经济区	3.8048	4.9461	4.89	0.7003	0.593	0.9	27.8386	48.0587	60.85	339.2964	372.0967	614.34	0.9746	0.9746	4.29
19 陕甘宁革命老区	0.5471	0.6277	0.32	0.4966	0.0812	0.491	23.5609	28.0361	30.71	269.0319	177.0109	172.09	0.6385	0.7648	0.82
20 中原经济区	4.3006	4.5508	6.83	3.284	2.9076	4.07	43.162	48.7921	43.22	331.5507	315.6361	256.38	1.2452	1.2175	1.18
21 呼包银榆经济区	2.1387	2.2245	2.33	1.8732	2.4933	2.26	38.4162	34.9620	41.92	146.3668	209.7343	349.33	1.0320	0.9777	0.73

续表

区域	X6 规模以上工业企业 R&D 人员占就业人口的比重（%）			X7 区域的技术市场交易额占区域 GDP 比重（%）			X8 R&D 占区域 GDP 的比重（%）			X9 每百万人拥有研究与开发机构数（个/百万人）			X10 FDI 的流入存量占区域 GDP 的比重（%）		
	2013 年	2014 年	2015 年	2013 年	2014 年	2015 年	2013 年	2014 年	2015 年	2013 年	2014 年	2015 年	2013 年	2014 年	2015 年
1 武汉城市圈	0.3911	0.4758	0.45	1.5801	2.2273	4.48	1.965	1.8774	3.03	2.4311	2.3728	4.29	0.2261	0.2299	0.18
2 长株潭城市群	0.4717	0.6962	0.83	0.3683	0.3451	2.54	1.9451	1.9324	0.93	1.9728	1.9593	1.97	0.438	0.4583	0.49
3 广西北部湾经济区	0.1086	0.1167	0.37	0.0511	0.0739	0.25	0.8141	0.8667	1.81	2.5047	2.5452	2.55	0.2754	0.1215	0.17
4 海南国际旅游岛	0.0909	0.0942	0.04	0.1218	0.0614	0.05	0.467	0.4833	0.46	3.4637	3.3223	3.07	0.2373	0.1599	0.12
5 鄱阳湖生态经济区	0.18	0.1921	0.38	0.29	0.3394	0.22	1.1536	1.1988	1.24	2.6824	2.598	3.35	0.4551	0.494	0.5
6 长吉图开发开放先导区	1.0238	1.0658	0.76	0.2675	0.2675	0.33	0.8448	0.9138	1.63	3.9622	6.6256	7.56	0.4529	0.9839	0.55
7 辽宁沿海经济带	0.3808	0.399	0.46	0.524	0.8304	2.16	1.1454	1.1968	2.69	3.7358	3.7805	8.97	0.9568	0.8811	0.15
8 关中一天水经济区	0.3003	0.3384	0.92	2.6713	2.6495	4.24	2.3558	1.9749	3.09	3.0988	3.1355	2.47	0.2006	0.2284	0.1
9 海峡西岸经济区	0.3979	0.4289	2.19	0.4481	0.2519	1.88	1.0653	1.0808	2.94	1.6189	1.8663	2.37	0.2933	0.2041	0.24
10 珠三角经济区	1.1617	1.1885	3.12	0.8606	0.7663	1.04	1.9699	2.2469	2.89	1.7475	1.8238	2.74	0.5466	0.5162	0.5
11 长三角经济区	1.0032	1.0158	1.57	1.2338	1.3436	0.82	2.7417	2.7363	2.71	3.0899	3.1304	1.8	0.5749	0.52	0.49
12 沈阳经济区	0.3808	0.399	0.39	0.3848	0.7502	1.47	1.3435	1.4821	2.3	3.7358	6.5511	6.07	0.5071	0.4975	0.12
13 皖江城市带	0.5863	0.6483	0.59	0.6006	0.7417	0.74	1.8541	1.9255	2.95	1.791	1.7097	3.33	0.6424	0.6442	0.68
14 河北沿海经济区	0.2247	0.2608	4.52	0.1609	0.2145	0.33	0.9983	1.0681	3.29	1.0364	1.0428	3.88	0.3288	0.3373	0.34
15 成渝经济区	0.2557	0.2937	0.19	0.6346	0.5468	0.87	1.4481	1.5015	1.64	1.5642	1.5079	1.5	0.6533	0.5432	0.49
16 山东半岛蓝色经济区	0.6948	0.7225	0.88	0.4252	0.4625	1	2.2305	2.3336	4.55	2.3014	2.2168	5.59	0.2962	0.5456	0.31
17 宁夏开放区	0.2459	0.283	0.19	0.0554	0.1161	0.12	0.8108	0.8714	0.88	3.211	3.1722	3.14	0.0791	0.0239	0.06
18 黔中经济区	0.1074	0.1088	0.11	0.2298	0.2163	0.08	0.5893	0.5987	0.87	2.2273	2.252	3.22	0.141	0.1517	0.18
19 陕甘宁革命老区	0.2439	0.2785	0.11	0.2951	0.3883	2.22	1.1147	1.1713	1.81	3.346	3.3673	3.92	0.3957	0.488	0.46
20 中原经济区	0.2373	0.239	0.56	0.1054	0.5018	0.9	0.9926	1.0692	4.97	1.8693	1.8257	3.93	0.342	0.372	0.36
21 呼包银榆经济区	0.2439	0.2652	0.37	0.5535	0.3825	0.31	0.8243	0.5382	0.86	3.8585	3.5388	5.20	0.1782	0.1584	0.18

根据 2013～2015 年间国家战略经济规划区研发价值模块的因子分析结果，汇总出这三年来各规划区研发模块"垂直专业化引力指数"的排名情况，如表 4－2 所示。

表 4－2　　　　　　　　　　2013～2015 年研发引力对比情况

区域	2013 年		2014 年		2015 年		综合情况	
	2013 年研发	排名	2014 年研发	排名	2015 年研发	排名	合计	排名
10 珠三角经济区	1.8432	1	1.7787	1	1.7744	1	5.3963	1
11 长三角经济区	1.8331	2	1.6485	2	1.2439	2	4.7255	2
13 皖江城市带	0.3966	4	0.4752	4	0.3930	3	1.2648	3
16 山东半岛蓝色经济区	0.4291	3	0.5469	3	0.2017	6	1.1777	4
2 长株潭城市群	－0.0167	8	0.0983	6	0.0642	7	0.1458	5
7 辽宁沿海经济带	0.3834	5	0.0862	7	－0.3272	16	0.1424	6
6 长吉图开发开放先导区	0.2352	6	0.2592	5	－0.4355	18	0.0589	7
9 海峡西岸经济区	－0.2649	12	－0.1891	12	0.2749	5	－0.1791	8
12 沈阳经济区	0.0258	7	－0.0185	8	－0.2563	13	－0.2490	9
1 武汉城市圈	－0.1656	10	－0.1015	9	－0.0624	8	－0.3295	10
8 关中—天水经济区	－0.0860	9	－0.1661	11	－0.1548	11	－0.4069	11
15 成渝经济区	－0.1726	11	－0.1064	10	－0.1358	9	－0.4148	12
5 鄱阳湖生态经济区	－0.2867	13	－0.2669	13	－0.1431	10	－0.6967	13
14 河北沿海经济区	－0.6264	20	－0.4270	16	0.3442	4	－0.7092	14
3 广西北部湾经济区	－0.4086	15	－0.3780	14	－0.2649	15	－1.0515	15
20 中原经济区	－0.4670	17	－0.4357	17	－0.1859	12	－1.0886	16
19 陕甘宁革命老区	－0.3393	14	－0.4241	15	－0.5311	19	－1.2945	17
4 海南国际旅游岛	－0.4972	18	－0.6202	20	－0.2645	14	－1.3819	18
21 呼包银榆经济区	－0.4182	16	－0.6269	21	－0.6345	21	－1.6796	19
18 黔中经济区	－0.7981	21	－0.5452	18	－0.3500	17	－1.6933	20
17 宁夏开放区	－0.5990	19	－0.5873	19	－0.5501	20	－1.7364	21

4.1.2　2013~2015 年研发引力指数聚类模型

通过将 2013~2015 年间各规划区研发价值模块总引力得分当成新的变量，采用组内聚类法和计算平方欧式距离法来进行系统聚类分析，以此度量各区域研发模块总"垂直专业化引力"水平的"亲疏程度"，能更科学直观地划分各区域研发垂直专业化引力水平的等级和层次，结果如图 4-1 所示。

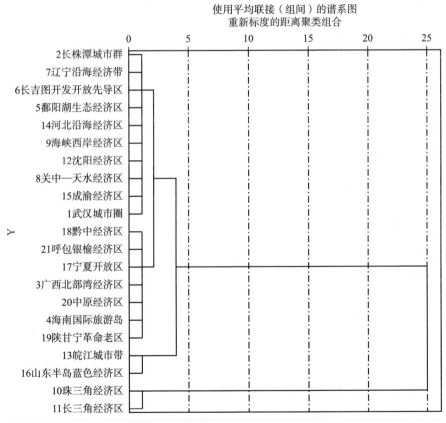

图 4-1　总研发引力聚类分析树形图

结合聚类分析树形图和表 4-2 各区域研发引力汇总得分情况，将 21 个区域划分为四类即四个等级档次，其聚类分类情况如表 4-3 所示。

表 4 - 3　　　　　　　　2013～2015 年总研发引力指数聚类分类情况

分类	区域名称	研发引力指数	区域个数	最大值	最小值	均值	标准差
一	10 珠三角经济区	5.3963	2	5.3963	4.7255	5.0609	0.3354
	11 长三角经济区	4.7255					
二	13 皖江城市带	1.2648	2	1.2648	1.1777	1.2213	0.0436
	16 山东半岛蓝色经济区	1.1777					
三	2 长株潭城市群	0.1458	10	0.1458	-0.7092	-0.2638	0.2963
	7 辽宁沿海经济带	0.1424					
	6 长吉图开发开放先导区	0.0589					
	5 鄱阳湖生态经济区	-0.6967					
	14 河北沿海经济区	-0.7092					
	9 海峡西岸经济区	-0.1791					
	12 沈阳经济区	-0.249					
	8 关中—天水经济区	-0.4069					
	15 成渝经济区	-0.4148					
	1 武汉城市圈	-0.3295					
四	18 黔中经济区	-1.6933	7	-1.0515	-1.7364	-1.418	0.2686
	21 呼包银榆经济区	-1.6796					
	17 宁夏开放区	-1.7364					
	3 广西北部湾经济区	-1.0515					
	20 中原经济区	-1.0886					
	4 海南国际旅游岛	-1.3819					
	19 陕甘宁革命老区	-1.2945					

资料来源：笔者经聚类分析法分析所得。

4.1.3 聚类结果分析

2013～2015 年间国家战略经济规划区研发引力的总引力指数可分为四大类，即四个层级。第一层级包含长三角经济区和珠三角经济区，珠三角经济区这三年来的研发引力指数较长三角经济区领先较多。二类层级包括皖江城市带和山东半岛蓝色经济区，这两个经济区是国家战略经济规划区中引领产业升级的第二梯队区域，虽然相较一类区域还是有较大差距，但在研发引力方面表现出极大的发展前景；皖江城市带受益于长三角产业转移，科技研发实力节节攀升；山东半岛蓝色经济区依托海洋科技不断提升研发引力，这三年来研发引力一直处于领先地位。三类区域包含长株潭城市群、辽宁沿海经济带、长吉图开发开放先导区、鄱阳湖生态经济区、河北沿海经济区、海峡西岸经济区、沈阳经济区、关中—天水经济区、成渝经济区、武汉城市圈 10 个规划区，其中长株潭城市群、辽宁沿海经济带、长吉图开发开放先导区三个规划区这三年来总研发引力表现较好，超过了平均值，其余 7 个规划区均低于平均表现；三类区域的总体研发引力处于中等水平，且数量较多，如果能借鉴前两类区域的经验，重视科技创新，加大研发投入，依然有机会成为吸引研发价值模块"扎根"的土壤。四类区域包含黔中经济区、呼包银榆经济区、宁夏开放区、广西北部湾经济区、中原经济区、海南国际旅游岛和陕甘宁革命老区 7 个规划区，这 7 个规划区的研发引力总体处于落后水平，在促进产业价值模块升级方面面临极大障碍。

4.1.4 2013～2015 年各规划区研发价值模块引力指数变化趋势分析[①]

（1）武汉城市圈。武汉"1＋8"城市圈，是以武汉为圆心，覆盖黄石、鄂州、黄冈、孝感、咸宁、仙桃、潜江、天门等周边 8 个大中型城市所组成的城市群，武汉是城市圈的核心城市，黄石为副中心城市。2008 年武汉城市圈和长株潭城市群获国务院批准为"资源节约型和环境友好型"社会建设综合配套改革试验区，肩负着在优化结构、节能减排、自主创新等重要领域和关键环节实现新突破，率先在推动科学发展、和谐发展上取得新进展，为构建促进中部地区崛起的重要战略支点提供有力支撑的重任。2015 年 7 月，国务院批复武汉城市圈成为国内首个科技金融改革创新

---

① 注：本小节中的数据来源与本书中表 1－6、表 2－1、表 3－1 相同。

试验区。仅武汉就拥有了 23 所大学，包括武汉大学、华中科技大学等，人才资源丰富，东风、富士康等多家企业的入驻打造了武汉城市圈的产业创新链。武汉城市圈的研发引力在 21 个战略经济规划区中的排名从 2013 年的第十名上升到 2014 年的第九名，再到 2015 年的第八名，可见武汉城市圈的研发引力呈现出稳步上升的趋势。2014 年武汉城市圈每百万人专利授权数为 363.16 项/百万人，2015 年提升到 913.34 项/百万人，互联网使用率、区域出口占区域 GDP 比重也逐年提升，武汉城市圈的研发基础能力增强，在 21 个战略区中呈中上水平。区域的技术市场交易额占区域 GDP 比重明显增加，2015 年达到 4.48%，在所有战略经济规划区中排第一位，研发投入也增长明显，武汉城市圈的创新驱动能力提升。2015 年武汉城市圈每百万人拥有研究与开发机构数达到 4.29 个，高于 2014 年的 2.37 个，整个区域的研发集聚情况在改善。武汉城市圈内部除了武汉之外许多城市的研发指标较难获取，因而只能以省份数据代替，从总体的指标得分看，武汉处于明显优势，比全省的平均水平高出很多，一体化发展还没有获得明显成效。

（2）长株潭城市群。该区域是长江中游城市群的重要组成部分，随着城市规模的扩大，三座城市间的距离越来越短，交往日益密切，长株潭城市群是湖南省经济发展和我国中部崛起的重要增长极。长株潭城市群的研发引力在 21 个战略经济规划区的排名从 2013 年的第八名到 2014 年的第六名，再到 2015 年的第七名，可知长株潭城市群的研发引力处于 21 个战略经济规划区的中上游水平，表现较为稳定。在 2013～2015 年间，长株潭城市群每百万人均专利授权数增长迅速，从 2013 年的 640 件增长到了 2015 年的 2390 件，位于全国第三，说明该规划区的研发基础能力较强。互联网使用率、外商投资存量占 GDP 比重、科学技术支出占区域公共财政支出比重的提升，说明该地区重视对外开放和科技创新。区域的技术市场交易额占区域 GDP 比重从 2014 年的 0.34% 上升到 2015 年的 2.54%，可见长株潭城市群创新成果的市场转换能力较强。但该规划区的每百万人拥有研究与开发机构数较少，处于 21 个规划区中的中下游水平，研发集聚能力不足。总体而言，该经济区的整体研发环境较好，创新潜力和实力较强，但对研发机构的吸引力还不够，这可能与该区域为内陆型经济区，缺乏开放的市场环境有关。从内部城市各指标来看，长沙的表现优于其他两个城市，尤其是专利授权数明显占优势，但整体差距不是特别大，一体化发展成效明显。

（3）广西北部湾经济区。广西北部湾经济区是我国西部大开发地区唯一的沿海区域，由南宁、北海、钦州、防城港、玉林、崇左六个城市组成，该经济区立足于北部湾，服务我国西南、华南、中南地区。广西北部湾经济区具有沿海沿边的区位优势，是我国推进海上丝绸之路战略的重要组成部分，承担着历史使命。随着中国—东盟自由贸易区、"一带一路"等项目的加快推进，开放格局不断扩大，整体经济实力提升较快，但整体上仍属于落后地区，科研实力不强。广西北部湾经济区的研发引力在 21 个战略经济规划区中的排名从 2013 年的第十五名到 2014 年的第十四名，再到 2015 年的第十五名，整体而言，广西北部湾经济区研发引力处于中下水平，由于基础弱、底子薄，与排在其前面的经济区有较大的差距。区域进出口占 GDP 的比重都有所提升，比大多数的内陆规划区要高，体现了北部湾经济区的沿海开放优势和国家海上丝绸之路建设的成效。2015 年科学技术支出占区域公共财政支出的比重相比 2014 年略有下降，表明该区域科学技术的投入仍不稳定，每百万人专利授权数虽有提升但与发达的经济规划区的差距仍较大，2015 年区域的技术市场交易额占区域 GDP 比重仅为 0.25%，指标反映出北部湾经济区创新意识不强，技术交易市场基本没有发育。总体而言，说明该区域具备开放的市场环境和较大的市场潜力，但整体研发投入和创新能力都不够。

（4）海南国际旅游岛。海南国际旅游岛是我国旅游业改革创新的试验区，也是国际经济合作和文化交流的重要平台，是中国最大的经济特区和唯一的热带岛屿省份，海南国际旅游岛将于 2020 年建设成为世界一流的国际旅游岛。但海南省总体上仍属于欠发达地区，经济实力不强，经济结构层次偏低，产业整体素质不高，科技对经济的贡献率很低。海南国际旅游岛的研发引力在 21 个战略经济规划区的排名从 2013 年的第十八名到 2014 年的第二十名，再到 2015 年的第十四名。该区域的进出口占比很大，市场空间广阔，尤其是在 2015 年，区域进口占 GDP 比重为 21 个战略经济规划区中最高的，区域出口占 GDP 比重仅次于珠三角经济区和长三角经济区，主要原因是海南国际旅游岛作为岛屿具有良好的对外开放的区位优势，另外海南国际旅游岛面向世界，注重国际化发展。但海南国际旅游岛研发的基础性条件欠缺，R&D 占区域 GDP 的比例、规模以上工业企业 R&D 人员占就业人口的比重、互联网普及率处于倒数第一，信息网络发展仍较落后。2015 年科技支出占比有所提升，从 2014 年的 0.39% 提升到了 1.33%，可见海南国际旅游岛在加大科技投入。2013 年人均研发机构数有优势，但是在 2014 年、2015 年这个指标只能基本维持。就整体研发环境而言，该区域研发投入少，创新意识不浓，还有很大的提升空间。

（5）鄱阳湖生态经济区。该区以江西省鄱阳湖为中心，覆盖了南昌、九江、景德镇等九个城市，于 2009 年获国务院批准成为国家战略经济区。鄱阳湖生态经济区的规划和建设对江西省的发展和崛起具有深远意义，有利于探索生态与经济协调发展的道路和构建中部地区崛起战略。为推进鄱阳湖生态经济区建设，要改变传统高投入、高消耗的经济发展模式，遵循产业经济生态化、生态经济产业化的理念，主要依靠科技引领，发展循环经济、生态经济，推动工业文明向生态文明迈进。鄱阳湖生态经济区的研发引力在 21 个战略经济规划区中的排名从 2013 年、2014 年的第十三名上升到 2015 年的第十名。2013~2015 年间鄱阳湖生态经济区的研发引力略有提升。鄱阳湖生态经济区的出口占比和 FDI 流入存量占比表现较好，可见该区域对外开放程度较高，2015 年科学技术支出占比提升较快，达到 4.8%，远高于 2013 年、2014 年的 1.29%、1.48%，表明该区域科技支出有增加，有利于研发能力的提升。但鄱阳湖生态经济区整体研发环境和研发实力欠佳，尤其是研发人员占比和技术市场交易额占比较低，需要在科研投入和创新激励上做出更大努力。

（6）长吉图开发开放先导区。长吉图开发开放先导区是中国图们江区域的核心地区,该区域下辖区域有长春、吉林、延边朝鲜族自治州。自 1992 年中、俄、朝、韩、蒙五国共同启动了图们江区域的合作开发项目以来,图们江区域的合作领域不断扩大,为我国沿边对外开发开放打下了坚实基础。长吉图开发开放先导区以珲春边境经济合作区为窗口,加强边境区域经济技术合作,推动建设跨境经济合作区,逐渐发展成为东北亚经济技术合作的重要平台。长吉图开发开放先导区的研发引力在 21 个战略经济规划区中的排名从 2013 年的第六名到 2014 年的第五名,再到 2015 年的第十八名。长吉图开发开放先导区 2015 年研发引力下降比较明显,区域进出口占 GDP 比重、研发人员占比等均有下降。该区域与辽宁沿海经济区特征较为相似,都是研发基础环境欠缺、创新驱动效应不足,但研发要素集聚效应明显,2015 年每百万人拥有的研发机构数为 7.56 个,排名第二,仅次于辽宁沿海经济区,这与该地区人口较少,从而导致相对指标较高有关。总体来看,长吉图开发开放先导区的开放水平仍然不够,进出口与区域 GDP 的比值偏低,虽然 FDI 流入存量占比较大,有一定的外商投资,但研发投入不够,技术市场交易额不大,研发成果的市场转化成效不明显,整体研发环境和创新动能还有较大的提升空间。内部研发环境和创新实力以长春最优,长春的研发支出占比远高于其他两个城市,但每百万人授予的专利数三个城市差距不大,说明吉林和延边州依然有较大的创新潜力,该区域的整体协同发展态势向好。

(7) 辽宁沿海经济带。辽宁沿海经济带是我国北方沿海发展基础较好的区域,也是东北开放条件最好的区域,拥有大连经济技术开发区、大连出口加工区、大连高新技术产业开发区、大连保税区、丹东市边境经济合作区、营口经济技术开发区等近 20 个国家级开发区,以沿黄海、渤海的五个重点区域和一条西起葫芦岛、东至丹东港,横贯辽宁沿海地区的环海公路,共同构成了辽宁沿海经济区的"五点一线"。当前,该经济区地区生产总值占到东北三省的 25% 以上,科技资源集聚,科技实力不断增强。辽宁沿海经济区的研发引力在 21 个战略经济规划区中的排名从 2013 年的第五名到 2014 年的第七名,再到 2015 年的第十六名。2013～2015 年间辽宁沿海经济带的研发引力呈下降趋势，且下降幅度较大。主要是区域进出口占 GDP 的比重和 FDI 的流入存量占 GDP 的比重在 2015 年出现了下降，其中外商投资占比下降较为明显。每百万人专利授权数在 2015 年出现上升趋势，虽然该经济区的科研要素集聚效应非常明显，2015 年每百万人拥有的研发机构数为 8.97 个，居于领先位置，但是科技成果转化效率并不高，整体研发基础环境表现和创新驱动力量不明显。从内部城市的各项指标来看，大连的分值遥遥领先于其他城市，从 2015 年科技支出占区域公共财政支出的比值来看，大连和丹东分别为 2.42% 和 6.48%，而支出比例最小的营口、锦州只有 0.84% 和 0.88%，差距巨大，丹东科技支出占比较高的主要原因是丹东公共支出的基数较小，当年科技投入较多。处于中间地位的城市与大连的差距依然较为明显，整个规划区的科技优势基本集中于大连，整体协同发展程度不够。

（8）关中—天水经济区。该经济区以西安为中心城市，宝鸡为副中心城市，天水、渭南、铜川等为次核心城市。关中—天水经济区是西部地区经济基础较好、人文历史深厚、发展潜力较大的地区；科教实力雄厚，拥有 80 多所高等院校、100 多个国家级和省级重点科研院所，包括西安交通大学、西北工业大学等国内一流、世界知名的高等院校，2015 年研发经费支出占地区生产总值比值达 3.09%，显著高于全国平均水平，科教综合实力居全国前列。关中—天水经济区的研发引力在 21 个战略经济规划区中的排名从 2013 年的第九名到 2014 年的第十一名，再到 2015 年的第十一名，研发引力有所下降。2015 年该经济区内部研发指标发展较不均衡，研发投入占地区生产总值的比例较高，在全部规划区中排名第四，2015 年每百万人专利授权达到 853.05 项/百万人，远高于 2014 年的 455.63 项/百万人，可见该地区的研发基础条件已得到改善。但外商投资占比在所有经济规划区中排名倒数第二，进出口占比虽有微涨，但对比其他规划区而言仍处于靠后水平，创新集聚和创新驱动能力较为薄弱。从规划区内部城市指标来看，西安是研发要素最为集中的城市，科技支出、研发支出占比和人均专利授权数都明显高于其他城市，内部城市研发要素的培育较不平衡，因而降低了整个区域的研发引力。

（9）海峡西岸经济区。海峡西岸经济区以福建省为主体，具有对台交往的独特优势，依托毗邻台港澳优势建立的开放型经济体系，南北连接珠三角经济区、长三角经济区，东西贯通中国台湾和大陆地区，基本形成了全方位的对外开放格局。该区域不断加强与中国台湾在技术研发、成果转化等方面的合作，鼓励两岸科研机构、高等院校、企业共同设立合作研发机构，推进两岸科技合作深入发展。海峡西岸经济区的研发引力在21个战略经济规划区中的排名从2013年、2014年的第十二名到2015年的第五名。海峡西岸经济区的研发引力在2015年有了飞速提升，主要原因是科学技术支出占比、研发人员占比和研发投入占比快速增长，虽然没有特别突出的指标，但总体上也没有短板指标，加之该经济区有着较为完善的对外开放体系，区域出口占比也较高，在综合研发基础和创新集聚方面表现较好。从规划区内部城市的整体指标来看，福建省整体水平较好，浙江省温州、衢州，广东省汕头，江西省鹰潭、赣州表现较为突出，其他城市相对落后，需要进一步加强一体化协同发展趋势，改善区域的整体研发环境。

（10）珠三角经济区。珠三角经济区是我国改革开放的先行区，全国重要的经济中心，也是改革开放和现代化建设的排头兵。在经济全球化和区域经济一体化深入发展的背景下，2008年国际金融危机使珠江三角洲地区的发展受到严重冲击，对"外向型"经济模式的过度依赖，加上产业层次总体偏低，贸易结构不够合理，抗风险能力不强，一系列矛盾的凸显使珠三角地区深刻认识到传统发展模式的弊病，不断完善自主创新的体制机制和政策环境，致力于构建全面、开放型区域创新体系，不断发展成为亚太地区重要的创新中心和成果转化基地。在2013～2015年中，珠三角经济区在21个战略经济规划区中连续三年排名第一，可见珠三角经济区研发基础性条件最优越。首先是因为经济发展的外向度高，接受新思想新产品的能力强，珠三角城市群是亚太地区最具活力的经济区之一，其次是因为信息化发展迅速，科研的技术支撑能力高，最后是科研人员队伍庞大，科技支出占比较高，2016年珠三角经济区吸纳了37.3万高校毕业生，三者共同构成了珠三角经济区优越的研发基础性环境。从 2013～2015 年的数据对比来看，珠三角经济区的研发引力指标表现越来越好，且仍有提升的潜力。该区域 2015 年每百万人专利授权数提高到了 4104 项/百万人，远远领先于其他规划区，互联网使用率也为最高。在珠三角经济区内部，研发引力指标差异依然很大，主要是深圳最佳，中山、佛山、珠海、广州与深圳存在较大差距，惠州、肇庆等研发基础性条件欠佳。本书选取的都是相对指标，而珠三角经济区 GDP 较大，因而有些相对指标会表现偏低，比如 FDI 的流入存量占比、区域的技术交易额占比。但从总体来看，珠三角经济区的总体研发环境和研发引力依然在全国居于领先地位，是最具研发引力的地区。

（11）长三角经济区。长三角经济区以上海为中心，包括江苏省、浙江省、安徽省的多个城市，该经济区是我国综合实力最强的区域，自改革开放以来不仅保持了强劲的发展速度，也在不断改善发展质量，提升发展层次。长三角经济区科教文化发达，是我国高等院校和科研机构高度集聚的区域，拥有上海、南京、杭州等科教名城和苏州、镇江、扬州等国家历史文化名城，人力资源优势显著，文化底蕴深厚，具有率先建成创新型区域的坚实基础。《长江三角洲城市群发展规划》中提出要把长三角建成具有全球影响力的科技创新高地。近年来，长三角经济区以关键领域和核心技术创新为突破口，不断增强自主创新能力，致力于建设优势互补、资源共享、互利共赢的具有国际竞争力的区域创新体系。长三角经济区的研发引力在 21 个战略经济规划区中的排名于 2013～2015 年间来一直位居第二，但与珠三角经济区研发引力的差距有扩大趋势，众多研发引力指标都落后于珠三角经济区。长三角经济区的区域进出口占比有下降趋势，区域技术市场交易额和每百万人拥有研究与开发机构的指标也在收缩，但是长三角经济区的每百万人均专利授权数从 2014 年的 2675 项/百万人提升到了 2015 年的 3427 项/百万人，仅逊色于珠三角经济区。2013 年、2014 年科技支出占区域公共财政支出的比例高于珠三角地区，这与长三角经济区高校云集，大量科研机构和高新技术开发区在此落户有关。可见长三角经济区的科研要素体系较为健全，科技成果转化能力较强。从内部各项指标来看，长三角经济区内部三省（市）的发展差距不大，各省（市）均有自己的优势，上海的区域技术市场交易额占比最高，江苏省和浙江省的人均专利数和研发人员占比均高于上海，各区域优势互补，区域一体化发展形势较好。

（12）沈阳经济区。沈阳经济区以沈阳为中心，辐射鞍山、抚顺等城市，对加速区域经济一体化进程和促进辽宁老工业基地振兴具有重要意义。该区域担负着在改造传统产业和发展新兴产业的过程中发挥科技创新的支撑引领作用，运用高新技术加快促进传统产业升级和重点产业振兴的重要使命。沈阳经济区研发引力在 21 个战略经济规划区中的排名从 2013 年的第七名到 2014 年的第八名，再到 2015 年的第十三名，下浮较大。沈阳经济区与辽宁沿海经济区同位于辽宁省内，但辽宁沿海经济区有明显的开发开放优势，且研发基础要素的投入较多，对研发价值模块的吸引力更为突出。沈阳经济区经济发展的外向度较低，进出口比值明显偏低，2013～2015 年间技术支持、科技投入和科研人员占比等指标虽有提升，但整体处于中游水平，没有表现出突出的亮点，每百万人拥有的研发机构数因无法查到各城市的具体数值而采用辽宁省的平均数，可能存在偏高的情况，区域技术市场交易额占比和研发投入占比在 2015 年都有明显提升，说明该经济区的创新驱动能力在加强。从区域内部城市的各项指标来看，沈阳的各项指标都居于领先位置，具有明显的科研优势，铁岭整体指标最为落后，其他城市位置居中，与沈阳仍然有较大差距，需要进一步提升一体化发展水平。

（13）皖江城市带。皖江城市带是长江三角洲地区产业向中西部地区转移和辐射最近的地区，区位优势得天独厚。该区域在承接产业转移过程中积极引进具有较强创新能力的企业，并支持引进企业加快融入承接地技术创新体系，承担科学发展试验区，不断增强自主创新能力，该区域是我国先进制造业和现代服务业的重要基地，是中部地区崛起的重要增长极。皖江城市带研发引力在 21 个战略经济规划区中的排名从 2013 年、2014 年的第四名到 2015 年的第三名，整体表现为稳中上升。作为 G60 科技走廊的重要组成部分，皖江城市带有较强的研发能力。在 2013～2015 年间，该规划区 FDI 流入存量占区域 GDP 的比重和科学技术支出占区域公共财政支出的比重一直都保持较高水平，2015 年分别达到 0.68% 和 8.78%，在全部战略经济规划区中排名第一。研发人员占比和区域的技术市场交易额占区域 GDP 比重三年来变化不明显，2015 年每百万人均专利授权数达到 2113.80 项，比 2013 年、2014 年有所增加，说明该区域创新潜力和科研成果转化能力都较强。但是该经济区的区域进出口占比和创新集聚指标都表现一般，对研发机构的吸引力仍不足。从内部指标看，合肥、芜湖、马鞍山和铜陵的总体表现较好，其他区域相对落后，但差距不是很大，整体协同效果较好。

（14）河北沿海经济区。河北沿海经济区包括秦皇岛、唐山、沧州 3 市所辖地区，河北沿海经济区毗邻京津，东临渤海，是华北、西北地区重要的出海口和对外开放门户，具有发展外向型经济的良好条件，是全国开放合作的新高地。河北沿海经济区研发引力在 21 个战略经济规划区中的排名从 2013 年的第二十名到 2014 年的第十六名，再到 2015 年的第四名，说明河北沿海经济区的研发引力呈现明显上升的趋势。在 2013 年，河北沿海经济区除了进出口比例相对高一点之外，其他反映研发投入和创新动力的指标都非常低，尤其是技术市场交易额占比远远低于其他区域，说明其出口产品技术含量不高。但到了 2015 年，该经济区规模以上工业企业 R&D 人员占就业人口的比重达到 4.52%，在全部规划区中位列第一，R&D 占地区生产总值的比重达到 3.29%，在全部规划区中位列第二，每百万人均专利授权数提升到了 1644.90 项。可见河北沿海经济区在 2015 年加大科技投入，营造了良好的研发环境。

（15）成渝经济区。自西部大开发战略实施以来，成渝经济区经济社会发展取得了明显成效，成为西部地区综合实力最强的区域之一。该区域人口总量大，密度高，人力资源丰富，拥有各类高等院校 130 多所，职业技术学校近 800 所，在校学生 280 万人以上。科研机构众多，科技活动人员约 30 万人。成渝经济区研发引力在 21 个战略经济规划区中的排名从 2013 年的第十一名到 2014 年的第十名，再到 2015 年的第九名，整体位于中等水平。成渝经济区研发基础指标表现不佳主要在于互联网的普及情况和研发人员占就业人员的比例偏低，这与该区域总人口数量庞大有关，虽然总体规模不小，但相对值不高。2013 年，该区域每百万人专利授权数达到 702.74 项/百万人，处于较高水平，说明其对知识产权的保护非常重视，科技创新的积极性较高，潜力较大，整体研发基础环境向好。2013～2015 年间该经济区的 FDI 流入存量占比相对较高，说明该区域的外商投资活动较为活跃。但由于一些研发投入指标表现并不突出，包括研发人员就业占比、研发经费占地区生产总值的比例等指标，加上总体人口规模较大使许多相对指标不具有优势，使得整个经济区的排名处在中等水平，但总体研发基础环境、创新潜力和研发要素的聚集效果还是不错的。

（16）山东半岛蓝色经济区。山东半岛蓝色经济区依托海洋资源，是以海洋产业为主要支撑的地理区域，也是全国海洋科技产业发展的先导区。区域内海洋科技优势得天独厚，拥有大量海洋科研院所和教学机构，有超过一万名海洋科技研究员，占全国 40% 以上，该区域是全国海洋科技力量的"富集区"。山东半岛蓝色经济区研发引力在 21 个战略经济规划区中的排名从 2013 年、2014 年的第三名到 2015 年的第六名，虽排名略微下滑，但山东半岛蓝色经济区的研发引力仍处于较强地位。随着与日韩合作的加速，山东半岛蓝色经济区的进出口占比大幅增长，通信设施不断完善，信息化发展迅速，网络对经济的支持日益显著，该经济区的区域进出口占比相对较高，对外开放程度较高是该经济区的一大优势。该经济区 R&D 占地区生产总值的比例和每百万人拥有研究与开发机构数指标表现较好，在全部经济区中名列前茅，说明该区域很重视研发投入和对研发环境的改善。但是 FDI 流入量相对其他沿海地区而言仍较低，表明对外商直接投资依然缺乏吸引力，还需要作出更大的努力。从内部指标来看各城市的总体研发引力指标差距不是特别大，呈现出各有优势，齐头并进的态势。

（17）宁夏开放区。宁夏回族自治区是我国最大的回族聚居区，近年来国家在宁夏回族自治区连续举办的中国（宁夏）国际投资贸易洽谈会暨中国阿拉伯国家经贸论坛（中阿经贸论坛）有效地促进了我国与阿拉伯国家及世界穆斯林地区的交流合作，对外开放程度不断扩大。宁夏开放区研发引力在 21 个战略经济规划区中的排名从 2013 年、2014 年的第十九名到 2015 年的第二十名，从排名可知该区域的研发引力在所有经济区中处于比较落后的地位。相较于发达的经济规划区，该区域的指标没有什么突出之处。相较于西北其他地区，该区域的出口比例、科学技术支出占比相对较高。总体而言，该经济区对外商直接投资的吸引力非常弱，在规划区中排名最后，其他指标也较为落后，整体研发环境不佳，创新意识和动力不足，还没有培育出有利于研发价值模块扎根的区位要素。

（18）黔中经济区。黔中经济区是我国自然资源和民族历史文化富集的地区，民族特色产业具有一定优势，2015 年，国家级数据中心——灾备中心在贵阳建成，阿里巴巴、腾讯等企业的落户加速了黔中经济区大数据产业的发展，也为黔中经济区发展带来了新的增长点。该区域研发引力在 21 个经济规划区中表现较为靠后，2013 年排名第二十一位，2014 年排名第十八位，2015 年排名第十七位。虽然排名较为靠后，但是黔中经济区逐年加大了科学技术支出，科学技术支出占区域公共财政支出的比重提升明显，2015 年达到了 4.29%，在 21 个经济规划区中处于中上游水平，可见黔中经济区在努力改善研发环境，并且人均专利数和研发机构数也有改善。总体而言，该经济区经济发展的落后和处于山区的地理位置制约了该区域的科研投入和创新意识的培育有关，对外资也缺乏吸引力。今后可发展该地区的食品、民族医药等特色轻工业，深度挖掘自身优势，加大科技创新力度，从而提升民族品牌以获得竞争优势。

（19）陕甘宁革命老区。陕甘宁革命老区的前身是中国共产党在土地革命战争时期创建的红色革命根据地，自西部大开发战略实施以来，老区经济社会发展有了较大改善。2012 年国家发改委下文要振兴陕甘宁革命老区，以原西北革命根据地为核心，综合考虑区域协调发展。当前该区域仍然存在许多特殊困难，经济建设仍然落后，面临着资源地区发展方式转型的考验。陕甘宁革命老区研发引力在 21 个战略经济规划区中的排名从 2013 年的第十四名到 2014 年的第十五名，再到 2015 年的第十九名，可见陕甘宁革命老区的研发引力在排名中呈现下滑的趋势。该区域整体研发引力指数偏低主要是区域进出口占比和互联网的使用率、人均专利授权指标偏低，2015年，区域出口占比仅有0.32%，进口占比仅有0.49%，互联网使用率只有30.71%，可知该区域整体的研发基础条件不佳，创新动力和创新要素集聚效应都处于落后状态。但是该经济区的技术市场交易额和外商投资占比指标较高，处于全部经济区的中上水平，FDI流入量较高说明该地区有一定的外商投资吸引力，未来可继续引进外资加快发展，且可利用自身靠近西安的区位优势，加强与这座创新要素集聚城市的联动，在合作中不断增强研发引力。

（20）中原经济区。中原经济区以郑州为核心，覆盖河南省及周边地区，该地区是全国工业化、城镇化、信息化和农业现代化协调发展示范区，地处我国中心地带，是全国的粮食生产基地，自实施促进中部地区崛起战略以来经济水平有了较大提高，但整体研发环境和创新能力依然处于落后状态。中原经济区研发引力在21个战略经济规划区中的排名从2013年、2014年的第十七名上升到2015年的第十二名，2015年中原经济区的研发引力得到了飞速发展。在2013~2015年间，该经济区的区域进出口占比和外商投资都有提升的趋势，可见该规划区加强了对外开放。研发人员就业占比和研发投入占比也得到了提升，尤其是研发投入占区域生产总值的比重在2015年时达到了4.97%，在所有的经济规划区中排名第一，2015年的人均研发机构指标也比2014年时要高，可知该区域加强了研发基础条件的建设和研发要素集聚。但是该规划区的人均专利授权数比较低，相较于2013年和2014年，2015年该指标出现了下降，表明中原经济区的高研发投入没能较好地转化为研发产出，知识产权保护等也还未明显见效。作为农业人口多、农业比值大的地区，要实现"三化"协同发展，中原经济区还需要不断提高对研发环节的重视，加大科技投入，改善创新环境。

（21）呼包银榆经济区。2012年呼包银榆经济区发展规划开始执行，该经济区是我国重要的能源和矿产资源富集区，也是国家向北开放的重要门户，与蒙古国、俄罗斯等国家的经济技术交流与合作不断加强。2014

年，围绕内蒙古科技大学，打造了呼包银榆经济区研究中心，该研究中心成为该区域发展的重要智库。从整体的研发引力排行榜来看，呼包银榆经济区 2013 年排名第十六位，2014 年下降到了第二十一位，2015 年依然排名第二十一位。该区域整体开放程度仍然很低，出口额占比仅仅相较于陕甘宁革命老区好一些，2013～2015 年间进出口额占比都没有超过 2.5%，外商投资吸引力也不足。2013～2015 年间该经济区的人均研发机构数都保持较高水平，2015 年每百万人拥有研究与开发机构数达到 5.2 个。除了人均研发机构数较大之外，其他研发引力指标整体处于落后状态。虽然人均研发机构数有较大优势，但研发投入不够，创新意识不浓，故而基本停留在依靠自然资源发展的低水平状态。

4.2　2013～2015 年制造价值模块"垂直专业化引力指数"比较分析

4.2.1　2013～2015 年制造价值模块指标评价变量原始数据

根据制造价值模块引力指数指标的选取思路，本书选取的用以衡量国家战略经济规划区的制造引力指标包括：（1）区域出口占区域 GDP 的比重（X1）；（2）互联网的户均开户数（X2）；（3）区域进口占区域 GDP 的比重（X3）；（4）制造业就业人数占区域总人数的比重（X4）；（5）人均能源产量（X5）；（6）公路铁路水路人均货运量（X6）；（7）平均土地价格（X7）；（8）制造业工资效率水平（X8）；（9）区域工业本年度应交增值税与工业主营业务收入的比重（X9）；（10）区域国有企业总产值占工业企业总产值的比重（X10）；（11）区域工业总值占区域 GDP 的比重（X11）；（12）FDI 的流入存量占区域 GDP 的比重（X12）。2013～2015 年间各规划区制造价值模块指标变量的原始数据如表 4-4 所示。

表 4－4　2013~2015 年间 21 个国家战略经济规划区制造模块指标数据对比

区域	X1 区域出口占区域GDP的比重（%）			X2 互联网的户均开户数（户）			X3 区域进口占区域GDP的比重（%）			X4 制造业就业人数占区域总人数的比重（%）		
	2013 年	2014 年	2015 年	2013 年	2014 年	2015 年	2013 年	2014 年	2015 年	2013 年	2014 年	2015 年
1 武汉城市圈	3.8883	4.2479	4.3700	43.8471	50.5573	71.12	2.6394	3.1156	2.1400	4.8137	4.6114	4.7930
2 长株潭城市群	5.1357	5.5187	4.8800	52.9346	53.3214	65.37	4.0612	3.1307	3.0000	4.2009	4.2045	3.8878
3 广西北部湾经济区	9.3712	11.9086	14.3600	54.0731	57.5753	72.74	18.2505	20.4321	25.2600	1.7721	1.5470	1.5038
4 海南国际旅游岛	7.1118	7.7201	38.2700	25.5092	26.7531	21.10	21.6413	20.0014	104.8300	0.6458	0.6292	0.8311
5 鄱阳湖生态经济区	11.5644	11.7667	11.5000	35.7656	47.9277	54.19	8.1869	5.8650	4.6900	3.4260	3.6565	3.7467
6 长吉图开发开放先导区	7.02	5.5408	4.1200	48.2512	49.3183	35.24	8.5027	8.6370	6.7300	3.7110	3.7533	3.4921
7 辽宁沿海经济带	14.6585	14.6761	12.0700	48.2965	52.2345	56.61	9.0430	11.2112	8.6800	3.6061	3.1145	3.3366
8 关中—天水经济区	3.2001	3.4720	4.4000	42.0182	63.5073	57.68	1.9346	2.3290	3.6900	2.6542	2.5961	2.5911
9 海峡西岸经济区	17.003	17.0342	16.9400	52.4338	58.7369	82.52	7.7571	6.7494	5.4900	3.0000	3.0143	3.0466
10 珠三角经济区	65.1286	62.6637	58.2500	253.4184	251.3452	201.22	45.6012	40.3566	32.0200	15.8479	15.6648	14.8992
11 长三角经济区	43.6581	41.7704	38.6000	151.5711	172.9653	181.35	34.3433	32.0462	29.7900	7.5075	7.6809	7.3471
12 沈阳经济区	7.2164	7.8172	7.1900	48.2046	52.8624	57.24	4.2472	4.3656	3.3500	3.6304	3.4205	3.1837
13 皖江城市带	8.6633	8.7897	8.6900	41.0932	44.4056	53.94	9.5800	8.2309	9.6300	3.6822	3.4876	2.9160
14 河北沿海经济区	10.8285	9.2505	8.9900	47.8503	50.8525	52.20	6.0759	5.6539	4.8100	2.4366	2.3405	2.2018
15 成渝经济区	16.0049	18.1603	14.0900	33.2168	37.2185	45.51	7.8350	9.4549	5.5900	4.5265	4.9456	4.7969
16 山东半岛蓝色经济区	16.9842	18.9600	18.6400	58.3169	59.9315	67.13	30.9053	25.5651	16.9000	6.7415	6.5750	6.3773
17 宁夏开放区	6.0367	9.5650	6.2300	36.1223	37.2561	49.55	1.5742	2.5194	1.7000	1.9251	2.3269	2.1796
18 黔中经济区	3.8048	4.9461	4.8900	27.8386	48.0587	60.85	0.7003	0.5930	0.9000	1.5806	1.6225	3.6094
19 陕甘宁革命老区	0.5471	0.6277	1.6700	23.5609	28.0361	30.71	0.4966	0.4812	0.4900	1.0568	1.0432	0.9859
20 中原经济区	4.3006	4.5508	6.8300	43.1620	48.7921	43.22	3.2840	2.9076	4.0700	1.8496	1.8528	1.9361
21 呼包银榆经济区	2.1387	2.2245	2.3300	38.4162	34.9620	41.92	1.8732	2.4933	2.2600	2.3892	2.2664	2.5920

续表

区域	X5 人均能源产量（吨标准煤）			X6 公路铁路水路人均货运量（吨）			X7 D 平均土地价格（元/平方米）（逆向指标）			X8 制造业工资效率水平（%）		
	2013年	2014年	2015年	2013年	2014年	2015年	2013年	2014年	2015年	2013年	2014年	2015年
1 武汉城市圈	0.8700	0.9816	0.8982	7.9655	8.4054	8.4300	760.2000	855.8908	1132.7064	1.2492	1.2823	1.8393
2 长株潭城市群	1.2600	0.9424	0.7280	14.2760	12.5203	12.4100	1458.5800	1227.1037	1142.7372	1.2717	1.2909	1.7155
3 广西北部湾经济区	0.3900	0.6018	0.5621	22.5482	21.2041	18.4400	776.1000	1012.1546	971.9279	1.0127	1.0413	0.9499
4 海南国际旅游岛	2.0300	2.0154	1.9052	5.8980	5.8967	8.1600	1281.7200	1626.9207	2161.6517	0.7930	0.7803	0.7622
5 鄱阳湖生态经济区	0.5700	0.5422	0.5162	13.6317	16.4366	14.2800	760.5500	924.9705	906.9199	0.9564	0.9373	0.8799
6 长吉图开发开放先导区	1.2600	1.2228	1.0954	5.3314	8.1494	7.7800	682.7200	869.2605	778.6397	1.2544	1.2231	1.4751
7 辽宁沿海经济带	1.2800	1.1726	1.1573	19.7078	22.3985	21.7900	1031.8400	832.3773	728.6163	1.5325	1.4211	1.2686
8 关中—天水经济区	10.6400	11.2086	11.4660	11.4970	9.6865	10.9300	723.5400	798.6295	837.5002	0.7752	0.7525	0.7404
9 海峡西岸经济区	0.6700	0.6617	0.5566	8.3237	10.1998	8.0200	1286.2100	1715.5071	1622.0441	0.7233	0.7207	1.3049
10 珠三角经济区	0.5100	0.5256	0.6325	12.2441	13.3007	14.3200	3725.9100	5161.4067	4875.4400	1.5128	1.5207	1.4640
11 长三角经济区	0.1100	0.1079	0.2589	10.4180	10.4042	10.9500	4168.8500	4624.6958	6269.1696	1.1751	1.1773	1.2426
12 沈阳经济区	1.2800	1.1722	1.1530	17.0718	18.6102	17.3400	1012.7800	969.8043	695.4651	1.4159	1.3024	1.1591
13 皖江沿海城市带	1.6900	1.5475	1.5806	25.8744	23.1821	21.5700	1248.3300	1149.3300	1317.0014	0.9975	1.0091	0.8683
14 河北沿海经济区	0.9900	1.1181	0.9570	15.1424	12.6120	11.5200	736.7200	665.7433	687.0975	1.1433	1.0814	0.9794
15 成渝经济区	1.4600	1.7704	1.7441	9.1409	8.4315	8.8800	1685.1200	1521.1399	1656.4721	0.7722	0.8180	0.8160
16 山东半岛蓝色经济区	1.5600	1.5548	1.4860	12.5434	10.2312	10.5900	757.2600	850.1463	787.5318	1.6613	1.6147	1.5163
17 宁夏开放区	9.8500	8.9590	8.4178	19.5076	17.1817	21.2700	319.8800	265.5073	287.0111	0.7848	0.7051	0.9755
18 黔中经济区	4.1700	3.8560	4.2667	7.8131	10.8137	15.7000	933.9000	888.2118	668.0618	0.5132	0.5634	0.5494
19 陕甘宁革命老区	8.6800	8.6103	8.1924	16.3917	13.8572	20.1700	448.9700	501.6506	443.0663	0.7267	0.7557	0.6327
20 中原经济区	6.3900	6.0501	6.5541	13.2990	16.3539	14.8000	888.3100	943.1813	772.7461	0.6741	0.6757	0.6769
21 呼包银榆经济区	18.2500	17.5009	16.9757	35.4429	28.9227	30.4800	476.0000	364.0284	319.1373	1.4559	1.4635	1.3879

续表

区域	X9 D区域工业本年度应交增值税与工业主营业务收入的比重（%）（逆向指标）			X10 D区域国有企业总产值占工业企业总产值的比重（%）（逆向指标）			X11 区域工业总产值占区域GDP的比重（%）			X12 FDI的流入存量占区域GDP的比重（%）		
	2013年	2014年	2015年	2013年	2014年	2015年	2013年	2014年	2015年	2013年	2014年	2015年
1 武汉城市圈	2.9047	3.5460	2.3026	22.5512	26.4885	24.1043	46.5221	51.8452	63.0930	0.2261	0.2299	0.18
2 长株潭城市群	3.8382	3.6333	2.8459	28.3068	25.3729	22.2039	51.4142	55.4863	49.0992	0.438	0.4583	0.49
3 广西北部湾经济区	2.9418	4.6089	3.3417	32.1925	29.3804	27.6417	37.1721	47.5641	44.4257	0.2754	0.1215	0.17
4 海南国际旅游岛	4.1714	3.6933	4.7471	25.6371	19.0500	6.4000	17.3438	24.9777	12.9421	0.2373	0.1599	0.12
5 鄱阳湖生态经济区	3.3105	3.2384	2.9468	20.5180	17.5299	14.5899	47.6721	53.1855	50.1892	0.4551	0.4940	0.50
6 长吉图开发开放先导区	3.1506	2.8924	2.7951	35.9771	35.5580	33.0079	46.1458	54.0574	43.0040	0.4529	0.9839	0.55
7 辽宁沿海经济带	3.2463	2.7696	3.3112	23.5153	31.6272	31.2281	47.3804	46.4460	29.5108	0.9568	0.8811	0.15
8 关中—天水经济区	3.8493	3.7954	3.2314	45.5905	55.1201	56.2583	43.134	49.2964	54.4173	0.2006	0.2284	0.10
9 海峡西岸经济区	3.4969	3.2953	3.3166	14.2503	13.8105	13.3621	45.8893	50.3998	43.6295	0.2933	0.2041	0.24
10 珠三角经济区	2.9898	2.9694	5.4431	14.7633	15.5491	15.6165	46.9952	49.5982	48.3706	0.5466	0.5162	0.50
11 长三角经济区	2.9854	2.8707	2.9003	20.8159	20.8501	23.0378	39.8672	43.3454	38.9494	0.5749	0.5200	0.49
12 沈阳经济带	2.6979	2.4409	2.5486	21.3259	25.2841	30.2281	48.6078	50.8689	48.1133	0.5071	0.4975	0.12
13 皖江城市带	2.9302	2.7833	2.8871	27.7725	29.0408	29.2931	50.7629	57.7950	46.9358	0.6424	0.6442	0.68
14 河北沿海经济区	2.5051	2.2636	2.4835	22.9397	21.8842	23.2971	44.7469	48.9919	42.9110	0.3288	0.3373	0.34
15 成渝经济区	3.6073	3.6314	3.6422	42.3379	24.9521	25.6851	42.4689	48.3391	38.4651	0.6533	0.5432	0.49
16 山东半岛蓝色经济区	4.2246	2.3610	1.8583	14.7006	11.4228	14.0818	48.5953	52.6490	50.1118	0.2962	0.5456	0.31
17 宁夏开放区	3.3868	2.9265	3.0376	46.2546	45.6821	41.6298	36.6426	53.7839	35.7652	0.0791	0.0239	0.06
18 黔中经济区	4.8602	2.6526	2.6868	48.0709	41.7242	38.5124	34.552	32.2404	38.2440	0.141	0.1517	0.18
19 陕甘宁革命老区	5.5801	4.5893	4.6261	49.3951	55.4817	52.4549	46.6393	55.1024	47.8975	0.3957	0.4880	0.46
20 中原经济区	3.9303	2.8793	2.6891	24.8673	22.4467	20.8756	48.28	50.4246	44.6162	0.342	0.3720	0.36
21 呼包银榆经济区	4.0724	3.8634	3.7815	33.9203	36.7523	36.7477	46.2059	54.8312	53.1198	0.1782	0.1584	0.18

根据 2013～2015 年间国家战略经济规划区制造价值模块的因子分析结果，汇总出三年来各规划区制造价值模块"垂直专业化引力指数"排名情况，如表 4 - 5 所示。

表 4 - 5　　2013～2015 年国家战略经济规划区制造引力指数对比

区域	2013 年		2014 年		2015 年		综合情况	
	2013 年制造	排名	2014 年制造	排名	2015 年制造	排名	合计	排名
10 珠三角经济区	1.5654	1	1.7369	1	0.7607	2	4.063	1
21 呼包银榆经济区	0.7056	2	0.2061	6	1.1749	1	2.0866	2
16 山东半岛蓝色经济区	0.5432	3	0.7913	2	0.3648	5	1.6993	3
11 长三角经济区	0.5182	4	0.6769	3	0.0770	8	1.2721	4
7 辽宁沿海经济带	0.2967	5	0.4328	4	0.0535	9	0.783	5
12 沈阳经济区	0.1269	7	0.1963	7	0.1777	7	0.5009	6
13 皖江城市带	0.1773	6	0.2672	5	- 0.2411	17	0.2034	7
2 长株潭城市群	- 0.0285	8	0.0416	9	0.0509	10	0.064	8
1 武汉城市圈	- 0.1760	13	- 0.1698	14	0.4071	4	0.0613	9
17 宁夏开放区	- 0.1053	11	- 0.3614	16	0.4498	3	- 0.0169	10
6 长吉图开发开放先导区	- 0.2049	14	0.1430	8	- 0.2238	14	- 0.2857	11
3 广西北部湾经济区	- 0.0713	10	- 0.1570	13	- 0.1026	13	- 0.3309	12
14 河北沿海经济区	- 0.0622	9	- 0.0966	11	- 0.2436	15	- 0.4024	13
5 鄱阳湖生态经济区	- 0.1375	12	0.0115	10	- 0.2983	19	- 0.4243	14
8 关中—天水经济区	- 0.2633	15	- 0.5837	19	0.2085	6	- 0.6385	15
19 陕甘宁革命老区	- 0.2809	16	- 0.5042	18	0.0005	11	- 0.7846	16
9 海峡西岸经济区	- 0.3068	18	- 0.3042	15	- 0.2379	16	- 0.8489	17
20 中原经济区	- 0.2855	17	- 0.3621	17	- 0.2296	15	- 0.8772	18
15 成渝经济区	- 0.3571	19	- 0.1342	12	- 0.5601	20	- 1.0514	19
18 黔中经济区	- 0.8076	20	- 0.8496	20	- 0.0863	12	- 1.7435	20
4 海南国际旅游岛	- 0.8465	21	- 0.9808	21	- 1.5019	21	- 3.3292	21

4.2.2　2013～2015 年制造引力指数聚类分析

通过将 2013～2015 年间各规划区制造价值模块总引力得分当成新的变量，采用组内聚类法和计算平方欧式距离来进行系统聚类分析，以此度量各区域制造模块总"垂直专业化引力"水平的"亲疏程度"，能更科学直观地划分各区域制造模块垂直专业化引力水平的等级和层次，结果如图 4-2 所示。

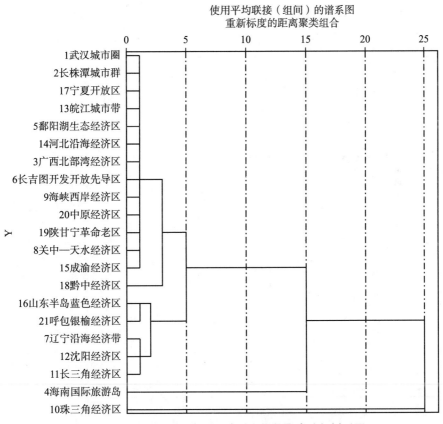

图 4-2　2013～2015 年总制造引力指数聚类分析树形图

结合聚类分析树形图和各区域制造引力汇总得分情况，将21个区域划分为五类即五个等级档次，其聚类分类情况如表4-6所示。

表4-6　　　　　　2013～2015年制造引力指数聚类分类情况

分类	区域名称	制造引力指数	区域个数	最大值	最小值	均值	标准差
一	10 珠三角经济区	4.063	1	4.063	4.063	4.063	0.0000
二	7 辽宁沿海经济带	0.783	5	2.0866	0.5009	1.268	0.5796
	12 沈阳经济区	0.5009					
	11 长三角经济区	1.2721					
	16 山东半岛蓝色经济区	1.6993					
	21 呼包银榆经济区	2.0866					
三	1 武汉城市圈	0.0613	13	0.2034	-1.0514	-0.4102	0.3936
	2 长株潭城市群	0.064					
	17 宁夏开放区	-0.0169					
	13 皖江城市带	0.2034					
	5 鄱阳湖生态经济区	-0.4243					
	14 河北沿海经济区	-0.4024					
	3 广西北部湾经济区	-0.3309					
	6 长吉图开发开放先导区	-0.2857					
	9 海峡西岸经济区	-0.8489					
	20 中原经济区	-0.8772					
	19 陕甘宁革命老区	-0.7846					
	8 关中—天水经济区	-0.6385					
	15 成渝经济区	-1.0514					
四	18 黔中经济区	-1.7435	1	-1.7435	-1.7435	-1.74	0.0000
五	4 海南国际旅游岛	-3.3292	1	-3.3292	-3.3292	-3.33	0.0000

资料来源：笔者由聚类分析法分析所得。

4.2.3　2013～2015 年国家战略经济规划区制造引力聚类分析

2013～2015 年国家战略经济规划区制造引力总体表现可分为五大类，即五个层级。位于第一层级的是珠三角经济区，该规划区作为最早承接国际产业转移的区域，2013～2015 年间制造引力指数一直遥遥领先。第二层级的区域包含辽宁沿海经济带、沈阳经济区、长三角经济区、山东半岛蓝色经济区和呼包银榆经济区五个规划区。呼包银榆经济区的总制造引力排名第二，得益于该区域丰富的自然资源和较雄厚的工业基础；辽宁沿海经济带和沈阳经济区作为东北老工业基地的核心区域也有较好的制造业基础和工业实力；长三角经济区的制造引力指数因为日益昂贵的土地价格和劳动力成本而稍微落后，但工业实力在全国依然处于领先地位；山东半岛蓝色经济区海洋制造业发达，工业基础扎实，这三年来制造引力表现突出。第三层级的区域包含武汉城市圈、长株潭城市群、宁夏开放区、皖江城市带、鄱阳湖生态经济区、河北沿海经济区、广西北部湾经济区、长吉图开发开放先导区、海峡西岸经济区、中原经济区、陕甘宁革命老区、关中—天水经济区和成渝经济区 13 个规划区，其中只有武汉城市圈和长株潭城市群在 2013～2015 年间的总制造引力超过平均值，其余 11 个规划区的制造引力指数均低于平均水平。该类区域包含了一半以上的国家战略经济规划区，说明规划区的制造引力水平分布不均，少数规划区遥遥领先，而多数区域则处于落后状态。第四和第五层次分别是黔中经济区和海南国际旅游岛，黔中经济区受自然资源、地理环境及工业基础等因素的影响，较前三层级区域有非常大的差距，海南国际旅游岛的制造引力排在末位，几乎没有吸引制造价值模块进行"扎根"的竞争优势。

4.2.4 2013~2015年各规划区制造模块引力指数变化趋势分析[①]

（1）呼包银榆经济区。呼包银榆经济区是我国重要的能源和矿产资源富集区，是国家重要的煤炭基地、油气基地和电源基地，资源的富集度全国居首。经济区拥有全国27%的煤炭储量，30%的天然气储量，10%的石油可采储量，10%以上的风电、太阳能发电装机量。该区域有丰富的稀土、铁、铜等矿产资源。煤炭石油、新能源等产业已经成为该经济区的支柱产业。在交通方面，该经济区有多条横贯东西，连接南北的高速公路，以及9个民用机场和4个对蒙边境口岸。呼包银榆经济区的区域制造引力在21个战略经济规划区中的排名从2013年的第二名到2014年的第六名，再到2015年的第一名。2015年该区域制造引力指数的综合得分较第二名的珠三角经济区高出较多，主要原因有四点：一是其能源极其丰富，2015年人均能源产量将近17吨标准煤，远高于第二名的关中—天水经济区的11.5吨标准煤；二是该区域运输能力强大，2013~2015年间其公路铁路水路人均货运量都在21个战略经济规划区中排名第一；三是该区域面积广阔，地广人稀，整体土地价格低廉，2015年平均土地价格为319元/平方米，在土地均价中排名倒数第二；四是该规划区工业总产值占比较高，说明该区域的工业集聚程度较高，有较好的工业基础。但呼包银榆经济区经济发展的外向度不高，制造业人口占比处于中等水平，也没有明显的税收优势，规模以上工业企业主要以国有企业为主，民营经济不发达，对外资的吸引力度较弱，从而可以看出该经济区主要依赖资源优势而致使制造模块引力指数较高，想要真正吸引制造模块扎根，还需要在工业基础和市场方面做出很大努力。

（2）珠三角经济区。珠三角经济区是具有全球影响力的先进制造业和

---

① 注：本小节中的数据来源与本书中表1-13、表2-8、表3-8同。

服务业基地，是承接世界发达国家产业转移的重要地区，形成了以电子信息、轻工业、加工制造业等为主的企业群和产业群。2015 年珠三角经济区制造模块的引力得分为 0.7607，较之前 2013 年、2014 年的得分 1.57、1.74 有所下降。原因一是 2015 年由于全球经济环境不佳，该区域进出口占比呈现下降；原因二是因为人口众多，而且自然资源相对欠缺，导致该地区的人均能源产量较小；原因三是该地区是全球经济活力最强的地区之一，所以土地价格十分高昂，在 21 个经济区中，只比长三角经济区的地价低，远高于其他经济区，不利于制造业规模的扩张和发展；原因四是由于该经济区的发展已经较为成熟，所以对于制造企业而言，在税收政策优惠方面没有什么优势。但从整体而言，珠三角经济区有雄厚的工业技术，制造业人员占比远高于其他区域，制造业就业人数占比在 2013～2015 年中远超其他经济区，且交通十分发达，人均货运量较高，员工的工资效率水平较高，民营经济发达，市场活跃度高，FDI 流入存量占比在全部经济区中排名第一，说明该经济区对外资有强大的吸引力，工业集聚效应突出。从珠三角经济区的内部城市来分析，珠三角经济区制造引力基本体现在除深圳、广州及珠海以外的城市，广州的制造优势在珠三角经济区并不明显，深圳和珠海土地价格的高昂足以让附加值较低的制造模块望而却步，区域内其他城市因为有着良好的工业基础，熟练的技术工人和税收、土地价格方面的优惠而成为制造模块扎根的首要选择。

（3）宁夏开放区。宁夏回族自治区地处新亚欧大陆桥国内段的重要位置，在我国与中东中亚交通联系中具有重要作用；区域内能源资源丰富，是国家重要的煤电和新能源基地；该经济区积极融入服务"一带一路"，推动内陆开放型试验区建设，取得新突破。宁夏内陆开放型经济试验区的区域制造引力在 21 个战略经济规划区中的排名从 2013 年的第十一名到 2014 年的第十六名，再到 2015 年的第三名。可见，该经济区的制造引力在 2015 年有了较大的提升。该经济区的制造引力特征与呼包银榆经济区有相似之处，宁夏内陆开放型经济试验区最大的优势是土地价格低，2013～2015 年间该经济区的平均地价位于 21 个经济区的最低水平，有利于吸引制造企业到此落户。第一，制造业工资效率水平也在提升，说明劳动生产率在提高；第二，该经济区作为国家重要的能源化工基地，人均能源产量较高，在 21 个经济区中名列前茅；第三，同呼包银榆经济区一样，该地区的人均货运量大，工业区位条件较好。但是，该经济区由于处于内陆地区，区域进出口占比较低，互联网使用率也较低，信息化发展仍处于较为滞后的状态，对外商吸引力不足，区域国有企业总产值占比较高，说明该经济区主要依靠国家大型能源企业支撑，民营经济仍不够活跃，工业集聚效应仍不佳。

（4）武汉城市圈。武汉城市圈是湖北工业的核心，工业保持稳定增长，武汉城市圈的龙头城市武汉，工业基础较好，制造业有着雄厚的基础，有武钢、武船、南车等一系列大型工业企业。武汉城市圈形成了以钢铁、机械制造、高新技术产业为代表的主导产业，现代化制造蓬勃发展。武汉城市圈的区域制造引力在 21 个战略经济规划区中的排名从 2013 年的第十三名到 2014 年的第十四名，再到 2015 年的第四名。可见，武汉城市圈的区域制造引力在 2015 年有一个较大的提升。从区域工业总值占区域 GDP 的比重这一指标来看，2014 年为 51.85%，2015 年提高到了 63.09%，在所有经济规划区中排名第一，由此可知武汉城市圈是一个以工业立足的经济区。在 2013～2015 年间，武汉城市圈的制造业工资绩效水平指标一直保持在较高水平，2015 年排名第一，对发展制造业的成本控制具有优势。此外，该经济区税收优惠力度大，民营经济发展势头良好，经济效率偏高，市场投资环境不错。但该经济圈也有一些不利于制造业发展的因素，第一，经济开放度不够，进出口占比和 FDI 流入存量占比都严重偏低；第二，能源储备少，运输能力也有限；第三，FDI 流入存量占比不高，由于处于内陆地区，对外交流有限，导致整体对外资的吸引力不足。该区域还有一个显著特点就是省会城市武汉与其他城市差异较大，土地成本远高于其他城市，工业发展规模较小，所以制造模块的引力主要集中在其他城市。

（5）山东半岛蓝色经济区。山东省是海洋大省，海洋资源丰富，海岸线长达 3000 多千米，占全国的 1/6，是我国长江口以北具有深水大港预选港址最多的岸段；在全国规划的铁路"五纵五横"中，山东省处于东部沿海"一纵"的中枢地带，上下连接东北老工业区和长三角经济区，交通区位优势明显。作为沿海大省，山东省拥有丰富的海洋资源和良好的产业基础，重点打造汽车、装备、石油、新能源、纺织服装、电子信息、食品加工等产业，2015 年重点产业主营业务收入超 10000 亿元。山东半岛蓝色经济区的区域制造引力在 21 个战略经济规划区中的排名从 2013 年的第三名到 2014 年的第二名，再到 2015 年的第五名。从排名上看，山东半岛蓝色经济区的制造引力变化不大，相较 2014 年，2015 年的制造引力略有下降。山东半岛蓝色经济区有较长的海岸线，海运便利，具有良好的投资区位条件，体现在该规划区出口占 GDP 的比重较高，仅次于珠三角经济区、长三角经济区、海南国际旅游岛。该规划区从事制造业人数占区域总人数的比重也较高，有较为丰富的制造业人力资源。在 2013～2015 年间，该区域工业总产值占比较高，达到 50% 左右，高于 21 个区域的平均水平，国有企业占比较少，说明民营经济较为活跃。工资的效率水平和税收优惠程度领先于 21 个经济规划区的平均水平，但对外商直接投资的引力不足，FDI 流入存量占区域 GDP 的比值只有 0.31%（2015 年），低于多个经济区的数值。该区域虽然海洋资源丰富，但传统制造业所需的能源产量较低，2015 年人均能源产量仅为 1.5 吨标准煤，土地价格方面也没有什么优势。从而可以看出，该区域自身的制造实力较强，工业底子厚，但还没有形成吸引外商直接投资从而产生强大集聚效应的能力。

（6）关中—天水经济区。关中—天水经济区处于我国内陆中心，是亚欧大陆桥的重要支点，也是西部地区连通东中部地区的重要门户，交通枢纽作用突出；区域内煤炭、矿产资源丰富，是国家重要的能源基地。关中—天水经济区拥有较好的智力资源和工业基础，带动了新疆和内蒙古地区的发展，对大西北的开发起到经济辐射作用。该经济区中西安高新区以电子信息、航天、光伏产业为重点；宝信高新区以新材料、军工产业为重点；渭南高新区以医药产业为重点；杨凌农业高新区以绿色食品、生物工程为重点。关中—天水经济区的区域制造引力在 21 个战略经济规划区中的排名从 2013 年的第十五名到 2014 年的第十九名，再到 2015 年的第六名。关中—天水经济区同我国西北部的大部分地区一样，拥有丰富的能源资源，在 2013～2015 年间，该地区的人均能源产量均较高，分别达到了 10.64 吨标准煤、11.21 吨标准煤、11.47 吨标准煤，远高于 21 个经济区的平均值，能源富集度非常高。该经济区的工业总产值提升明显，说明工业得到了较快发展，2015 年区域工业总值占比达到 54.42%，在所有经济区中排名第二，仅次于工业基础雄厚的武汉城市圈。同时，该地区的工业总值中的 56.26% 由当地的国有企业贡献，说明当地工业发展依赖国有企业。在土地价格和税收优惠方面的优势并不明显，作为中部和西部的重要交通枢纽，运输能力的优势在指标上体现也不明显。该经济区最大的缺陷在于经济开放度太低，进出口占比和 FDI 流入存量占比都严重偏低，区域经济实力不强，效率水平偏低，但由于良好的能源条件，以及良好的工业发展条件，从而导致整体得分在 2015 年时偏高。

（7）沈阳经济区。沈阳经济区以沈阳为中心，是国家重要装备制造业基地和优化开发区域，也是东北地区重要的工业城市群和辽宁省经济发展的核心区域。沈阳经济区较早形成了以钢铁、煤炭、石油、化工、机械、电力等轻重工业为基础的工业基地，并且有与之相匹配的较为完善的交通网络体系。沈阳经济区新型工业化综合配套改革试点的批复，标志着沈阳经济区在中国特色新型工业化道路上迈出了新的步伐。在 2013～2015 年间，沈阳经济区的区域制造引力在 21 个战略经济规划区中都排名第七位。可见，该经济区的制造引力在 21 个经济区中处于中上游位置。从制造模块引力的指标数值特征来看，沈阳经济区与同属于辽宁省的辽宁沿海经济带有一定相似之处，在互联网使用率、制造业就业人数占比、人均能源产量等指标上，两个经济区的数值相近。从得分上来看，在 2013～2014 年间，辽宁沿海经济带的制造引力得分高于沈阳经济区，2015 年，沈阳经济区则反超辽宁沿海经济带。主要原因是在税收优惠方面，沈阳经济区更具优势，而且沈阳经济区的区域工业总产值占比要高于辽宁沿海经济带，沈阳经济区的工业总值占比较高，在2013～2015年间，该指标保持在48%～51%，可见沈阳经济区的制造业实力较强。但沈阳经济区的开放程度较低，对外商直接投资的引力不够，FDI流入存量占比较低，且在2013～2015年间有下降趋势。沈阳经济区平均土地价格有下降的趋势，土地成本的下降，有利于制造企业控制成本，相较于其他省会城市的土地价格沈阳依然不算高，因而整个区域较适宜制造模块扎根。

（8）长三角经济区。长三角经济区产业种类多样，各大城市拥有自己的特色产业，集群效应明显，生产力强，工业化水平高。该区域位于我国东部沿海地区，较早地参与全球分工，融入国际化趋势，且拥有面向国际、辐射全国的密集型立体交通网络和现代化港口群，经济腹地广阔，相较于全国其他地区仍然在制造引力上有较大优势。长三角经济区的区域制造引力在21个战略经济规划区中的排名从2013年的四名到2014年的第三名，再到2015年的第八名。2015年长三角经济区制造模块引力指数排名下降的主要原因是人均能源产量全国最低，平均土地价格最高，土地、能源匮乏，资源环境约束日益明显。在2013～2015年间，长三角经济区的平均土地价格是21个经济区中最高的，并且远高于其他经济区，在2015年更是达到了6269.17元/平方米。但长三角经济区市场潜力广阔，区域进出口占GDP的比重远高于21个经济规划区的平均水平，互联网使用率仅次于珠三角地区，信息化水平高，可见该经济区有较好的工业发展基础，技术支撑能力强大。该经济区制造业就业人数占比仅低于珠三角经济区，税负方面相对珠三角经济区而言相对较轻，该区域国有企业总产值占比也不高，民营经济活跃，对外商直接投资具有强大吸引力，规模效应、集聚效应突出。从内部省市的各项指标来看，江苏省和浙江省的平均地价远低于上海，江苏省和浙江省民营经济的发达程度也远高于上海，由此可知，长三角经济区对制造价值模块的吸引力主要集中在江苏省和浙江省，上海不适宜发展制造模块。

（9）辽宁沿海经济带。辽宁沿海经济带在工业产业方面具有诸多优势，地理区位优势明显，资源禀赋优良，工业实力较强，交通体系发达，拥有较为完备的疏港和支线铁路运输网络。辽宁沿海经济带的区域制造引力在21个战略经济规划区中的排名从2013年的第五名到2014年的第四名，再到2015年的第九名。从排名来看，该地区2013年和2014年的制造业引力排名变化不大，2015年排名有所下降。虽然该经济区人均能源产量指标并不突出，但由于是沿海地区，且交通网络发达，该地区的人均货运量在2013~2015年中均高于21个经济规划区的平均水平，2015年人均货运量达到21.79吨，仅次于呼包银榆经济区，位居第二。该地区平均地价相对其他沿海经济区而言较低，远低于长三角经济区、珠三角经济区、略低于山东半岛蓝色经济区，总体而言，该经济区具有一定的区位优势。但该地区的税收依然偏高，不具备良好的税收优势，制造业工资效率水平处于21个规划区的中等水平，区域工业总值占比这三年来呈下降趋势，区域国有企业工业总值占比从2013年的23.52%提升到2015年的31.23%，民营经济的发展空间受到一定的压缩。市场开放度相较于多数内陆经济区较有优势，但相较于发达沿海区域还有很大差距，制造业人口占比表现偏上，但整体工业基础优势不是很突出。在吸引外商投资方面，在2013~2014年，该经济区的FDI流入存量占比较高，外资的吸引力较强，在21个经济规划区中名列前茅，2015年出现了较大的下降，可见该地区吸引外资的能力仍不稳定，受市场波动影响较大。区域内部城市在代表制造引力的各项指标中除了大连土地价格明显偏高之外其他指标均差距不大，制造环境要素相当。

（10）长株潭城市群。长株潭城市群是湖南省工业实力最强，一体化发展程度最高的区域，该区域产业门类齐全，有自己独立的发展体系。长株潭城市群的制造业集聚中心是长沙，株洲和湘潭地区是次中心。2013年，该经济区工业增加值超过一万亿元，占全省比重的51.72%。长株潭城市群的区域制造引力在21个战略经济规划区中的排名从2013年的第八名到2014年的第九名，再到2015年的第十名，在排名上有下降的趋势。在2013~2015年间，该经济区的工业总值占比分别为51.41%、55.49%、49.10%，在经济规划区中排名靠前，工业规模大，FDI流入存量相比其他内陆地区而言较高，整体集聚效应明显。制造业就业人数占区域总人数的比重较高，说明制造业劳动力丰富，但由于处于内陆地区，该区域进出口占比较小，说明对外交流仍不足，对外开放度不高。人均能源产量和货运量相较于西北能源富集地区没有优势，土地价格相较于其他内陆型经济区较为偏高，投资区位并没有表现出明显的优势。该经济区制造业工资效率水平较高，2015 年仅次于武汉城市圈，国有企业生产总值占比较低，说明民营经济发展较为活跃。但因为增值税占主营业务收入的比值偏高，税收优惠力度不大而使总得分偏低，投资环境有所受限。从区域内部城市的指标来看，区域工业多数集中在长沙，但长沙的生产要素成本远高于另外两个城市，因而需向株洲和湘潭倾斜制造模块。

（11）陕甘宁革命老区。陕甘宁革命老区自上升到国家战略经济区高度以来，根据自身的资源禀赋，大力发展特色产业，发展农产品加工业，有序合理发展矿产业，有效提升制造业综合发展能力。陕甘宁革命老区的区域制造引力在 21 个战略经济规划区中的排名从 2013 年的第十六名到 2014 年的第十八名，再到 2015 年的第十一名，在排名上有上升趋势。老区位于陕甘宁三省交界处，包头至兰州和包头至西安铁路、北京至西藏高速线纵贯南北，青岛至银川高速、青岛至兰州高速线横穿东西，是西煤东运、西气东输和西电东送的重要通道；煤炭、石油、天然气以及岩盐、石灰岩等矿产资源和风能、太阳能等新能源都非常丰富。这些优势体现在人均能源产量、人均货运量等指标上。在 2013 ~ 2015 年间，老区的人均能源产量均超过 8 吨标准煤，排名仅次于呼包银榆经济区和关中—天水经济区。2015 年人均货运量达到 20.17 吨，高于 21 个经济规划区的平均值。此外，老区的平均土地价格远低于所有经济区的平均水平，总体而言，能源产量、运输能力和土地资源三项指标都具有突出优势，陕甘宁革命老区的投资区位条件较好。区域内部几个城市的工业总值占比和 FDI 流入存量占比都无法查找到数据而使用省份的平均数来代替，因而有所偏高。但是陕甘宁革命老区的市场开放度较低，税收比值较高，互联网使用率较低，2013 年互联网使用率仅有 23.56%，2015 年虽然提升到 30.71%，但还是在所有经济规划区中排名倒数第二。由此可知，整个区域的投资环境和工业实力仍有很大的不足。

（12）黔中经济区。黔中经济区地处西南地区腹心地带，是西南地区重要的陆路交通枢纽；水能资源、煤炭资源、磷、铝、稀土、锰等矿产资源丰富，经济区内矿产资源分布相对集中；重点发展装备制造业、资源深加工等产业，轻工业特色鲜明，从而可以看出该区域有一定的区位优势。黔中经济区的区域制造引力在 21 个战略经济规划区中的排名从 2013 年、2014 年的第二十名到 2015 年的第十二名，从排名来看，2015 年有明显的上升趋势。在 2013~2015 年间，该规划区的进出口占比和互联网使用率、制造业从业人数占比指标呈现上升的趋势，互联网使用率提升较快，说明该经济区的信息化进程在加速，工业基础虽然薄弱，但整体在不断改善，呈现良好态势。该区域人均能源产量在经济区中相对较高，但相比其他能源富集地区而言仍较低；人均货运量这三年来则呈现上升趋势，由 2013 年的 7.8 吨上升到了 2015 年的 15.7 吨，增长明显；土地价格适中，整体的投资区位条件也在不断提升。但该区域的制造业工资效率水平较低，这三年来都排名垫底，2013 年税收比值高，2014 年、2015 年有所下降，国有企业总产值占比呈下降趋势，民间资本越来越活跃，整体的投资环境也在向好发展。虽然该经济区的指标数据呈积极良好态势发展，但整体而言绝对值仍较小，工业规模小，对外资也缺乏吸引力。从而可以看出除了资源较为丰富和在西部铺开的交通网络之外，难有优势能吸引企业来布局大规模制造价值模块。在经济区内部，贵阳并没有远远优于别的城市，整个经济区总体差距不是很大。

（13）广西北部湾经济区。广西北部湾经济区作为我国西部大开发唯一的沿海区域，与东盟国家既有海上通道、又有陆地接壤，交通网络发达，开放优势明显。广西北部湾经济区的区域制造引力在 21 个战略经济规划区中的排名从 2013 年的第十名到 2014 年、2015 年的第十三名，从排名来看，2014 年、2015 年略有下降。该区作为临海经济区，是西部大开发地区唯一的出海口，临近珠三角经济区，又与东盟接壤，有着极大的区位优势。广西北部湾经济区具有较好的陆运和水运条件，一方面体现在该经济区的区域进出口额占 GDP 的比重较高，在 21 个经济规划区中排名靠前，但与我国东部沿海经济区的进出口额占比相比仍有较大的差距；另一方面，人均货运量也表现突出。但是制造业就业人数占比较低，人均能源产量不足，土地价格也不具备较为明显的优势，一定程度上降低了该经济区的制造业引力得分。在 2013～2015 年间，该经济区的区域工业本年度应交增值税占比有上升趋势，从 2.94% 上升到 3.34%，税收政策方面没有比较优势。区域国有企业总产值占比从 2013 年的 32.19% 降至 2015 年的 27.64%，区域工业生产总值占 GDP 比重由 2013 年的 37.17% 提升到了 2015 年的 44.43%，可见该地区的工业规模在增加，且民营经济越来越活跃，投资环境在优化。但总体而言，该区域工业基础薄，开发时间短，没有形成规模效应，所以整体制造引力相较于东部沿海地区还有很大差距，外商投资方面也尚未形成规模。

（14）长吉图开发开放先导区。长吉图开发开放先导区地处中国、朝鲜、俄罗斯三国交界地带，长期以来，长吉图开发开放先导区的发展过度依赖汽车产业和石油产业，在新一轮规划中，将把该经济区打造成为包含具有核心竞争力的汽车产业、石化、农产品加工、光电信息、装备制造、新材料等八大新型工业基地。长吉图开发开放先导区的制造引力在 21 个战略经济规划区中的排名从 2013 年的第十四名到 2014 的第八名，再到 2015 年的第十四名。该经济区与辽宁沿海经济带距离较近，在对外贸易方面，长吉图开发先导区的区域进出口额占区域 GDP 的比重仍较低，在 2013～2015 年间，该指标呈现下降趋势，2015 年的区域出口占比为 4.12%，低于辽宁沿海经济带的 12.07%，可见该经济区在对外开放程度上，与辽宁沿海经济区仍有一定差距。长吉图开发开放先导区的互联网使用率较低，说明工业信息化建设仍有待提升。制造业就业人数占比和人均能源产量、人均货运量指标都处于中等水平，没有明显的区位优势。该区域在 2013～2015 年间制造业工资效率水平高，尤其是 2015 年该区的制造业工资效率水平在所有经济规划区中排名第四，区域工业应交增值税占比、国有企业总产值占比缩小，外加该经济区的土地成本偏低，具有一定的区位优势。区域工业总值占比较高，说明该地区工业总值规模偏大，有一定的工业基础。该区域内部城市代表制造引力的指标除了长春的土地成本稍高，延边的开放度较高之外，整体工业要素的培育较为均衡。

（15）中原经济区。中原经济区位于我国腹地，承东启西、连南贯北，是全国"两横三纵"城市化战略格局中陆桥通道和京广通道的交汇区域，交通区位重要；矿产资源丰富，煤、铝、钼、金、天然碱等储量较大，是全国重要的能源原材料基地；产业门类齐全，有高成长性的汽车、电子信息、轻工产业，也有具备传统优势的化工、钢铁、纺织产业。但作为我国重要的农产品主产区，其整体经济实力和工业基础都不强，经济的开放度也低，从而导致制造价值模块的总引力得分偏低。中原经济区的区域制造引力在 21 个战略经济规划区中的排名从 2013 年、2014 年的第十七名到 2015 年的第十五名，制造引力排名有所上升。该区域的制造业工资效率水平较低，但税收优惠力度相对较大，且民营经济较为活跃，2015 年国有企业总产值占比仅为 20.88%，低于 21 个经济区的平均水平。在 2013～2015 年间，该经济区的工业集聚水平变化不大，外商投资的变化也不明显，整体较为稳定。中原经济区的地理范围囊括了河南省、山东省、山西省、安徽省四省的部分区域，内部指标差异分层较为明显。由于山东省和安徽省部分地区的制造业就业人数占比较低，拉低了整个区域的平均水平，导致中原经济区的制造业就业人数占比优势不明显；在人均能源产量指标上，山西省的指标值也要高于其他三个省的指标值；在人均货运量上，安徽省的人均货运量远高于其他三个省，拉升了中原经济区的人均货运量指标值。该区域的组成部分横跨四个省份，区域特征较为明显，内部差异较大，在吸引制造模块扎根的过程中还需因地制宜。

（16）海峡西岸经济区。海峡西岸经济区地处中国台湾地区和祖国大陆的结合部，邻近港澳，具有独特的与中国台湾进行合作的合作优势；该经济区大力发展先进制造业，发展电子信息、装备制造、石油化工等产业，改造冶金、纺织、食品等优势产业，培育产业集群。海峡西岸经济区的区域制造引力在 21 个战略经济规划区中的排名从 2013 年的第十八名到 2014 年的第十五名，再到 2015 年的第十六名。从排名来看，2013～2015 年间该经济区的制造业引力得分处在 21 个战略经济规划区的中下游水平。从区域进出口占 GDP 比重来看，相对于内陆地区，海峡西岸经济区的区域进出口占比较高，但与东部其他沿海地区相比，比重仍相对较低，该经济区有一定的工业基础，但整体经济实力还不够强大。2015 年，该区域互联网使用率提升较快，达到 82.52%，在所有经济区中排名第三，仅次于珠三角经济区和长三角经济区。从事制造业的人数占比一般，人均能源产量偏低，2015 年的人均能源产量排名倒数；人均货运量指标优势也不明显，土地价格也高于绝大多数经济区，主要是福建省、温州和汕头的土地均价较高从而拉高了整个区域的平均值，整体工业区位条件也一般。海峡西岸经济区在 2013～2015 年间的国有企业总产值占比较低，2015 年仅为 13.36%，相比 2013 年、2014 年有所下降，主要原因是该地区民营经济发达，市场环境活跃。但该区域税收优惠和经济效率整体不高，2015 年区域工业总值占比、FDI 流入量占比有所下降。总体而言，该经济区经济的开放度较高，但工业规模和吸引外商直接投资的引力还是较低，工业集聚效应不明显。

（17）皖江城市带。皖江城市带直接受长三角经济区的辐射，长江黄金水道、快速铁路、高速公路等综合交通体系完善，区位优势明显；与长三角经济区长期以来就有开展产业分工合作的历史，合作基础良好；矿产、土地、水、劳动力资源丰富，长江岸线条件优越，发展空间较大。该区域主要发展汽车制造产业、机械设备产业、家用电器产业、建材冶金产业，其中 2016 年合肥产业实现增值 1825 亿元，占皖江城市带制造业总量的 63%。皖江城市带的区域制造引力在 21 个战略经济规划区中的排名从 2013 年的第六名到 2014 年的第五名，再到 2015 年的第十七名。从排名上看，在 2013～2014 年，该经济区的制造业引力得分较为靠前，2015 年得分下降较多，排名靠后。主要原因是该经济区的人均货运量指标从 2013

年的 25.87 吨，到 2014 年的 23.18 吨，最后下降到 2015 年的 21.57 吨，平均土地价格从 2013 年、2014 年的 1248 元/平方米、1149 元/平方米，提升到了 2015 年的 1317 元/平方米，土地价格有所偏高，随着承接产业转移规模的扩大，区域开发程度越来越高，从而显示出土地资源的局限性。区域进出口额占比的指标值也表现一般，市场开放度不够。该区域的制造业工资效率水平相对较低，但是区域工业应交增值税占比较低，国有企业总产值占比也较低，整体投资环境尚佳；工业总产值占比较高，尤其是 2014 年达到 57.8%，排名为 21 个经济规划区的第一名，工业集聚效应突出，主要得益于大规模承接产业转移。2013～2015 年间 FDI 流入量占比较高，均超过 0.6%，在所有经济区中排名靠前，FDI 的流入为皖江城市带的发展注入了新活力。

（18）河北沿海经济区。河北沿海经济区以沿海高速和滨海公路为纽带，依托区位、港口优势，承接产业转移，重点培养沿海绿色产业基地，发展精品钢铁、高端石化产业，重点打造曹妃甸新区、渤海新区两个产业经济增长极。河北沿海经济区的区域制造引力在 21 个战略经济规划区中的排名从 2013 年的第九名到 2014 的第十一名，再到 2015 年的第十八名。从排名上看，在 2013～2014 年，该经济区的制造业引力得分处于中游，2015 年得分下降较多，排名较为靠后。该经济区的区域进出口占比相较于沿海地区而言仍较低，2014 年和 2015 年的指标都不超过 10%，开放程度不高。在 2013～2015 年间，该区域的互联网使用率略微提升，制造业人数占比略有下降，制造业人口占比明显偏低，与其缺乏工业积累的区域特征有关，整体工业的基础条件变化不明显。因陆域和海域面积都较小因而能源产量不大，人均货运量处于中等，土地价格具有一定优势，不仅低于其他沿海经济区，也低于多数内陆型经济区。2013 年该区域增值税占主营业务收入比 2.51%，排名最低，2014 年这一指标下降到 2.26%，说明税收优惠力度加大；国有企业总产值占比也偏低，2015 年该指标仅为 23.3%，一定程度上说明该经济区民营经济较发达；工资的效率水平中等，整体市场投资环境偏好。在 2013～2015 年间，该经济区的工业总值占比和FDI流入占比数据变化不大，整体的工业集聚水平处于中等水平。从而可知河北沿海经济区有着毗邻京津，东临渤海的区位优势，也有税收优惠的投资环境，但由于受能源和工业基础的局限而使得其对制造模块的引力不如发达沿海区域高。

（19）鄱阳湖生态经济区。鄱阳湖生态经济区位于沿长江经济带和沿京九经济带的交汇点，在全国交通网络中具有枢纽地位，也是珠三角经济区和海峡西岸经济区等重要经济板块的直接腹地，立体交通框架初步形成。当前该经济区的产业基地有重点产业基地、新能源产业基地、生物产业基地、铜冶炼及深加工产业基地、优质钢材深加工基地等。从制造业引力排名上看，该区域2013年排名第十二名，2014年提升到了第十名，2015年回落到十九名。鄱阳湖生态经济区虽然处于内陆地区，但是区域进出口占比相比许多内陆地区而言较高，互联网使用率虽然逐年上升，但2015年仅达到54.19%，相对较低，信息化发展还很落后，工业发展的技术支撑能力弱；制造业就业人数占比从2013年的3.43%提升到了2015年的3.75%，工业基础在改善，但工业的整体实力仍不足。鄱阳湖生态经济区是我国重要的生态功能保护区，能源富集度和开采度都较低，所以人均能源产量偏低，但土地价格和人均货运量都较有优势，土地资源丰富，且得益于其立体交通网络，运输能力较强。制造业工资的效率水平和税收优惠没有明显的优势，但区域国有工业企业总产值占工业总产值的比值较低，民营经济较发达，具备吸引企业投资的活跃的市场环境。工业总产值占比和FDI流入存量占比都位于偏高水平，有着较好的工业集聚效应。由于模型计算原因，该区域的制造业工资效率水平和人均能源产量偏低幅度较大，拉低了整个规划区的制造业引力得分。

（20）成渝经济区。成渝经济区位于长江上游，地处四川盆地，与云贵、湘鄂、陕甘及西藏地区有着密集的交通网络；天然气、水能、铝土、煤炭等资源富集，开发潜力大；成渝经济区重点发展装备制造业、清洁能源产业、民用航天航空产业，以及以重庆为代表的摩托车制造产业。该区域工业门类较齐全，经济的开放程度在内陆型经济体中处于领先位置。成渝经济区的区域制造引力在 21 个战略经济规划区中的排名从 2013 年的第十九名到 2014 的第十二名，再到 2015 年的第二十名。从排名上来看，成渝经济区的制造业引力得分较低。原因一是其土地价格高昂，这与其地理区位和人口数量有关，重庆为山城，成渝经济区的山地地形复杂，土地资源非常有限，而且成渝地区人口众多，人口数将近五千万人，导致人多地少，土地价格较高；原因二是互联网普及率低，这与其人口规模大，农业人口比值高有关；原因三是 2015 年该区域的工业生产总值占比相比 2013年、2014 年下降了，主要原因是成渝经济区的 GDP 增速高于工业生产总值的增速，外商流入占比也减少了，导致工业集聚效应不显著。但成渝经济区在制造业上也有其发展的潜力和优势。在区域进出口占比中，成渝经济区的指标值较高，说明该区域虽然深处内陆，但对外开放程度较高。成渝经济区人力资源丰富，制造业就业人数占比高，人均能源产量处于中等水平，2015 年的国企生产总值占比相比 2013 年下降较多，说明民间资本愈加活跃，投资环境在逐渐改善。从总体来看，成渝经济区各指标表现不一，差别很大，区位特征非常明显。

（21）海南国际旅游岛。海南国际旅游岛以第三产业为产业支柱，旅游业、服务业发达，2018 年海南国际旅游岛的第三产业产值达到 2736. 15亿元，占全岛生产总值的 56. 6%。由于海南国际旅游岛工业基础十分薄弱，而且以旅游业为支柱，所以制造业发展较为缓慢，在 2013 ~ 2015 年间，海南国际旅游岛的制造业引力得分在 21 个经济区中连续三年排名第二十一位。海南国际旅游岛制造业引力得分较低，原因一是工业基础薄弱，海南省人口较少，工业化程度不高，互联网普及率是 21 个经济区中最低的，说明海南国际旅游岛的信息化程度不够，制造业从业率也较低，制造业工资效率较低，工业发展的基础不佳；二是海南国际旅游岛的旅游业发达，房地产业也较发达，海南国际旅游岛的平均土地价格较为高昂，价格超过国内大部分地区，虽然民营经济活跃，国企总产值占比较低，但是海南国际旅游岛的税负较重，几乎没有发展制造模块的区位优势，整体投资环境不利于制造业的发展；三是工业规模小，外商投资占比不高，整体工业集聚效果不明显。海南国际旅游岛有着十分发达的航运体系，2015年，该区域出口占比达到38.27%，进口占比达104.83%，整体上该经济区的开放程度非常高，在21个经济区中名列前茅。总体而言，该区域不适合制造模块扎根，应根据其区位特点发展特色产业价值模块。

4.3 2013～2015年营销价值模块"垂直专业化引力指数"比较分析

4.3.1 2013～2015年营销价值模块指标变量原始数据

根据营销价值模块引力指数指标的选取思路，本书选取的用以衡量国家战略经济规划区营销引力的指标变量：（1）人均社会消费品零售额（X1）；（2）农村居民人均纯收入（X2）；（3）城镇居民人均可支配收入（X3）；（4）非农业人口比重（X4）；（5）互联网的户均开户数（X5）；（6）区域出口占区域GDP的比重（X6）；（7）区域进口占区域GDP的比重（X7）；（8）贷款额占区域GDP的比重（X8）；（9）第三产业总值占区域GDP的比重（X9）；（10）公路密度（X10）；（11）城市人口密度（X11）。2013～2015年间营销模块指标变量的原始数据对比情况如表4-7所示。

根据2013～2015年间国家战略经济规划区营销价值模块的因子分析结果，汇总出这三年来各规划区营销价值模块"垂直专业化引力指数"排名情况，如表4-8所示。

表4-7　2013～2015年国家战略经济规划区营销模块指标数据对比

区域	X1 人均社会消费品零售额（元）			X2 农村居民人均纯收入（元）			X3 城镇居民人均可支配收入（元）			X4 非农业人口比重（%）		
	2013年	2014年	2015年	2013年	2014年	2015年	2013年	2014年	2015年	2013年	2014年	2015年
1 武汉城市圈	1860.15	1989.32	2281.89	9541.56	12048.89	13340.17	20469.44	24098.67	24799.82	35.76	49.20	44.77
2 长株潭城市群	2353.40	2684.07	2969.58	15098.00	18195.00	18195.00	29056.67	34391.67	34391.67	27.43	60.06	43.94
3 广西北部湾经济区	1231.01	1365.08	1487.97	8133.75	9017.75	9867.50	23534.25	26210.25	28137.25	23.13	30.39	29.97
4 海南国际旅游岛	1109.37	1355.32	1454.56	8342.57	9913.00	10858.00	22928.90	24487.00	26356.00	37.83	37.65	37.09
5 鄱阳湖生态经济区	1141.56	1433.80	1457.79	9416.89	10842.33	11941.11	23027.57	24634.75	27987.43	29.66	53.75	27.07
6 长吉图开发开放先导区	2320.26	2609.34	2777.78	9566.33	10250.67	10736.33	25927.32	22391.67	26600.33	53.70	53.54	62.87
7 辽宁沿海经济带	1996.83	2373.82	2568.15	13456.67	11947.67	12897.67	26562.64	24103.16	29224.00	52.50	52.33	50.84
8 关中—天水经济区	1048.30	1243.73	1394.84	8574.13	9751.88	9869.81	26364.10	29056.45	27568.25	48.91	49.05	48.36
9 海峡西岸经济区	1464.60	1649.45	1775.57	10112.76	12233.41	12973.28	24656.68	25850.67	27850.10	35.35	44.09	35.08
10 珠三角经济区	2976.02	3204.81	3519.61	16701.70	17029.56	17128.39	36519.66	33423.79	36379.34	69.51	67.07	169.69
11 长三角经济区	2907.66	3344.37	3677.21	16432.91	18507.81	20195.67	38079.91	40816.42	44616.33	49.84	63.46	63.51
12 沈阳经济区	2025.99	2292.31	2504.43	12506.25	11566.25	12436.88	24281.46	25770.26	27665.25	56.18	59.38	57.09
13 皖江城市带	1375.20	1630.00	1730.26	10137.38	12557.75	12884.00	25879.58	26413.75	28722.50	31.79	31.92	59.77
14 河北沿海经济区	1713.23	1923.58	2101.97	9717.00	10757.50	11702.00	24265.68	26372.61	28593.33	37.18	46.77	50.52
15 成渝经济区	1398.23	1678.68	1871.13	8113.65	9419.00	9868.50	23791.88	24690.50	25676.00	45.73	40.90	50.55
16 山东半岛蓝色经济区	2644.05	2948.17	3241.09	13596.14	15138.71	14629.43	30778.20	33523.14	33859.00	42.21	62.87	64.81
17 宁夏开放区	933.50	1017.66	1182.20	6930.97	8410.00	9119.00	21833.33	23284.60	17329.00	52.01	53.61	55.55
18 黔中经济区	754.26	876.05	1026.61	6819.00	7870.00	8712.20	20614.32	22332.00	24441.20	21.56	40.01	42.01
19 陕甘宁革命老区	650.58	793.09	878.35	6784.88	7864.83	7498.62	21656.26	23334.14	23891.38	28.99	20.03	34.84
20 中原经济区	1065.89	1183.32	1409.17	8364.18	9537.00	10337.80	21984.42	23275.71	24644.27	29.81	31.37	42.73
21 呼包银榆经济区	1803.04	1940.19	2114.24	9575.09	10738.47	11544.03	25411.09	32732.08	29043.81	42.75	55.29	69.41

续表

区域	X5 互联网的户均开户数（户）			X6 区域出口占区域GDP的比重（%）			X7 区域进口占区域GDP的比重（%）			X8 贷款额占区域GDP的比重（%）		
	2013 年	2014 年	2015 年	2013 年	2014 年	2015 年	2013 年	2014 年	2015 年	2013 年	2014 年	2015 年
1 武汉城市圈	43.85	50.56	71.12	3.89	4.25	4.37	2.64	3.12	2.14	54.92	57.02	61.94
2 长株潭城市群	52.93	53.32	65.37	5.14	5.52	4.88	4.06	3.13	3.00	83.97	82.93	89.23
3 广西北部湾经济区	54.07	57.58	72.74	9.37	11.91	14.36	18.25	20.43	25.26	104.65	101.14	105.51
4 海南国际旅游岛	25.51	26.75	21.10	7.11	7.72	38.27	21.64	20.00	104.83	145.73	105.80	126.18
5 鄱阳湖生态经济区	35.77	47.93	54.19	11.56	11.77	11.50	8.19	5.86	4.69	75.20	80.34	87.69
6 长吉图开发开放先导区	48.25	49.32	35.24	7.02	5.54	4.12	8.50	8.64	6.73	79.02	70.10	107.32
7 辽宁沿海经济带	48.30	52.23	56.61	14.66	14.68	12.07	9.04	11.21	8.68	82.15	95.43	106.68
8 关中—天水经济区	42.02	63.51	57.68	3.20	3.47	4.40	1.93	2.33	3.69	71.89	76.60	86.35
9 海峡西岸经济区	52.43	58.74	82.52	17.00	17.03	16.94	7.76	6.75	5.49	87.69	87.92	94.90
10 珠三角经济区	253.42	251.35	254.22	65.13	62.66	58.25	45.60	40.36	32.02	104.76	102.95	111.90
11 长三角经济区	151.57	172.97	181.35	43.66	41.77	38.60	34.34	32.05	29.79	161.95	155.99	164.95
12 沈阳经济区	48.20	52.86	57.24	7.22	7.82	7.19	4.25	4.37	3.35	76.01	148.18	105.06
13 皖江城市带	41.09	44.41	53.94	8.66	8.79	8.69	9.58	8.23	8.63	95.04	96.26	101.98
14 河北沿海经济区	47.85	50.85	52.20	10.83	9.25	8.99	6.08	5.65	4.81	78.22	84.61	87.51
15 成渝经济区	33.22	37.22	15.51	16.00	18.16	14.09	7.84	9.45	5.59	127.83	124.12	131.85
16 山东半岛蓝色经济区	58.32	59.93	67.13	16.98	18.96	18.64	30.91	25.57	16.90	83.85	83.19	88.16
17 宁夏开放	36.12	37.26	49.55	6.04	9.57	6.23	1.57	2.52	1.70	153.14	166.36	175.76
18 黔中经济区	27.84	48.06	60.85	3.80	4.95	4.89	0.70	0.59	0.90	101.16	114.77	121.64
19 陕甘宁革命老区	23.56	28.04	30.71	0.55	0.63	1.67	0.50	0.08	0.49	74.38	82.31	93.67
20 中原经济区	43.16	48.79	43.22	4.30	4.55	6.83	3.28	2.91	4.07	72.88	126.76	83.39
21 呼包银榆经济区	38.42	34.96	91.92	2.14	2.22	2.33	1.87	2.49	2.26	90.04	103.03	108.52

续表

区域	X9 第三产业总值占区域 GDP 的比重（%）			X10 公路密度（千米/百平方千米）			X11 城市人口密度（人/平方千米）		
	2013 年	2014 年	2015 年	2013 年	2014 年	2015 年	2013 年	2014 年	2015 年
1 武汉城市圈	32.3471	34.6791	35.8437	154.5500	156.1809	170.8746	1066.2900	681.1889	1277.2711
2 长株潭城市群	35.0825	35.3054	39.0055	137.2100	137.9571	137.8874	1344.8567	1445.9267	1368.5400
3 广西北部湾经济区	35.5046	36.5078	37.5606	58.8800	58.7687	61.0581	396.5850	397.3050	407.0950
4 海南国际旅游岛	51.7000	51.8530	53.2629	68.3204	69.2991	104.2600	521.4800	531.0700	526.1900
5 鄱阳湖生态经济区	33.3709	34.2261	36.3611	103.1300	105.0357	105.5827	1076.1967	1092.6389	1159.9778
6 长吉图开发开放先导区	40.5610	44.3677	41.9240	60.4400	61.1616	72.0187	582.7633	622.9600	642.5800
7 辽宁沿海经济带	36.7480	40.9873	43.1203	78.6000	80.9323	85.8173	1245.1017	1227.5400	1251.2950
8 关中—天水经济区	33.8391	34.7261	38.5365	102.6400	103.6700	105.0247	722.6288	716.7925	713.3563
9 海峡西岸经济区	37.7081	43.1267	40.7765	108.5600	110.3196	107.0474	1095.2375	1383.3757	1272.7400
10 珠三角经济区	46.0389	39.7502	46.7622	121.9000	121.3027	111.6252	1374.4056	981.5378	896.2344
11 长三角经济区	51.0000	51.9072	54.9677	142.5700	154.7068	156.9498	1480.4600	1465.8366	1320.4733
12 沈阳经济区	35.7875	39.5712	42.9197	70.5400	73.9235	76.0790	1177.2550	1157.6543	1169.4825
13 皖江城市带	31.4500	31.8141	37.7706	153.3400	127.8112	137.7413	939.6213	929.7950	938.3125
14 河北沿海经济区	39.0009	40.3082	41.7960	119.9800	117.2673	122.6095	1817.1333	1745.8100	1465.6733
15 成渝经济区	38.3000	40.8088	45.6928	80.2500	109.1884	117.7765	658.6700	693.8000	677.6350
16 山东半岛蓝色经济区	38.7500	40.1012	42.8001	140.0000	141.8571	143.8541	690.9500	605.1514	608.6871
17 宁夏开放区	42.0000	43.3171	44.4493	43.0000	50.7834	122.7400	161.8600	163.8500	163.6700
18 黔中经济区	45.8532	45.5869	46.0342	102.3100	106.0538	105.8583	635.3920	633.2640	633.5560
19 陕甘宁革命老区	31.6038	32.0362	37.1271	68.4500	63.5820	65.2569	211.8663	211.7388	211.1975
20 中原经济区	32.9060	34.6817	39.6790	107.2700	134.4371	160.0783	1441.0208	1554.0177	1421.9027
21 呼包银榆经济区	36.9277	40.2781	40.1285	43.6600	42.4013	43.1500	319.5764	320.8064	320.3291

表 4 - 8　　　　　　　　　　2013～2015 年营销价值模块引力指数对比表

区域	2013 年		2014 年		2015 年		综合情况	
	2013 年营销	排名	2014 年营销	排名	2015 年营销	排名	合计	排名
11 长三角经济区	1.5131	2	1.7695	1	1.6614	1	4.9440	1
10 珠三角经济区	1.7714	1	1.5029	2	1.4193	2	4.6936	2
16 山东半岛蓝色经济区	0.5187	3	0.5812	3	0.3813	4	1.4812	3
2 长株潭城市群	0.1942	4	0.4090	4	0.3157	5	0.9189	4
7 辽宁沿海经济带	0.1404	5	0.0570	6	0.0563	6	0.2537	5
4 海南国际旅游岛	- 0.0646	9	- 0.1904	10	0.4245	3	0.1695	6
12 沈阳经济区	- 0.0403	7	0.1134	5	- 0.0753	9	- 0.0022	7
14 河北沿海经济区	0.0126	6	- 0.0234	8	- 0.0384	8	- 0.0492	8
9 海峡西岸经济区	- 0.0500	8	0.0187	7	- 0.0349	7	- 0.0662	9
15 成渝经济区	- 0.1649	12	- 0.1602	9	- 0.1552	12	- 0.4803	10
13 皖江城市带	- 0.1088	11	- 0.3087	16	- 0.1032	10	- 0.5207	11
6 长吉图开发开放先导区	- 0.0670	10	- 0.2054	12	- 0.2528	14	- 0.5252	12
1 武汉城市圈	- 0.2776	13	- 0.3020	15	- 0.1435	11	- 0.7231	13
5 鄱阳湖生态经济区	- 0.2963	14	- 0.2625	14	- 0.3167	15	- 0.8755	14
21 呼包银榆经济区	- 0.3527	17	- 0.2174	13	- 0.3303	16	- 0.9004	15
20 中原经济区	- 0.3815	18	- 0.3566	18	- 0.2493	13	- 0.9874	16
18 黔中经济区	- 0.4879	20	- 0.1927	11	- 0.3842	17	- 1.0648	17
8 关中—天水经济区	- 0.3306	16	- 0.3894	19	- 0.4377	20	- 1.1577	18
3 广西北部湾经济区	- 0.3266	15	- 0.4289	20	- 0.4062	18	- 1.1617	19
17 宁夏开放区	- 0.4148	19	- 0.3361	17	- 0.4282	19	- 1.1791	20
19 陕甘宁革命老区	- 0.7868	21	- 1.0779	21	- 0.9023	21	- 2.7670	21

4.3.2　2013～2015 年总营销引力指数聚类模型

通过将 2013～2015 年间各规划区营销价值模块总引力得分当成新的变量，采用组内聚类法和计算平方欧式距离法来进行系统聚类分析，以此度量各区域营销模块总"垂直专业化引力"水平的"亲疏程度",能更科学直观地划分各区域营销模块垂直专业化引力水平的等级和层次,结果如图4-3所示。

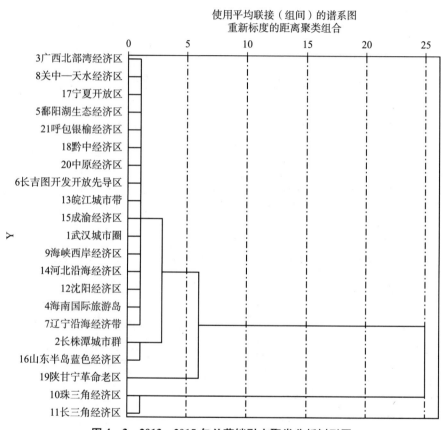

图4-3 2013~2015年总营销引力聚类分析树形图

结合聚类分析树形图和各区域营销引力汇总得分情况,将21个区域划分为五类即五个等级档次,其聚类分类情况如表4-9所示。

表 4 - 9　　2013～2015 年各规划区营销模块引力指数聚类分类情况表

分类	区域名称	营销引力指数	区域个数	最大值	最小值	均值	标准差
一	10 珠三角经济区	4.6936	2	4.944	4.6936	4.8188	0.1252
	11 长三角经济区	4.9440					
二	2 长株潭城市群	0.9189	2	1.4812	0.9189	1.2001	0.2812
	16 山东半岛蓝色经济区	1.4812					
三	9 海峡西岸经济区	-0.0662	5	0.2537	-0.0662	0.0611	0.1275
	14 河北沿海经济区	-0.0492					
	12 沈阳经济区	-0.0022					
	4 海南国际旅游岛	0.1695					
	7 辽宁沿海经济带	0.2537					
四	3 广西北部湾经济区	-1.1617	11	-0.4803	-1.1791	-0.8705	0.2577
	8 关中—天水经济区	-1.1577					
	17 宁夏开放区	-1.1791					
	5 鄱阳湖生态经济区	-0.8755					
	21 呼包银榆经济区	-0.9004					
	18 黔中经济区	-1.0648					
	20 中原经济区	-0.9874					
	6 长吉图开发开放先导区	-0.5252					
	13 皖江城市带	-0.5207					
	15 成渝经济区	-0.4803					
	1 武汉城市圈	-0.7231					
五	19 陕甘宁革命老区	-2.7670	1	-2.767	-2.767	-2.767	0

资料来源：笔者经聚类分析法分析所得。

4.3.3　2013～2015 年总营销引力指数聚类分析

2013～2015 年间国家战略经济规划区总体营销引力可分为五个大类即五个层级。第一层级的规划区包含长三角经济区和珠三角经济区，长三角经济区的营销引力从 2014 年开始赶超了珠三角经济区，三年的总营销引力也领先于珠三角经济区，呈现出强大的市场消费能力。位于第二层级的规划区为长株潭城市群和山东半岛蓝色经济区，这两个区域的市场环境开放，消费潜力巨大，具有极大的市场开发前景。第三层级的规划区包含海峡西岸经济区、河北沿海经济区、沈阳经济区、海南国际旅游岛和辽宁沿海经济带五个规划区，其中海南国际旅游岛和辽宁沿海经济带的总营销引力指数为正，超过总体平均水平，其余规划区均在平均值以下。这类规划区位于全国中等水平，但颇具成长性，有着较大的市场潜力。第四层级的规划区包含广西北部湾经济区、关中—天水经济区、宁夏开放区、鄱阳湖生态经济区、呼包银榆经济区、黔中经济区、中原经济区、长吉图开发开放先导区、皖江城市带、成渝经济区和武汉城市圈 11 个规划区，这类规划区三年来的总体营销引力指数均低于平均水平，居民消费水平较落后，市场潜力有待激发。同时也说明想要提高全国居民购买力水平，依靠内需拉动经济增长，也必须改善这类规划区的市场环境和收入水平。排在最后一个层级的是陕甘宁革命老区，主要原因在于其整体经济发展水平靠后，居民购买力跟不上。

4.3.4 2013~2015 年总营销引力指数变化趋势分析[①]

（1）长三角经济区。长三角经济区是中国第一大经济区，中央政府定位的中国综合实力最强的经济中心，中国率先跻身世界级城市群的地区，是"一带一路"建设与长江经济带的重要交汇地带，在中国国家现代化建设大局和开放格局中具有举足轻重的战略地位，是中国参与国际竞争的重要平台、长江经济带的引领者，也是中国城镇化基础最好的地区之一。长三角经济区于 2014 年一举超越长期以来的"劲敌"珠三角经济区，成为中国营销引力最强的战略经济规划区。从整体来看，长三角经济区人均社会消费品零售额、农村居民人均纯收入均在 2014 年成功超过珠三角经济

---

① 注：本小节中的数据来源与本书中表 1-20、表 2-15、表 3-15 同。

区，位居全国首位。其中，人均社会消费品零售额在2014年大幅上升，凭借15.02%的增速，长三角经济区的人均社会消费品零售额成功超过珠三角经济区，2015年虽然增速稍稍回落到9.9%，但该指标仍位居全国第一，大幅领先全国绝大多数经济区。仅珠三角经济区与山东半岛蓝色经济区与之较为接近，这显示出长三角经济区作为中国综合实力最强的经济中心具有与日俱增且在全国首屈一指的强大消费能力。长三角经济区的农村居民人均纯收入在2014年也成功超过珠三角经济区，而在此期间城镇居民人均可支配收入也一直处于全国首位，呈现出城乡统筹发展、齐头并进的态势，这进一步提升了该地区的营销引力。虽然在部分指标上长三角经济区依旧落后于珠三角经济区，但由于长三角经济区上升势头更快，差距已经逐渐缩小。该经济区人口密度非常高，其人口密度仅次于河北沿海经济区、中原经济区和长株潭城市群，排在第四位，超大的城市人口密度蕴含着巨大商机。但该地区人口密度总体呈下降趋势，主要是由于该经济区产业结构调整升级导致的部分产业以及人口向内陆地区转移。2015年贷款额与区域GDP的比值和第三产业占比都居于全国首位，上海是全国金融中心，金融的发达对经济产生了巨大推动作用。第三产业占区域GDP比重不断上升，且整体规模庞大，为产品营销和品牌打造创造了优越的发展环境。另外，近年来长三角经济区不断推进跨区域重大基础设施一体化建设，本就发达的交通网络更加完善，为产品销售提供了极大便利。从经济区内部来看，上海作为全国经济中心，依旧独占鳌头，且第三产业最为发达、人口最为密集、进出口占比重最大，经济外向型程度最高，并且区域一体化发展态势相对于其他经济区较好，并未因为上海的相对领先而出现两极分化的现象。

（2）珠三角经济区。珠三角经济区是有全球影响力的先进制造业基地和现代服务业基地，中国参与经济全球化的主体区域，全国经济发展的重要引擎，辐射带动华南、华中和西南发展的龙头，是我国人口集聚最多、创新能力最强、综合实力最强的三大区域之一（另外两个是长三角经济区、京津冀经济区），有"南海明珠"之称。2015年1月26日，世界银行发布的报告显示，珠江三角洲超越日本东京，成为世界人口最多和面积最大的城市群。区域内人口和经济要素高度聚集，城镇化水平快速提高，基础设施较为完备；城乡居民收入水平大幅提高，购买力遥遥领先。在2013~2015年间，珠三角经济区的营销模块得分由原来的全国首位，被长三角经济区反超下滑到第二位，主要是由于许多指标如人均社会消费品零售额、农村居民人均纯收入等均被长三角经济区超越，而城镇居民人均可支配收入方面珠三角经济区一直不如长三角经济区，公路密度和城市人口密度还落后于长三角经济区甚至其他部分规划区。尽管部分指标已经被珠三角经济区超越，但珠三角经济区的非农业人口比重、区域进口占GDP的比重、区域出口占GDP的比重、互联网使用率等指标仍高居全国首位。珠三角经济区进口占GDP的比重、出口占GDP的比重均呈下降趋势，这是"腾笼换鸟"和"双转移"战略实施后珠三角经济区经济增长模式转型的表现。从经济区内部来看，深圳、广州、佛山、东莞和珠海的整体水平表现领先，因此珠三角经济区的协同发展仍有待加强。

（3）海南国际旅游岛。海南省是中国最大的经济特区和唯一的热带岛屿省份，但由于发展起步晚，基础差，海南省经济社会发展整体水平仍然较低。2010年1月4日，国务院发布《国务院关于推进海南国际旅游岛建设发展的若干意见》，至此，海南国际旅游岛建设正式步入正轨。海南国际旅游岛拥有丰富的旅游资源，现代服务业发展不断加快，第三产业和整体经济实力不断增强。海南国际旅游岛的营销模块得分由2013年、2014年的第九、第十名陡升到2015年的第三名。从关键指标的表现来看，2013年其第三产业占区域GDP的比值排名位居第一且仍在不断上升，这充分体现了其优越的市场消费环境。区域进口占GDP的比重由2014年的20%大幅攀升到104.83%的水平，充分展现了该区域不断增强的消费能力。其贷款占区域GDP的比值在一个较高的水平上波动，该指标仅低于长三角经济区，说明金融对旅游业的支持程度较高。但其经济整体实力不强，人均社会消费品零售额、农村居民人均收入、城镇居民人均可支配收入等指标都比较低且增长相对于其他指标而言较慢；其互联网的普及率远远落后于其他区域；由于一些重大基础设施建设项目的推进，其公路密度在 2015 年陡增，但基础设施建设仍不完善，城市人口密度没有明显的增长迹象，可见其城市化发展依旧欠佳。因此，该区域本身的消费能力不强，更多的是通过旅游业的发展吸引游客进入，从而不断拓展消费市场，使得营销引力得到提升。

（4）山东半岛蓝色经济区。山东半岛蓝色经济区是中国第一个以海洋经济为主题的战略发展区域，是中国区域发展从陆域经济延伸到海洋经济、积极推进陆海统筹的重大战略举措。2011 年 1 月 4 日，国务院批复《山东半岛蓝色经济区发展规划》，标志着全国海洋经济发展试点工作进入实施阶段，也标志着山东半岛蓝色经济区建设正式上升为国家战略，成为国家层面上海洋发展战略和区域协调发展战略的重要组成部分。山东半岛蓝色经济区作为黄河流域出海大通道和日韩自由贸易先行区有着开放的市场环境和优越的经济贸易优势，尤其随着中日韩自由贸易区的深入推进，对外开放程度和市场实力不断增强。山东半岛蓝色经济区的营销模块得分已经从 2013 年、2014 年的第三位下滑到 2015 年的第四位，取而代之的是海南国际旅游岛。从关键指标的表现来看，互联网的使用率与一类区域差距巨大，且增长不够强劲。贷款额占区域 GDP 的比重在微弱的下降后回升，但仍然低于许多规划区，可见其金融发展对经济的支撑度还较差；第三产业总值占区域 GDP 的比重表现欠佳，2013 年有 7 个规划区在这个指标上优于该规划区，到 2015 年增加到 8 个，第三产业的发展有待进一步提升。但是，山东半岛蓝色经济区的人均社会消费品零售额和城镇居民人均可支配收入均实现两连增，且从量上看也远高于排在其后的经济区，与排在前两位的长三角经济区和珠三角经济区的差距仍存在但在慢慢缩小，总体来说，该经济区市场开放度不断增强，购买力不断提升；交通网络不断完善，但城市人口密度增长困难，缺乏大城市发展的集聚效应。

（5）长株潭城市群。长株潭城市群一体化是中部六省中全国城市群建设的先行者，被《南方周末》评价为"中国第一个自觉进行区域经济一体化实验的案例"。在行政区划与经济区域不协调的背景下，通过项目推动经济一体化，长株潭城市群为其他城市群做了榜样，致力于打造成为中部崛起的"引擎"之一。长株潭城市群综合配套改革试验区的营销模块得分由 2013 年、2014 年的第四位下降到 2015 年的第五位。从关键指标的表现来看，长株潭城市群原本农业人口比重较高，但近年来非农业人口占比出现较大波动，在 2014 年猛然上升后 2015 年出现回落。区域进出口占GDP 的比重始终较低且未出现明显的增长，反映其市场开放度低，经济呈现出明显的内陆性特征。贷款额占区域 GDP 的比重先降后升，仍低于许多规划区，金融对消费的支持有待提高，第三产业占区域 GDP 的比重有所增长但尚未超过 40%，第三产业的发展需要进一步加强，该区域的市场消费环境有待进一步改善。随着一体化发展的深入推进，长株潭城市群经济社会综合实力得到大大提高，人均社会消费品零售额、农村居民人均纯收入、城镇居民人均可支配收入均处于前列且稳步增长，展示出较强的购买力水平，故总体营销引力表现依然居于全国前列。从内部城市的指标数值来看，除长沙的人均社会消费品零售额稍稍领先其他城市，展现出省会城市更强大的消费能力外，对于其他指标而言，三个城市基本呈均衡态势，且城市之间的差距逐渐缩小，是一体化发展战略最具成效的区域之一。

（6）辽宁沿海经济带。辽宁沿海经济带是我国环渤海地区和东北地区的重要结合部，地处环渤海地区重要位置和东北亚经济圈关键地带，与日本、韩国、俄罗斯、蒙古国等国家贸易往来密切，是东北地区对外开放的重要门户，也是较早受益于国家开发开放政策的沿海地区。拥有大陆海岸线 2290 公里，占全国的 1/8，居全国第五位，资源禀赋优良，工业实力较强，交通体系发达。辽宁沿海经济带的营销模块得分由 2013 年的第五位下降到 2015 年的第六位。从关键指标的表现来，2013 ~ 2015 年间辽宁沿海经济区的人均社会消费品零售额以较快速度上升，综合购买力不断增强。城市人口密度在规划区中排名靠前且表现稳定，说明其消费潜力依旧巨大。但该经济区具有东北亚经济圈的优势区位，经济外向程度却与长三角经济区、珠三角经济区、山东半岛蓝色经济区等规划区差距较大，且从不断下降的进出口占区域 GDP 比重来看，经济外向度实际上在不断降低；公路密度指标呈上升趋势，交通网络建设不断完善，但仍然偏低，需要大力完善陆地交通网络；从规划区内部城市的各项指标来看，大连的其他指标均遥遥领先于其他城市，且没有明显的缩小趋势，协同发展有待加强。

（7）河北沿海经济区。河北沿海经济区包括秦皇岛、唐山、沧州三个地区，地处环渤海中心地带，海岸线长 487 千米，陆域面积 3.57 万平方千米，海域面积约 0.7 万平方千米，是我国环渤海重要的经济成长区，与辽宁沿海经济带、天津滨海新区、黄河三角洲生态经济区共同构成环渤海经济圈的重点开发区，是华北、西北地区重要的出海口和对外开放门户，具有发展外向型经济的良好条件。河北沿海经济区营销模块得分由 2013 年的第六位下降到 2015 年的第八位。从关键指标的表现来看，河北沿海经济区在综合购买力方面相较于其他经济区虽然没有特别的优势，甚至落后于许多规划区，但发展势头良好，人均社会消费品零售额、农村居民人均纯收入、城镇居民人均可支配收入均呈增长势头，非农业人口比重由 2013 年的 37.18% 大幅增加到 2015 年的 50.52%，该区域的综合购买力有所提升。但原本优势巨大的城市人口密度这一指标下降明显，2015 年该指标下降幅度达到了 16%；虽然公路密度较大，但增长势头较弱，从而使整个规划区的消费潜力下降；第三产业占区域 GDP 比重增长缓慢，市场消费环境没有得到明显改善。因此该区域销售模块排名下滑到第八位。

（8）海峡西岸经济区。海峡西岸经济区南北与珠三角经济区、长三角经济区两个经济区衔接，东与中国台湾，西与江西省、浙江省的广大内陆腹地贯通，并具有独特的对台合作优势，也是我国改革开放以来最早对外开放的沿海地区之一，开放型经济体系较为健全。从 2014 年到 2015 年，海峡西岸经济区的营销模块得分始终稳定在第七位，没有较大的排名波动。海峡西岸经济区涉及省份较多，区域范围较大，反映其综合购买力指标大都稳步上升，从指标的具体值以及排名来看，由于该区域规模较大，总体经济发展水平还有很大的上升空间，其综合购买力水平还没有表现出强劲的上升势头。相对于该区域的其他指标而言，互联网的使用率表现得较为突出，由 2013 年的 52.43% 上升到 2015 年的 82.52%，呈现大幅上升的趋势。公路密度与人口密度排名均相对较高，但未能实现持续增长。该区域非农业人口比重并不高也未能实现稳定提升。由于涉及省份、城市众多，发展不平衡，该地区的内部发展不平衡问题可能是影响其营销模块排名提升的主要原因，在未来要加强区域内部各省份、城市的协调发展。

（9）沈阳经济区。沈阳经济区以沈阳为中心，辐射八个城市，形成联系紧密的"区域经济共同体"，是东北经济区和环渤海都市圈的重要组成部分，也是东北地区重要的工业城市群和辽宁省经济发展的核心区域，工业实力雄厚，整体经济实力较强，居民收入水平高于全国平均水平较大幅度，是我国城市化水平最高的地区之一。沈阳经济区的营销模块得分从2013年的第七名到2014年的第五名下降到2015年的第九名。该区域具有较强消费能力，在2013～2015年间，该区域的人均社会消费品零售额、农村居民人均纯收入总体呈上升趋势，在规划区中的排名靠前；该区域的非农业人口占比虽然呈现略微的下降趋势，但由于其悠久的工业发展历史导致该区域始终以非农业人口为主导。进出口占区域GDP的比重在其所有指标中表现较差，缺乏明显增长，且比值偏低，作为沿环渤海都市圈的重要组成部分，沈阳经济区的外向程度仍有待加强；不仅如此，贷款额占区域GDP的比重、第三产业占区域GDP的比重仍然偏低，金融市场和第三产业发育不成熟不利于消费能力的培育，但在2013～2015年已实现稳步上升，该不利状况有所缓解；城镇居民人均收入水平在所有规划区中排名始终较低，但由于新型工业化的不断推进，也呈现出上升的趋势。从内部城市指标来看，沈阳作为整个经济区的核心城市，多项指标领先于其他城市，但整体指标差距较小，也没有扩大的趋势，体现出工业城市群协同发展的趋势。

（10）成渝经济区。成渝经济区城镇化发展迅速，第三产业发展较快，物流、商贸、金融等现代服务业发展迅速，是引领西部地区加快发展、提升内陆开放水平、增强国家综合实力的重要支撑，在我国经济社会发展中具有重要的战略地位。成渝经济区的营销模块得分由2013年的第十二位上升到2014年的第九位，2015年又回落到第十二位。成渝经济区人口规模庞大，涉及城市多，地理范围广，社会经济发展速度快，该区域的大多数指标均呈上升势头。其中，人均社会消费品零售额增速较快；长期以来，交通是影响成渝地区的经济社会发展一个关键因素，"蜀道难，难于上青天"，但在 2013～2015 年间，成渝经济区公路密度大幅增加，由 2013 年的 80.25 千米/百平方千米增加到 2015 年的 117.7765 千米/百平方千米，可见该区域在交通基础设施方面取得的巨大进步，再加上随着城镇化的推进，该区域城市人口密度不断增加，成渝经济区有着十分巨大的消费潜力。该区域的第三产业发展势头也很强劲，这有利于整个成渝经济区消费环境的改善。从区域内部城市来看，重庆、成都两个特大城市有着强大的消费能力和可挖掘潜力，但四川省内部经济发展不平衡的状况仍未缓解，一体化协同发展需要加强。

（11）皖江城市带。皖江城市带在承接国内外产业转移中，承担起建设合作发展的先行区、科学发展试验区、中部地区崛起的重要增长极以及全国重要的先进制造业和现代服务业基地的重任，这是迄今为止全国唯一以承接产业转移为主题的规划区。皖江城市带的营销模块得分排名波动较大，2013 年排名第十一位，2014 年曾下跌到第十六位，2015 年上升到第十名的位置。2014 年排名下跌主要在于其大多数指标均增长乏力，被许多规划区超过。但大多数指标的表现在 2015 年回暖，居民消费能力、消费环境的指标都稳步上升，从反应消费潜力的具体指标来看，皖江城市带承东启西、连南接北，区域内快速铁路、高速公路等综合交通体系比较完善。总体来说，其公路密度在众多规划区当中排名相对较高，加上该区域人口密度适中，所以消费潜力有所提升，这也是该区域的一大优势所在。

（12）关中—天水经济区。关中—天水经济区依托陇海铁路和连霍高速公路，形成中国西部发达的城市群和产业集聚带与关中城市群相呼应。该区域战略地位重要、科教实力雄厚、工业基础良好、文化积淀深厚、城镇带初步形成。总体来说，关中—天水经济区营销模块的得分由 2013 年第十六位下降到 2014 年第十九位，再到 2015 年第二十位，呈下滑趋势。从关键指标来看，区域进出口占 GDP 的比重低且增长乏力，是由于其深居内陆，经济外向程度低。公路密度较大，总体排名相对靠前，有利于消费潜力的提升，但城市人口密度偏低且缺乏增长是不利因素。其余指标表现总体呈上升趋势，但缺乏可圈可点之处。

（13）武汉城市圈。武汉城市圈是国内首个科技金融改革创新试验区，不仅是湖北经济发展的核心区域，也是中部崛起的重要战略支点，是武汉重返国家中心城市的重要举措。在 2013～2015 年间，武汉城市圈营销模块总得分排名分别在第十三位、第十五位、第十一位，三年来各年排名略有浮动。从关键指标来看，武汉城市圈的公路密度在 2013～2015 年间始终居于全国首位，且 2015 年增加到 170.87（千米/百平方千米），已经大幅领先其他规划区，可见该区域交通基础设施十分完善且还在不断优化。再加上该区域总体不断增加的城市人口密度，其营销潜力十分巨大。原来处于劣势的指标如贷款额与区域 GDP 的比值和第三产业占比也有所上升，消费市场环境发育不良的状况有所改善，但仍不理想，从而导致整个区域的营销引力并未有太大提升。特别是与同为内陆规划区的成渝经济区相比，武汉城市圈的开放程度还远远不够，且由于区域进出口占区域 GDP 的比重没能实现明显增长，这种差距还在拉大。2013～2015 年间武汉城市圈的销售模块得分排名未能上升，主要在于其内部城市发展不均衡的状况仍未改善，武汉一城独强，仍是全国首位度较高的省会城市之一，其他城市与其的差距并未明显缩小，从而使整体得分缺乏竞争力。梯度差异明显的武汉经济圈，未来需发挥武汉核心城市的作用带动其他城市协同并进，改善区域的整体营销环境。

（14）长吉图开发开放先导区。长吉图开发开放先导区地处东北亚区域地理几何中心，是我国参与图们江区域国际合作开发的核心地区和重要支撑。但在 2013～2015 年间，长吉图开发开放先导区营销模块得分的排名总体呈下降趋势，从 2013 年的第十位到 2015 年的第十四位。从关键指标来看，长吉图开发开放先导区在 2013～2015 年间，非农业人口比重快速上升，2015 年已经达到 62.87%；人均社会消费品零售额、农村居民人均纯收入总体呈上升趋势，且高于大多数经济区，经济实力提高较快，因此该区域综合购买力在不断提升，但不足之处是人口密度低且缺乏增长。

该区域在影响营销引力的要素培育方面仍然没能看出明显改善，公路密度没有出现明显增加的态势，交通基础设施建设还远远不够。作为沿边开发开放经济区，其进出口比值在2013～2015年间反而在不断下降，原本就没能足够体现出其发展外向型经济优势的这一指标依旧没能有好的表现，对外开放的进程不进反退，值得引起重视。第三产业总值占比相对较高，但比值上下波动，可见产业结构升级带来的效应还不够。

（15）中原经济区。中原经济区是以郑州大都市区为核心、中原城市群为支撑、涵盖河南省全省延及周边地区的经济区域，地处中国中心地带，是全国主体功能区明确的重点开发区域，地理位置重要、交通发达、市场潜力巨大、文化底蕴深厚，在全国改革发展大局中具有重要战略地位，经济总量仅次于长三角经济区、珠三角经济区、京津冀经济区及长江中游城市群，为全国经济第五增长极。中原经济区在2013～2015年间营销模块得分由2013年、2014年的第十八位上升到2015年的第十三位，这得益于该地区大多数指标的总体改善，反映综合购买力的指标如人均社会消费品零售额、农村居民人均纯收入、非农业人口比重、出口占GDP比重等都有明显增长，2015年该区域人均社会消费品零售额增幅达到19.1%，非农业人口比重大幅增加到42.73%，可见该地区综合购买力不断提升。第三产业总值占区域GDP的比重不断提升，贷款额占比于2014有大幅提升，虽然随后在2015年也出现大幅回落，但总体来看，该区域的市场销售环境在不断改善。从反映消费潜力的具体指标来看，公路密度也不断增加，2015年已达到约160.08（千米/百平方千米），承东启西、连南贯北的中原地区，交通网络的不断完善大大提升了该区域的消费潜力。

（16）呼包银榆经济区。呼包银榆经济区地处我国鄂尔多斯盆地腹地，是沟通华北和西部地区的重要枢纽、建设中的国家综合能源基地。呼包银榆经济区有着丰富的煤炭、矿产和油气等自然资源，区域GDP总量大，但人口规模小。在2013～2015年间，呼包银榆经济区营销引力得分的排名先升后降，波动较大。2014年该区域大部分指标都呈现出上升趋势，城镇居民人均可支配收入、非农业人口比重、第三产业总值占区域GDP的比重等指标大幅增加，其中，2014 年城镇居民人均可支配收入增加到 32732. 08 元，增幅达 28.8%，非农业人口比重增加了约 13 个百分点，第三产业总值占区域 GDP 的比重也上升到 40.28%，区域的综合购买能力显著提升，市场消费环境明显改善，因此呼包银榆经济区营销引力排名从 2013 年的第十七位上升到 2014 年的第十三位。但随着 2015 年各项指标增速放缓，部分指标回落，呼包银榆经济区的排名也相应下滑到第十六位，第三产业总值占区域 GDP 的比重下降，此前大幅增加的城镇居民人均可支配收入大幅回落到 29043. 81 元。但相比陕甘宁革命老区、黔中经济区等部分规划区而言，其优势依然明显，2015 年的排名相比 2013 年仍旧上升了一位。

（17）鄱阳湖生态经济区。鄱阳湖生态经济区是以江西省鄱阳湖为核心，以鄱阳湖城市圈为依托，以保护生态、发展经济为重要战略构想的经济规划区。国家希望把鄱阳湖生态经济区建设成为世界性生态文明与经济社会发展协调统一、人与自然和谐相处的生态经济示范区和中国低碳经济发展先行区，作为长江三角洲、珠江三角洲等多个重要经济板块的直接腹地，该区域基础设施条件较好，交通网络便捷。鄱阳湖生态经济区在 2013 ~ 2015 年间营销模块得分的排名略有下降，从 2013 年、2014 年的第十四名下滑到 2015 年的第十五名。鄱阳湖生态经济区的人口密度较大且有明显增加，公路密度增长缓慢，总体来说消费潜力有所提升。但非农业人口占比过低，2014 年曾大幅上升到 53. 75%，但 2015 年又回落到 2013 年的水平附近，进出口占区域 GDP 的比重呈下降趋势，严重影响了该区域综合购买力的提升。第三产业总值占区域 GDP 的比重比和贷款额占比过低且增长也明显不足，消费市场环境未能有效改善。因此鄱阳湖生态经济区在 2013 ~ 2015 年营销模块得分的排名下滑到第十四名，被许多规划区超越。

（18）广西北部湾经济区。广西北部湾经济区是我国西部大开发和面向东盟开放合作的重点地区，对国家实施区域发展总体战略和互利共赢的开放战略具有重要意义。2008 年 1 月 16 日，国家提出把广西北部湾经济区建设成为重要国际区域经济合作区，这是全国第一个国际区域经济合作区。北部湾经济区 2013 ~ 2015 年营销模块得分较为靠后，2013 年排名第

十五位，2014 年下滑到第二十位，2015 年略有上升到第十八位。从关键
指标来看，互联网使用率和进出口比值上升幅度较大，主要是由于中国—
东盟自由贸易区建设加快推进，一系列合作机制得以建立和实施，中国—
东盟经贸合作不断深化，北部湾地区的开发开放程度也不断扩大；由于广
西北部湾经济区开放开放程度不断加深，金融对经济的支持力度不断加
大，广西北部湾经济区贷款额与区域 GDP 的比值排名较高，但后续上升
势头较弱。而人均社会消费品零售额、农村居民人均纯收入水平较低且增
长缓慢，居民购买力未出现明显提升，故居民的综合购买力表现仍然较差。
城市人口密度无明显增长，公路密度增长缓慢，可见 2013 ~ 2015 年间消费
潜力提升有限。因此北部湾经济区在 2013 ~ 2015 年间营销模块得分的排名
靠后且呈下降趋势。从区域内部来看，区域内城市各有优势，具备优势互补
协同发展的条件，但 2013 ~ 2015 年间协同发展的成效还不显著。

（19）宁夏开放区。宁夏回族自治区成为我国内陆地区第一个对外开
放试验区、全国首个以整个省域为单位的试验区。试验区面积为 6.64 万
平方公里，是我国目前面积最大的试验区，对加快推进沿黄河城市一体化
发展发挥重要作用。作为我国最大的回族聚居区，与世界其他穆斯林国家
和地区的交流合作源远流长，宁夏开放区经济的开放度和发展空间不断扩
大。宁夏内陆开放型经济试验区的营销模块得分的排名在 2014 年上升到
第十七位，但随后于 2015 年落回第十九位。贷款额与区域 GDP 的比值是
宁夏内陆开放型经济试验区表现最为亮眼的指标，该指标在 2013 年仅低
于长三角经济区，随着金融资本加速进入，该指标已经迅速上升，于 2015
年达到 175.76% 的贷款额占比，超过长三角经济区，从而位居全国首位；
第三产业占比较高，但不如贷款额与区域 GDP 的比值这一指标上升强劲，
总的来说该区域市场消费环境良好。但宁夏毕竟是依靠资源发展的少数民
族自治区，从反映综合购买力的各项指标来看，无论是水平还是增长幅度
都表现较差，宁夏整体经济实力不强且在综合购买力提升这方面还远远不
够。再则，该区域城市人口密度较低，且由于城市化集聚效应不够强、地
理区位偏远，城市人口密度缺乏增长。但由于一系列重大交通基础设施项

目的推进，2015 年该区域公路密度大幅增加，故消费潜力有所提高。

（20）黔中经济区。黔中经济区处于全国"两横三纵"城市化战略格局中沿长江通道横轴和包昆通道纵轴交汇地带，国家规划的多条高速铁路穿区而过，交通路网较为完善。黔中经济区属于我国西部欠发达地区，经济实力落后，2014 年营销引力排名曾上升到第十一位，2015 年又回落到第十七位。从前后对比来看，黔中经济区各项指标均相较于广西北部湾经济区、宁夏开放区、关中—天水经济区和陕甘宁革命老区还有其部分优势所在。总体来看，黔中经济区经济规模还在慢慢扩大，居民收入水平和消费能力仍有很大的提升空间，综合购买力、市场消费环境、消费潜力都在慢慢提升，其营销引力未来有很大的上升空间。

（21）陕甘宁革命老区。陕甘宁革命老区位于鄂尔多斯盆地能源资源富集区，同时也是爱国主义、革命传统和延安精神教育基地。该地区区位条件独特，通道作用突出，但基础设施建设滞后，瓶颈制约十分严重；体制机制制约明显，对内对外开放程度不高。2013～2015 年间陕甘宁革命老区的营销模块得分一直处于末位。陕甘宁革命老区是红色旅游的重要目的地，但其第三产业总值占区域 GDP 比重的增长也差强人意，该指标的排名在此期间也处于倒数。2013 年其所有指标均在规划区中排名最后，经过两年的发展，2015 年其城镇居民人均可支配收入这一指标已经超过了宁夏开放区。但该区域底子薄、条件差，无论是综合购买力、市场消费环境还是消费潜力都处于缓慢提升的态势，在其他规划区都表现出相对较好的发展势头时，这是远远不够的，因此 2013～2015 年间陕甘宁革命老区的营销模块得分排名上升十分困难。

4.4 2013～2015 年区域产业"垂直专业化引力指数"综合比较分析

为了对比国家战略经济规划区 2013～2015 年研发、制造、营销三个模块的总引力指数，把握规划区产业价值模块引力的总体变化趋势，特制作 2013～2015 年国家战略经济规划区总引力指数对照情况，如表 4 - 10 所示。

表 4 - 10 　　　2013～2015 年国家战略经济规划区总引力指数对照表

区域	2013 年总引力指数	排名	2014 年总引力指数	排名	2015 年总引力指数	排名
10 珠三角经济区	5.1800	1	5.0185	1	3.9544	1
11 长三角经济区	3.8644	2	4.0949	2	2.9823	2
16 山东半岛蓝色经济区	1.4910	3	1.9194	3	0.9478	3
7 辽宁沿海经济带	0.8205	4	0.5760	4	- 0.2174	11
2 长株潭城市群	0.1490	6	0.5489	5	0.4308	4
13 皖江城市带	0.4651	5	0.4337	6	0.0487	8
12 沈阳经济区	0.1124	7	0.2912	7	- 0.1539	10
21 呼包银榆经济区	- 0.0653	9	- 0.6382	14	0.2101	5
6 长吉图开发开放先导区	- 0.0367	8	0.1968	8	- 0.9121	19
1 武汉城市圈	- 0.6192	10	- 0.5733	13	0.2012	6
9 海峡西岸经济区	- 0.6217	11	- 0.4746	10	0.0021	9
14 河北沿海经济区	- 0.6760	12	- 0.5470	12	0.0622	7
15 成渝经济区	- 0.6946	14	- 0.4008	9	- 0.8511	18
5 鄱阳湖生态经济区	- 0.7205	15	- 0.5179	11	- 0.7581	15
8 关中—天水经济区	- 0.6799	13	- 1.1392	16	- 0.3840	12
3 广西北部湾经济区	- 0.8065	16	- 0.9639	15	- 0.7737	16
17 宁夏开放区	- 1.1191	17	- 1.2848	18	- 0.5285	13
20 中原经济区	- 1.134	18	- 1.1544	17	- 0.6648	14
18 黔中经济区	- 2.0936	21	- 1.5875	19	- 0.8205	17
4 海南国际旅游岛	- 1.4083	20	- 1.7914	20	- 1.3419	20
19 陕甘宁革命老区	- 1.407	19	- 2.0062	21	- 1.4329	21

2013～2015 年国家战略经济规划区总引力指数趋势总结：根据以表

4 - 10 所列示的各规划区在 2013 ~ 2015 年间研发、制造、营销总引力指数得分及排名来看，珠三角经济区和长三角经济区的总引力指数遥遥领先于其他规划区，珠三角经济区的表现更优于长三角经济区。作为改革开放的排头兵，珠三角经济区受益于政策红利，具有强大的先发优势；长三角经济区作为沿海经济开放区，金融高度发达，有着极强的市场开发能力，市场营销地位超越了珠三角经济区。山东半岛蓝色经济区虽然位于珠三角经济区和长三角经济区之后，但距离显而易见，梯度差异非常明显；也凸显了其强劲的发展势头，相较于排名其后的区域有着强大的竞争优势。从这三年的数据来看，一个值得关注的现象是，辽宁沿海经济带、沈阳经济区、长吉图开发开放先导区在 2015 年总引力指数都处于下滑状态，这与东北老工业基地面临转型困境有很大关系。位于中部地区的长株潭城市群、武汉城市圈、河北沿海经济区处于上升趋势，吸引各价值模块"扎根"的潜力较大，而鄱阳湖生态经济区和中原经济区较为靠后。呼包银榆经济区受益于丰富的自然资源和工业实力的积累而在制造引力方面具有独特优势。皖江城市带优先受益于长三角经济区产业转移和经济辐射作用，研发引力三年来位居前五，产业升级带动效应明显。西北地区的关中—天水经济区、宁夏开放区、陕甘宁革命老区在 2015 年制造引力有了大幅提升，在研发和营销引力方面没有突出表现。西部地区的广西北部湾经济区、成渝经济区、黔中经济区和海南国际旅游岛总体表现较弱，海南国际旅游岛在 2015 年营销引力表现突出，黔中经济区 2015 年制造引力提升幅度较大，成渝经济区的营销引力居于中上水平，广西北部湾经济区各价值模块的引力都没有亮点。相较于皖江城市带受益于长三角经济区的辐射带动作用，广西北部湾经济区尚未受到珠三角经济区的辐射带动作用。

第 5 章

区域模块化协同结网机理及实现路径研究

5.1 区域价值创造模块化协同
结网机理及实现路径研究

5.1.1 模块化相关文献综述

模块化的一般定义是指半自律的子系统通过和其他同样的子系统按照一定的规则相互联系，进而构成更加复杂的系统的过程。根据亚当·斯密的古典分工理论可知，模块化是为了处理复杂事务而进行的原始努力，是将复杂的工作分工完成。但模块化不仅仅意味着分工，也意味着"聚合"，是"模块化分解"与"模块化集中"的有机统一，这也是模块化与分工的本质区别。由此可以看出，模块化已经超越了古典分工的意义，成为一种新的解决复杂事务的思路或方法，这种超越主要体现在以下几个方面：一是模块自身的复杂化。模块本身可以分解为多个"小模块"，各个小模块可以通过一定的接口规则联系起来，从而构成复杂的系统。二是模块的联系规则是进化发展的。每个模块的设计必须严格遵守一定的联系规则，这些联系规则使各模块组成部分集合成为一个有机整体，而随着系统的复杂化，联系规则也必须不断进行动态调整。三是模块具有独立性。联系规则确定后，每个模块内容的设计和改进都可以独立于其他模块的操作，因而每个模块的信息处理过程被"隐藏起来"，模块的设计者进行着"背对背"的竞争。

5.1.1.1 模块化的动因

（1）分工经济。模块化的产生离不开分工经济。杨小凯和黄有光（1999）认为分工是模块组织出现的最主要的推动力量，模块化是在"分工"的基础上体现"聚合"的作用，分工是模块化发展的理论基础。

（2）技术变革。技术变革进一步推动了模块化的产生和运用。古老的模块化生产方式只是体现为分工的衍生效应，模块化思想的影响深度和覆盖范围都还很肤浅，模块化并没有成为普遍的生产方式，是技术变革推动了模块化的演进与普及。因此，可以把技术变革看作是模块化生产方式普及的动力所在。科技进步不断推动着分工的细化即产品价值链分解，同时又能保证产品价值链的重新聚合；通信和传播技术的发展则推动了模块化生产方式的大规模流行，而模块化的生产模式又促进模块化组织结构的产生。

（3）市场需求。市场需求的变化则是模块化生产方式得以流行的外因。随着收入水平的提高，顾客对产品的多样化、差异化要求越来越高，个性化消费已成普遍趋势，这在客观上成为模块化生产模式快速发展的一大诱因。由于模块在功能上的独立性，模块化系统本身能更好地适应外界环境的不确定性，当一个模块不适应市场需求时，就可通过去除、替代等手段更新原有系统，并使新系统适应新的需求。这样，不仅可以提高产品的多样化程度，使企业较好地适应市场多元化、细分化需求；也能依靠大规模定制的规模化生产大幅降低制造成本，从而加快产品的多样化设计与更新速度。

5.1.1.2 模块化理论的演化路径

自 20 世纪 90 年代以来，随着计算机、信息技术的迅猛发展，"模块化"成为越来越盛行的生产方式因而受到理论界的重视，其理论研究路径也不断推进，经历了从产品模块化，到产业组织模块化，到产业价值链模块化，再到模块化价值网络的深入过程。

（1）产品模块化。产品模块化是系统设计师对产品系统进行模块化分解、明确规定产品或产品体系的规则架构，各子模块通过事先确定的联系规则联结在一起构成有机整体的过程。模块化产品由不变的通用模块和可变的专用模块组成。通用模块可以重复使用，这样不仅可以节省新产品的开发费用，又能够提高设计效率，缩短新产品的研制周期。专用模块则是体现新产品特性的部分，产品创新主要体现在对专用模块的设计与开发上。这种模块化的产品创新模式，既可以节约新产品的开发成本，提高开发效率；又可以通过不同通用模块和专用模块的组合生产出灵活多样的产品，以快速适应市场需求（童时中，2000）。

（2）产业组织模块化。在新的竞争时代，产品生产不再采用垂直一体化方式由单个企业独立完成，而是由多个成员企业利用自身的专业化优势共同完成，这种松散的企业组织形式就是模块化组织模式。组织模块化包含产业组织的模块化与企业内部组织的模块化两种组织方式。产业组织模块化是指产业中企业的边界不再以传统的物理运作空间为标准，而是基于核心竞争力来进行划分，从而使企业更具有柔性和应变能力。企业内部组织的模块化，也是以核心能力为标准将企业划分为不同的利润中心，并利用"内部市场机制"来达成最大的激励效果。组织模块化具有如下三个特征：一是组织结构模块化，即组织内部依靠既定联系规则实现松散的耦合，使组织结构体现出扁平化特征；二是组织边界模糊化，模块化使得组织注重业务的"归核化"，将有核心竞争力的业务纳入经营范围，将非核心业务外包出去，通过内外部资源的整合与协同强化竞争优势；三是组织文化开放化，由于模块化组织内部相互沟通学习，要实现知识共享、资源互惠需要开放的组织文化与之适应。

（3）产业价值链模块化。产业价值链模块化基于价值链的分解，一方面，随着产品技术复杂程度的提高，单独的经营单位难以完成全部的价值环节，需要多个单位进行协同才能创造更大的价值；另一方面，信息技术的迅猛发展使交易成本显著下降，从而为分工的进一步深化创造了条件，促进了产业价值链的分解。价值链模块化是指企业传统纵向一体化的价值链被一系列独立的价值模块分解，然后重新组合，从而释放出更大价值的过程。价值链的模块化包括价值链的解构、整合和重建三个阶段。价值链解构就是将构成价值链的各个环节进行模块化分解，由各模块独立地创造价值；价值链的整合就是按照既定联系规则将分解出来的价值模块重新整合，进而成为更加复杂的、能创造更大价值效应的功能系统的过程；价值链的重建就是不同企业将各自具有竞争优势的价值模块进行跨企业重组，以形成新的、更有效力的价值链的过程，也是价值链升级的过程。价值链的解构、整合和重建共同构成了价值链模块化的有机整体。

（4）模块化价值网络的形成。在模块化背景下，为应对越来越激烈的经济全球化挑战，具有不同价值链的企业纷纷改变经营战略，采取合作方式把各自的价值链连接起来以创造新的更大的价值，从而构成了基于模块化价值创造的企业合作网络。这个网络包含供货商、服务提供商、经销商以及竞争者等利益相关者。在模块化时代，纵向一体化生产方式逐渐被业务聚焦战略或业务归核战略所取代，企业将主要战略资源聚焦于核心业务，将一些非核心业务外包出去；同时，随着产品生产和企业组织结构的模块化，不同企业将各自具有竞争优势的核心能力要素连接起来，在此基础上，核心要素与非核心要素，以及核心要素之间共同构成一个开放的价值网络，成员企业在该价值网络中进行价值的创造、交换和共享。

5.1.2　我国区域经济发展竞合关系的历史变迁

5.1.2.1　我国区域经济竞合关系的发展历程

区域分工与合作是区域间经济关系协调发展的必然要求，也是突破单个区域资源与生产力限制的一种有效途径。我国的区域分工与合作在改革开放前与开放后呈现出很大的不同，因而需分为两个阶段分别考察。

第一，改革开放前的分工与合作。中华人民共和国成立之初，经济萧条，百废待兴。为快速恢复和发展国民经济，我国借鉴苏联经济建设经验，并在计划经济理论的指导下，建立了高度集权的计划经济体制。中央政府集人、事和财权于一体，以行政命令的形式控制企业的生产和销售，企业没有生产的自主权，只需要完成中央分配的计划指标。这一时期的区域分工与合作基本上按照"资源互补"或"产品互补"的原则来开展，从而表现出以下特征：（1）高度垂直型区域分工结构，即中西部以开发原材料为主，东部地区则利用中、西部的原材料以发展加工制造业为主；（2）单一纵向型区际产业联系，中华人民共和国成立后国家在西部地区建立的一大批采掘业和原材料加工企业主要与东部沿海加工工业进行单一纵向经济联系，对当地经济发展没有起到带动作用；（3）七大经济协作区呈现封闭型经济特征，各协作区的建立初衷是形成各具特色的区际分工体系，以整合全国的资源进行经济建设，但在实际建设过程中各大区域却没有遵守区际分工的原则，各自建立起独立完整的经济体系，从而使协作区形同虚设。改革开放前的分工合作格局造成了产业结构的超稳态化，不利于产业结构演进和优化升级，也不利于区际关系的协调，区域之间重复引进、重复建设现象严重，产业组织的专业化协作水平非常低。

第二，改革开放后的区域分工与合作。在改革开放后，一系列财政、税收、金融等政策改革承认了个体经济利益的合法性，地区经济利益的主体地位也得到认同，地方发展经济的积极性大大提高，从而使得区域经济成为推动国民经济发展的新动力。在此背景下，各地方政府出于扩大地方利益的需要纷纷开展多种形式的横向经济协作，推动了区域间的联系与协助。这一时期的区域分工与合作具有了新的特征：一是沿海发展战略与西部发展战略有序实施。按照比较优势的原理，东部沿海地区集中发展金融、信息和高科技产业等，而把传统的资源消耗较大的钢铁、重化工业等产业转向中西部地区，这种按照经济发展梯度实现区域分工的做法对区域发展差距较大的大国来说具有积极意义。二是基于规模经济的区域分工和产业布局分散化平衡发展。一方面，在市场机制作用下，由于竞争和价格机制的推动，生产要素和产业在特定优势区位集聚；另一方面，地方政府为迅速谋取区域利益，不顾自身资源特点纷纷投资办厂，建设所谓"价高利大"的项目，从而造成产业布局的分散化与同质化。三是投资主体多元化对区域分工格局产生了重大影响。在改革开放前，中央政府是推动产业布局和区域分工的唯一主体，在改革开放后，随着利益主体的多元化和资本市场的开放，形成了中央政府、地方政府、中资企业和外资企业等多元化投资主体。从以上特征表现可以看出，在改革开放后的区域经济合作中，地方政府起到了非常大的作用，是推动区域经济合作的积极力量，同时也导致了地方利益的固化，地区冲突不断。

5.1.2.2 当前我国区域分工与合作中存在的问题

改革开放后的区域经济分工与合作得到了蓬勃发展，合作的方式和内容丰富多样，也不断向规范化方向迈进，极大地促进了地方经济的繁荣。但仍然存在严重的区域冲突，区域市场封锁和地方保护等妨碍市场一体化的行为屡禁不止。一是区域分工模糊导致区域重复建设和地方保护主义禁而不止，产业结构趋同，地区间的合作关系难以真正建立。在地方利益的驱使下各级政府不顾自身区域的特点，纷纷把人力、物力和财力投资于加工工业，这种低层次的重复建设加剧了区域间资源和市场的矛盾，于是各区域不惜进行原料大战和市场封锁，地方保护主义愈演愈烈。二是在区域分工方面，资源—加工型的垂直分工格局不仅不利于区际关系的协调发展，也不利于区域产业结构的优化升级。在现行的分工格局中，中西部地区以价格偏低的能源、原材料等初级产品参与全国的产业分工，与东部地区价格偏高的加工制成品进行交换，这对中西部地区而言是一种双重利益流失，会不断加大区域经济的差距；另外，如果中西部把自己固定于单纯提供初级产品的地位，不提高加工层次和技术水平，就无法承接东部发达地区转移出来的一般加工工业，从而造成产业梯度转移的断裂。三是在区域合作方面，由于中央区域管理制度基础不完善，全国区域经济合作的水平依然较低，区域间的利益冲突缺乏合理的协调与问题解决机制。现有的区域间的政府合作方式多半依赖非正式的组织安排，缺乏法律基础，对非合作博弈行为缺乏法律上的约束和惩戒机制，从而使得违约成本很低，区域利益矛盾与冲突难以解决。

5.1.3　区域价值网的理论基础

5.1.3.1　区域价值网络创造的驱动要素

随着经济全球化和国际分工的演进，企业边界和产业价值链的覆盖范围发生了重大改变，不断地从一个国家或区域延伸到多个国家甚至全球，国家或区域的分工从产业间分工转向产业内部的模块化分工，从而使得区域生产网络的本质发生改变。在此背景下，中国国家战略经济规划区空间范围内的企业经营和组织方式也随之发生改变，从传统的垂直一体化生产，逐渐向模块化价值创造网络演进。从而形成了以产业竞争为舞台，以地方政府和企业为行动者的国家战略经济规划区生产网络。

基于全球价值链理论，区域生产网络本质上是一种价值网。价值网主要包括三个基本的价值创造驱动要素：（1）优越的顾客价值。顾客价值是价值网的核心，也是价值创造主体进行结网的出发点。通过将顾客纳入企业价值创造体系中，企业不仅可以了解顾客的真实需求，明确竞争优势动态演化的趋势，还可以采用数字化方式将顾客信息传递给其他合作企业以更好地满足顾客需求。（2）相互关系。主体之间通过构建相互关系网络可以迅速地协调网络内各种利益活动，并以最快的速度和最有效的方式来满足各成员单位的需要。此外，企业可以通过建立网络关系实现资源共享，相互弥补资源上的不足，实现成本节约和优势互补。（3）核心能力。价值网得以存在和运行的关键环节，就是主体间核心能力的优化整合。价值网的整体竞争力并不是来自各成员之间普通功能的集合，而是来自各自竞争优势的协同运作。

5.1.3.2　区域价值网络组织主体构成

区域价值网络组织的主体主要有三个：主体、行为和资源。

主体主要包括：（1）顾客，顾客是区域生产网络的价值触发体，创造优越的顾客价值是区域生产网络的动力所在。（2）企业，基于模块化的视角，网络组织中的企业主要包含系统集成商、专用与通用模块供货商等价值创造主体和金融机构、中介机构等互补型企业。（3）政府主体，包括中央政府和组成各规划区的地方政府。

行为主要包括：（1）竞争行为，包括地方政府间和企业间的竞争博弈。（2）合作行为，即地方政府与地方政府之间和各区域企业与企业之间的合作。

资源主要包括：（1）比较优势资源，各经济规划区比较优势资源丰富，区域差异明显。如呼包银榆经济区能源资源丰富，中原经济区劳动力资源丰富，而山东半岛蓝色经济区海洋资源丰富，每个区域都有自己的比较优势资源。（2）竞争优势资源，是各经济规划区力争培育和发展的资源。如珠三角经济区和长三角经济区在现代服务竞争资源方面有突出优势，其他区域差距较大，而呈梯度分布状态。（3）后发优势，除珠三角经济区、长三角经济区和环渤海的经济区之外，其他经济区基本都属于开发开放较晚的区域，在结构优化和高新技术产业发展上有望避开低端化"锁定"效应。

5.1.4　基于模块化价值网的区域发展战略研究

价值网是由利益相关者之间相互影响而形成的价值创造、交换、共享的关系及结构，其本质是在专业化分工的生产服务模式下，由处于价值链不同阶段的相关利益体组合在一起，共同创造价值。价值网的思想打破了传统价值链垂直一体化的线性思维，使价值链上各个参与主体按照整体价值最优的原则相互协同与融合，并在变化的市场环境中动态整合。各利益主体在关注自身利益的同时，更加关注价值网组合而成的整体利益，从而提高网络对价值创造的推动作用。对于各个国家战略经济规划区而言，当彼此发生利益交错关系时，这些关系将会产生网络效应，处于网络节点上的成员通过这种协同方式能创造并获取比仅依靠自身资源发展更多的价值。国家战略经济规划区协同结网创造更大价值的动力源泉主要来自双赢合作战略和对核心能力的塑造。

第一，以紧密合作为基础的双赢合作战略。在传统的区域竞争思维模式下，由于是以行政区为单位组织经济活动，且各区域的利益彼此独立，在官员晋升以 GDP 增长率为主要评价标准的背景下，各区域的利益呈现出相互排斥的特征。因而出现价值系统内一方价值的增加是以其余方价值的减少为代价，这种没有合作甚至恶性的竞争最终会使双方受损。区域资源的垄断和市场封锁阻碍了商品与要素的自由流动，不仅使其他区域失去发展机会，从长期来看自身也缺乏创新的动力和源泉。而在构建合作网络的协同思维框架下，合作各方的利益相互依存，共同致力于创造新的价值增值，每一个合作成员不仅能谋求自身价值增长，同时又不损及对方利益，从而产生正和博弈效果。双赢合作战略的核心体现在以下两点。

（1）树立竞争合作的理念。各国家战略经济规划区之间存在竞争关系是一种客观必然，但竞争的存在并不影响合作战略的开展。在区域一体化趋势不断加强的背景下，区域价值网络的构建更有利于单个成员实现价值增值。单个规划区要想在区域价值网内获取自身发展的机会，必须得到其他网络主体的认同和协作；它的行为与选择也会对其他主体产生影响，只有各方都树立紧密合作的双赢思想，才能够实现核心能力的优势互补，共同创造并分享更多的价值。

（2）树立整体价值创造观念。传统的价值链管理更重视自身的成本和收益管理，将自身的经营活动独立于其他利益主体；传统区域发展的价值观是以利己的单纯目标利润为导向，较少寻求成本分摊和利益共享，因而呈现出封闭式发展的特征，难以实现价值的持续提升。而在构建区域价值网络的理论框架下，各成员更重视整体价值创造，通过资源共享、优势互补、风险共担和产业协同等方式创造整体价值。

第二，专注于塑造区域核心能力。根据"新木桶效应"原理，每个合作单位都以自身的核心优势与其他网络合作成员开展合作，创造出更大的整体价值从而分享更多收益，比单独依靠自身资源发展更能实现利润最大化。国家战略经济规划区在构建合作网络时，都用自己的竞争优势与其他规划区的优势相结合，创造出更大的整体价值，从而也就能分享更多的收益。也就是说，每个规划区根据自身的区位优势，贡献出自己最擅长的价值模块，就能实现整个价值链的提升。其基本原理在于，网络内部成员按照模块化分工原则，基于自身优势从事专业化生产，从而能够通过扩大生产规模、"干中学"等方式获得包括规模化经济、专业化经济和学习化经济在内的模块化经济（余东华、芮明杰等，2005）。区域核心能力的塑造体现在以下两个方面。

（1）分解收缩价值链，专注于核心能力。各国家战略经济规划区从提高区域内产业核心能力出发，把不具有优势的或非核心的产业价值环节分离出来，保留并增强优势价值模块，通过与其他网络成员的协同合作共同完成整体价值的创造。在价值链全球分工的国际背景下，一个区域只有控制那些具有战略意义并创造利润较多的环节，并且把其他不具优势的环节分解出去以降低成本，才能培育出核心竞争力。

（2）发挥价值链的协同效应，培育区域的核心能力。在区域价值合作网络中，区域内资源与能力的互补性是价值网的重要基础，也是区域实现协同发展的前提条件。协同效应，是合作主体通过资源共享、风险共担等协同措施所产生的整体功能的增强。基于这一角度，一方面，各国家战略经济规划区在构建各自竞争优势的基础上，相互形成价值创造的协同关系，能创造出"1＋1＞2"的整体效益；另一方面，在创造协同效应的同时，各规划区的核心能力通过网络成员间的管理协调、资源互补、人员流动以及知识经验的传播等方式不断得到增强。这些网络关系具有隐性的特征，正是这些隐性的、不易被识别的价值增值方式，为各规划区带来竞争优势。

5.1.5　国家战略经济规划区模块化协同结网的实现路径

从本质意义上讲，区域价值网络是一个基于核心能力的组织，通过自组织和动态协调，打造出有利于整体价值提升的体系，然后不断复制。成员单位的竞争力来自网络体系的协同合作，而网络体系的竞争力来自各个成员的核心能力，网络体系是成员单位核心能力的最高形态和集大成。对于各国家战略经济规划区而言，在模块化成为产业组织主要模式的背景下，经济规划区可以构建以价值链模块化为基础，集利益相关主体、行为和资源于一体的区域价值网络。这一网络体系主要应包含企业竞合关系协同、产业价值模块协同、地点资源禀赋协同以及政府网络治理协同四个方面。综上所述，我国国家战略经济规划区的模块化价值网络体系如图5－1所示。

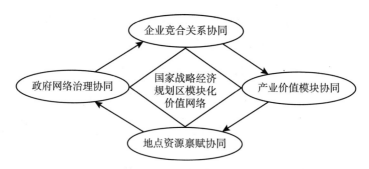

图 5 - 1 国家战略经济规划区模块化价值网络体系

（1）国家战略经济规划区间"企业竞合关系协同"机理研究。对于国家战略经济规划区组成的区域生产网络而言，竞争与合作共生是必然的，并且基于地方政府现有管理体制，竞争的"单赢"倾向往往大于合作的"双赢"追求。企业是国家和地区经济发展的最终载体，国家战略经济规划区的协同发展最终要归结于企业的协同发展。在经济全球化背景下，在国家战略经济规划区间进行竞争与合作的企业，包括中国的本土企业和外国在中国设立的跨国企业，因而企业的竞合关系协同包括经济规划区间本土企业跨区域协同结网、外资企业跨区域协同结网和本土企业与外资企业的协同结网。但真正作为国家战略经济规划区竞争力载体的还是协同结网中的中国本土企业网络的竞争力。

（2）国家战略经济规划区间"产业价值模块协同"机理研究。在全球价值网络中，扎根在国家战略经济规划区间的研发价值模块、制造价值模块和营销服务价值模块都具有价值创造与增值效应，但根据"微笑曲线"原理，研发价值模块和营销服务价值模块具有更大的"价值增值空间"和主导价值分配的"控制权"。国家战略经济规划区间产业价值模块的协同包括研发价值模块协同，制造价值模块协同，营销服务价值模块协同和研发与制造价值模块的协同，制造与营销服务价值模块的协同，研发与营销服务价值模块的协同，以及研发、制造和营销服务价值模块的整体协同。

（3）国家战略经济规划区间"地点资源禀赋协同"机理研究。由于地理位置、发展起点、历史积累等差异，各经济规划区分布着比较优势、后发优势和竞争优势等不同类型的"资源禀赋优势"，且各种优势在数量、质量及其组合上存在较大差异。为了实现价值创造最大化，需要在合适的国家战略经济规划区内布局与其资源禀赋特征相匹配的价值模块，以实现区域之间的"地点资源禀赋协同结网"。

（4）国家战略经济规划区间"政府网络治理协同"机理研究。在我国区域生产价值创造网络中，政府的力量非常强大，在目前的政绩考核体制下，各区域之间竞争激烈，地方政府甚至超越市场力量以行政手段直接或间接地干预企业间的业务往来，从而形成区域生产网络中独特的"政治治理"价值创造驱动效应。良好的"政治治理"环境能为区域价值创造提供有效的制度保障，反之会对区域价值创造造成强大的阻碍。

5.2　区域间"企业竞合关系协同"机理研究

如今，在模块化成为现代产业组织主导模式的背景下，合作与竞争行为呈现出融合之势。在模块化生产网络中，企业的合作性策略行为多数是在技术开发、外观设计、产品生产、品牌打造等领域的合作，呈现出横向竞争性合作的特点。模块化生产网络是通过不同模块的专业化分工和"归核化战略"实现比传统垂直一体化价值链更显著的价值创造效应。在模块化生产网络中，产业竞争呈现多层次性，既有多个模块供货商之间"背对背"的竞争，也有网络参与成员为实现整体网络价值最大化而采取的合作竞争。竞争机制的形成，特别是"淘汰赛"式的残酷竞争，使企业不得不以更快的速度加快产品创新以适应市场的变化；合作机制的形成，使得价值体系超越现有模块边界，并通过各模块之间的互动和整合而产生新的价值。因此，在以模块化生产网络为主导的全球分工体系中，各经济规划区内的企业要想分享更多收益，就必须改变为争夺市场份额而采取的零和竞争方式，将合作竞争的理念有效地贯彻于企业的运营管理之中。

在经济全球化背景下，企业间的竞合关系决定着国家战略经济规划区在国际竞争格局中的整体竞争力和抗风险能力，也极大地影响着区域生产网络的价值创造效益。从根本意义上讲，各国家战略经济规划区之所以进行区域"结网分工"，根本目的在于提升本区域的整体经济实力和综合竞争力。企业是区域竞争力提升的最终载体，在全球生产网络时代，一个区域中的企业包括本地的民族企业和在本地投资的外资企业，一个区域竞争力的提升从根本上还是依靠民族企业的发展壮大。将两个区域企业的结构状态分为四种情况：Ⅰ代表 A 规划区的本土企业；Ⅱ代表 A 规划区的外资企业；Ⅲ代表 B 规划区的本土企业；Ⅳ代表 B 规划区的外资企业。每类企业竞争力按"大、中、小"一维三分法分类，便可以得到全球生产网络下以企业竞争力为最终载体的国家战略经济规划区间竞争力的态势格局。

按照以上思路，国家战略经济规划区的网络竞争力结构态势可以分为以下四种状态：（1）沦落态势结构，一是 A 区沦落态势结构（小Ⅰ＋小Ⅱ＋大Ⅲ＋大Ⅳ），即 A 区的本土和外资企业实力都很弱小，B 区企业实力强大，二者地位不平衡，造成 A 区呈沦落状态；二是 B 区沦落态势结构（大Ⅰ＋大Ⅱ＋小Ⅲ＋小Ⅳ），即 B 区的本土和外资企业实力都很弱小，A 区企业实力强大，二者地位不平衡，造成 B 区呈沦落状态。沦落态势下的生产网络只有竞争没有合作，是因为实力差距使二者无法在平等环境下开展合作，很容易导致弱势区域采取市场封锁等地方保护措施。（2）主导态势结构，一是 A 区主导态势结构（大Ⅰ＋大Ⅱ＋中Ⅲ＋中Ⅳ），即 A 区本土和外资企业实力强大，B 区企业实力中等，二者关系以 A 区企业为主导；二是 B 区主导态势结构（中Ⅰ＋中Ⅱ＋大Ⅲ＋大Ⅳ），即 B 区本土和外资企业实力强大，A 区企业实力中等，二者关系以 B 区企业为主导。主导态势结构在结构形成的初始阶段有利于双方价值的创造，但长期下去会由于利益分配不均而使合作难以持续。（3）空心态势结构，一是 A 区空心态势结构（小Ⅰ＋大Ⅱ＋中Ⅲ＋大Ⅳ），即 A 区本土企业实力弱小，B 区本土企业实力中等，但两个区域外资企业实力较强，从而造成 A 区经济的空心状态；二是 B 区空心态势结构（中Ⅰ+大Ⅱ+小Ⅲ+大Ⅳ），即 B 区本土企业实力弱小，A 区本土企业实力中等，两个区域外资企业实力较强，从而造成 B 区经济的空心状态。空心态势结构下本土经济实力较弱，一个区域成为国外经济发展的"垫脚石"，两个区域缺乏合作的真正动力。（4）A 区—B 区均衡态势结构（大Ⅰ+中Ⅱ+大Ⅲ+中Ⅳ），即两个区域本土企业实力强大，外资企业实力中等，从而能形成以本土企业为主的均衡竞争合作关系。在均衡态势结构下，双方通过合作创造了价值，也能实现价值的公平分配，因而能形成合作共赢的持续性。

　　在经济全球化发展背景下，区域生产网络的价值协同创造是一个动态的演变过程：（1）组合一：（小Ⅰ+小Ⅱ+小Ⅲ+小Ⅳ）是区域生产网络的初始状态，这时发展的起点低，发展动力不足，合作的增值效应不明显。（2）组合二：（小Ⅰ+中Ⅱ+小Ⅲ+中Ⅳ）是区域生产网络的一个跨越，改革开放的国策使大量外资涌入，出口导向型生产拉动了区域经济的增长，对外贸易的合作推动了区域竞争力的提升。（3）组合三：（中Ⅰ+中Ⅱ+中Ⅲ+中Ⅳ）是区域生产网络的第二个跨越，随着改革开放的深入推进，民族企业开始发力，各区域开始致力于提升区域竞争力格局中的"本土成分"。本土经济的发展加深了区域合作的根基，从而使区域经济合作走上良性循环的轨道。（4）组合四：（大Ⅰ+中Ⅱ+大Ⅲ+中Ⅳ）是区域经济协同发展的均衡态势，本土经济实力强大，价值创造效应更为明显，双方基于共同利益开展合作，同时也在平等互惠的基础上实现价值分配，从而使合作在高水平高层次上持续下去。由于国际利益的冲突，（大Ⅰ+大Ⅱ+大Ⅲ+大Ⅳ）的组合很难实现，只能保持在（大Ⅰ+中Ⅱ+大Ⅲ+中Ⅳ）的"次优"均衡状态。

5.3　区域间"产业价值模块协同"机理研究
——以 2013 年的数据为例

随着信息技术革命、经济一体化趋势加剧和消费者需求层次的升级，现代经济结构和组织形式正在发生深刻的变化，模块化与产业价值链的整合成为新的产业发展趋势。传统的产业价值链是基于垂直分工的上下游对应关系的链式结构，在这种结构中，分工越细化，各部分的联系程度就越强，因而要保持各价值环节较高的一致性的交易成本和监督成本就越高，因而捆住了位于其他价值环节企业的手脚，限制了创新的发展。而基于产业价值链层面的模块化则能突破这一局限。模块化组织方式下的标准接口结构是针对整个产业而设立的通用规则，具有很好的开放性，因而能克服原有分包体系下发包企业为承包企业设定的特定接口规则的局限性；企业只要遵守接口规则，并能够开发出具有更佳性能的模块，都可以随时加入模块化网络组织并分享收益，其激发企业竞争的程度和促进产业创新的速度都是原有产业组织形式所无法比拟的。因此，价值模块整合商通过整合网络内的价值模块，使模块的提供者在模块整合商创建的商业模式平台上实现动态合作，进行研发、制造、营销等一系列价值模块的集成，形成营销联合体，制造联合体，研发联合体以及研发、制造、营销价值模块之间两两互动或整体协调的功能整合体，这些功能组合体随着外部市场环境的变化进行动态适应与调整，从而实现产业价值链的柔性整合与扩张。

5.3.1 研发价值模块"跨区域"协同结网

研发价值环节是产品的初始环节，价值增值能力强，但需要投入大量的技术和知识资源，且面临的不确定性较大，单个企业可能难以承受风险，联合开发是降低风险、获取高额回报的有效选择。从各规划区的研发引力情况来看，不仅规划区之间研发引力得分梯度差异较大，各规划区内部城市的研发资源也极不平衡；研发引力的主成分因子得分各有所长，相似度不高，从而使规划区之间或内部开展合作具备良好的基础，即发挥各自优势，共创协同效应。

（1）研发价值模块中引力最强的区域包含珠三角经济区和长三角经济区。二者的研发引力远高于其他经济区，但在研发引力因子得分方面表现出较大的不同，从而存在较大的协同发展空间。从 2013 年的因子分析结果来看，珠三角经济区在因子 1 即研发环境因子的得分远高于长三角经济区，主要在于其经济的开放度高，研发人员的占比有优势，但在因子 2（创新驱动因子）和因子 3（研发集聚因子）方面的表现远低于长三角经济区，说明长三角经济区的创新潜力和实力以及吸引创新要素集聚的能力更强，珠三角经济区可以利用长三角经济区高等院校和研发机构集聚的优势与长三角经济区开展合作，不断完善产学研合作平台，创新产学研合作模式，建立产学研主体之间成果共创、风险共担、利益共享的体制机制。同时利用二者在研发领域的强大优势共同推进国际产学研合作，不断吸引和集聚国外先进技术、研发能力等创新要素，强化本土企业的研发能力，推动本土企业研发国际化和外资企业研发本土化。

（2）研发引力归为第二类区域的有皖江城市带、山东半岛蓝色经济区、辽宁沿海经济带和长吉图开发开放先导区。皖江城市带研发引力总因子得分与珠三角经济区和长三角经济区有较大差距，研发引力有待提升，因其有着毗邻长三角经济区的区位优势，吸引研发价值模块扎根的潜力巨大。合肥有着中国科技大学、合肥工业大学等高校和中国科学院、合肥物质科学研究院等科研院所，长三角经济区名校云集，科研机构众多，随着长三角经济区向皖江城市带产业转移步伐的加快，二者在研发价值模块有着很大的合作空间。皖江城市带可加大与长三角经济区等沿海地区的人才、技术、设备等创新要素对接，建立科技资质互认制度，实现创新平台共享；与长三角等经济区的高校、科研院所联合共建科研机构和产学研合作示范基地，通过建设产学研战略联盟，共同推进核心技术攻关和实现关键共性技术突破。山东半岛蓝色经济区和辽宁沿海经济带同属环渤海经济圈，二者有着较好的合作基础和互补性资源。山东半岛蓝色经济区海洋科技资源富集，海洋研发实力强大，研发环境因子和创新因子都得分较高，辽宁沿海经济区创新机构集聚效应突出，二者优势互补，可在海洋产业研发领域大有作为。长吉图开发开放先导区是东北地区工业实力较强，高等院校和科研院所较为丰富的地区，应利用自身优势加强与辽宁沿海经济区和沈阳经济区的研发合作，共同加快推动新型工业化进程。

（3）研发引力归为第三类的五个经济规划区的综合研发引力与二类区域有较大差距，但在研发引力指标上各有所长，具备较好的协同发展条件。这些经济区都属于内陆型经济区，开发开放较早，重视研发环境的创建，鼓励创新，从而积累了较好的研发基础。沈阳经济区得益于东北老工业基地研发资源的积累，集聚因子得分较高，研发集聚效应突出，可发挥机构优势共同建立创新联盟，增强区域创新活力。长株潭城市群研发环境因子和创新驱动因子都较为突出，鼓励创新的体制机制建设较好。成渝经济区、武汉城市群和关中—天水经济区的研发引力特征非常相似，都是创新驱动因子得分较高，技术交易市场发育良好，创新成果的转化能力强，可挖掘的研发潜力非常大；三者区位临近，都展现出强大的创新活力，可以结成创新驱动网络，共同增强区域研发引力，推进产业结构加速升级。海峡西岸经济区临近粤港澳，且具备与中国台湾合作的先天优势，开展与珠三角经济区和中国台湾地区的合作空间广阔。

（4）研发引力归为第四、第五类的经济规划区研发引力还较为欠缺，需要加大科研投入，营造良好的创新环境，并借鉴具有研发优势地区的经验不断培育出吸引高端价值模块扎根的区位要素。

5.3.2 制造价值模块"跨区域"协同结网

我国制造业重复建设现象严重，竞争程度远远超过合作，从而造成大量资源浪费和恶性竞争的盛行，也阻碍了产业结构升级的路径演化。加大区域之间制造价值模块的协同是实现产业布局科学化，推进产业结构升级的迫切要求。

（1）在制造模块的聚类分析中，珠三角经济区自成一类，其得分远高于其他经济区。主要在于其拥有雄厚的制造业基础，作为中国最早承接国际产业转移的区域，珠三角经济区有着完备的工业基础及配套设施，因而其对制造价值模块的引力依然巨大。但是随着土地开发密度的不断加大和劳动力成本的上升，珠三角经济区中许多制造企业正在向东南亚国家转移，其制造优势在逐步消散；另外，珠三角经济区的制造优势在内部城市间分化明显，深圳、广州和珠海等城市土地价格和人力成本高昂，需进行产业结构的升级，其他城市依然有着发展制造业的良好基础和环境。因而珠三角经济区需向其他经济区进行产业转移，以便"腾笼换鸟"，为产业结构转型升级换取空间。

（2）制造模块引力归在第二类的区域是呼包银榆经济区、山东蓝色半岛经济区和长三角经济区。呼包银榆经济区是我国煤炭、矿产、电力等资源最为富集的地区，因其长期作为东部地区资源的输送地而没有获得工业化足够发展。在东部地区开展产业转移的新的市场环境下，呼包银榆经济区有着突出优势，应该发挥好自身优势承接产业转移，以不断壮大自身工业发展实力。山东半岛蓝色经济区海洋制造业实力雄厚，工业基础和产业投资环境良好，加上沿海的区位优势，因而呈现出强大的制造引力。但该区域的工业集聚效应不是很突出，对外商直接投资的吸引力不够，因而应发挥自身优势加大与工业集聚效应明显的辽宁沿海经济带、沈阳经济区和皖江城市带的合作，互通有无，优势互补。长三角经济区除了在工业基础和工业集聚效应两个因子上有较好表现之外，投资环境和区位因子得分都为负值，说明其吸引制造价值模块扎根的许多优势在衰弱，上海、南京、杭州等特大城市的土地价格节节攀升，产业结构急需升级，因而加大与中西部地区的合作，将附加值较低的制造模块转移出去是大势所趋。

（3）制造模块引力归在第三类区域中的辽宁沿海经济带与沈阳经济区特征较为相似，有着较好的制造业投资环境和工业集聚效应。但辽宁沿海经济带有着更开放的市场环境，二者可以在新型工业化发展模式的探索方面开展合作，共同增强辽宁省作为东北老工业基地的实力。皖江城市带随着承接产业转移进程的加速，其资源的开发会临近饱和，因此需选择性地承接产业转移，通过积极开展与其他中西部地区的合作，将不适宜发展的产业模块转移出去，在承接产业转移的过程中实现产业结构的转型升级。

（4）制造模块引力中第四类区域包含的七个经济规划区对制造模块的

引力一般，但各有优势，正走在培育自身区位要素的道路上。长株潭城市群在工业集聚因子上得分较高，体现出较好的工业规模效益，但在制造业需要的投资环境和区位环境上没有优势，主要是因为随着开发密度的加大，土地成本和人力成本越来越高，又没有明显的税收优惠。随着"两型社会"建设的深入实施，其对制造业的选择要求越来越高，高污染高耗能的产业必须淘汰，转而走发展循环经济的道路，从而需要与长三角经济区、珠三角经济区等经济区加大合作，发展先进制造业。河北沿海经济区、广西北部湾经济区、鄱阳湖生态经济区、武汉城市群和长吉图开发开放先导区在投资环境因子上表现较好，有着较为优惠的税收条件，经济活跃度不断增强，应积极承接发达地区的产业转移，培育出自己的工业实力。宁夏开放区工业基础和整体投资环境欠佳，但有着丰富的自然资源，可以利用自身优势吸引产业投资。

（5）制造模块引力中第五类和第六类经济区对制造价值模块的吸引力还有待培育，这些区域或者因为工业基础薄弱，或者因为资源局限而造成制造引力较低，需挖掘自身特色培育出核心价值模块。

5.3.3 营销价值模块"跨区域"协同结网

随着生产力的不断发展，市场本身有着扩展的内在要求。但在我国行政区划的管理体制下，市场被行政区强行分割，行政区为了各自利益封锁资源，干预市场机制的正常运转，市场一体化建设受阻。随着区域一体化的深入发展，区域市场迫切需要冲破行政区划的界限，走向更为广阔的空间。区域营销价值模块的协同是更好地实现产品价值的必然选择。

（1）营销价值模块中一类区域包含长三角经济区和珠三角经济区，二者总营销引力得分差距不大，但主成分因子的得分差异较大。珠三角经济区综合购买力因子得分遥遥领先，充分体现出居民受益于改革开放的成果，收入大幅提升，购买力强大的特征，但在市场消费环境和消费潜力因子得分上表现并不突出，这与区域内部分城市主要以制造业为主，第三产业发展程度有限等因素有关；长三角经济区消费市场环境因子得分最高，消费潜力因子和综合购买力因子都较有优势，三个因子得分差异不是特别大，体现出该区域整体消费实力和消费环境的优越性。二者在消费环节开展合作可以实现强强联合，长三角经济区利用珠三角经济区强大的购买力拓展产品销售和服务市场，珠三角经济区利用长三角经济区优越的消费市场环境和巨大的消费潜力培育品牌效应，扩张消费空间。作为走在改革开放最前沿，经济最发达的区域，长三角经济区和珠三角经济区内居民有着更超前的消费意识和强大的消费能力，二者在品牌培育、服务外包和市场拓展方面有着广阔的合作空间。

（2）山东半岛蓝色经济区凭借优越的地理区位和丰富的海洋资源而被归为营销模块二类区域。虽然与一类区域还有较大差距，但发展潜力巨大。该区域居民的综合购买力较强，城市化程度不断加深，消费潜力巨大，有所欠缺的是支持消费的市场环境发育不够完善，但整体对营销价值模块扎根的引力非常强大。山东半岛蓝色经济区在营销环节一方面要加强与珠三角经济区和长三角经济区的合作，加大品牌培育力度，挖掘居民的超前消费意识，共同营造优越的市场环境；另一方面加强与辽宁沿海经济带、沈阳经济区和河北沿海经济区的合作，共同加强对日韩的贸易发展，增强对京津冀地区的贸易实力。

（3）营销模块引力中三类区域包含的九个经济规划区的营销引力居于中上水平，展现出较好的经济发展势头。区域间在消费主成分因子的表现各有所长，有着较好的合作条件和广阔的合作平台。长株潭城市群、河北沿海经济区、海峡西岸经济区和皖江城市带消费潜力因子表现较好，城市化进程较快，交通运输网络发达；辽宁沿海经济带、沈阳经济区和长吉图开发开放先导区在综合购买力因子上得分较高，因受益于工业基础的积累，居民的购买实力和购买意愿都较强；海南国际旅游岛和成渝经济区在消费市场环境因子的得分较高，这两个区域第三产业发达，有着优良的消费环境。基于区域中不同的消费因子特征，各规划区之间可以利用对方优势深入开展合作。

（4）营销模块引力归为第四和第五类的经济区营销引力不强，整体经济实力还比较落后，消费市场发育不够，但在国家促进区域协同发展和扩大内需的政策环境下依然有着较大的潜力可挖。各区域需发挥好自身优势，消除贸易壁垒，共同搭建营销业务平台以拓展市场空间。

5.3.4 研发与制造价值模块的协同结网

研发的最终目的是要将研发成果转化为现实生产力，从而促进产业经济的发展壮大，因而研发模块必须与制造模块协同结网，才能对实体经济产生意义。从研发模块和制造模块的综合引力得分来看，部分研发引力强的规划区制造引力也较强，如珠三角经济区、长三角经济区、皖江城市带、山东半岛蓝色经济区、辽宁沿海经济带、长株潭城市群和沈阳经济区等，这些区域内部研发价值模块与制造模块协同较好，研发对制造的贡献度大，产业层次较高；但是随着开发密度的加大和制造成本的增加，这些区域内部部分城市逐渐散失了发展制造模块的优势，面临着产业结构升级的迫切问题，因而需要与其他经济区开展合作，逐步转移出附加值较低的制造模块，专注于研发价值模块并为其他经济区的制造模块提供更多技术指导。部分规划区研发引力较强，但制造引力一般，如长吉图开发开放先导区、成渝经济区、武汉经济区、海峡西岸经济区和关中—天水经济区，这些区域有着突出的创新活力，创新体制机制日趋完善，但因为历史原因或资源环境的局限而缺乏工业基础和集聚引力。基于较强研发引力和较弱制造引力的现实条件，这些经济规划区应致力于培养出研发价值模块的核心竞争力，以占据价值链的高端环节；进一步地，通过与具备制造引力或潜力的呼包银榆经济区、河北沿海经济区、广西北部湾经济区、宁夏开放区和鄱阳湖生态经济区等开展合作，以实现研发资源与制造资本的结合，更好地促进区域协同发展。

5.3.5　营销与制造价值模块的协同结网

在 2008 年的全球金融危机之后，我国的外向型经济受到重创，国际需求下降，直接导致出口萎缩，大量企业倒闭，这是因为过度依赖国际市场这一严重缺陷。出口危机让我们充分意识到扩大内需的重要性，内需将成为拉动经济增长的新引擎，因而制造业的发展必须与扩大国内需求紧密结合。从各规划区制造模块和营销模块的总引力得分来看，部分规划区制造引力和营销引力都比较强大，随着工业化与城镇化的推进，居民收入水平和购买力得到较大提高，消费市场不断扩展，如珠三角经济区、长三角经济区、山东半岛蓝色经济区、长株潭城市群、辽宁沿海经济带、河北沿海经济区、沈阳经济区和皖江城市带等。这些区域工业实力强，也有较大的内需市场，但仅仅依靠本区域市场难以打开产品的销售和服务管道，必须不断开拓新的市场，并培育品牌效应才能获得更大的利润空间。有的规划区有较高的制造引力，但因区域内市场有限而缺乏营销引力，如呼包银榆经济区，必须向外拓展市场才能解决产品销售问题。而海峡西岸经济区、海南国际旅游岛、长吉图开发开放先导区和成渝经济区等区域制造引力不强，但营销引力大，具备产品销售的巨大发展空间，这些区域可以加大与具备制造引力的区域的合作，深入推进贸易往来，在合作中实现共赢。

5.3.6　研发与营销价值模块的协同结网

研发是产业价值链的初始环节，营销与服务是价值链的终端环节，研发出的产品最终要流入营销环节才能实现价值创造，因此研发必须了解并满足客户需求。随着居民收入水平的提高，必须不断开发新产品才能满足多样化的需求，而消费意识的增强和需求空间的扩张也对研发形成强大的动力和激励，二者合作共同推进产业价值链提升。从研发和营销模块的总引力指数来看，部分规划区的研发引力和营销引力都较强，主要包括珠三角经济区、长三角经济区、山东半岛蓝色经济区、辽宁沿海经济带、长株潭城市群和沈阳经济区、成渝经济区等，这些区域经济发展水平高，居民的购买意识和购买能力都比较领先，高层次和多样化的购买需求不断诱导出新产品的开发，进一步促进了区域经济的发展和产业结构优化升级。但研发定位不能仅局限于满足本区域的需求，需要在更宽广的领域和更大的平台上开展与市场空间广阔的区域的合作。部分区域研发引力较强，但营销引力不够，如武汉城市圈和关中—天水经济区，而河北沿海经济区和海南国际旅游岛具备较大的营销引力却不具有研发引力，这些区域之间存在广泛的合作空间。随着经济发展层次的推进，研发模块与营销模块的合作空间也越来越大，各规划区在专注于自身擅长模块的同时加大与其他区域的合作才能创造更大的价值空间。

5.3.7 研发、制造、营销三个价值模块的协同结网

研发、制造、营销服务是产业价值链的三个环节，波特于 1985 年在《竞争优势》一书中提出"每个企业都是在设计、生产、销售、发送和辅助其产品的过程中进行种种活动的集合体。所有这些活动可以用一个价值链来表明"。后来学者们把产业价值链具体划分为研发设计、生产制造和营销服务三个环节，即三大价值模块。产业价值链是个有机整体，各组成部分相互依存、相互影响和相互制约。价值链的每个环节都聚集了大量同类企业，上下游企业之间不断进行信息、资金和技术等资源的交换，只有在这种交换关系能顺利进行时，才能维持价值链的良好运转，实现价值创造；一旦产业价值链中的某一环节出现阻滞，这个良性循环就会被打破，从而导致整个产业链不能正常运转。这是产业价值链特有的链式效应，这种效应促进了产业内企业的专业化分工与协作，企业可以选择产业链上的一个或多个价值模块进行生产，不断优化内部资源配置，获得核心竞争力；同时通过与其他模块的专业性企业进行紧密协同合作，共同完成价值创造。在国家战略经济规划区的协同发展中，各区域对不同价值模块的引

力不同，从而具备开展专业化分工进行协同发展的良好条件。从具备强大研发和营销引力的珠三角经济区、长三角经济区、皖江城市带、山东半岛蓝色经济区、辽宁沿海经济带、长吉图开发开放先导区、长株潭城市群等到较具制造优势的呼包银榆经济区、沈阳经济区、河北沿海经济区、广西北部湾经济区、宁夏开放区、鄱阳湖生态经济区和武汉城市圈等，各区域在发挥自身专业化优势的基础上与其他规划区结成协同发展网络，并形成模块化协同的良性循环圈，从而提高整体抗风险能力，赢得更广阔的盈利空间和发展优势。

5.3.8　国家战略经济规划区产业价值链升级

在全球价值链分工条件下，传统的产业间分工逐渐向价值链内部环节的分工转变，参与全球价值链分工已经成为一个国家、地区融入全球化趋势的必然选择。各国、各地区需根据自己的竞争优势，通过参与价值链的某个或多个环节来获取价值增值与收益。然而，无论是哪一类型产业，在产业价值链的不同环节都存在附加价值的巨大差异，也就是说，位于产业价值链不同环节的企业的投入产出状况是截然不同的。根据全球价值链理论可知，价值链的三个环节的增值能力呈现出"微笑曲线"的形状，即研发设计和营销服务的价值增值能力强，处于"微笑曲线"的两端，中间加工制造环节的价值增值能力最低，处于"微笑曲线"的底部。随着交通、通信水平的提高和经济全球化趋势的加强，越来越多的国家和地区参与到全球分工的"加工制造"环节中来，但这一环节的"租值"日益耗散，导致生产环节附加值不断降低。能产生较高价值的领域越来越脱离具体的生产过程而转向研发、营销和品牌创建这些无形领域，这些活动通常是技术或知识密集型的，会形成较高的技术壁垒，具有价值创造的垄断性。

自改革开放以来，中国经济抓住了国际产业转移的历史性机会，迅速融入全球价值链分工体系中。由于丰富的劳动力和自然资源等比较优势的存在，中国顺利地实现了低层次的产业间结构升级，即从农业产业结构向以劳动密集型为主导的加工业结构的转变，而高层次的产业链内部分工升级却遇到重重障碍。要实现高层次的产业内不同价值链层次的升级，一方面需要中国本身具有较强的技术引进和吸收能力，而我国的人才积累难以满足这一要求，另一方面掌握先进技术的发达国家为了维持垄断地位尽量避免将知识、技术密集型产业链环节转移出去。随着人口红利的消失，劳动力成本骤增，加上制造环节对资源环境的巨大消耗，大量加工制造企业开始向东南亚国家转移，这对我国产业结构的调整提出了迫切要求。中国要实现从加工制造大国向制造强国和创造大国的转变，就必须抓住经济全球化机遇，摆脱对低价值制造环节的依赖，在全球价值链分工中占据研发设计和品牌营销等高附加值环节。

从我国国家战略经济规划区的垂直专业化引力特征来看，我国珠三角经济区、长三角经济区和山东半岛蓝色经济区等研发和营销引力较强，具备向研发和营销高端价值环节升级的条件。但大部分地区相比珠三角经济区和长三角经济区的研发引力和营销引力都有较大差距，依然停留在加工制造环节，缺乏进行产业内层次升级的区位要素；甚至还有部分区域尚未融入全球化分工体系，进出口占比和外商直接投资情况都很不乐观，经济发展仍然处于封闭状态，如黔中经济区和陕甘宁革命老区。如何在全球价值链分工条件下实现我国国家战略经济规划区产业内分工层次的升级是政府、企业和产业组织都无法回避的问题，这关系到区域经济的整体竞争力和抗风险能力，关系到整个国民经济的可持续发展。基于全球价值链分工的新形势和我国区域经济的特点，各规划区需从以下几个方面入手。

（1）创造条件促进新兴产业发展，构建新兴产业价值链。发达地区的政府应加大对新兴产业的研发投入和政策激励，鼓励有条件的企业抢占新兴产业价值链的高端环节。相较于传统产业而言，新兴产业在不同国家之间相对差距较小，通过有效的产业政策鼓励和人才培养，是能够形成中国企业在新兴产业价值链的研发设计和品牌营销等方面的优势的。但促进新兴产业发展并不是片面强调对新兴产业的参与，而是必须针对研发、营销等高附加价值环节展开。如果仍然只是停留在简单的加工制造环节，只会继续步传统产业的后尘，在低端价值链环节上形成路径依赖，无法实现产业结构升级。经济实力落后和研发资源稀缺的经济区必须在尊重本区域实际的基础上布局产业结构，不能盲目跟风。

（2）引导传统产业向全球价值链分工的高端环节转移，提升传统产业的竞争力。我国对传统产业的发展还存在认识上的误区，认为传统产业是缺乏竞争力的，事实上，传统产业并不等同于夕阳产业，传统产业价值链上一样有高附加值环节，提升传统产业价值链的结构层次依然可以实现价值增值。一方面，政府通过优惠政策引导企业提高传统产业技术创新和品牌培育的积极性，促进企业主动向高端产业层次攀升；另一方面，需构建严格的产业准入制度，对环境污染重、资源消耗大的落后产业进行限制，从制度上保障产业升级方向，引导经济发展方式的转变。

（3）加强企业对核心能力的培养，提升分工地位。全球价值链分工的主体是企业，促进经济发展方式转变，实现产业结构层次升级的重任终究要落在企业身上，关键动力就是要培育并构建出企业的核心竞争力。核心竞争力是企业相较于竞争对手所具备的竞争优势和关键能力的差别，主要体现在创新能力的培育上。没有核心竞争力的企业只能停留在价值链的低端环节，无法获取更多的价值收益，甚至面临被淘汰的压力。不同产业的企业可以通过技术创新、品牌营销等方式不断加快产品的创新速度和增强产品差异化能力，并通过与其他企业构建合作网络增强自身优势，逐渐占据全球价值链分工的优势环节。

（4）强化地区间产业联系，加快构建国家价值链网络体系和治理框架。我国经济具备典型的大国经济特征，区域资源禀赋差异巨大，国内需求市场广阔，完全具备构建国家价值链网络体系的条件。但长期以来，由于行政管理体制的约束，地区间各自为政，盲目竞争，导致产业重复建设现象严重，结构层次较低。要实现中国区域经济产业协同发展，推进结构升级，必须在以下几个方面努力：一是打破地方保护主义，保障产品与要素自由流动，推动区域一体化进程。在国家主体功能区框架下，加强区域产业在价值链不同环节的分工合作，推动区域间重大基础设施的共建共享，进一步深化商品和要素市场机制改革，促进区域间产业合理布局与功能协调合作。二是支持中西部地区结合本地优势，培育特色产业链，不断增强自我发展能力。针对中西部地区依然较落后于东部地区的情况，在充分考虑中西部地区区域特色的基础上，优先向中西部地区倾斜产业布局和重点项目，支持中西部地区加快资金、技术和人才的积累；同时鼓励中西部地区基于自身优势资源，发展特色产业，走差异化发展道路，逐渐形成区域竞争优势。三是积极搭建和完善产业转移平台，推动东中西部之间的产业合作。东部地区产业向中西部转移能为东部地区腾出更大的发展空间，顺势推进产业结构升级，中西部地区也能获得更多的发展机会，以此实现财富积累。

5.4 区域间"地点资源禀赋协同"机理研究

在经济全球化的网络发展时代，地点对企业价值创造的作用越来越重要，这可以从国际产业"大区域分散、小区域集聚"的分布特征看出来。在国际产业垂直专业化分工背景下，一个国家或地区是否具备能最大化价值创造的优势资源支撑效应，是其是否有资格成为一系列产业价值模块"扎根地"的关键。对于处于区域生产网络中的国家战略经济规划区而言，由于资源禀赋、历史积累和发展策略等的差异，在各经济规划区内往往分布着比较优势、后发优势和竞争优势等不同类型的"地点资源"，这些资源因时因地而异，从而使得"地点"这一资源组合载体成为决定区域生产网络价值创造的重要驱动要素。

中国地域辽阔，资源分布不平衡，经济发展水平也参差不齐，为了更微观深入地分析区域生产网络的"地点资源"结构，根据比较优势、竞争优势、后发优势理论，把区域生产网络的"地点资源"分为五类：自然优势资源、劳动力优势资源、资本优势资源、技术优势资源和知识优势资源。而后，根据钱纳里的工业化阶段理论，按照地区人均生产总值（美元）五个层次的分类水平来定位 21 个国家战略经济规划区的资源优势状态，即：
（1）人均 GDP 在 10000 美元以上为技术与知识密集优势资源区；（2）人均
GDP 在 6000 ~ 10000 美元为资本与技术密集优势资源区；（3）人均 GDP
在 3000 ~ 6000 美元为劳动力与资本密集优势资源区；（4）人均 GDP 在
1000 ~ 3000 美元为资源与劳动力密集优势资源区；（5）人均 GDP 在 1000
美元以下为自然资源优势区。基于以上分类标准，国家战略经济规划区区
域生产网络各"地点"优势资源聚类结构如表 5 - 1 所示。

表 5 - 1　区域生产网络中国家战略经济规划区空间资源结构分布

地点	人均 GDP（美元/2013 年）	优势资源分布结构（☑：代表拥有优势；☒：代表不拥有优势）				
		自然资源	劳动力资源	资本资源	技术资源	知识资源
类 1 区：技术与知识密集优势资源区（人均 GDP10000 美元以上）						
珠三角经济区	13464.91	☒	☒	☑	☑	☑
长三角经济区	13267.58	☒	☒	☑	☑	☑
山东半岛蓝色经济区	13265.60	☒	☒	☑	☑	☑
呼包银榆经济区	12695.47	☒	☒	☑	☑	☑
长株潭城市群	10820.43	☒	☒	☑	☑	☑
辽宁沿海经济带	10378.40	☒	☒	☑	☑	☑
类 2 区：资本与技术密集优势资源区（人均 GDP6000 ~ 10000 美元）						
沈阳经济区	9758.17	☒	☒	☑	☑	☒
长吉图开发开放先导区	8955.32	☒	☒	☑	☑	☒
河北沿海经济区	8588.78	☒	☒	☑	☑	☒
皖江城市带	7814.18	☒	☒	☑	☑	☒
武汉城市圈	7194.58	☒	☒	☑	☑	☒
广西北部湾经济区	6880.36	☒	☒	☑	☑	☒
宁夏开放区	6397.14	☒	☒	☑	☑	☒
鄱阳湖生态经济区	6377.89	☒	☒	☑	☑	☒
成渝经济区	6123.73	☒	☒	☑	☑	☒

续表

地点	人均 GDP（美元/2013 年）	优势资源分布结构（☑：代表拥有优势；☒：代表不拥有优势）				
		自然资源	劳动力资源	资本资源	技术资源	知识资源
类 3 区：劳动力与资本密集优势资源区（人均 GDP3000～6000 美元）						
陕甘宁革命老区	5953.14	☒	☑	☑	☒	☒
海南国际旅游岛	5759.25	☒	☑	☑	☒	☒
关中—天水经济区	5593.56	☒	☑	☑	☒	☒
海峡西岸经济区	5341.50	☒	☑	☑	☒	☒
中原经济区	4639.37	☒	☑	☑	☒	☒
黔中经济区	4036.95	☒	☑	☑	☒	☒

资料来源：根据 2013 年《中国区域经济统计年鉴》中各城市的统计资料整理所得。

　　从模块化分工角度来看，区域生产网络体系可分为研发设计、生产制造和营销服务三大模块，各模块创造的价值差异较大，生产制造模块创造的价值较低，研发设计和营销服务模块占据了整个价值创造的绝大部分比例。为了实现价值创造最大化，这些价值模块需要寻找与其资源禀赋相适宜的地点"扎根"下来，并由最具专业化优势的企业来承担。根据表 5－1 所示的 21 个国家战略经济规划区"地点"优势资源结构分布状态，将三大价值模块配置于国家战略经济规划区内合适的地点，形成如图 5－2 所示的具有"地点资源新木桶"价值创造效益的区域生产网络"价值池"曲线。

　　由图 5－2 可知，我国国家战略经济规划区属于前三类层级，已跨越了以自然资源和自然资源与劳动力密集为优势的发展阶段，正在向产业发展的高级阶段晋升。（1）属于最上层的知识与技术密集区的有珠三角经济区、长三角经济区、山东半岛蓝色经济区、呼包银榆经济区、长株潭城市群和辽宁沿海经济带六个区域，这些区域属于高价值密度创造空间，主要承担研发设计与品牌培育价值创造任务。呼包银榆经济区比较特殊，极大

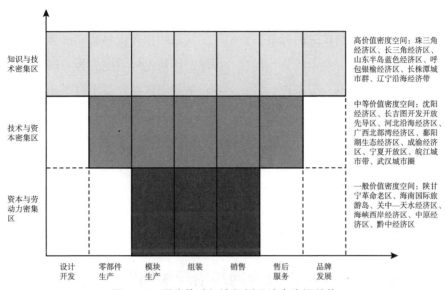

图 5 – 2　国家战略经济规划区地点资源结构
"新木桶"效应与区域生产网络"价值池"

的资源富集度和较小的人口规模带来了较高的人均 GDP，但居民可支配收入和消费能力不强，营销和服务的市场空间有待扩展；在研发设计方面仍然投入不足，创新环境欠佳。其他区域基本符合知识与技术密集区的特征，具备向高级产业结构攀升的优势条件。（2）第二层次为技术与资本密集区，属于中等价值密度空间。包括沈阳经济区、长吉图开发开放先导区、河北沿海经济区、皖江城市带、武汉城市圈、广西北部湾经济区、宁夏开放区、鄱阳湖生态经济区、成渝经济区九个区域，主要承担生产制造和售后服务环节的价值创造。（3）第三层为资本与劳动力密集区，属于一般价值密度空间。包括陕甘宁革命老区、海南国际旅游岛、关中—天水经济区、海峡西岸经济区、中原经济区和黔中经济区六个区域，主要承担产品模块生产和一般产品的销售价值创造。第四、第五类都属于低价值创造空间，主要依靠投入大量劳动力或提供自然资源创造价值，我国战略经济规划区已超越了这两个发展阶段，向劳动力与资本密集型经济之上阶段发展。

从表 5-1、图 5-2 可以看出，每个经济规划区都有自己的比较优势，但在全球价值网络演进的背景下，国家、区域的比较优势转向世界比较优势或国家、区域的竞争优势，国家、区域的比较优势不能成为一国或某区域从事某种产业的充分条件。因此，各经济规划区在立足于自身比较优势的基础上需不断强化竞争优势，才能成为一系列高级化产业价值模块"扎根"的"根据地"。属于一般价值密度空间的区域具有发展的后发优势，可以直接模仿和吸收先发地区已经形成的有效制度和建设经验，完善体制机制，提高资源配置效率，降低交易费用和风险等，从而促进经济跨越式增长。

5.5 区域间"政府网络治理协同"机理研究

对于全球生产网络价值创造而言，治理是核心，也是关键。经济全球化背景下的治理问题，是一般把治理的主体限定在市场、企业二者上，而忽视了把握政治权力的政府这一重要主体。对于由我国国家战略经济规划区组成的区域生产网络而言，在区域竞争和官员晋升考评机制客观存在的条件下，出于谋取地方利益或者官员晋升的需要，地方政府常常会忽略市场力量对区域内的经济活动进行直接或间接干预，从而产生区域生产网络的"政治治理"问题，地方保护主义的存在就是很好的例证。

5.5.1 区域政府合作的动力

（1）从单一计划经济体制到分权制和市场化改革。在自给自足和传统计划经济体制的影响下，中国形成了"块块经济"的结构，经济运行被分割成无数相互隔离的区域，各区域按行政隶属关系组织经济，相互独立，都试图建立自己完备的工业体系，彼此之间的依赖性非常低。全国的商品生产、交易根据中央计划协调，各区域只负责完成自己的指标，与其他区域之间没有合作的需求和动力。20 世纪 80 年代，中央政府实行了"放权让利"的分权化改革，把很多经济管理及资源分配权力下放到地方，地方政府逐渐取得了相对自主的经济决策权、资源分配权和剩余索取权。财政包干制打破了计划经济时期的"大锅饭"体制，使地方政府必须依靠自身发展经济获得财政收入，以支撑自己的购买力。加上官员政绩考核机制的驱动，各地方政府开始了"你追我赶"的竞争态势。

客观地说，中国改革开放 30 多年的经济奇迹与地方政府的努力是分不开的。地方政府通过各种形式的赶超策略布局基础设施，引导产业投资，从而实现了中国经济的飞跃式发展，然而这种赶超策略的后遗症也在时间的推进中日益显现出来。由于国家支持政策的侧重不同，部分地区优先快速发展起来，并呈现出一定程度的既得利益固化特征，地区差距不断拉大；各地区为了保护自己的利益，强行设置行政壁垒，阻碍了商品、要素的自由流通，地方保护主义盛行；地方政府为追求短期利益不顾及自身的区域特点纷纷发展短期见效快收益大的产业，从而导致产业同构，重复建设严重，资源分配效率低下。种种矛盾的激发、公共问题的突出和市场经济本身的扩张性使地方政府开始反思盲目竞争的弊病，重视合作的意义。新制度主义认为，新制度的产生，能带来原有制度没有的额外收益。只要使用新制度的收益大于成本，新的制度就会取代旧制度而引领时代的变迁。如果说改革开放初始的 30 多年是地方政府竞争引导中国实现飞跃式发展，那么接下来的，将是合作产生深远影响和重大意义的时代。

（2）从大框架战略到精细化规划的制度变迁。从经验上看，我国地方政府最初合作是在中央的领导下，为了保证全国性的重点工程和骨干项目的建设而开展的。1958 年，中央政府将全国划分为七大经济协作区，集中经济项目建设，这并不是地方政府之间出于自身利益需求而自发组织的合作。随着市场经济的扩张，地区之间合作的愿望越发强烈，出现了"长三角经济区""珠三角经济区"等经济圈；国家为了缩小地区差距，促进区域经济协调发展，先后提出"西部大开发""振兴东北老工业基地""中部地区崛起"等战略。这些战略在促进落后地区发展，协调区域利益方面起到了重要作用。但由于区域内地区之间经济、政治、文化和历史的差异很大,大范围、粗框架下的合作战略越来越难以起到精细化的指导作用,于是各种形式的国家战略经济规划区应运而生。这些国家战略经济规划区的兴起有着深刻的时代背景。国际金融危机爆发暴露出我国经济核心竞争力不足、产业结构亟须升级的问题;另外随着经济一体化的深入,新的竞争格局不是单一区域能掌控的,需要通过整合区域优势、形成合力,共同谋求发展、应对挑战,"抱团发展""包容性发展"形成了新的经济社会发展的主流。

5.5.2 区域政府合作的困境

(1) 合作过程中约束机制的缺失。一方面,现有国家战略经济规划区的政府合作方式多半依赖非正式的组织安排,对非合作博弈行为缺乏法律上的约束和惩戒机制,从而使得违约成本很低。法治的作用在于使合作具有约束性,形成良好的稳定预期,从而降低交易成本。由于绩效考评机制设计的不完备性及各合作成员利益分享的非均衡性,地方政府难免会采取机会主义行为。当这种行为给行动者带来额外收益却又不需要付出额外成本的时候,其他成员就会纷纷效仿,从而使合作难以持续。另一方面,现有政府合作制度中缺乏退出机制。目前战略性经济规划区已呈现出"遍地开花"的态势,但是不是纳入战略性规划的区域都适合开展既定目标定位的区域合作与战略发展,需在实践中检验,如果不适合,或者在合作过程中产生持续的失信行为,就应该有适当的退出机制让其退出,否则只能剩下国家战略经济规划区的虚名,导致资源浪费。

(2) "共赢"性利益激励机制的缺失。对于各合作政府而言,利益是合作的直接目标指向,没有利益就没有合作的动力。由于缺乏完善的利益协调、利益让渡和利益补偿机制,许多合作规划流于形式。现有国家战略经济规划区采用"主体功能区"将区域划分为重点开发区、优化开发区、限制开发区和禁止开发区。限制开发区和禁止开发区被限制了经济发展的权利，在"分灶吃饭"的财政体制下，如果没有适当的补偿，地方政府将难以承担公共管理的职责，因而肯定会置规划于不顾擅自开发；由于既得利益固化的影响，获利的地区不愿意让渡经济利益，最后只能不欢而散。一个合作机制的持续必须依靠双方的妥协，没有妥协就没有利益的平衡，也就不能持续获利。

（3）政府对市场干预过程中约束机制的缺失。按照市场经济的逻辑取向，产业选择属于直接经济行为，应该由企业主导。由于信息不对称等市场失灵因素的存在，政府有必要进行适当的产业引导，避免出现重复建设和资源浪费。但在各区域规划中，大多数都以高新技术产业和高端制造业作为主打产业，缺乏对自身条件的足够考虑，也缺乏对产业链的科学规划，这表明各区域依然存在政府利益角逐的盲目性。各区域规划的起点应该是自身的资源禀赋特征，最大限度地发挥自身优势，扬长避短，而不是盲目追求价高利大的"高大上"产业。

5.5.3　区域政府合作的路径选择

5.5.3.1　引入"产权"交换机制实现区域有效合作

科斯的产权理论认为，产权制度的安排就是制定约束竞争的规则。竞争和交易之所以能展开，是因为产权制度安排是交易的基本前提。分权化改革使各区域成为独立的经济利益体，一方面各行政区在法律上被赋予配置资源的"物权"，另一方面在财政制度上被赋予"财权"与"事权"，实行"分权定支出"和"分税定收入"，从而具备了"经济区"的产权特征。产权的排他性使行政区划与地方保护主义有着天然的联系，要约束地方保护主义，促进区域良性合作，就要使行政区划这种产权初始界定的低效率能够得到改善，从而引入产权分割与置换的制度设计。在区域合作中，政府层面的权力分割主要是把各地方政府的规划权分割出来，让渡给一个超越行政区划概念的协调组织机构使用，建立一个科学有效的大区域规划体系,地方政府放弃各自为政的发展权转而执行区域协调发展的总体规划。大区域规划体系要体现民主协商的精神,公平合理地协调地方之间的利益矛盾,对执行统筹规划而使利益受到损失的地方要提供适当的利益补偿,只靠硬性规定是无法使行政区放弃自我规划和发展权的。利益永远是合作的主题,产权交易是解决利益问题的优良法则。我国的产权交易机制还处于起步阶段,还有许多需要改进和完善的地方。将产权机制引入政府合作很具有挑战性,但如果不进入产权交易的实质性阶段,区域合作将难以取得突破性进展。

5.5.3.2 完善法律基础,深化政治体制改革,推进区域长效合作

区域规划是个政治命题,其本质是政府为了弥补市场失灵而进行的干预行为,其目的是通过公共政策和经济法律等手段,实现自然、经济、社会和生态的动态协调和局部均衡,从而达到经济、社会和政治生态的和谐可持续发展,其实质是利益再分配。如何恰当地发挥政府宏观调控的作用,优化公共服务,保障公平竞争,正确处理好政府之间、政府与市场和社会的关系,推动经济社会可持续发展,最终实现共同富裕。

(1)完善法律基础。从欧盟国家的区域协调经验来看,各项协调政策都是建立在相关法律条文基础上的。我国的区域合作规划虽然遍及面广,模式多样,也呈现出热火朝天的开展势头,但缺乏法律基础是很危险的。通过立法来规范政府间的横向关系,为区域合作和竞争构建必要的法律依据是解决地方利益冲突和促进区域持续健康发展的保障。虽然各战略经济规划区都签署了合作协议,但目前我国仍无相关法律对这种协议的效力问题做出明确规定,难免会使协议流于形式;另外,许多合作区域没有行政隶属关系,运行机制各不相同,如果没有统一的法律依据,仅靠行政手段来开展合作势必会导致执行力不足从而使合作难以持久。区域合作既需要从国家层面制定法律法规,也需要地方性法律或法规的支持。可以先从合作机制比较成熟的区域(长三角经济区、珠三角经济区等)入手制定地方性法律法规,总结它们合作的经验教训再制定国家层面的法律规范。只有

建立完备的法律法规体系，严格界定政府职能，约束政府行为，才能使合作在良性道路上走得更远。

（2）深化政治体制改革。在国家战略经济规划区的区域合作中，地方政府在组织安排、制度设计等方面起到了重要作用，但这并不意味着不需要对政府行为进行约束。政府之间的合作应该限于解决市场与社会解决不了的问题。要推进战略经济规划区向更高层次发展，需要继续转变政府职能，深化政治体制改革。在区域规划的实践中，政府对产业投向呈现出过度参与的特征，这不利于市场机制发挥作用，通常是帮了倒忙。产业结构升级与空间布局应由市场来主导，政府不宜过多干预，否则容易破坏市场经济的基本规则。需要严格按照政府与市场的分工原则，政府从直接性生产领域退出来，可以制定相关的具有引导性的产业政策，最终把目标指向建立有效市场竞争规则和维护有效市场体系上来。

（3）建立网络治理新机制。地方政府的合作意义深远，但随着区域一体化发展的深入，区域发展面临着越来越多的新情况和新问题，不是任何单一政府能够解决的，也不是只靠政府间的合作就能解决的，需要由政府、民营机构和社会组织组成的多级联动体的共同努力。国家战略经济规划区的主旨是发展经济，要由市场来发挥资源配置的决定性作用，由企业自主自愿地选择投资地点和投资领域；政府要发挥好经济调节的作用，为市场配置资源创造良好的制度环境；经济发展的最终目标是为了造福民众，因而区域规划与实践不能离开广大群众的参与，他们可以为区域共荣出谋划策，也可以监督规划的实施。

小结　本章以前四章的研究成果为基础扩展出国家战略经济规划区模块化协同结网机理的研究。模块化理论最早是用于产品设计的研究，后来延伸到企业、产业组织及产业价值链的模块化结网研究。追随模块化理论的演化路径，将这一理论用于区域经济的协同发展是本书的一个重要创新点。本章在模块化理论的基础上开展了基于模块化价值网络的区域发展战略研究，并从"企业竞合关系协同""产业价值模块协同""地点资源禀赋协同"和"政府网络治理协同"等四个角度论述区域经济协同的实现路径。从本章可以看出，我国国家战略经济规划区的引力分布呈"金字塔"结构，绝大部分区域产业引力不强，必然会导致招商引资过程中的过度竞争，解决办法是每个区域都挖掘自身优势，布局特色产业，以差异化发展方式避免恶性竞争，但差异化发展是需要其他区域的协同来实现的。在全球价值链解构的产业背景下，任何一个区域都不可能生产所有的价值模块，每个区域都集中资源生产自己所擅长的价值模块，而通过与其他区域开展合作便能创造出"新木桶效应"。因而，每个国家战略经济规划区在建设过程中与其他区域进行模块化协同结网，树立共同创造价值、分享价值的理念极为关键。

第 *6* 章

结论与展望

本书在因子分析模型的基础上得出了 21 个国家战略经济规划区对研发、制造、营销三个价值模块的"垂直专业化引力指数"及聚类分析情况，国家战略经济规划区对三个价值模块的引力指数呈现出明显的梯度化差异分布特征，充分体现出我国大国经济的特点，区域差异显著。对同一价值模块不同的引力水平和对不同价值模块引力水平的差异都将导致区域产生不同的发展水平和竞争能力。国家战略经济规划区的美好蓝图能否实现，归根到底要看区域是否对携带高价值模块的企业具备吸引力，没有企业的扎根，宏伟的区域规划蓝图只能是空中楼阁。本书在以上章节论述的基础上，主要得到如下几个结论和建议。

6.1 区域提升对价值模块引力的结论及建议

6.1.1 对研发价值模块的引力分析结论及建议

研发价值模块构成引力的区位要素主要有区域的研发基础环境、创新驱动和研发集聚效应三个方面，其中研发基础环境包括市场的开放度、信息化程度、对知识产权的保护程度、政府的科技支出和科研人员的储备等；创新驱动包括当地技术交易市场的活跃程度和研发投入水平；研发集聚效应主要体现在研发机构的集聚上。研发模块属于知识和技术密集的价值模块，知识存量规模和溢出效应对企业投资的区位选择有较大影响。无论是研发环境的创造还是创新活力的激发，或是研发集聚效应的积累，无不涉及知识的累积和创造。已有的知识存量是企业进行创新的基础和前提，较多的知识存量可以使企业在较高的基础上进行研发创新，从而提高研发活动的成功率。因此知识存量大和知识溢出效应明显的地区，对研发类企业选址的吸引力就越大。因此，国家战略经济规划区要吸引研发价值模块扎根，必须做好以下环节的工作。

（1）建设区域创新体系。一是要强化企业的创新主体地位。不管是国家创新还是区域创新，最终的落脚点都在企业上，企业是把创新成果转化为现实生产力的载体，也是推动科技创新的根本动力，因此，要构建区域创新体系，首先要加强以企业为主体的技术创新体系建设。各区域政府要加大对企业创新的支持力度，通过财税、金融等一系列政策引导企业增加研发投入，加强自身创新能力建设，不断培养核心竞争力。二是要创新产学研合作模式。依托区域内高等院校、科研院所和重点企业等，完善区域创新平台，建立合作主体之间成果共创、风险共担、利益共享的合作机制。三是要加强区域创新合作机制建设。完善的体制机制是顺利开展合作的保障，我国还存在大量科技资质互不认同的现象，在某一个区域获得认定的资质在另一个区域还需要重新认证，不仅造成资源的浪费，也严重阻碍了创新合作。因此，迫切需要加强科技基础平台建设，促进科技资源开放共享，为区域科技合作扫除障碍。

（2）营造有利于自主创新的政策环境。良好的创新环境对科技类企业有着极大的吸引力，企业不仅能快速获得研发活动所需的资源，也能获得知识"溢出效应"。一是要创建科技创新投融资体系。研发活动具有高风险高收益特征，许多企业虽然有创新点子却因为没有足够的资金支持或是难以承担失败风险而不敢开展试验。因此，加大财政对共性技术研发以及初创型科技中小企业的资金支持力度，建立以政府科技投入为引导，企业、社会投入为主体的市场化科技创新投融资体系非常有必要。二是要完善创新服务支撑体系。创新平台的搭建、创新资金的引入以及科技成果的转化都需要相关配套服务来衔接，因此，应大力发展各类科技中介服务机构，充分发挥其在自主创新中的桥梁作用。三是完善人才培养模式。人的智慧是创新的源泉，要推进科技创新，不仅要引得进人才，更要留得住人才，并调动其创新的积极性。因而需强化创新型人才开发的政策协调和制度衔接，拓宽创新型人才流动管道，完善人才培养的制度机制。

6.1.2　对制造价值模块的引力分析结论及建议

制造价值模块构成引力的区位要素主要有工业基础、区位优势、投资环境和工业集聚效应。工业基础主要体现在区域的进出口规模、信息化程度和制造业人口规模上，工业基础较好的地区各项配套设施健全，能为新进入企业提供较多可共享的资源，从而节省企业直接投资的时间和物质成本；区位优势包含区域的能源聚集度、综合运输能力和土地价格水平，制造模块对土地需求量大，也需要大量原材料的投入，对交通运输能力的要求较高，因而优越的区位条件是制造模块扎根的重要因素；投资环境包括制造业的工资效率水平、税收优惠情况及民营经济的活跃程度，这些因素直接或间接地影响企业的投资成本，从而影响企业投资的积极性；工业集聚效应包含区域工业总产值规模水平及 FDI 的流入规模，在工业集聚水平高的地区内企业可以享受规模经济效应，从而创造更多利润。因而要吸引制造价值模块扎根，需做好以下环节。

（1）加强交通、能源、信息等基础设施建设。基础设施建设（尤其是交通网络的铺设）对制造业的重要程度已经得到区位理论研究者的广泛认同，要推动制造业规模化、集群化发展，必须推进重大基础设施建设，并且提高与其他区域在基础设施方面的共建共享和互联互通水平，增强区域发展支撑能力。

（2）增强集聚效应，发展产业集群。促进产业集群发展，一是有利于通过资源共享、设施共建而降低成本；二是有利于产生示范和宣传效应，培育区域发展优势，从而建立良性发展机制；三是能进一步形成人才、市场、资金、技术等资源的创新开发与聚集，推进可持续产业升级。当前世界产业发展集群化趋势日益明显，产业集群化对提升区域经济竞争优势具有重要意义。

（3）优化投资环境，完善价格机制。制造业是对投入要素成本较为敏感的行业，因此优化投资环境要完善要素价格机制。各区域需加快推进资源性产品及要素价格改革，建立反映市场供求状况、资源稀缺程度和环境损害成本的价格形成机制；不断改革完善土地供给制度，强化市场机制对配置土地资源的基础性作用。

6.1.3 对营销价值模块的引力分析结论及建议

营销价值模块构成引力的区位要素主要有综合购买力、消费市场环境和消费潜力等。综合购买力包含区域人均社会消费品零售额，城乡居民可支配收入，城镇化水平和市场的信息化、开放度等，区域的综合购买力直接决定了产品的销售数量，从而决定了企业的业绩；消费市场环境包含金融的发达程度和第三产业的发展水平，对于第三产业的发展，尤其是消费金融的发展会激发居民的消费热情，不断扩大消费空间；消费潜力包括交通网络的发达程度和城市人口密度，交通网络越发达，产品的销售范围就越广，城市人口的消费意识和能力都越强，城市人口密集的地区产品销售量大，更易于推广品牌。因而要增强区域对营销价值模块的引力，需做好以下环节。

（1）提升开放型经济水平。随着经济全球化趋势的加强，产品的国际化渠道也不断拓展，开发国际市场，提高经济开放水平对构建区域营销网络至关重要。一方面，在拓展营销网络的同时，要积极转变外贸经营模式，改变以往依靠廉价产品开拓市场的贸易方式，发展高端贸易；另一方面，鼓励加工贸易延伸产业链，实现从贴牌生产、委托设计向自主品牌转型，增强产品的品牌营销能力。

（2）加快现代服务业的发展。物流、会展、金融和旅游等现代服务业的发展能有力推动营销市场的开拓，加快现代服务业的发展主要体现在以下几个方面：一是推进交通基础设施建设，在形成网络完善、布局合理、运行高效的一体化综合交通运输体系的基础上，打造出开放、便捷、高效、安全的客流和物流中心；二是依托平台品牌，培育会展主体，开拓会展市场，做大会展经济；三是积极引进各类金融机构，大力发展银行、保险、信托等金融业，加快培育金融市场尤其是消费信贷市场，大力培育多层次、广覆盖、可持续的金融体系。

6.2　区域间模块化协同发展的结论及建议

基于全球价值链理论，区域生产网络本质是一种价值网，区域内企业的经营和产业组织从一个区域延伸到其他多个区域，区域分工也从传统的产业间分工或水平的产品分工逐渐向产业内模块化分工模式转变。在此背景下，由企业、政府、中介机构等多元主体组成的区域生产网络组织逐渐形成。"新木桶效应"原理告诉我们，如果每个规划区都用自己的竞争优势与其他规划区的竞争优势相结合，就会创造更大的整体收益，也因而能分享到比仅依靠自身资源创造出的更多的价值。基于这一原理，在强化各国家战略经济规划区核心竞争力的基础上，加强区域价值网络的整合，从而建设成具有"1＋1＞2"价值创造协同效应的"国家战略经济规划区模块化价值网络"。

（1）走差异化、特色化发展道路，提升核心竞争力。一是立足区域实际，深掘资源优势，布局特色产业，坚持错位发展、科学发展的基本思路，避免满目投资"价高利大"的项目；二是集中力量培育区域核心竞争力，在国际产业分工和全球化竞争背景下，一个区域的资源比较优势并不是从事相关产业的充分必要条件，集中优势力量培育核心竞争力才能在激烈的竞争中胜出。

（2）拓展合作网络，整合区域模块。对外开放和区域间合作如同助力经济区发展的双翼，现代经济是开放与合作的经济，每一个经济区都需要有与外部甚至世界接轨的视野和胸怀才能在激烈竞争中谋求发展与胜局。区域合作被纳为国家经济区规划的重要内容，区域间要互惠互补，充分发挥彼此优势，加强协调合作；通过空间布局的重构形成分工协调、产业链合理配置、区域一体化发展的有机模块。区域规划通过对区域内部的"核心""轴线""经济带"和"功能区"等的布局，由核心地区的"极化效应"转向周边地区的"扩散效应"，不断扩大"经济圈"的边界，打造出区域协调发展的"城市群"及不同城市群的合作网络。

（3）正确、积极地发挥地方政府在区域协同发展中的作用，使合作走上规范化、法制化道路。利益是规划区合作的基础，但只有利益需求的合作关系是难以稳固的，除非所有的合作者都自觉遵守合作规则，否则一旦有人为获得更多利益而突破规则底线，合作基础就会分崩离析。预防"道德风险"的重要途径就是将合作纳入法制化轨道，帮助合作者形成稳定预期，并有效惩罚采取非合作行为者。我国的国家战略经济规划区建设是通过中央颁发批复性文件，依靠一纸纲要贯彻实施的。没有具体的关于区域一体化发展的法律基础，合作规则没有正式制度安排，违约行为也没有硬性惩罚，这种合作难以取得预期效果。只有建立完备的法律法规体系，才能使合作在良性道路上走得更远。

（4）发挥中央政府的监督、引导作用，加大对落后区域的扶持力度。中央批复国家战略经济规划区的设立是要提升规划区的综合实力和竞争力，但许多经济规划区对研发、制造和营销价值模块依然不具有吸引力，只依靠区域自身资源难以吸引企业来扎根，从而也就没有支持地方发展的主导力量。区域间经济实力的不对等容易造成弱势区域的被动格局，从而难以开展互惠双赢的合作，甚至被迫启动地方保护措施。因而必须依靠国家给予资金、政策等方面的扶持，实现落后区域资金、技术和知识的积累，逐渐增强自我发展能力，才能与发达区域构建平等互惠的合作网络。

一是要中央财政继续完善转移支付制度，不断加大对落后区域的转移支付力度。通过财政贴息、费用补贴等方式，鼓励和引导金融机构加大对落后区域重点工程和建设项目的信贷支持。二是要支持落后地区产业发展，加强产业化基地建设，扶持龙头企业，提高产业化水平。三是给予税收优惠，降低企业投资成本。落后地区财政困难，为了维持各项公共财政开支往往倾向于提高税收水平，从而进一步加大了企业负担，降低了企业投资积极性。适当给予财政补贴，降低落后地区的税率才能增强落后地区对企业投资的吸引力。

6.3　对未来研究的展望

从 2005 年开始国家陆续批复一系列国家战略经济规划区建设，时至今日，也十年有余，这些经济规划区重新勾画出中国新的经济版图，在探索新的发展模式，创新发展制度，促进产业结构升级和区域协调发展方面取得了较大成效。本书从"垂直专业化引力"和"模块化协同"的角度对国家战略经济规划区进行研究，这是两个全新的切入点，研究过程充满困难和挑战。一是数据查找难度非常之大，本书涉及 21 个经济规划区的100 多个城市的将近 30 个指标值，笔者查阅了大量统计年鉴和统计网站，过程非常艰辛；二是模型构建的困难，出于综合考虑本书选用了因子分析法作为模型构建方法，但因子分析法有其使用的约束条件，因为本书研究的单位和变量都较多，在利用因子分析法的时候要不断进行调试才能达到较好的模型效果。经过近四年的努力，书稿终于成形，跨出了对国家战略经济规划区进行系统量化研究的第一步，但这只是对国家战略经济规划区研究的一个角度，还有许多需要深入研究的领域。由于时间限制和数据查找的难度，本书只以 2013～2015 年的数据为基础构建分析模型，并在此基础上进行国家战略经济规划区"垂直专业化引力"的横向比较研究，没有在更长时间维度上对各区域的战略引力进行动态比较；本书通过实证分析得出了三个年度中国家战略经济规划区对三个价值模块的"垂直专业化引力指数",但在具体建设过程中,对国家战略经济规划区吸引中国本土企业和跨国企业前来"扎根"的实际成效没有进行深入研究,这些问题都有待进一步研究。学海无涯,理性无疆,学术殿堂和中国经济建设的实践都有着无尽的探索魅力。

参 考 文 献

［1］［德］阿尔佛雷德·韦伯. 工业区位论［M］. 李刚剑, 等译. 北京: 商务印书馆, 1997.

［2］北京大学中国经济研究中心课题组. 中国出口贸易中的垂直专门化与中美贸易［J］. 世界经济, 2006 (5): 3-11.

［3］陈晓萍, 徐淑英, 樊景立. 组织与管理研究的实证方法［M］. 北京: 北京大学出版社, 2012.

［4］陈秀山, 董继红, 张帆. 我国近年来密集推出的区域规划: 特征、问题与取向［J］. 经济与管理评论, 2012 (3): 5-12.

［5］陈秀山, 张可云. 区域经济理论［M］. 北京: 商务印书馆, 2010.

［6］陈菲. 服务外包动因机制分析及发展趋势预测——美国服务外包的验证［J］. 中国工业经济, 2005 (6): 67-73.

［7］陈健, 徐康宁. 跨国公司研发全球化: 动因、地域分布及其影响因素分析［J］. 经济学 (季刊), 2009 (3): 871-890.

［8］陈耀. 国家级区域规划于区域经济新格局［J］. 中国发展观察, 2010 (3): 13-15.

［9］陈瑞莲. 欧盟经验对珠三角区域一体化的启示［J］. 学术研究, 2009 (9): 35-41.

［10］楚波, 梁进社. 基于 OPM 模型的北京制造业区位因子的影响分析［J］. 地理研究, 2007 (4): 723-734.

［11］戴魁早. 产业垂直专业化的驱动因素研究——基于中国高技术

产业的实证检验 [J]. 财经研究，2011 (4)：30 – 39.

[12] [美] 戴维·波维特，约瑟夫·玛撒，R·柯克·克雷默. 价值网 [M]. 仲伟俊，等译. 北京：人民邮电出版社，2001.

[13] 丁四保. 从区域规划看中国的区域制度 [J]. 地理科学，2013 (2)：129 – 133.

[14] 杜德斌. 跨国公司海外 R&D 的投资动机及其区位选择 [J]. 科学学研究，2005 (1)：71 – 75.

[15] 杜军. 跨国公司海外 R&D 机构区位选择过程影响因素研究 [J]. 管理学报，2011 (5)：683 – 690.

[16] 鄂丽丽. 服务外包竞争力影响因素研究：基于中国的分析 [J]. 经济问题探索，2008 (3)：151 – 166.

[17] 方远平，阎小培，陈忠暖. 服务业区位因素体系的研究 [J]. 经济地理，2008 (1)：44 – 58.

[18] 耿楠. 东亚生产网络发展及其与外部市场关系考察 [J]. 亚太经济，2011 (12)：32 – 37.

[19] 洪联英，谢里，罗能生. 基于 I – O 法的中国制造业垂直分离测度研究 [J]. 统计研究，2006 (10)：40 – 44.

[20] 胡大立. 基于价值网模型的企业竞争战略研究 [J]. 中国工业经济，2006 (9)：87 – 93.

[21] 胡昭玲. 国际垂直专业化对中国工业竞争力的影响分析 [J]. 财经研究，2007 (4)：18 – 27.

[22] 胡晓鹏. 从分工到模块化：经济系统演进的思考 [J] 中国工业经济，2004 (9)：5 – 11.

[23] 郝斌，任浩. 组织模块化设计：基本原理与理论架构 [J]. 中国工业经济，2007 (6)：80 – 87.

[24] 黄泰岩，李鹏飞. 模块化生产网络对产业组织理论的影响 [J]. 经济理论与经济管理，2008 (3)：36 – 42.

[25] 黄世贤. 我国区域性经济规划确立的战略背景和战略选择

[J]. 中国井冈山干部学院学报，2010（11）：83 – 87.

[26] 何琼，王铮. 跨国 R&D 投资在中国的区位因素分析 [J]. 中国软科学，2006（7）：113 – 119.

[27] 贺灿飞，谢秀珍，潘峰华. 中国制造业省区分布及其影响因素 [J]. 经济地理，2008（3）：623 – 635.

[28] 江积海，龙勇. 基于模块化和动态能力的价值网结网机理研究 [J]. 科技管理研究，2009（1）：135 – 138.

[29] 江小涓. 跨国公司在华投资企业的研发行为 [J]. 科技导报. 2000（9）：27 – 31.

[30] 柯颖，史进. 基于模块化三维框架的产业价值网形成与发展战略 [J]. 科技进步与对策，2015（3）：62 – 68.

[31] 柯颖，邬丽萍. 模块化条件下的 CAFTA 价值网结网机理及其价值创造研究 [J]. 亚太经济，2010（6）：52 – 56.

[32] 孔翔，杨宏玲，黄一村. 中国大陆外向型加工制造活动的区位选择与布局优化 [J]. 地理科学，2013（5）：521 – 528.

[33] 刘亚平，刘琳琳. 中国区域政府合作的困境与展望. 学术研究，2010（12）：38 – 45.

[34] 刘钜强，赵永亮. 交通基础设施、市场获得与制造业区位——来自中国的经验数据 [J]. 南开经济研究，2010（4）：123 – 138.

[35] 刘云中，侯永志，兰宗敏. 我国"国家战略性"区域规划的实施效果、存在问题和改进建议 [J]. 重庆理工大学学报（社会科学），2013（6）：1 – 5.

[36] 刘志彪，刘晓昶. 垂直专业化：经济全球化中的贸易和生产模式 [J]. 经济理论与经济管理，2001（10）：5 – 10.

[37] 刘慧，樊杰，李扬. "美国2050"空间战略规划及启示 [J]. 地理研究，2013（1）：90 – 98.

[38] 卢福财，罗瑞荣. 全球价值链分工对中国经济发展方式转变的影响与对策 [J]. 江西财经大学学报，2010（7）：26 – 32.

［39］卢锋. 产品内分工［J］. 经济学季刊, 2004（1）: 23-27.

［40］柳建文. 中国地方政府合作的兴起及演化［J］. 南开学报, 2012（2）: 58-68.

［41］梁运文. 中国—东盟"南南竞争"区域生产网络价值创造战略途径探寻［J］. 经济理论与经济管理, 2012（11）: 84-94.

［42］梁运文, 张帅. 垂直专业化下中国制造业竞争力层次传导效应［J］. 财经研究, 2011（12）: 95-106.

［43］李平, 狄辉. 产业价值链模块化重构的价值决定研究［J］. 中国工业经济, 2006（9）: 71-77.

［44］李志刚. 根理论方法在科学研究中的运用分析［J］. 东方论坛, 2007,（8）: 90-94.

［45］李海舰, 聂辉华. 论企业与市场的相互融合［J］. 中国工业经济, 2004（8）: 26-35.

［46］李安方. 跨国公司全球化——理论、效应与中国的对策研究［M］. 北京: 人民出版社, 2004.

［47］李瑞琴, 张晓涛. 国际垂直专业化分工与中国工业制造业的区位选择——基于中国制造业数据的实证检验［J］. 世界经济文汇, 2013（3）: 76-88.

［48］李宏艳, 齐俊妍. 跨国生产与垂直专业化: 一个新经济地理学分析框架［J］. 世界经济, 2008（9）: 30-40.

［49］雷如桥, 陈继祥, 刘芹. 基于模块化的组织模式及其效率比较研究［J］. 中国工业经济, 2004（10）: 83-90.

［50］李维安. 网络组织: 组织发展新趋势［M］. 北京: 经济科学出版社, 2003.

［51］罗珉. 大型企业的模块化: 内容、意义与方法［J］. 中国工业经济, 2005（3）: 68-75.

［52］林峰, 葛新权. 经济统计分析方法［M］. 北京: 社会科学文献出版社, 2003.

[53] 年猛，王垚，焦永利. 中国制造业企业区位选择研究——集聚经济、市场导向与政策影响 [J]. 北京社会科学，2015 (1)：69 - 78.

[54] 青木昌彦. 安藤晴彦. 模块时代 [M]. 上海：上海远东出版社，2003.

[55] 芮明杰，张琰. 模块化组织理论研究综述 [J]. 当代财经，2008 (3)：122 - 128.

[56] [美] 斯莱沃斯基等. 发现利润区 [M]. 凌晓东，等译. 北京：中信出版社，2007.

[57] 孙施文. 规划的本质意义及其困境 [J]. 城市规划汇刊，1999 (4)：6 - 9.

[58] 孙心亮，闵希莹，巍天爵等. 国外"规划区"的概念、作用及其对中国的启示 [J]. 中国住宅设施，2011 (12)：44 - 49.

[59] 沈玉芳. 当代西方区域规划研究的主要流派及对我国的思考 [J]. 世界地理研究，2006 (9)：22 - 28.

[60] 宋丽丽，薛求知. 国际服务外包供应商选择影响因素研究——基于在华服务承接企业的实证分析 [J]. 财贸经济，2009 (8)：80 - 86.

[61] 盛文军，廖晓燕. 垂直专业化贸易、公司内贸易与产业内贸易：兼论中国企业的竞争战略选择 [J]. 世界经济，2002 (2)：58 - 63.

[62] 史振华，卢燕平. 中国企业应对国际垂直专业化策略研究 [J]. 求索，2009 (4)：31 - 33.

[63] 唐海燕，张会清. 中国崛起与东亚生产网络重构 [J]. 中国工业经济，2008 (12)：60 - 70.

[64] 唐宜红，王林. 我国服务业外商直接投资的决定因素分析——基于行业面板数据的实证检验 [J]. 世界经济研究，2012 (10)：75 - 80.

[65] 童时中. 模块化原理设计方法及应用 [M]. 北京：中国标准出版社，2000.

[66] 涂涛涛，张建华. 跨国公司 R&D 投资的国别选择 [J]. 统计与决策，2005 (4)：43 - 44.

[67] 陶爱萍，黄小庆. 安徽省对外贸易的区位选择———基于贸易引力模型的实证研究 [J]. 合肥工业大学学报，2015 (4)：8 – 14.

[68] 汤筠，孟芊，杨永恒. 区域规划理论研究综述 [J]. 求实，2009 (2)：140 – 143.

[69] 吴福象. 经济全球化中制造业垂直分离的研究 [J]. 财经科学，2005 (3)：113 – 120.

[70] 吴晓云，邓竹箐. 中国跨国公司"全球导向 – 渐进式"国际经营战略思考——以 97 家中国跨国公司营销战略的实证资料为依据 [J]. 财经论丛，2008 (3)：84 – 90.

[71] 王向东，刘卫东. 中国空间规划体系：现状、问题与重构 [J]. 经济地理，2012 (5)：23 – 29.

[72] 王彦彭. 关于我国国家战略经济区过度供给的思考 [J]. 商业时代，2012 (6)：131 – 134.

[73] 王昆. 垂直专业化、价值增值与产业竞争力 [J]. 上海经济研究，2010 (4)：12 – 22

[74] 文东伟. 规模经济、技术创新与垂直专业化分工 [J]. 数量经济技术经济研究，2011 (8)：3 – 20.

[75] 徐宏玲. 模块化组织研究 [M]. 成都：西南财经大学出版社，2006.

[76] 肖金成. 区域规划：促进区域经济科学发展 [J]. 中国发展观察，2010 (3)：16 – 18.

[77] 薛澜，王书贵，沈群红. 跨国公司在中国设立研发机构影响因素分析 [J]. 科研管理，2001 (4)：132 – 143.

[78] 薛薇. 统计分析与 SPSS 的应用 [M]. 北京：中国人民大学出版社. 2001.

[79] 杨小凯，黄有光. 专业化与经济组织：一种新兴古典微观经济学框架 [M]. 北京：经济科学出版社，1999.

[80] 杨龙，戴扬. 地方政府合作在区域合作中的作用. 西北师范大学

报，2009（9）：57－63．

[81] 杨龙，彭彦强. 理解中国地方政府合作——行政管辖权让渡的视角. 政治学研究，2009（4）：61－66．

[82] 杨爱平. 从垂直激励到平行激励：地方政府合作的利益激励机制创新. 学术研究，2011（5）：47－53．

[83] 叶素云，叶振宇. 中国工业企业的区位选择：市场潜力、资源禀赋与税负水平 [J]. 南开经济研究，2012（5）：94－110．

[84] 俞友康. 经济特区与中国道路的新探索——以新一轮中国区域发展国家级规划热为例 [J]. 2011 年中国经济特区论坛："经济特区与中国道路"国际学术研讨会论文集，2011（11）．

[85] 喻世友，万欣荣，史卫. 论跨国公司 R&D 投资的国别选择 [J]. 管理世界，2004（1）：46－54．

[86] 喻春娇，张洁莹. 中国融入东亚跨国生产网络的影响因素分析 [J]. 亚太经济，2010（1）：11－15．

[87] 余东华，芮明杰. 模块化、企业价值网络与企业边界变动 [J]. 中国工业经济，2005（10）：88－95．

[88] 余东华. 价值组织形态演进与模块化价值网络的形成 [J]. 经济问题探索，2010（3）：90－94．

[89] 余东华，芮明杰. 基于模块化的企业价值网络及其竞争优势研究 [J]. 中央财经大学学报，2007（7）：52－56．

[90] [美] 约翰·M. 利维. 现代城市规划 [M]. 张景秋，译. 中国人民大学出版社，2003．

[91] 朱瑞博. 模块化、组织柔性与虚拟再整合产业组织体系 [J]. 产业经济评论，2004（10）：119－133．

[92] 周鹏. DIY：企业组织分析的另一个视角 [J]. 中国工业经济，2004（2）：86－93．

[93] 赵浚竹. 我国发展战略规划的时代特征及其变迁 [J]，城市发展研究，2012（3）：30－34．

［94］张京祥. 国家 – 区域治理的尺度重构：基于"国家战略区域规划"视角的剖析［J］. 城市发展研究，2013（5）：45 – 50.

［95］张海涛. 集群环境下企业营销绩效评价指标体系研究［D］. 浙江理工大学，2010.

［96］张利飞. 跨国公司海外 R&D 投资区位选择研究［J］. 软科学，2009（6）：14 – 16.

［97］张小蒂，孙景蔚. 基于垂直专业化分工的中国产业国际竞争力分析［J］. 世界经济，2006（5）：12 – 21.

［98］郑京淑. 跨国公司海外研发机构的区位研究［J］. 世界地理研究，2000（1）：10 – 16.

［99］仲崇高，王晓苏. 国际垂直专业化理论研究［J］. 南京理工大学学报（社会科学版），2010（1）：40 – 47.

［100］卓凯，殷存毅. 区域合作的制度基础：跨界治理理论与欧盟经验［J］. 财经研究，2007（1）：55 – 65.

[101] Alexander, C. Notes on the synthesis of form［M］. Cambridge, MA：Harvard University Press, 1964.

[102] Arndt, Sven W. Globalization and Open Economy［J］. North American Journal of Economicsand Finance, 1997, 8（1）：71 – 79.

[103] Balasa, Bela. Trade Liberlization Among Industrial Countries［M］. New York：McGraw – Hill, 1967.

[104] Baldwin C Y, Clark K B. Managing in an age of modularity［J］. Harvard Business Review, 1997, 75（5）：84 – 93.

[105] Baldwin C Y, Clark K B. Design rules, volume 1, the power of modularity［M］. Cambridge MA：MIT Press, 2000.

[106] Deardorff, Alan. Fragmentation in Simple Trade Models［M］. Manuscript, University of Michigan, 1998.

[107] Feenstra, Robert C. and Gordon H. Hanson. Globalization, Outsourcing, and Wage Inequality［J］. American Economic Review, 1996

(86): 240 – 245.

[108] Gereffi, G. International Trade and Industrial Upgrading in the Apparel Commodity Chains [J]. Journal of International Economics, 1999 (48): 37 – 70.

[109] Gereffi, G. Global Production System and Third World Development [M]. Cambridge: Camb – ridge University Press, 2002.

[110] Grossman, Gene and Elhanan Helpman. Integration versus Outsourcing in Industry Equilibri – um [J]. Quarterly Journal of Economics, 2002 (117): 85 – 120.

[111] Hall, P, Urban and Regional Planning [M]. Penguin Books, 1974.

[112] Henderson, R. M. and K. B. Clark. Generational innovation: the reconfiguration of existing systems and the failure of established firms [J]. Administrative Science Quarterly, 1990 (35): 9 – 30.

[113] Hummels David, Ishii Jun, Yi Kei – Mu. The Nature and Growth of Vertical Specialization in World Trade [J]. Journal of International Economics, 2001, (54): 75 – 96.

[114] Humphrey, J., Schmitz, H. How Does Insertion in Global Value Chains Affect Upgrading by Developing Countries [J]. Regional Studies, 2002, 36 (9): 1017 – 1027.

[115] John Friedmann, Planning in the Public Domain: From Knowledge to Acfion [M]. Princeton University Press, 1987.

[116] Jones Ronald W. and Henryk Kierzkowski. Globalization and the Consequences of Internati – onal Fragmentation [J]. Manuscript, University of Rochester and Graduate Institute of Internati – onal Studies, Geneva, 1997: 10.

[117] Kathandaraman David, T. Wilson. The future of Competition: Value – Creating Networks [J]. Industrial Marketing Management, 2001 (30): 379 – 389.

［118］Krugman, P. Growing World Trade［C］. Brookings Papers on E-conomics Activity, 1995: 327 –362.

［119］Langlois R, Paul Robertson. Networks and innovation in a modular system: lessons from microcomputer and stereo components industries［J］. Research Policies, 1992（21）: 297 –313.

［120］M. E. Poter. The Competitive Advantage of Nations［M］. New York. The Free Press, 1990.

［121］Sancherz R, Mahoney T. Modularity, Flexibility, and Knowledge Management in Product and Organization Design［J］. Strategic Management Journal, 1996（17）: 63 –76.

［122］Sanyal, K. and Jones R. The Theory of Trade in Middle Products［J］. American Economic Review, 1982, 72（1）: 67 –82.

［123］Schilling M A, Steensma H K. The use of modular organizational forms: An industry-levelanalysis［J］. The Academy of Management Journal, 2001（44）: 1149 –1168.

［124］Simon, H A. The architecture of complexity［J］. Proceedings of the American Philosophical Society, 1962（106）: 467 –482.

［125］Starr, M K. Modular production: A new concept［J］. Harvard Business Review, 1965（43）: 131 –142.

［126］Strauss, AnselmL. Qualitative Analysis for Social Scientists［M］. New York: Cambridge University Press, 1987.

［127］Sturgeon T. Modular production networks: a new American model of industrial organization［J］. Industrial and Corporate Change, 2002（11）: 451 –496.

［128］Waterston, Development Planning: Lessons of Experience［M］. Johns Hopkins Press, 1965.